高等学校教材

Jiegou Sheji Yuanli

结构设计原理

贾艳敏　高　力　主编

陈彦江　　　　　主审

人民交通出版社

内 容 提 要

本书结合最新行业标准规范《公路桥涵设计通用规范》(JTG D60—2004)和《公路钢筋混凝土及预应力混凝土桥涵设计规范》(JTG D62—2004),叙述了钢筋混凝土及预应力混凝土结构设计基本理论和方法。主要内容包括:钢筋混凝土材料的力学性能;以概率理论为基础的结构设计方法;受弯、受剪、受扭、受压、受冲切、局部承压等受力状态下结构的承载力计算;受弯构件裂缝宽度及变形验算;并附有一定数量的计算示例、思考题和习题。

本书突出受力性能分析,强调基本概念和原理,既可作为高等院校公路与城市道路专业、交通土建专业、桥梁与隧道专业的本科生教材,也可供公路和城市建设部门从事结构设计研究、施工和管理的专业技术人员参考。

图书在版编目(CIP)数据

结构设计原理/贾艳敏,高力主编. --北京:人民交通出版社,2004.9(重印2008.2)

ISBN 978-7-114-05222-4

I. 结… II. ①贾… ②高… III. 桥梁结构—结构设计 IV. U443

中国版本图书馆 CIP 数据核字(2004)第 086460 号

高等学校教材

书　　名:结构设计原理

著 作 者:贾艳敏　高　力

责任编辑:赵瑞琴

出版发行:人民交通出版社股份有限公司

地　　址:(100011)北京市朝阳区安定门外外馆斜街 3 号

网　　址:http://www.ccpress.com.cn

销售电话:(010)59757973

总 经 销:人民交通出版社股份有限公司发行部

经　　销:各地新华书店

印　　刷:北京市密东印刷有限公司

开　　本:787×1092　1/16

印　　张:17.5

字　　数:434 千

版　　次:2004 年 8 月　第 1 版

印　　次:2018 年 1 月　第 12 次印刷

印　　数:30001~32000 册

书　　号:ISBN 978-7-114-05222-4

定　　价:28.00 元

前　言

本书以《公路桥涵设计通用规范》(JTG D60—2004)和《公路钢筋混凝土及预应力混凝土桥涵设计规范》(JTG D62—2004)(以下统一简称为《公桥规》)为主要依据,介绍了钢筋混凝土结构、全预应力混凝土结构和部分预应力混凝土结构的设计原理。

根据编者们多年的教学和工程实践经验,本书对上述规范做了必要的解释和说明,介绍了实用计算方法,并有一定数量的例题、思考题和习题。

本书注重培养学生分析问题和解决问题的能力,适用于高等院校的道路与桥梁工程专业、桥梁与隧道工程专业的学生使用,也可供交通工程和土建工程等有关专业的师生选用。此外,还可以供从事桥梁工程和市政工程的技术人员参考使用。本书初版于 2004 年 8 月。在此次再版前,编者们吸取了多所大学在使用本书过程中提出的许多宝贵意见,对全书进行了修订和补充,并编写了与教材配套使用的网络课件。网址:http://jpkc.nefu.edu.cn/jgsjyl

本书由贾艳敏、高力主编,任晓强副主编。具体分工如下:贾艳敏(绪论、第二章、第三章、第六章、第十章、第十一章、第十二章、附录),高力、郭启臣、孙陆珍(第一章、第七章、第八章、第九章),任晓强、王海军、王湛(第四章、第五章、第十四章、第十五章),赵颖、林晓东(第十三章)。本书由陈彦江主审。

由于编者水平有限,教材中难免有不足和欠妥之处,恳请广大读者批评指正。

编　者

2008 年 1 月

目　　录

1

绪　论

桥梁结构是由桥面板、横梁、主梁、桥墩、桥台、拱圈等基本构件所组成。桥梁或道路人工构造物都要承受例如车辆荷载、人群荷载、风荷载以及桥跨结构各部分自重等各种力的作用。在建筑物中,承受荷载和传递荷载的各个部件的总和称为结构,因而结构是由若干单元按照一定的规则,通过正确的连接方式组成的能够承受并传递荷载和其他间接作用的骨架,这些单元就是工程结构的基本构件,如上面所提到的板、梁、拱圈等。

根据构件受力与变形的特点,可将构件归纳为受拉构件、受压构件、受弯构件和受扭构件等几种最基本的构件。在工程实际中,有些构件的受力和变形比较简单,但是另一些构件的受力和变形则比较复杂,可能是几种受力状态的组合。

对于各种构件,应该根据其使用功能、性质和将来发展的需要,遵循适用、安全、经济和美观的原则进行设计。构件和由若干构件所组成的结构,在正常使用情况下应该安全可靠,这就要求它们在使用荷载作用下具有足够的承载能力、刚度、稳定性和耐久性。承载能力要求是指在使用期限内,结构及各个构件(包括联结件)具有足够的安全储备;刚度要求是指在计算荷载作用下,结构及各个构件的变形在容许范围内;稳定性要求是指结构整体及各个组成构件在计算荷载作用下都处于稳定的平衡状态;耐久性是指结构和构件在设计使用年限内,不发生破坏或产生过大的裂缝而影响正常使用。此外,结构构件还应该满足制造、运输和安装过程中的强度、刚度和稳定性要求。

在设计基本构件时,要求构件本身必须具有一定的承载能力和抵抗变形等方面的能力。构件承载能力的大小与构件的材料性质、几何形状、截面尺寸、受力特点、工作条件、构造特点以及施工质量等因素有关。当其他条件已确定,如果构件的尺寸过小,则结构有可能会因为产生过大的变形而不能正常使用,或者因为承载能力不够而导致结构物的崩塌。反之,如果截面尺寸过大,则构件的承载能力又将过分剩余,从而造成人力、物力的过大耗费。

《结构设计原理》是一门结合桥梁工程中实际构件的工作特点来研究钢筋混凝土、预应力混凝土构件设计原理的技术基础课。其主要内容包括如何合理选择构件截面尺寸及其联结方式,并根据受力特点进行配筋设计和验算构件的承载能力、稳定性、刚度、裂缝等问题,即正确处理好荷载与承载能力之间的关系。《结构设计原理》可以为今后学习桥梁工程和其他道路人工构造物的设计、计算奠定理论基础。

本课程在内容、研究方法等方面都和力学课程(材料力学、结构力学)有较大的差异,具体如下。

1. 材料性能的特殊性

本课程所研究的内容在性质上相当于钢筋混凝土的"材料力学"。它与材料力学有着某些共性,但同时又有很多来源于材料性能的特殊性。

材料力学研究的是由单一、匀质、连续、弹性材料制成的构件。本课程研究的主要是由钢筋和混凝土两种材料组成的构件,而且混凝土是非匀质、非连续、非弹性的材料。因此,材料力学公式可以直接应用的情况不是很多,但是通过几何、物理和平衡关系建立基本方程的途径是相同的,只需在每一种关系的具体内容上考虑钢筋混凝土性能上的特点。

钢筋混凝土构件是由两种材料组成的复合材料构件,因此就存在着两种材料在数量上和强度上的匹配问题。如果钢筋和混凝土在截面面积上的比例和材料强度上的匹配超过了一定的界限,则会引起构件受力性能的改变,这是单一材料构件所没有的特点,而对于钢筋混凝土构件则既具有基本理论意义,又具有工程实际意义,这是学习本门课程必须十分注意的问题。

由于混凝土材料力学性能的复杂性和离散性,目前还未建立起较为完善的强度和变形理论,有关混凝土的强度和变形规律,很大程度上依赖于实验给出的经验公式。因此,在本课程的学习过程中,运用计算公式时要注意其适用范围和先决条件。

2.设计的综合性

本课程与力学课程不同。材料力学、结构力学等课程侧重于构件应力(或内力)和变形的计算,它们的习题答案往往是惟一的。而混凝土结构所要解决的不仅是承载能力和变形计算问题,更主要的是构件和结构的设计,包括材料选择、结构方案、构件类型和配筋构造等。结构设计是一个综合性的问题,在进行结构布置时,不仅要考虑结构受力的合理性,同时还要考虑使用要求、材料、造价、施工制造等方面的问题。因此,本课程的特点是设计的多方案性,答案常常不是惟一的,而且设计和计算工作通常也不是一次就可以获得成功的,要根据安全适用、经济合理、技术先进的原则,对各项指标进行全面地综合分析和比较。因此,在学习本课程时,要注意培养对多种因素进行综合分析的能力。

为了保证设计质量,达到设计方法的统一,交通部颁布了《公路钢筋混凝土及预应力混凝土桥涵设计规范》(JTG D62—2004)(以下简称《公桥规》)。规范是具有约束性和立法性的文件,是设计、校核、审批工程结构设计的依据。因此,在学习本课程的过程中,要学会运用规范,这是在力学课程中不曾遇到的新问题。

第一章　钢筋混凝土结构的力学性能

第一节　钢筋混凝土结构的基本概念

一、混凝土结构的一般概念

混凝土结构包括素混凝土结构(plain concrete structure)、钢筋混凝土结构(reinforced concrete structure)和预应力混凝土结构(prestressed concrete structure)等。素混凝土结构是指不配置任何钢材的混凝土结构;钢筋混凝土结构是指用普通钢筋作为配筋的普通混凝土结构;预应力混凝土结构是指在结构构件制作时,在其受拉部位上人为地预先施加压应力的混凝土结构。

混凝土是土木建筑工程中广泛应用的一种建筑材料。混凝土材料的抗压强度较高,而抗拉强度却很低(它的抗拉强度仅是其抗压强度的 $1/8 \sim 1/12$)。因此,素混凝土构件的应用范围非常有限,主要用于受压构件,如柱、墩、基础墙等。如果将它用做受弯构件,如图 1.1.1(a) 所示的素混凝土梁,由于混凝土的抗拉能力很小,在相对较小的荷载下,受拉区就会开裂,导致梁的瞬间脆断破坏。梁的开裂荷载即为其破坏荷载 $P = 14\text{kN}$,这时受压区混凝土的抗压强度

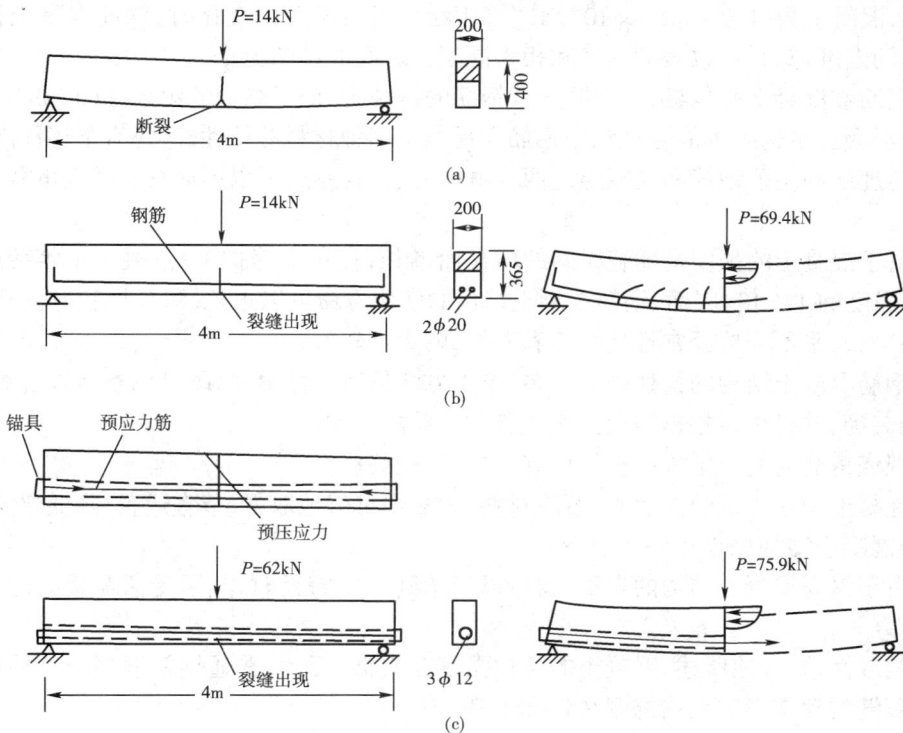

图 1.1.1　简支梁的受力图(尺寸单位:mm)

(a)素混凝土梁;(b)钢筋混凝土梁;(c)预应力混凝土梁

还远远没有充分利用。钢材的抗拉强度和抗压强度都很高,如果在梁的受拉区配置一定数量的钢筋,形成钢筋混凝土梁,可以使钢筋和混凝土这两种物理-力学性能不同的材料在共同工作中发挥各自的优点。如图 1.1.1(b)所示,当荷载 $P = 14kN$ 作用下,虽然受拉区混凝土还会开裂,但钢筋可以替代开裂的混凝土承受拉力,因而可继续加载,直到钢筋达到屈服后,梁才达到破坏荷载 $P = 69.4kN$。可见,钢筋混凝土梁的承载能力比素混凝土梁有很大提高。破坏时,钢筋的抗拉强度和混凝土的抗压强度均得到了充分利用,虽然梁过早开裂的问题并没有解决,但却收到下列效果:

(1)结构承载能力有很大提高;

(2)结构的受力性能得到显著改善。

如果在混凝土梁受荷以前先在梁中建立起预压应力,就形成预应力混凝土梁,如图 1.1.1(c)所示。由于外荷载要先抵消预压应力才能使梁产生拉应力,因此预应力混凝土梁的开裂荷载($P = 62kN$)比钢筋混凝土有较大的提高,从而防止了梁的过早开裂。破坏时($P = 75.9kN$)与钢筋混凝土梁相似,钢筋和混凝土这两种材料的强度均得以充分利用。

二、钢筋混凝土的特点

钢筋(reinforcement)和混凝土(concrete)是两种性质不同的材料,它们之所以能有效地结合在一起共同工作,主要是由于:

(1)钢筋和混凝土之间有着可靠的粘结力,能相互牢固地结成整体,在外荷载作用下,钢筋与相邻混凝土能够协调变形,共同受力;

(2)钢筋与混凝土的温度线膨胀系数(linear expansion coefficient)相近[钢为 $1.2 \times 10^{-5}\text{℃}^{-1}$,混凝土为$(1.0 \sim 1.5) \times 10^{-5}\text{℃}^{-1}$],因此,当温度发生变化时,钢筋混凝土构件内只产生较小的温度应力,不致破坏钢筋和相邻混凝土之间的粘结力;

(3)钢筋被混凝土所包裹,从而防止了钢筋的锈蚀,保证了结构的耐久性(durability)。

钢筋混凝土结构除了能合理利用钢筋和混凝土两种材料的特性外,还有下述优点:

(1)合理地利用了钢筋和混凝土这两种材料的受力特点,可以形成具有较高承载能力的结构构件;

(2)由于混凝土的强度是随着时间的增长而增长,在正常养护下,混凝土 1 年龄期的强度约是 28d 强度的 1.5 倍,因而,钢筋混凝土结构的使用寿命可以很长,耐久性较好。相对于钢、木结构而言,几乎不需要经常性地维修和养护,耐火性较好;

(3)钢筋混凝土结构的构件种类较多,施工方法的适应性很强,既可以整体式现场浇筑,也可以预制装配,并且可以根据需要浇筑成各种形状的结构;

(4)现浇钢筋混凝土结构的整体性好,抗振性较好;

(5)混凝土中占比例较大的砂、石等材料,大多数可就地取材,节省运费,降低建筑成本。

钢筋混凝土结构也存在一些缺点:

(1)由于钢筋混凝土结构的自重大,所以当达到一定跨径时,其承受活荷载的能力就会显著降低;

(2)抗裂性差,如前所述,混凝土的抗拉强度非常低,因此,普通钢筋混凝土结构经常带裂缝工作,裂缝的存在影响结构的耐久性和美观;

(3)浇筑混凝土时需要模板(forms)支撑;

(4)户外施工受到季节条件限制;在雨天和冬季进行混凝土施工时,必须对混凝土浇筑、振捣和养生等工艺采取相应的措施,这样才能确保施工质量。

钢筋混凝土结构虽然有缺点,但毕竟有其独特的优点,所以在桥梁工程、隧道工程、房屋建筑、路面工程等方面都得到了广泛应用。

第二节　钢筋的力学性能

钢筋混凝土结构使用的钢筋,不仅要强度高,而且要具有良好的塑性和可焊性,同时还要求与混凝土有较好的粘结性能。

一、钢材的分类

钢筋混凝土结构用的钢材,按直径粗细分钢筋和钢丝两类。凡是直径 $d \geqslant 6$mm 者,称为钢筋;直径 $d < 6$mm 者,称为钢丝。

钢筋根据生产工艺和加工条件分热轧钢筋、冷拉钢筋和热处理钢筋三种。将钢筋在高于再结晶温度状态下,用机械方法轧制成的不同外形的钢筋,称为热轧钢筋(hot rolled steel bars)。热轧钢筋按照外形特征可分为光圆钢筋(hot rolled plain steel bars)[如图 1.2.1(a)]和变形钢筋(deformed bars)[如图 1.2.1(b)、(c)、(d)]。

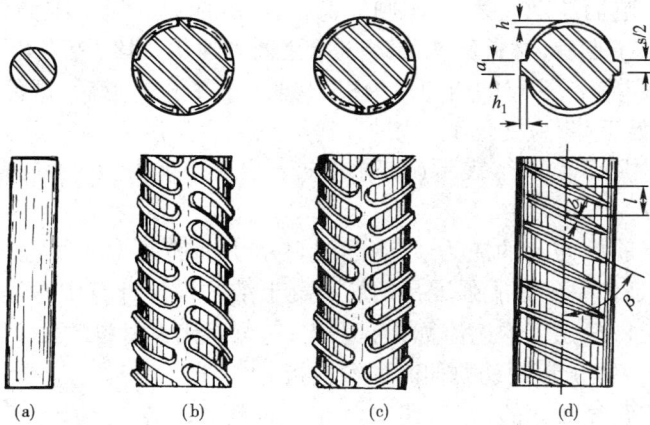

图 1.2.1　热轧钢筋的外形

变形钢筋表面有两条纵向凸缘(纵肋),两侧有等距离的斜向凸缘(横肋)。其中横肋斜向一个方向而呈螺纹形的称为螺纹钢筋[图 1.2.1(b)];横肋斜向不同方向而呈"人"字形的,称为人字形钢筋[图 1.2.1(c)]。纵肋与横肋不相交且横肋为月牙形状的,称为月牙纹钢筋[图 1.2.1(d)]。

钢丝根据加工方法和组成形式,分碳素钢丝、刻痕钢丝、钢绞线和冷拔低碳钢丝四种。

按照钢材的化学成分,分碳素钢(carbon steel)和普通低合金钢(low alloy-steel)两大类。

二、钢筋的力学性能

1. 钢筋的应力-应变关系

钢筋的力学性能有强度和变形(包括弹性变形和塑性变形)等。单向拉伸试验是确定钢筋力学性能的主要手段。通过试验可以看到,钢筋的拉伸应力-应变关系曲线可分为两大类,即有明显流幅的曲线(图 1.2.2)和无明显流幅的曲线(图 1.2.3)。

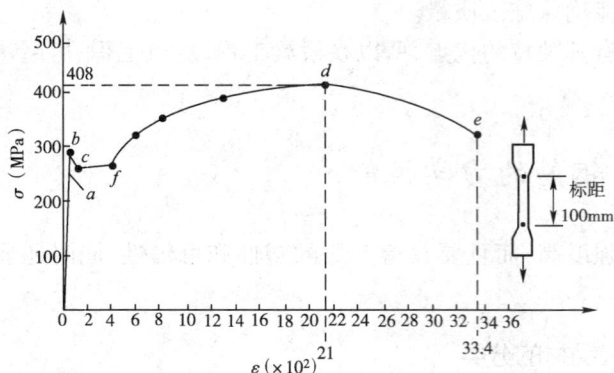

图 1.2.2　有明显流幅的钢筋应力-应变曲线　　　图 1.2.3　无明显流幅的钢筋应力-应变曲线

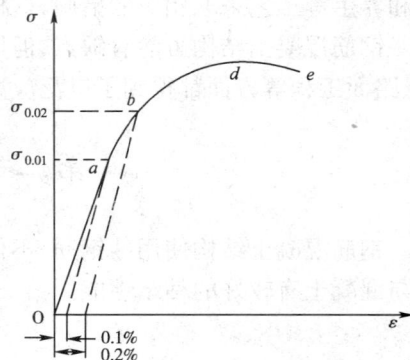

图 1.2.2 表示一条有明显流幅的钢筋应力-应变曲线。在达到比例极限(proportional limit) a 点之前,材料处于弹性阶段,应力与应变的比值为常数,即为钢筋的弹性模量(modulus of elasticity) E_s。此后应变比应力增加快,到达 b 点进入屈服阶段,即应力不增加,应变却继续增加很多,应力-应变曲线图形接近水平线,称为屈服台阶(或流幅)。对于有屈服台阶的钢筋来讲,有两个屈服点(yield point),即屈服上限(b 点)和屈服下限(c 点)。屈服上限受试验加载速度、表面光洁度等因素影响而波动;屈服下限则较稳定,故一般以屈服下限为依据,称为屈服强度(yield strength)。过了 f 点后,材料又恢复部分弹性进入强化阶段,应力-应变关系表现为上升的曲线,到达曲线最高点 d,d 点的应力称为极限强度。过了 d 点后,试件的薄弱处发生局部"颈缩"现象,应力开始下降,应变仍继续增加,到 e 点后发生断裂,e 点所对应的应变(用百分数表示)称为延伸率,用 δ_{10} 或 δ_5 表示(分别对应于量测标距为 $10d$ 和 $5d$,其中 d 为钢筋直径)。

有明显流幅的钢筋拉伸时的应力-应变曲线显示了钢筋的主要物理力学指标,即屈服强度、抗拉极限强度和延伸率。屈服强度是钢筋混凝土结构设计计算中钢筋强度取值的主要依据。屈服强度与抗拉极限强度的比值称为屈强比,它可以代表材料的强度储备,一般屈强比要求不大于 0.8。延伸率是衡量钢筋拉伸时的塑性指标。

拉伸试验中没有明显流幅的钢筋,其应力-应变曲线如图 1.2.3 所示。这类钢筋的比例极限大约相当于其极限强度的 65%。硬钢一般取其极限强度的 80%,即残余应变为 0.2% 时的应力 $\sigma_{0.2}$ 作为协定的屈服点,又称条件屈服强度,取残余应变的 0.1% 处应力作为弹性极限强度。

钢筋混凝土结构中的纵向钢筋一般应采用 R235(Q235)、HRB335、HRB400 及 KL400 钢筋。R235 为光圆钢筋强度等级代号,其牌号为 Q235,相当于原标准 I 级钢筋,公称直径 $d = 8 \sim 20$mm,以偶数 2mm 递增;HRB335、HRB400 为钢筋牌号,其中尾部数字为强度等级,HRB335 相当于原标准 II 级钢筋;HRB400 相当于原标准 III 级钢筋,该钢筋公称直径 $d = 6 \sim 50$mm,其中 $d = 22$mm 以下以 2mm 递减,$d = 22$mm 以上为 25、28、32、36、40、50mm;KL400 为余热处理钢筋的强度等级代号,钢筋级别相当于原标准的 III 级钢筋,公称直径 $d = 8 \sim 40$mm,尺寸进级情况与HRB 相同。

2. 钢筋的强度指标

(1)屈服强度。钢材的受拉、受压及受剪屈服强度是钢材的主要强度指标。由于比例极限、弹性极限和屈服点比较接近,而在屈服点之前的应变又很小,所以在计算时一般近似地认为钢材的弹性工作阶段是以屈服点为上限,当应力小于屈服强度时,材料的变形是弹性的,卸载后可以完全恢复,而当应力达到屈服点后,材料将产生很大且卸载后不能恢复的变形。因此,在结构设计时,一般取屈服强度为钢材允许达到的最大应力。

(2)极限强度。钢材的极限强度[包括抗拉强度(tensile strength)、抗压强度(compressive strength)和抗剪强度(shear resistance strength)]是材料能承受的最大应力。当材料达到或接近极限强度时,材料已经产生了非常大的塑性变形,此时的结构已经无法正常使用。尽管如此,极限强度仍是材料强度的一个主要指标,与屈服强度相比,极限强度越高,材料的安全储备就越大。通常以屈强比(屈服强度/抗拉极限强度)来衡量钢材强度的这种储备,显然,屈强比越小,钢材的强度储备就越大。

3.钢筋的塑性指标

(1)伸长率(ductility rate)。钢材的伸长率等于试件被拉断后原标距长度的伸长值与原标距比值的百分率,是反映材料塑性变形能力的一个指标,以符号 δ 表示。伸长率 δ 与试件原标距长度 l_0 和试件的直径 d_0 的比值有关,当 $l_0/d_0 = 10$ 时,记作 δ_{10};当 $l_0/d_0 = 5$ 时,记作 δ_5,可以按照下式计算:

$$\delta = \frac{l_1 - l_0}{l_0} \times 100\% \tag{1.2.1}$$

式中:l_0——试件原标距长度;

l_1——试件拉断后标距间的长度。

(2)截面收缩率(percentage reduction of area)。截面收缩率是反映材料塑性变形能力的另一个指标,等于试件被拉断后颈缩区的断面面积缩小值与原断面面积比值的百分率,以符号 ψ 表示。截面收缩率 ψ 可以按照下式计算:

$$\psi = \frac{A_0 - A_1}{A_0} \times 100\% \tag{1.2.2}$$

式中:A_0——试件受力前的断面面积;

A_1——拉断后颈缩区的断面面积。

(3)冷弯性能。冷弯性能由常温下的冷弯实验来检验。实验装置如图1.2.4所示,实验时按照规定直径的弯心角把试件弯曲,当试件表面出现裂纹或分层时即为破坏。冷弯性能以冷弯的角度来衡量,当冷弯角度达到180°时,钢材的冷弯性能合格。冷弯实验不仅检验了钢材是否具有构件制作过程中冷加工所要求的弯曲变形能力,还能够显示其内部的缺陷,鉴定钢材的质量,因此它是判别钢材塑性变形能力和质量的一个综合标准。

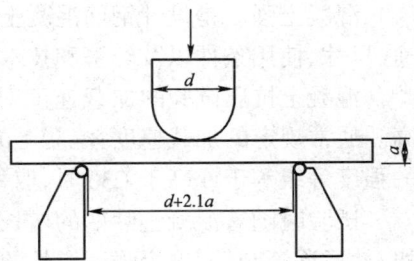

图1.2.4 冷弯实验示意图

第三节 混凝土的力学性能

一、混凝土的强度

混凝土强度是混凝土的重要力学性能,是设计钢筋混凝土结构的重要依据,它直接影响结构的安全性和耐久性。影响混凝土强度的因素是多方面的,除了受组成材料的性质、配合比、养护环境、施工方法等因素影响外,在进行试验时还与试件的形状、大小、试验方法、加载方法、加载速度等因素有关。

(一)立方体抗压强度

混凝土立方体抗压强度是混凝土最基本的强度指标,它是用来确定混凝土强度等级、评定和比较混凝土强度和质量的最主要指标,也是推算其他力学性能的基础。《公桥规》规定的立方体抗压强度是指边长为 150mm 的立方体试块,在 20℃ ± 3℃ 的温度和相对湿度在 90% 以上的潮湿空气中养护 28d 后,用标准的试验方法测得的抗压强度(以 MPa 计,1MPa = 1N/mm²),用符号 f_{cu} 表示。

混凝土强度等级是按照边长为 150mm 的立方体抗压强度标准值确定的。混凝土立方体抗压强度标准值是按照上述立方体抗压强度试验方法得到的具有 95% 保证率的抗压强度值,以符号 $f_{cu,k}$ 表示。《公桥规》按照混凝土立方体抗压强度标准值,把混凝土结构中混凝土的强度等级分为 14 级,以"C + 立方体抗压强度标准值"表示,即 C15、C20…C70、C80。

公路桥涵钢筋混凝土构件的混凝土强度等级可采用 C20 ~ C80,中间以 5MPa 进级。C50 以下为普通强度混凝土,C50 以上为高强混凝土。当用 HRB335、HRB400 级钢筋配筋时,混凝土强度等级不应低于 C25。

混凝土的抗压强度与试验方法有着密切的关系,如果在试件的表面和压力机的压盘之间涂一层油脂,则抗压强度要比未加油脂时低很多,破坏形状也不相同,如图 1.3.1。这是由于未加油脂的试件表面与压力机压盘之间有向内的摩阻力存在,摩阻力好像箍圈一样阻止混凝土的横向变形,因而提高了试件的抗压强度。破坏时试件侧面碎裂成锥形,这种破坏是由沿斜面作用的剪力所引起的。而表面加油脂的试件,摩阻力大大减小,试件强度因而下降,同时破坏的性质也改变了,此时,试件由于形成了与压力方向平行的裂缝而破坏。《公桥规》所规定的标准试验方法是不加油脂等润滑剂的。

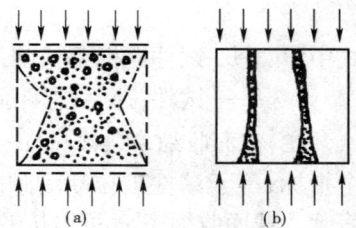

图 1.3.1 混凝土立方体的破坏情况
(a)不涂润滑剂;(b)涂润滑剂

混凝土强度是设计钢筋混凝土结构时选择混凝土材料的主要指标,应该根据结构物的用途、尺寸、使用条件以及经济和技术等因素综合考虑。

混凝土抗压试验的加载速度对立方体抗压强度也有影响,加载速度越快,测得的强度越高。通常规定的加载速度:混凝土的强度等级低于 C30 时,取每秒钟 0.3 ~ 0.5N/mm²;混凝土的强度等级等于或高于 C30 时,取每秒钟 0.5 ~ 0.8N/mm²。

试验时随着混凝土龄期的增长,混凝土的极限抗压强度逐渐增大,开始时强度增长速度较快,然后逐渐减缓,这个强度增长的过程往往要延续几年,在潮湿环境中延续的时间更长。混凝土任何龄期的立方体强度,可以按下列经验公式近似推算:

$$f_{cu,n} = f_{cu,k} \frac{\lg n}{\lg 28} \tag{1.3.1}$$

式中:$f_{cu,n}$——n 天龄期混凝土立方体强度,n 必须大于 3;

$f_{cu,k}$——28 天龄期混凝土立方体强度标准值;

$\lg n$,$\lg 28$——混凝土龄期 n 天和 28 天的常用对数。

试件尺寸对混凝土 $f_{cu,k}$ 也有影响,实验结果证明,立方体尺寸愈小则试验测出的抗压强度愈高,这个现象称为尺寸效应。

(二)混凝土的轴心抗压强度

混凝土的抗压强度不仅与试件的尺寸有关,也与它的形状有关。在实际工程结构中,受压构件不是立方体而是棱柱体,所以,采用棱柱体试件(高度大于边长的试件称为棱柱体)比采用立方体试件能更好地反映混凝土的实际抗压能力。用棱柱体试件测得的抗压强度称为棱柱体抗压强度,或者称为轴心抗压强度。

棱柱体试件是在与立方体试件相同的条件下制作的,试件表面不涂润滑剂,实测所得的棱柱体抗压强度比立方体抗压强度低。混凝土轴心抗压强度随着混凝土强度等级提高而增加,总的趋势是混凝土轴心抗压强度与混凝土强度等级成正比。

(三)混凝土的轴心抗拉强度

混凝土试件在轴心拉伸下的极限抗拉强度,在结构设计中是确定混凝土抗裂度的重要指标,有时还可以通过混凝土轴心抗拉强度间接地作为衡量混凝土其他力学性能的指标,例如混凝土与钢筋之间的粘结强度等。

混凝土的轴心抗拉强度比抗压强度低得多,它与同龄期混凝土抗压强度的比值大约在1/8~1/18之间。混凝土强度等级越高,混凝土的轴心抗拉强度与抗压强度之比越小,亦即混凝土的强度等级提高后,其相应的抗拉强度却提高不多。

轴心受拉试件如图 1.3.2(a)所示,试件为 100mm × 100mm × 500mm 的柱体,两端预埋钢筋。试验机夹紧两端伸出的钢筋,使试件受拉,破坏时试件中部产生横向裂缝,其平均应力即为混凝土的轴心抗拉强度。

由于轴心受拉试件试验时对中比较困难,故国内外多采用立方体或圆柱体的劈裂试验[图 1.3.2(b)]测定混凝土的抗拉强度。这种试件与混凝土立方体试件相同,不需埋设钢筋,可用压力试验机进行。劈裂试验是通过 5mm × 5mm 的方钢垫条,且在试件与方钢之间夹垫一层马粪纸,施加压力 F,试件中间截面除加力点附近很小的范围外,有均匀分布的拉应力。当拉应力达到混凝土的

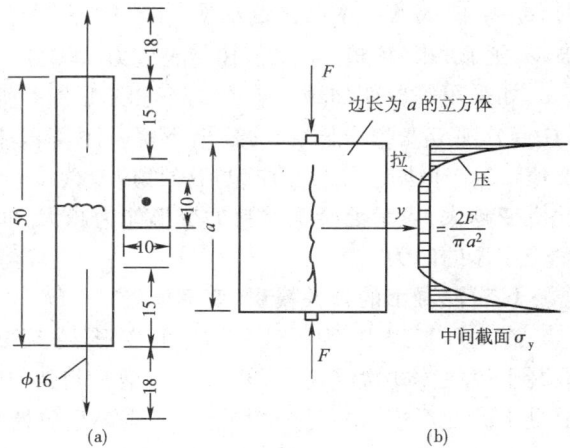

图 1.3.2
(a)轴心受拉试件;(b)劈裂试件

抗拉强度时,试件劈裂成两半。我国交通部颁布的标准《公路工程水泥混凝土试验规程》规定:采用 150mm 立方体作为标准试件进行混凝土劈裂抗拉强度测定,按照规定的试验方法操作,则混凝土劈裂抗拉强度 f_{ts}^c 可按下列公式计算:

$$f_{ts}^c = \frac{2F}{\pi a^2} \tag{1.3.2}$$

二、混凝土的变形性能

由于混凝土材料并不是一种理想的匀质材料,因而受力后的实际变形情况是十分复杂的。混凝土试件的变形与加载方式、荷载作用的持续时间、温度、湿度、试件的形状和尺寸等因素有关。

(一)混凝土在单调、短期荷载作用下的变形性能

混凝土的应力-应变关系是混凝土力学性能的一个重要方面,它是进行钢筋混凝土构件的

截面应力分析、建立强度和变形计算理论所必不可少的依据。特别是近代在采用计算机对钢筋混凝土结构进行有限元非线性分析时,混凝土的应力-应变关系已成了数学物理模型研究的重要依据。

混凝土受压的应力-应变曲线,通常用 $h/b=3$ ~4 的棱柱体试件来测定。图 1.3.3 为典型的混凝土受压的应力-应变曲线。它的应力-应变曲线与钢材是完全不相同的。从总体来看,可以分为上升段和下降段两部分,并且包含三个重要特征值:①最大应力值 σ_{max};②与 σ_{max} 相对应的应变值 ε_0;③极限应变值 ε_{max}。

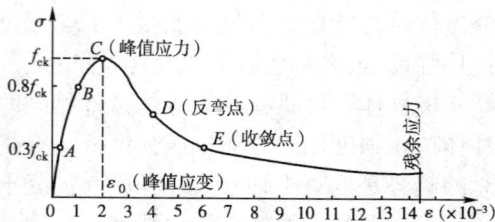

图 1.3.3 混凝土受压时应力-应变曲线形状

在曲线的初始部分,当应力 $\sigma \leqslant 0.3f_{ck}$ 时,$\sigma-\varepsilon$ 关系接近一根直线,混凝土处于弹性工作阶段。当应力 $\sigma > 0.3f_{ck}$ 后,随应力的增大,应力-应变曲线越来越偏离直线。任一点的应变 ε 可分为弹性应变 ε_e 和塑性应变 ε_p 两部分。当应力接近于 $0.5f_{ck}$ 后,曲线明显地呈弯曲状上升,即应变增量大于应力增量,呈现出材料的部分塑性性质。当应力达到 $0.8f_{ck}$ 后,塑性变形显著增大,应力-应变曲线的斜率急剧减小。当应力达到最大应力 σ_{max}(即棱柱体抗压强度 f_{ck})时,$\sigma-\varepsilon$ 曲线的斜率已接近水平,相应的应变 ε_0 随混凝土强度的不同在 $(1.5 \sim 2.5) \times 10^{-3}$ 间波动,通常取平均值 $\varepsilon_0 = 2 \times 10^{-3}$。应力从零到 σ_{max} 这一段曲线称为"上升段"曲线。

如采用等应变加载,就可以测得图 1.3.3 所示的"下降段"曲线。到达最大应力 σ_{max} 后(C 点),随应变的增长,应力逐渐下降。下降段末端(D 点)的相应应变即为混凝土的极限应变值 ε_{max}。极限应变 ε_{max} 应包括弹性应变(elastic strain)和塑性应变(plastic strain)两个部分,塑性应变越大,表示混凝土材料的变形能力越大,亦即材料的延性越好。所谓延性也可以理解为耐受变形的能力。

(二)混凝土的弹性模量、变形模量

在实际工程中,为了计算结构的变形,必须要求一个材料常数——弹性模量。严格地说,混凝土棱柱体初次受荷后,其应变的增长很快,应力-应变之间并不存在线性弹性关系,所以,混凝土的变形模量不是弹性模量,而应该是包括塑性变形在内的弹塑性模量。

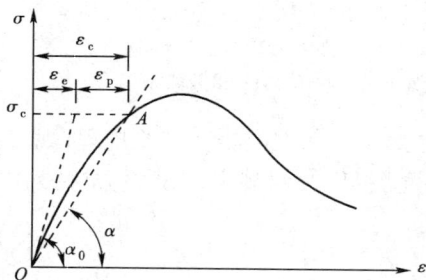

图 1.3.4 混凝土变形模量示意图

从图 1.3.4 中所表示出的 $\sigma-\varepsilon$ 曲线中可以看出,当混凝土的应力达到 σ_c 时,其相应的应变为 ε_c,混凝土的总应变由弹性应变 ε_e 和塑性应变 ε_p 两部分组成,即

$$\varepsilon_c = \varepsilon_e + \varepsilon_p \qquad (1.3.3)$$

从图 1.3.4 所示的应力-应变曲线可以看出,混凝土的变形模量是指应力增量 $d\sigma$ 与应变增量 $d\varepsilon$ 的比值。用几何关系表示时,即为在应力-应变曲线上某一点的切线与 ε 轴的交角 α 的正切值,即

$$E_c = \frac{d\sigma}{d\varepsilon} = \tan\alpha \qquad (1.3.4)$$

显然,混凝土的变形模量是个变数,应力愈大,变形模量愈小,这样使用上是很不方便的。工程上为了实用,同时考虑到混凝土应力在 $(0.4 \sim 0.6)f_{ck}$ 以下时,变形模量变化不大,因此在钢筋混凝土结构中,通常近似地取压应力 $\sigma_c = 0.5f_{ck}$ 时的变形模量作为混凝土的弹性模量。

混凝土的弹性模量与强度等级有关,根据大量的试验结果,拟合出由立方体抗压强度 $f_{cu,k}$

计算 E_c 的经验公式作为设计时采用,即

$$E_c = \frac{10^5}{2.2 + \dfrac{34.7}{f_{cu,k}}} \quad \text{(MPa)} \quad\quad (1.3.5)$$

《公桥规》给出的混凝土弹性模量见表 1.3.1。混凝土的抗拉弹性模量与受压弹性模量取相同的数值。

混凝土弹性模量(10^4MPa) 　　　　　　　　　　　　　　　表 1.3.1

混凝土标号	C15	C20	C25	C30	C40	C50	C60	C65	C70	C75	C80
弹性模量 E_c	2.20	2.55	2.80	3.00	3.25	3.45	3.60	3.65	3.70	3.75	3.80

混凝土受剪弹性模量 G_c 按下式计算,即

$$G_c = \frac{E_c}{2(1 + \nu_c)} \quad\quad (1.3.6)$$

式中:ν_c——混凝土的泊松比(Poisson ratio)(横向变形系数)。

取 $\nu_c = 0.2$ 代入,则混凝土的剪变模量 G_c 可按表 1.3.1 数值的 0.4 倍取用。

(三)混凝土在重复荷载作用下的变形性能

1. 一次重复荷载下混凝土的应力-应变关系

在重复荷载作用下混凝土的力学性能将发生明显的变化。混凝土在一次加荷和卸荷时的 $\sigma - \varepsilon$ 曲线如图 1.3.5(a)所示。当试件一次短期加荷时,随着应力的增加,应变逐渐增加。当其应力达到 A 点时,开始卸载至零,在卸载过程中,随着应力的逐渐降低,混凝土的变形逐渐恢复,但卸载曲线(AC)将不再沿着原来的上升轨迹返回原点,而是沿着 AB 曲线返回至 B 点,如果停留一段时间后再测量试件的变形,则发现还能有很小的变形可以恢复,即由 B 至 B',故将 BB' 的恢复变形称为弹性后效,而 $B'O$ 才是真正的一次循环的残余变形(permanent deformation),也就是保留在试件中不能恢复的变形。所以,在一次加荷、卸荷过程中,混凝土的应力-应变曲线形成了一个环状。

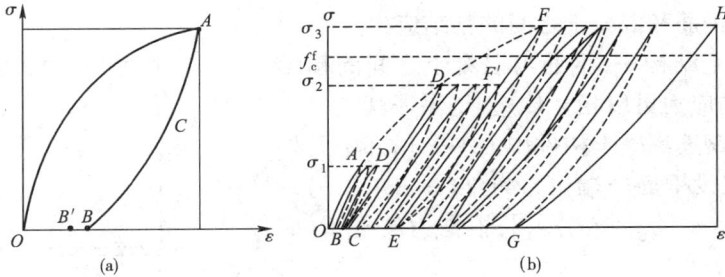

图 1.3.5　混凝土加荷、卸荷的 $\sigma - \varepsilon$ 曲线

(a)混凝土一次加荷、卸荷的 $\sigma - \varepsilon$ 曲线;(b)混凝土多次重复加荷、卸荷的 $\sigma - \varepsilon$ 曲线

2. 多次重复加载下混凝土的应力-应变关系

混凝土在多次重复荷载作用下,其 $\sigma - \varepsilon$ 曲线如图 1.3.5(b)所示。由图可知,当一次加荷的应力 σ 小于混凝土的疲劳强度(fatigue strength)时,其加荷、卸荷的 $\sigma - \varepsilon$ 曲线 OAB 将形成一个环状。如在多次加荷、卸荷作用下,则其 $\sigma - \varepsilon$ 曲线越来越闭合,在多次重复后则可闭合成一条直线 CD'。试验还证明了直线 CD' 基本上平行于一次加荷曲线 O 点处的切线。如果再选择一个较高的加荷应力 σ_2,但 σ_2 仍小于混凝土的疲劳强度时,则和 σ_1 的情况类似,可以得到多次加荷、卸荷的闭合曲线,即闭合成一根直线 EF'。如果再选择一个高于混凝土疲劳强度

11

的加荷应力 σ_3,则在经过多次重复加荷、卸荷的过程后,将使 $\sigma-\varepsilon$ 曲线由凸向应力轴而转为凸向应变轴,即图 1.3.5(b)中的 GH 曲线。这就标志着试件将由于疲劳而最终导致破坏。

从图 1.3.5(b)中可以看出,随着重复荷载的应力峰值不同,其应力-应变曲线的特征也不同:当应力峰值 σ_1 或 σ_2 小于混凝土的疲劳强度 f_c^f,其循环重复加载、卸载下的应力-应变关系曲线的主要特征是每次荷载循环后应力-应变曲线形成一个环状,其所包围的面积随着荷载重复次数的增加而逐渐减少,直至变成一条重合的直线,这条直线基本与一次加载曲线在 O 点的切线平行;继续重复加载,混凝土的应力-应变曲线一直保持弹性(直线)工作,不会因为内部开裂或变形过大而破坏。当应力峰值 (σ_3) 大于混凝土的疲劳强度 f_c^f,其循环重复加载、卸载下的应力-应变关系曲线的主要特征是:在开始的数次循环过程中,应力-应变曲线与小应力(小于 f_c^f)相似,但是逐步形成直线后再继续循环,加载的应力-应变曲线会由原来凸向应力轴逐渐变为凸向应变轴,应力-应变曲线的斜率不断降低,最后会因裂缝严重或变形过大而破坏。

三、混凝土的选用原则

公路桥涵工程中,钢筋混凝土构件的混凝土强度等级不应低于 C20;当采用 HRB400、KL400 级钢筋时,混凝土强度等级不宜低于 C25;预应力混凝土结构的混凝土强度等级不应低于 C40。

第四节　钢筋与混凝土的粘结

一、钢筋与混凝土粘结的作用

1. 粘结力的定义

钢筋混凝土结构中,钢筋和混凝土这两种材料之所以能共同工作的基本前提是两者之间具有足够的粘结力,能承担由于变形差(相对滑移)沿其接触面上产生的剪应力。人们通常把这种剪应力称为钢筋和混凝土之间的粘结应力。

在钢筋混凝土结构中,钢筋与混凝土之间的粘结力,使它们之间的应力可以相互传递,是保证其共同工作的基本条件。钢筋混凝土构件中的一个局部单元如图 1.4.1 所示,假设钢筋一端拉力为 $T(=\sigma_s A_s)$,另一端拉力为 $T+\mathrm{d}T[=(\sigma_s+\mathrm{d}\sigma_s)A_s]$,根据力的平衡,应有

$$\tau = \frac{\mathrm{d}T}{\pi d\,\mathrm{d}x} = \frac{A_s}{\pi d}\cdot\frac{\mathrm{d}\sigma_s}{\mathrm{d}x} \qquad (1.4.1)$$

式中:τ——钢筋与混凝土之间的粘结应力;

$\quad d$——钢筋的周长;

$\quad A_s$——钢筋的截面面积。

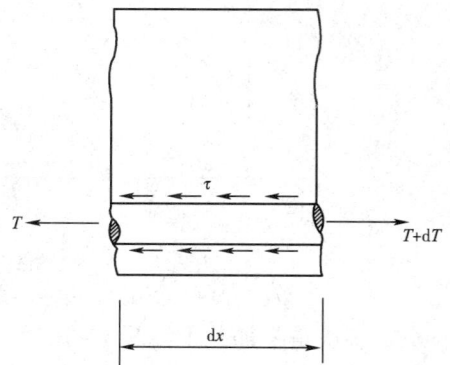

图 1.4.1　钢筋和混凝土之间的粘结应力

从公式(1.4.1)可以看出,钢筋与混凝土之间的粘结力随着钢筋应力的变化而变化:钢筋应力变化越大,需要的粘结力就越大;钢筋应力变化越小,需要的粘结力就越小;当钢筋应力没有变化时,如图 1.4.1 中单元两端钢筋的拉力相等时,钢筋与混凝土之间的粘结应力等于零。

2. 粘结力的作用

钢筋与混凝土之间粘结的作用主要体现在下述两个方面。

（1）钢筋端部的锚固（anchorage）

钢筋混凝土结构中钢筋端部锚固的示意图如图1.4.2(a)所示。显然，当钢筋在混凝土中锚入的深度较小时，在拉力作用下，由于混凝土和钢筋之间粘结力的破坏，钢筋将从混凝土中被拔出而产生锚固破坏；当钢筋在混凝土中锚入的深度很深时，在拉力作用下，钢筋和混凝土之间存在足够的粘结力，保证钢筋在外部拉力下屈服。保证钢筋受拉屈服的最小锚固深度与粘结性能有关。

钢筋拔出实验结果表明：粘结应力是曲线分布的，最大粘结应力出现在离端头某一距离处，并且随着拔出力的变化而变化；当锚固长度过长时，靠近钢筋尾部处粘结应力很小，甚至等于零。由此可见，为了保证钢筋在混凝土中的可靠锚固，钢筋应有足够的锚固长度，但是不必过长。

（2）裂缝间应力的传递

钢筋混凝土梁的纯弯区两条裂缝中间的一段如图1.4.2(b)所示，显然，在裂缝截面，由于受拉区的混凝土开裂，其承担的拉应力等于零，该截面受拉区的拉力完全由钢筋来承担。在离开裂缝一段距离截面的受拉区，由于钢筋与混凝土的粘结作用，混凝土逐渐承受拉力，因此钢筋承担的拉力就逐渐减小。随着离开裂缝截面距离的增大，混凝土的拉应力越大，钢筋拉应力减小程度也越大，当达到两条裂缝的中间时，混凝土拉应力达到最大值，钢筋的拉应力达到最小值。因此，在相邻两个裂缝的范围内，粘结力使得混凝土继续参加工作，钢筋和混凝土的应力变化以及裂缝的分布等受到粘结应力的影响，钢筋应力的变化幅度反映了裂缝间混凝土参加工作的程度。

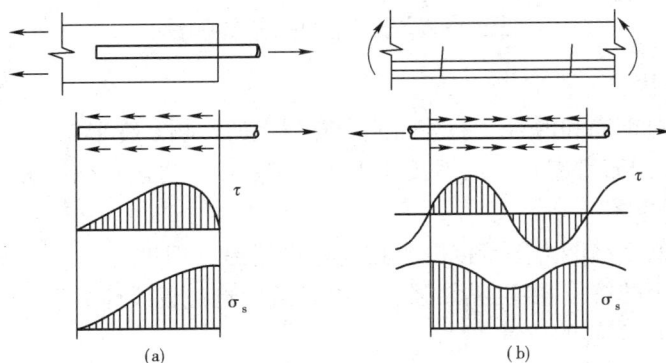

图1.4.2　钢筋与混凝土粘结的作用
(a)钢筋端部锚固；(b)裂缝间应力的传递

二、粘结力的组成

钢筋和混凝土的粘结力主要由以下4个部分组成。

（1）钢筋与混凝土接触面上的化学吸附作用。钢筋和混凝土之间的化学吸附作用也称胶结力，它来源于浇注时水泥凝胶体向钢筋表面氧化层的渗透和养护过程中水泥晶体的生长和硬化，从而使水泥凝胶体与钢筋表面之间产生化学吸附作用。在钢筋混凝土结构中，这种化学吸附力很小，且只能在钢筋和混凝土接触面处于原生状态时存在，当接触面发生相对滑移时，该力即行消失，仅在受力阶段的局部无滑移区域起作用。

(2)混凝土收缩(shrinkage)将钢筋紧紧握裹而产生的摩擦力。在混凝土的凝固过程中以及凝固以后,混凝土产生收缩,使得混凝土将钢筋紧紧握裹,钢筋和混凝土之间存在相互挤压作用,即存在压应力。因此,在钢筋和混凝土之间产生运动(相对滑移)的趋势时,就存在摩擦力。该摩擦力的大小与混凝土的收缩量和弹性模量等有关:混凝土的收缩量越大,弹性模量越高,接触面上的压应力越大,摩擦力就越大。

(3)钢筋与混凝土之间机械咬合作用力。由于钢筋表面凸凹不平,混凝土和钢筋相互咬合,因此,在钢筋和混凝土之间产生运动(相对滑移)的趋势时,就存在机械咬合力。对于光圆钢筋,机械咬合作用要依靠钢筋表面的粗糙不平,因此机械咬合作用不大;而变形钢筋、表面螺纹、刻痕钢筋等与混凝土咬合作用明显,是粘结力的主要来源。

(4)附加咬合作用。如图1.4.3所示,在钢筋端部设置弯钩、弯折、加焊角钢或加焊短钢筋等,都可以提供钢筋混凝土之间在端部的附加咬合作用,提高锚固能力。在工程中,对锚固能力相对较差的光圆钢筋,或锚固长度受到限制而无法满足最小锚固长度要求的其他钢筋,采取端部加弯钩等措施,以提高其锚固能力。

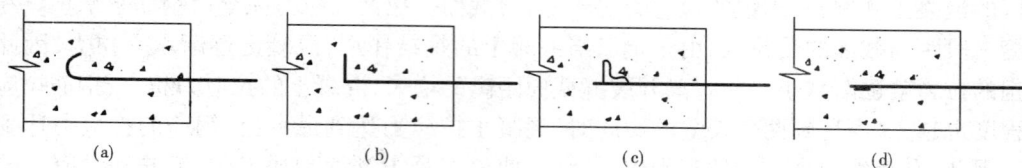

图1.4.3 提高钢筋锚固能力的措施
(a)加弯钩;(b)弯折;(c)焊角钢;(d)焊短钢筋

三、影响粘结能力的主要因素

1. 钢筋表面形状

钢筋表面形状对钢筋和混凝土的粘结能力有很大的影响。变形钢筋的粘结能力明显高于光圆钢筋,因此变形钢筋所需要的锚固长度比光圆钢筋小。光圆钢筋一般要在端头加弯钩等。

2. 混凝土强度等级

钢筋和混凝土的粘结能力随着混凝土强度等级的提高而提高。实验表明,钢筋的粘结强度主要取决于混凝土的抗拉强度,粘结强度与抗拉强度近似成线性关系。

3. 浇筑混凝土时钢筋的位置

钢筋和混凝土的粘结能力与浇筑混凝土时钢筋的位置有明显关系。对于混凝土浇筑深度超过300mm以上的"顶部"水平钢筋,其底面的混凝土由于水分、气泡的逸出和泌水下沉,与钢筋之间形成空隙,从而钢筋和混凝土之间的粘结能力削弱。

4. 保护层厚度和钢筋间距

混凝土保护层和钢筋间距对粘结能力也有重要影响。当混凝土保护层过薄时,保护层混凝土可能会产生径向劈裂,减少了钢筋与混凝土之间的咬合作用和摩擦作用,粘结能力降低;当钢筋净间距过小时,将可能出现水平劈裂裂缝,使钢筋外整个保护层崩落,钢筋和混凝土的粘结能力遭受严重损失。

5. 横向钢筋及侧向压力等

混凝土构件中设置横向钢筋(如梁中的箍筋)可以延缓径向裂缝的发展和限制劈裂裂缝的宽度,从而提高粘结能力;当钢筋锚固区内作用有侧向压力时,粘结能力将会提高。

思考题

1-1 什么是混凝土结构?

1-2 什么是素混凝土结构?

1-3 什么是钢筋混凝土结构?

1-4 在素混凝土结构中配置一定形式和数量的钢材以后,结构的性能将发生什么样的变化?

1-5 钢材的应力-应变关系曲线特征是什么? 简化模式是什么?

1-6 何谓条件屈服强度?

1-7 钢材的强度指标有哪些? 屈强比的实质是什么?

1-8 混凝土的应力-应变关系曲线的特征和主要影响因素是什么?

1-9 混凝土的弹性模量和变形模量是如何定义的? 关系如何?

1-10 混凝土的弹性模量是怎样确定的?

1-11 混凝土结构对钢筋性能有什么要求?

1-12 为什么试块在承压面上抹涂润滑剂后测出的抗压强度比不抹涂润滑剂的高?

1-13 影响混凝土抗压强度的因素有哪些?

1-14 伸入支座的锚固长度越长,粘结强度是否越高? 为什么?

1-15 公路桥涵工程中对钢筋和混凝土有何特殊的要求?

1-16 钢筋和混凝土之间的粘结力是怎样产生的?

1-17 试述受压混凝土棱柱体一次加载的 σ-ε 曲线的特点?

第二章　钢筋混凝土结构的基本计算原则

第一节　极限状态设计的基本概念

一、结构的作用

（一）作用及作用效应（effect of action）

结构在施工和使用期间，将受到其自身和外加的各种因素作用，这些作用在结构中产生不同的效应——内力和变形。这些引起结构内力和变形的一切原因统称为结构的作用。

结构的作用一般分为两类：第一类称为直接作用，它直接以力的不同集结形式作用于结构，包括结构的自重、行人和车辆、各种物品和设备作用力、风压力、雪压力等等，这一类作用通常也称为荷载；第二类称为间接作用，它不是直接以力的某种集结形式出现，而是引起结构外加变形、约束变形或振动，但也能够对结构产生内力或变形等效应，这一类作用包括温度变化、材料的收缩和膨胀变形、地基的不均匀沉降、地震等。

作用在结构上产生的内力（弯矩、剪力、扭矩、压力和拉力等）和变形（挠度、扭转、转角、弯曲、拉伸、压缩、裂缝等）称为作用效应。由第一类作用，即荷载引起的效应，称为荷载效应。

（二）作用的分类

结构作用的分类方法有多种。

1．按时间的变异性和出现的可能性，可以分为三类。

（1）永久作用（permanent action）

永久作用的作用值在设计基准期（design reference period）内不随时间变化，或其变化值与平均值相比可以忽略不计，如结构自重、土重和土侧压力、预加应力、水位不变的水压力、地基变形、混凝土收缩和徐变、浮力、钢材焊接变形等等。永久作用的统计规律与时间参数无关。

（2）可变作用（variable action）

可变作用的作用值在设计基准期内随时间变化，且其变化值与平均值相比不可忽略，如车辆荷载、风荷载、雪荷载、冰荷载、水位变化的水压力、温度变化、车辆荷载及其冲击力、离心力和制动力、人群荷载等等。可变作用的统计规律与时间参数有关。

（3）偶然作用（accidental action）

偶然作用在设计基准期内出现的概率很小。一旦出现，其持续时间很短，但其量值很大，如罕遇地震、车辆或船舶撞击力。

《公桥规》中采用的分类法，如表2.1.1所示。

2．按照空间位置的变异性，可以分为两类。

（1）固定作用

在结构空间位置上具有固定位置的作用，但其量值是随机的，如恒荷载（dead load）、固定的设备等。

作用分类   表 2.1.1

编号	作用分类	作 用 名 称	编号	作用分类	作 用 名 称
1		结构重力(包括结构附加重力)	12		人群荷载
2		预加力	13		汽车制动力
3		土的重力			
4	永久作用	土侧压力	14		风力
5		混凝土收缩及徐变作用	15	可变作用	流水压力
6		水的浮力	16		冰压力
7		基础变位作用	17		温度作用(均匀温度和梯度温度)
8		汽车荷载	18		支座摩阻力
9		汽车冲击力	19		地震作用
10	可变作用	汽车离心力	20	偶然作用	船舶或漂流物的撞击作用
11		汽车引起的土侧压力	21		汽车撞击作用

(2)自由作用

在结构空间一定范围内可以改变位置的作用,如车辆荷载、人群荷载等。

3.按照结构的反应,可以分为两类。

(1)静态作用

在结构上不产生加速度或产生的加速度可忽略不计的作用,如结构自重。

(2)动态作用

在结构上产生不可忽略的加速度的作用,如汽车荷载、地震等。

(三)作用代表值(representative value of an action)

结构或结构构件设计时,为了便于作用的统计和表达,简化设计公式,通常以一些确定的值来表达这些不确定的作用量,这些确定的值即称为作用的代表值。它应是根据对作用统计得到的概率分布模型,按照概率的方法确定的。结构设计时,《公桥规》规定,应根据各种极限状态的设计要求,采取不同的作用代表值。

永久作用的代表值采用标准值;可变作用的代表值有标准值、准永久值和频遇值,其中标准值为基本代表值;偶然作用的代表值采用标准值。

1.作用的标准值(characteristic value of an action)

作用的标准值(有时也称为特征值)是结构设计的主要参数,它关系到结构的安全问题,是作用的基本代表值。其量值应取结构设计规定期限内可能出现的最不利值,一般按照在设计基准期内最大概率分布 $F_{QT}(x)$ 的某一分位值确定,如图 2.1.1 所示。对永久作用,由于其变异性不大,标准值以其平均值,即 0.5 分位值确定,可以按照结构设计尺寸和材料确定,或按照结构构件的平均重力密度确定。桥涵结构常用材料的重力密度如表 2.1.2 所示。

对于可变作用,目前其最大作用概率分布 $F_{QT}(x)$ 的分位无统一规定,同时由于一些作用的统计资料不足,某些作用的标准值尚不能够完全用概率的方法确定,而是依据已有工程经验,通过分析判断规定的一个公称值作为标准。桥涵结构可变作用的标准值可从《公路桥涵设计通用规范》(JTG D60—2004)中查得,对某些特殊情况下的作用,也可以通过调查统计按照同类工程经验取值。

2.作用的准永久值(quasi-permanent value of an action)

17

作用的准永久值是对可变作用而言的。对可变作用,标准值仅在概率意义上规定了可能达到的最大量值,但没有考虑可变作用持续稳定的程度。作用的准永久值是对可变作用持续稳定性的一种描述,是指在结构上经常出现的作用值,它在规定的使用期内具有较长的持续时间,对结构的影响类似于永久作用。作用的准永久值一般是依据作用出现的累计持续时间(考虑到出现的频率程度和每次出现持续时间)而定,即按照在设计基准期内作用达到或超过该值的总持续时间(图 2.1.2 中的 $\sum\limits_{i=1}^{n} t_i$)与整个设计基准期 T 的比值确定。目前国际上一般取该比值为 0.5,这相当于取准永久值为任意时点作用概率分布的 0.5 分位值。《公桥规》规定,可变作用准永久值为可变作用标准值乘以准永久值系数 ψ_2 得到。汽车荷载(不计冲击力)$\psi_2 = 0.4$,人群荷载 $\psi_2 = 0.4$,风荷载 $\psi_2 = 0.75$,温度梯度作用 $\psi_2 = 0.8$,其他作用 $\psi_2 = 1.0$。

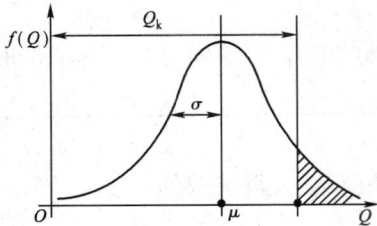

图 2.1.1　作用标准值的确定

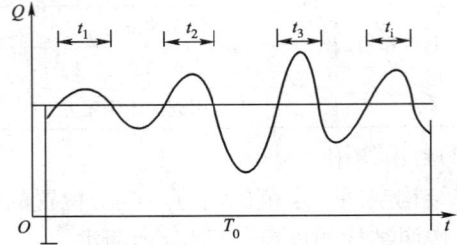

图 2.1.2　作用准永久值的确定

常用材料的重力密度　　　　　　　　　　　　　　　　　　　　表 2.1.2

材　料　种　类	重力密度(kN/m³)	材　料　种　类	重力密度(kN/m³)
钢、铸钢	78.5	浆砌片石	23.0
铸铁	72.5	干砌块石或片石	21.0
锌	70.5	沥青混凝土	23.0 ~ 24.0
铅	114.0	沥青碎石	22.0
黄铜	81.1	碎(砾)石	21.0
青铜	87.4	填土	17.0 ~ 18.0
钢筋混凝土或预应力混凝土	25.0 ~ 26.0	填石	19.0 ~ 20.0
混凝土或片石混凝土	24.0	石灰三合土、石灰土	17.5
浆砌块石或料石	24.0 ~ 25.0		

3. **作用的频遇值**(frequent value of an action)

作用的频遇值也是对可变作用而言的。结构或构件按正常使用极限状态作用短期效应组合设计(combination for short-term action effects)时,采用的另一种可变作用代表值,其值可根据在足够长观测期内作用任意时点概率分布的 0.5(或略高于 0.5)分位值确定。这是因为,当结构上同时作用两种或两种以上的可变作用时,它们同时以各自作用的标准值出现的可能性极小,可变作用应取小于其标准值的频遇值为作用的代表值。《公桥规》规定,可变作用的频遇值为可变作用标准值乘以频遇值系数 ψ_1。汽车荷载(不计冲击力)$\psi_1 = 0.7$,人群荷载 $\psi_1 = 1.0$,风荷载 $\psi_1 = 0.75$,温度梯度作用 $\psi_1 = 0.8$,其他作用 $\psi_1 = 1.0$。

4. **作用代表值的选用**(choose of action representative value)

永久作用应采用标准值作为代表值。

可变作用应根据不同的极限状态分别采用标准值、频遇值或准永久值作为其代表值。承载能力极限状态设计及按弹性阶段计算结构强度时应采用标准值作为可变作用的代表值。正常使用极限状态按短期效应(频遇)组合设计时,应采用频遇值作为可变作用的代表值;按长期效应(准永久)组合设计时,应采用准永久值作为可变作用的代表值。

偶然作用取其标准值作为代表值。

5. 作用设计值(design value of an action)

作用设计值是作用标准值乘以作用分项系数后的值。分项系数(partial safety factor)分为作用分项系数和材料分项系数两类,是为保证所设计的结构具有规定的可靠度,而在结构极限状态设计表达式中采用的系数。永久作用分项系数如表2.1.3所示。汽车荷载效应(含汽车冲击力、离心力)的分项系数取 $\gamma_{Q1} = 1.4$,风荷载的分项系数取 $\gamma_{Qj} = 1.1$。

永久作用效应的分项系数   表2.1.3

编号	作 用 类 别		永久作用效应分项系数	
			对结构的承载能力不利时	对结构的承载能力有利时
1	混凝土和圬工结构重力(包括结构附加重力)		1.2	1.0
	钢结构重力(包括结构附加重力)		1.1 ~ 1.2	
2	预加力		1.2	1.0
3	土的重力		1.2	1.0
4	混凝土的收缩及徐变作用		1.0	1.0
5	土侧压力		1.4	1.0
6	水的浮力		1.0	1.0
7	基础变位作用	混凝土和圬工结构	0.5	0.5
		钢结构	1.0	1.0

二、结构的抗力及其不定性因素

抗力是结构构件抵抗作用效应的能力,即承载能力和抗变形能力。承载能力包括受弯、受压、受剪、受扭承载力等各种抵抗外力的能力;抗变形能力包括抗裂能力、刚度等。严格来讲,抗力是与时间有关的随机过程,因为组成结构的有些材料的力学性能是随时间变化的,如混凝土材料的强度将随时间的增长而提高,环境对材料的长期劣化引起力学性能的变化等。但是由于在正常情况下,抗力随时间变化的程度并不显著,因此通常忽略抗力随时间的变化,将其视为与时间无关的随机变量,用随机变量概率模型描述。

引起抗力不定性的主要因素有以下方面。

(1)材料性能的不定性。结构构件材料性能的不定性主要是指材料不匀质、生产工艺、加载方法、环境、尺寸与实际结构构件和标准试件(standard specimen)差别等因素引起的材料性能的变异性。例如对钢材的变异性分析应考虑:钢材本身强度的离散性,实验方法和加载速度对测试结果的影响,钢材截面面积的变异性,结构中实际材料性能与标准试件材料性能的差别,生产单位(或地区)的差别,实际工作条件与标准实验条件的差别等。在工程应用中,材料性能一般是采用标准试件和标准试验方法确定的,并以一个时期全国有代表性的生产单位(或地区)的材料性能的统计结果作为代表。

(2)几何参数(geometrical parameter)的不定性。结构构件的几何参数包括截面的高度、宽度、面积、惯性矩、混凝土保护层厚度等所有截面几何特征,以及构件的高度、跨度、偏心距等，还有由这些参数构成的函数。结构构件几何参数的不定性是指由于制作尺寸偏差和安装误差等原因，导致构件制作安装后实际结构构件与设计的标准结构构件之间几何尺寸的变异性。

(3)计算模式的不定性。结构构件计算模式的不定性，主要是对抗力进行分析计算时，采用了某些近似的基本假设和计算公式不精确等而引起的对抗力实际能力估计的误差。例如，抗力计算时，对材料物理力学性能的假设、截面的应力和应变分布的假设、构件支承条件的假设、为了简化计算而对计算公式进行的简化处理等等，这些近似处理必然会导致按计算公式计算得到的值与实际结构构件抗力值的差异。这种变异性一般可以通过与精确计算模式的计算结果比较，或与实验结果比较来确定。

三、结构的功能要求

结构设计的目的，就是要使所设计的结构，在规定的时间内能够在具有足够可靠性的前提下，完成全部功能的要求。结构的功能是由其使用要求决定的，具体有如下四个方面：

(1)结构应能承受在正常施工和正常使用期间可能出现的各种荷载、外加变形、约束变形等的作用。

(2)结构在正常使用条件下具有良好的工作性能，如：不发生影响正常使用的过大变形或局部损坏。

(3)结构在正常使用和正常维护的条件下，在规定的时间内，具有足够的耐久性，如：不发生由于保护层碳化或裂缝宽度开展过大导致钢筋的锈蚀。

(4)在偶然荷载(如地震、强风)作用下或偶然事件(如爆炸)发生时和发生后，结构仍能保持整体稳定性，不发生倒塌。

上述要求中，第(1)、(4)两项通常是指结构的强度、稳定，关系到人身安全，称为结构的安全性；第(2)项指结构的适用性；第(3)项指结构的耐久性。结构的安全性、适用性和耐久性这三者总称为结构的可靠性。可靠性的数量描述一般用可靠度，安全性的数量描述则用安全度。可见，可靠度比安全度的含义更广泛，更能反映结构的可靠程度。

结构可靠度(degree of reliability)的定义：结构在规定的时间内，在规定的条件下，完成预定功能的概率。

上述"规定的时间"指分析结构的可靠度时考虑各项基本变量与时间关系所取用的时间参数，通常称为设计基准期(design reference period)，根据《公路工程结构可靠度设计统一标准》，桥梁结构设计基准期为100年。"规定的条件"指结构设计时所确定的正常设计、正常施工和正常使用条件。"预定功能"指前述的四项功能。

四、结构的极限状态(limit state)

结构在使用期间的工作情况，称为结构的工作状态。结构能够满足各项功能要求而良好的工作，称为结构"可靠"；反之则称结构"失效"。结构工作状态是处于可靠还是失效的标志用"极限状态"来衡量。

当整个结构或结构的一部分超过某一特定状态而不能满足设计规定的某一功能要求时，则此特定状态称为该功能的极限状态。对于结构的各种极限状态，均应规定明确的标志和限值。

国际上一般将结构的极限状态分为如下三类。

1．承载能力极限状态（ultimate limit state）

这种极限状态对应于结构或构件达到最大承载能力或出现不适于继续承载的变形或变位的状态。当结构或构件出现下列状态之一时，即认为超过了承载能力极限状态：

(1)整个结构或结构的一部分作为刚体失去平衡（如滑动、倾覆等）；

(2)结构构件或连接处因超过材料强度而破坏或因过度的塑性变形而不能继续承载（包括疲劳破坏）；

(3)结构转变成机动体系；

(4)结构或结构构件丧失稳定（如柱的压屈失稳等）。

2．正常使用极限状态（serviceability limit state）

这种极限状态对应于结构或结构构件达到正常使用或耐久性的某项限定值的状态。当结构或结构构件出现下列状态之一时，即认为超过了正常使用极限状态：

(1)影响正常使用或外观的变形；

(2)影响正常使用或耐久性能的局部损坏，如过大的裂缝宽度（crack width）；

(3)影响正常使用的振动；

(4)影响正常使用的其他特定状态。

3．破坏安全极限状态

这种极限状态是指偶然事件造成结构局部破坏后，其余部分不至于发生连续倒塌的状态。偶然事件包括超过设计烈度的地震、爆炸、车辆撞击、地基塌陷等。

上述前两类极限状态在我国现行《公桥规》中已被采用。《公桥规》规定公路桥涵应进行以下两类极限状态设计：

(1)承载能力极限状态：对应于桥涵及其构件达到最大承载能力或出现不适于继续承载的变形或变位的状态；

(2)正常使用极限状态：对应于桥涵及其构件达到正常使用或耐久性的某项限定值的状态。

世界上不少国家的规范也通常采用这两类极限状态。至于破坏安全极限状态，目前由于在计算方面还缺乏足够的统计资料和工程实践经验，所以在实际应用时还未作为一个独立的极限状态提出，而只在承载能力极限状态中补充了防止结构连续倒塌的设计原则。

《公桥规》还规定公路桥涵应根据不同种类的作用（或荷载）及其对桥涵的影响、桥涵所处的环境条件，考虑以下三种设计状况（design situation）及其相应的极限状态设计。

(1)持久状况：是指结构的使用阶段，这个阶段的时间很长，一般取与设计基准期相同的时间。该状况桥涵应进行承载能力极限状态和正常使用极限状态设计。

(2)短暂状况：桥涵施工过程中承受临时性作用（或荷载）的状况。该状况桥涵仅作承载能力极限状态设计，必要时才作正常使用极限状态设计。

(3)偶然状况：桥涵使用过程中偶然出现的如罕遇地震的状况。该状况桥涵仅作承载能力极限状态设计。

除需要对上述三种设计状况进行相应的极限状态设计外，公路桥涵还应根据其所处环境条件进行耐久性设计。结构混凝土耐久性的基本要求应符合表2.1.4规定。

五、结构安全等级（safety class）

对于结构的功能要求和可靠性程度不同的桥涵，设计时应按结构安全等级进行设计。《公桥规》规定:持久状况承载力极限状态,应根据桥涵破坏时可能产生的后果的严重程度,按表 2.1.5 划分的三个安全等级进行设计。同一座桥梁的各种构件宜取相同的安全等级,必要时部分构件可适当调整,但调整后等级差不应超过一个等级。特殊大桥宜进行景观设计;跨高速公路、一级公路的桥梁应与自然环境和景观相协调。

结构混凝土耐久性的基本要求   表 2.1.4

环境类别	环 境 条 件	最大水灰比	最小水泥用量 (kg/m³)	最低混凝土强度等级	最大氯离子含量 (%)	最大碱含量 (kg/m³)
I	温暖或寒冷地区的大气环境;与无侵蚀性的水或土接触的环境	0.55	275	C25	0.30	3.0
II	严寒地区的大气环境、使用除冰盐环境;滨海环境	0.50	300	C30	0.15	3.0
III	海水环境	0.45	300	C35	0.10	3.0
IV	受侵蚀性物质影响的环境	0.40	325	C35	0.10	3.0

注:1. 有关现行规范对海水环境结构混凝土中最大水灰比和最小水泥用量有更详细规定时,可参照执行;

2. 表中氯离子含量系指其与水泥用量的百分率;

3. 当有实际工程经验时,处于 I 类环境中结构混凝土的最低强度等级可比表中降低一个等级;

4. 预应力混凝土构件中的最大氯离子含量为 0.06%,最小水泥用量为 350kg/m³,最低混凝土强度等级为 C40 或按表中规定 I 类环境提高三个等级,其他环境类别提高二个等级;

5. 特大桥和大桥混凝土中的最大碱含量宜降至 1.8kg/m³,当处于 III 类、IV 类或使用除冰盐和滨海环境时,宜使用非碱活性骨料。

公路桥涵安全等级   表 2.1.5

安 全 等 级	桥 涵 类 型	安 全 等 级	桥 涵 类 型
一级	特大桥、重要大桥	三级	小桥、涵洞
二级	大桥、中桥、重要小桥		

表中"重要"的大桥和小桥,系指高速公路上、国际公路上及城市附近交通繁忙的城郊公路上的桥梁。特大、大、中、小桥及涵洞按桥梁单孔跨径或多孔跨径总长分类,规定于表 2.1.6。

桥 梁 涵 洞 分 类   表 2.1.6

桥涵分类	多孔跨径总长 L(m)	单孔跨径 L_K(m)	桥涵分类	多孔跨径总长 L(m)	单孔跨径 L_K(m)
特大桥	$L > 1000$	$L_K > 150$	小桥	$8 < L < 30$	$5 < L_K < 20$
大桥	$100 < L < 1000$	$40 < L_K < 150$	涵洞	—	$L_K < 5$
中桥	$30 < L < 100$	$20 < L_K < 40$			

第二节　作用效应组合

一、作用效应组合原则

公路桥涵结构设计应考虑结构上可能同时出现的作用,按承载能力极限状态和正常使用极限状态进行作用效应组合,取其最不利效应组合进行设计。效应组合的原则:

（1）只有在结构上可能同时出现的作用，才进行其效应的组合；当结构或结构构件需作不同受力方向的验算时，则应以不同方向的最不利作用效应进行组合；

（2）可变作用当它的出现对结构或结构构件产生有利影响时，该作用不应参与组合；实际不可能同时出现的作用或不同时参与组合的作用，按表2.2.1规定不考虑其作用效应的组合；

可变作用不同时组合表　　　　　　　　　　表2.2.1

编号	作用名称	不与该作用同时参与组合的作用编号	编号	作用名称	不与该作用同时参与组合的作用编号
13	汽车制动力	15,16,18	16	冰压力	13,15
15	流水压力	13,16	18	支座摩阻力	13

（3）施工阶段作用效应的组合，应按计算需要及结构所处条件而定，结构上的施工人员和施工机具设备均应作为临时荷载加以考虑；组合式桥梁，当把底梁作为施工支撑时，作用效应分两个阶段组合，底梁受荷为第一个阶段，组合梁受荷为第二个阶段；

（4）多个偶然作用不能同时组合。

二、作用效应组合（combination for action effects）

（一）按承载能力极限状态设计

作用效应组合是结构上几种作用分别产生的效应的随机叠加。《公桥规》规定，公路桥涵结构按承载能力极限状态设计时，应采用以下两种作用效应组合。

1. 作用效应基本组合（fundamental combination of action effects）

承载能力极限状态设计时，永久作用设计值效应与可变作用设计值效应相组合，其效应组合表达式为：

$$\gamma_0 S_{ud} = \gamma_0 \left(\sum_{i=1}^{m} \gamma_{Gi} S_{Gik} + \gamma_{Q1} S_{Q1k} + \psi_c \sum_{j=2}^{n} \gamma_{Qj} S_{Qjk} \right) \tag{2.2.1}$$

或

$$\gamma_0 S_{ud} = \gamma_0 \left(\sum_{i=1}^{m} S_{Gid} + S_{Q1d} + \psi_c \sum_{j=2}^{n} S_{Qjd} \right) \tag{2.2.2}$$

式中：S_{ud}——承载能力极限状态下作用基本组合的效应组合设计值；

γ_0——结构重要性系数（coefficient for importance of a structure），按结构设计安全等级采用，对应于设计安全等级一级、二级和三级分别取1.1、1.0和0.9；

γ_{Gi}——第 i 个永久作用效应的分项系数，应按表2.1.3的规定采用；

S_{Gik}，S_{Gid}——第 i 个永久作用效应的标准值和设计值；

γ_{Q1}——汽车荷载效应（含汽车冲击力、离心力）的分项系数（partial safety factor），取 $\gamma_{Q1} = 1.4$；当某个可变作用在效应组合中其值超过汽车荷载效应时，则该作用取代汽车荷载，其分项系数应采用汽车荷载的分项系数；对专为承受某作用而设置的结构或装置，设计时该作用的分项系数取与汽车荷载同值；

S_{Q1k}，S_{Q1d}——汽车荷载效应（含汽车冲击力、离心力）的标准值和设计值；

γ_{Qj}——在作用效应组合中除汽车荷载效应（含汽车冲击力、离心力）、风荷载外的其他第 j 个可变作用效应（含人行道板等局部构件和人行道栏杆上的可变作用效应）的分项系数，取 $\gamma_{Qj} = 1.4$，但风荷载的分项系数取 $\gamma_{Qj} = 1.1$；

S_{Qjk}，S_{Qjd}——在作用效应组合中除汽车荷载效应(含汽车冲击力、离心力)外的其他第 j 个可
变作用效应的标准值和设计值；

ψ_c——在作用效应组合中除汽车荷载效应(含汽车冲击力、离心力)外的其他可变作用
效应的组合系数；当永久作用与汽车荷载和人群荷载(或其他一种可变作用)组
合时，人群荷载(或其他一种可变作用)的组合系数取 $\psi_c = 0.80$；当除汽车荷载
(含汽车冲击力、离心力)外尚有两种其他可变作用参与组合时，其组合系数取
$\psi_c = 0.70$，有三种可变作用参与组合时，其组合系数取 $\psi_c = 0.60$，有四种及多于
四种的可变作用参与组合时，取 $\psi_c = 0.50$。

设计弯桥时，当离心力与制动力同时参与组合时，制动力标准值或设计值按 70% 取用。

2. 作用效应偶然组合(accidental combination of action effects)

承载能力极限状态设计时，永久作用标准值效应与可变作用某种代表值效应、一种偶然作
用标准值效应相组合。偶然作用的效应分项系数取 1.0，与偶然作用同时出现的可变作用，可
根据观测资料和工程经验取用适当的代表值，地震作用标准值及其表达式按《公路工程抗震设
计规范》(JTJ 004)规定采用。

(二)按正常使用极限状态设计

《公桥规》规定，公路桥涵结构按正常使用极限状态设计时，应根据不同的设计要求，采用
以下两种效应组合。

1. 作用短期效应组合(combination for short-term action effects)

正常使用极限状态设计时，永久作用标准值效应与可变作用频遇值效应相组合，其效应组
合表达式为：

$$S_{sd} = \sum_{i=1}^{m} S_{Gik} + \sum_{j=1}^{n} \psi_{1j} S_{Qjk} \tag{2.2.3}$$

式中：S_{sd}——作用短期效应组合设计值；

ψ_{1j}——第 j 个可变作用效应的频遇值系数，汽车荷载(不计冲击力)$\psi_1 = 0.7$，人群荷载
$\psi_1 = 1.0$，风荷载 $\psi_1 = 0.75$，温度梯度作用 $\psi_1 = 0.8$，其他作用 $\psi_1 = 1.0$；

$\psi_{1j} S_{Qjk}$——第 j 个可变作用效应的频遇值。

2. 作用长期效应组合(combination for long-term action effects)

正常使用极限状态设计时，永久作用标准值效应与可变作用准永久值效应相组合，其效应
组合表达式为：

$$S_{ld} = \sum_{i=1}^{m} S_{Gik} + \sum_{j=1}^{n} \psi_{2j} S_{Qjk} \tag{2.2.4}$$

式中：S_{ld}——作用长期效应组合设计值；

ψ_{2j}——第 j 个可变作用效应的准永久值系数，汽车荷载(不计冲击力)$\psi_2 = 0.4$，人群荷
载 $\psi_2 = 0.4$，风荷载 $\psi_2 = 0.75$，温度梯度作用 $\psi_2 = 0.8$，其他作用 $\psi_2 = 1.0$；

$\psi_{2j} S_{Qjk}$——第 j 个可变作用效应的准永久值。

当结构构件需要进行弹性阶段截面应力计算时，除特别指明外，各作用效应的分项系数及
组合系数均取为 1.0，各项应力限值按各设计规范规定采用。

验算结构的抗倾覆、滑移稳定时，稳定系数、各作用的分项系数及摩擦系数应根据不同结
构按各有关桥涵设计规范的规定确定。构件在吊装、运输时，构件重力应乘以动力系数 1.2 或
0.85，并可视构件具体情况作适当增减。

第三节　极限状态设计原则

一、承载能力极限状态计算原则

公路桥涵的持久状况设计应按承载能力极限状态的要求,对构件进行承载力及稳定计算,必要时尚应进行结构的倾覆和滑移的验算。在进行上述计算或验算时,作用(或荷载)(其中汽车荷载应计入冲击系数)的效应采用其组合设计值,结构材料性能采用其强度设计值。

桥梁构件的承载能力极限状态计算,应采用下列公式:

$$\gamma_0 S \leqslant R \tag{2.3.1}$$

$$R = R(f_d, a_d) \tag{2.3.2}$$

式中: γ_0——桥梁结构的重要性系数(coefficient for importance of structure),按公路桥涵的设计安全等级,一级、二级、三级分别取用 1.1、1.0、0.9;桥梁的抗震设计不考虑结构的重要性系数;

S——作用(或荷载)(其中汽车荷载应计入冲击系数)效应组合设计值(design value of combination for action effects);

R——构件承载力设计值(design value of ultimate bearing capacity);本规范所列承载力计算式,除特别指明外均包含钢筋混凝土构件和预应力混凝土构件的各项参数,可根据需要选用其中有关参数进行计算;

$R( )$——构件承载力函数(function of ultimate bearing capacity);

f_d——材料强度设计值(design value of material strength);

a_d——几何参数设计值(design value of geometrical parameter),当无可靠数据时,可采用几何参数标准值 a_k,即设计文件规定值。

二、持久状况正常使用极限状态计算

公路桥涵的持久状况设计应按正常使用极限状态的要求,采用作用(或荷载)的短期效应组合、长期效应组合或短期效应组合并考虑长期效应组合的影响,对构件的抗裂、裂缝宽度和挠度进行验算,并使各项计算值不超过本规范规定的各相应限值。在上述各种组合中,汽车荷载效应不计冲击系数。

在预应力混凝土构件中,预应力应作为荷载考虑,荷载分项系数取为 1.0,对预应力混凝土连续梁等超静定结构,尚应计入由预应力引起的次效应。

第四节　材料强度的标准值与设计值

一、材料强度标准值(characteristic value of material strength)

在影响钢筋混凝土结构承载能力的诸因素中,起主要作用的是钢筋和混凝土的强度。按统一标准生产的钢材或混凝土,在各批次之间经常会产生强度差异;即使是同一炉钢所轧成的钢筋,或同一次按相同配合比搅拌而得的混凝土试件,按照统一的方法在同一台试验机上进行

试验所测得的强度也是不会完全相同的。这就是材料强度的变异性(或称离散性)。

(一)钢筋强度标准值

为了保证钢材的质量,根据可靠度要求,《公桥规》规定,普通钢筋抗拉强度标准值,取自现行国家标准的钢筋屈服点,具有不小于 95% 保证率的抗拉强度。普通钢筋的强度标准值 f_{sk} 如表 2.4.1 所示。

普通钢筋抗拉强度标准值(MPa)　　　　　表 2.4.1

钢筋种类	符号	f_{sk}	钢筋种类	符号	f_{sk}
R235　$d = 8 \sim 20$	φ	235	HRB400　$d = 6 \sim 50$	Φ	400
HRB335　$d = 6 \sim 50$	Φ	335	KL400　$d = 8 \sim 40$	$Φ^R$	400

注:表中 d 是指国家标准中的钢筋公称直径,单位 mm。

高强度钢丝、钢绞线通常没有明显的屈服强度,而只有抗拉强度以及相当于屈服强度的条件屈服点。钢绞线和高强度钢丝的抗拉强度标准值,取自现行国家标准规定的极限抗拉强度。按照最新国家标准的规定,钢绞线和钢丝的条件屈服点为其抗拉强度的 0.85 倍,预应力钢筋的强度标准值 f_{pk} 如表 2.4.2 所示。

预应力钢筋抗拉强度标准值(MPa)　　　　　表 2.4.2

钢 筋 种 类			符 号	f_{pk}
钢绞线	1×2 (二股)	$d = 8.0 、10.0$ $d = 12.0$	$φ^s$	1470、1570、1720、1860 1470、1570、1720
	1×3 (三股)	$d = 8.6 、10.8$ $d = 12.9$		1470、1570、1720、1860 1470、1570、1720
	1×7 (七股)	$d = 9.5 、11.1 、12.7$ $d = 15.2$		1860 1720、1860
消除应力钢丝	光面	$d = 4 、5$ $d = 6$	$φ^P$	1470、1570、1670、1770 1570、1670
	螺旋肋	$d = 7 、8 、9$	$φ^H$	1470、1570
	刻痕	$d = 5 、7$	$φ^I$	1470、1570
精轧螺纹钢筋		$d = 40$ $d = 18 、25 、32$	JL	540 540、785、930

注:表中 d 系指国家标准中钢绞线、钢丝的公称直径和精轧螺纹钢筋的公称直径,单位 mm。

(二)混凝土强度标准值

混凝土强度的变化规律与钢筋有类似的特点,但其强度离散性更大。因而实际所制的混凝土试块,在 28d 时所测得的立方体强度值并不都与所要求的设计强度相同,而是有高有低。按极限状态设计时,材料强度的取值是在数理统计的基础上,根据结构的安全和经济条件,选取某一个具有一定保证率的强度值作为设计指标。在分析大量试验结果的基础上,认为混凝土在各种受力状态下(立方体受压、棱柱体受压及轴心受拉)的强度变化规律均符合正态分布。

混凝土的强度标准值主要用于正常使用极限状态的验算。它与作为强度等级标志的混凝土立方体抗压强度标准值存在着一定的折算关系。

1.混凝土轴心抗压强度标准值

轴心抗压强度(棱柱体强度)标准值 f_{ck} 与立方体抗压强度标准值 $f_{cu,k}$ 之间存在着以下折算关系:

$$f_{ck} = 0.88\alpha_1\alpha_2 f_{cu,k} \tag{2.4.1}$$

式(2.4.1)中的 α_1 为棱柱体强度与立方体强度的比值。由于摩阻力作用对试件端面的围箍效应,前者数值小于后者,因此折算系数 $\alpha_1 < 1$。由近年的试验统计分析,α_1 可按表2.4.3取值。

混凝土的折算系数 α_1 表2.4.3

混凝土强度等级	≤C50	C55	C60	C65	C70	C75	C80
折算系数 α_1	0.76	0.77	0.78	0.79	0.80	0.81	0.82

式(2.4.1)中的 α_2 为脆性影响系数。考虑高强混凝土的脆性对受力的影响,脆性系数 $\alpha_2 < 1$。对各强度等级的混凝土可按表2.4.4取值。

混凝土的脆性系数 α_2 表2.4.4

混凝土强度等级	≤C40	C45	C50	C55	C60	C65	C70	C75	C80
脆性系数 α_2	1.00	0.984	0.968	0.951	0.935	0.919	0.903	0.887	0.87

式(2.4.1)中的系数0.88是考虑结构中的混凝土强度与试件混凝土强度之间的差异等因素而确定的试件混凝土强度系数。

2. 混凝土的轴心抗拉强度

混凝土的轴心抗拉强度与立方体抗压强度之间并非线性关系。通过对比试验,包括近年进行的高强混凝土的试验,确定其折算关系大体为0.55次方的幂函数。作为强度标准值还要考虑保证率和试验变异系数 δ 的影响。抗拉强度标准值 f_{tk} 与立方体抗压强度标准值 $f_{cu,k}$ 之间的折算关系如下。

$$f_{tk} = 0.88\alpha_2 0.395 f_{cu,k}^{0.55}(1 - 1.645\delta)^{0.45} \tag{2.4.2}$$

式中,系数0.88和 α_2 不再赘述;$0.395 f_{cu,k}^{0.55}$ 为轴心抗拉强度与立方体抗压强度的折算系数;$(1 - 1.645\delta)^{0.45}$ 则反映了试验离散程度对标准值保证率的影响。

3. 混凝土的强度标准值

由上述折算关系式(2.4.1)及(2.4.2)计算所得的各强度等级混凝土的强度标准值如表2.4.5所示。

混凝土的强度标准值和设计值(MPa) 表2.4.5

强度等级 / 强度种类	强度标准值		强度设计值	
	轴心抗压 f_{ck}	轴心抗拉 f_{tk}	轴心抗压 f_{cd}	轴心抗拉 f_{td}
C15	10.0	1.27	6.9	0.88
C20	13.4	1.54	9.2	1.06
C25	16.7	1.78	11.5	1.23
C30	20.1	2.01	13.8	1.39
C35	23.4	2.20	16.1	1.52
C40	26.8	2.40	18.4	1.65
C45	29.6	2.51	20.5	1.74

强度种类 强度等级	强度标准值		强度设计值	
	轴心抗压 f_{ck}	轴心抗拉 f_{tk}	轴心抗压 f_{cd}	轴心抗拉 f_{td}
C50	32.4	2.65	22.4	1.83
C55	35.5	2.74	24.4	1.89
C60	38.5	2.85	26.5	1.96
C65	41.5	2.93	28.5	2.02
C70	44.5	3.00	30.5	2.07
C75	47.4	3.05	32.4	2.10
C80	50.2	3.10	34.6	2.14

注:计算现浇钢筋混凝土轴心受压及偏心受压构件时,如截面的长边或直径小于300mm,表中混凝土的强度应乘以系数
0.8,当构件质量(混凝土成型、截面和轴线尺寸等)确有保证时,可不受此限。

二、材料强度设计值(design value of material strength)

材料强度标准值用于正常使用极限状态的验算,承载能力极限状态计算应采用材料强度
设计值。

(一)钢筋的强度设计值

钢筋强度设计值与强度标准值之间存在着一定的折算关系,即材料分项系数。材料分项
系数是概率极限状态设计方法所确定的分项系数之一,反映材料离散程度对承载力的影响,是
为维持必要的可靠度而设置的。由于普通钢材的均质性较好,质量波动性较小,故材料分项系
数 $\gamma_s = 1.2$。

配置在构件受压区的钢筋的强度设计值,必须结合混凝土的受压极限应变考虑,对于受压
钢筋的强度设计值,按 $f'_{sd} = \varepsilon'_s E_s$ 确定,但不得大于受拉钢筋的强度设计值。一般均取
$\varepsilon'_s = 0.002$,这是根据受压钢筋的压应变与混凝土棱柱体试件的压应力达到最大值 f_{ck} 时的相
应应变 ε_0 相等作为变形协调条件,即令 $\varepsilon'_s = \varepsilon_0 = 0.2\%$ 而确定的。所以《公桥规》规定,钢筋
抗压强度设计值 f'_{sd} 或 f'_{pd} 按以下两个条件确定:

1. 钢筋的受压应变 ε'_s(或 ε'_p)= 0.002;

2. 钢筋的抗压强度设计值 f'_{sd}(或 f'_{pd})= $\varepsilon'_s E_s$(或 $\varepsilon'_p E_p$)必须不大于钢筋的抗拉强度设
计值 f_{sd}(或 f_{pd})。

例如,HRB335 级钢筋 $f'_{sd} = 0.02 \times 2.00 \times 10^5 = 400$MPa,该值于钢筋抗拉强度设计值
$f_{sd} = 280$MPa,取 $f'_{sd} = 280$MPa;抗拉强度标准值 $f_{pd} = 1860$MPa 的钢绞线,其设计值 $f'_{pd} = 0.002$
$\times 1.95 \times 10^5 = 390$MPa,该值小于抗拉强度设计值 $f_{pd} = 1260$MPa,取 $f'_{pd} = 390$MPa。

各级普通钢筋 f_{sd}(抗拉)及 f'_{sd}(抗压)强度设计值如表 2.4.6 所示。

预应力钢筋抗拉强度、抗压强度设计值如表 2.4.7 所示。

普通钢筋的弹性模量 E_s 和预应力钢筋的弹性模量 E_p 应按表 2.4.8 采用。

(二)混凝土强度设计值

混凝土强度设计值主要用于承载能力极限状态设计的计算,它同样有轴心抗压和轴心抗
拉强度设计值,概率极限状态设计方法规定强度设计值应用标准值除以材料分项系数而得。
混凝土强度的离散程度较大,故混凝土的材料分项系数 $\gamma_c = 1.4$。

混凝土轴心抗压强度设计值 f_{cd} 和抗拉强度设计值 f_{td} 如表 2.4.5 所示。

普通钢筋强度设计值(MPa)　　　　　表 2.4.6

钢筋种类		符号	f_{sk}	f_{sd}	f'_{sd}
R235	$d = 8 \sim 20$	φ	235	195	195
HRB335	$d = 6 \sim 50$	Φ	335	280	280
HRB400	$d = 6 \sim 50$	Φ	400	330	330
KL400	$d = 8 \sim 40$	Φ^R	400	330	330

注:1.表中 d 系指国家标准中的钢筋公称直径,单位 mm;

2.钢筋混凝土轴心受拉和小偏心受拉构件的受拉钢筋强度设计值大于330MPa,仍按330MPa取用;

3.构件中配有不同种类的钢筋时,每种钢筋应采用各自的强度计算值。

预应力钢筋抗拉、抗压强度设计值(MPa)　　　　　表 2.4.7

钢筋种类	f_{pk}	f_{pd}	f'_{pd}
钢绞线 1×2（二股） 1×3（三股） 1×7（七股）	1470	1000	390
	1570	1070	
	1720	1170	
	1860	1260	
消除应力光面钢丝 和螺旋肋钢丝	1470	1000	410
	1570	1070	
	1670	1140	
	1770	1200	
消除应力刻痕钢丝	1470	1000	410
	1570	1070	
精轧螺纹钢筋	540	450	400
	785	650	
	930	770	

钢筋的弹性模量(MPa)　　　　　表 2.4.8

钢筋种类	E_s	钢筋种类	E_p
R235	2.1×10^5	消除应力光面钢丝、螺旋肋钢丝、刻痕钢丝	2.05×10^5
HRB335、HRB400、KL400、精轧螺纹钢筋	2.0×10^5	钢绞线	1.95×10^5

思考题

2-1　作用有哪些类型?

2-2　什么是作用效应?作用及作用效应的分类有哪些?

2-3　为什么作用要采用代表值?作用的代表值有哪些?如何确定的?

2-4　何谓结构抗力?为什么说结构抗力是一个随机过程?抗力的不定性因素主要包括
　　　哪些?

2-5　结构的功能要求包括哪些?如何满足这些要求?

2-6　什么是材料强度标准值?

2-7 混凝土的强度指标有哪些？它们之间的关系如何？

2-8 为什么《公桥规》规定 HPB235、HRB335、HRB400 钢筋的受压强度设计值取等于受拉强度设计值？而钢绞线、消除应力钢丝和热处理钢筋却只分别取 390MPa,410MPa 和 400MPa？

2-9 结构的自重如何计算？

2-10 荷载效应与荷载有何区别？有何联系？

2-11 结构有哪些极限状态？

第三章　钢筋混凝土受弯构件正截面承载力计算

受弯构件(bending member)是指截面上通常有弯矩和剪力共同作用而轴力可以忽略不计的构件。钢筋混凝土受弯构件的主要形式是板(slab)和梁(beam),它们是组成工程结构的基本构件,在桥梁工程中应用很广。例如人行道板、行车道板、小跨径板梁桥、T形桥梁的主梁、横梁以及柱式墩台中的盖梁等都属于受弯构件。

在荷载作用下,受弯构件的截面将承受弯矩 M 和剪力 V 的作用。因此,设计受弯构件时,一般应满足下列两方面要求:

(1)由于弯矩 M 的作用,构件可能沿弯矩最大的截面发生破坏,当受弯构件沿弯矩最大的截面发生破坏时,破坏截面与构件轴线垂直,称为沿正截面破坏。故需进行正截面承载力计算。

(2)由于弯矩 M 和剪力 V 的共同作用,构件可能沿剪力最大或弯矩和剪力都较大的截面破坏,破坏截面与构件的轴线斜交,称为沿斜截面破坏,故需进行斜截面承载力计算。

本章主要讨论梁和板的正截面承载力计算,目的是根据最大荷载效应 M 来确定钢筋混凝土梁和板截面上纵向受力钢筋的所需面积,并进行钢筋的布置。

第一节　受弯构件的截面形式与构造

一、钢筋混凝土板的构造

板是在两个方向上(长、宽)尺度很大,而在另一方向上(厚度)尺寸相对较小的构件,并且主要承受垂直于板面荷载的作用。根据在长、宽两个尺度上的比例及支承形式,板可以分为单向板和双向板两个类型,两对边支承的板,按单向板计算。

(一)单向板(one-way slabs)

小跨径钢筋混凝土板,一般为实心矩形截面。当跨径较大时,为节省混凝土和减轻自重,常做成空心板。如图 3.1.1 所示。

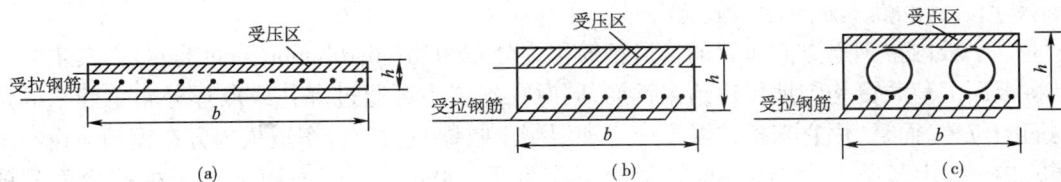

图 3.1.1　受弯构件板的截面形式
(a)整体式板;(b)装配式实心板;(c)装配式空心板

钢筋混凝土简支板桥的标准跨径不宜大于 13m,连续板桥的标准跨径不宜大于 16m。预应力混凝土简支板桥的标准跨径不宜大于 25m,预应力连续板桥的标准跨径不宜大于 30m。

板的厚度可根据跨径内最大弯矩和构造要求确定,但为了保证施工质量,其最小厚度应有所限制:行车道板一般不小于100mm;人行道板的厚度,就地浇筑的混凝土板不宜小于80mm,预制混凝土板不宜小于60mm。空心板桥的顶板和底板厚度,均不宜小于80mm。空心板空洞端部应予以填封。

板中钢筋由主钢筋(即受力钢筋)和分布钢筋组成,如图3.1.2所示。主钢筋布置在板的受拉区,行车道板内的主钢筋直径一般不小于10mm;人行道板内的主钢筋不小于8mm。在简支板跨中和连续板支点处,板内主钢筋中心的间距不应大于200mm。各主钢筋间横向净距和层与层之间的竖向净距,当钢筋为3层及以下时,不应小于30mm,并不小于钢筋直径;当钢筋为3层以上时,不应小于40mm,并不小于钢筋直径的1.25倍。对于束筋,此处直径采用等代直径。

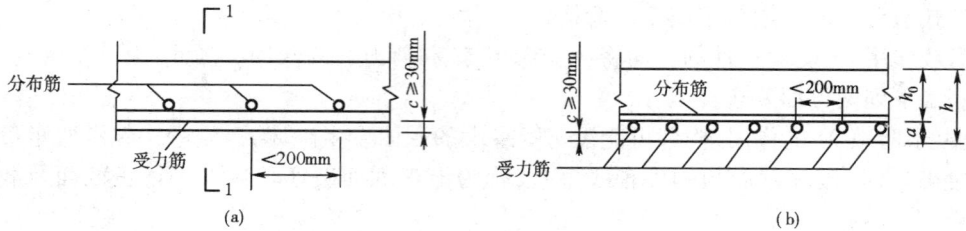

图3.1.2 板的钢筋构造
(a)顺板跨方向;(b)垂直于板跨方向(1—1)

行车道板内主钢筋可在沿板高中心纵轴线的 $1/4 \sim 1/6$ 计算跨径处按 $30° \sim 45°$ 弯起。通过支点不弯起的主钢筋,每米板宽内不应少于3根,并不应少于主钢筋截面面积的1/4。

为了防止钢筋外露锈蚀,主钢筋边缘到构件边缘的保护层厚度应符合表3.1.1规定。

普通钢筋和预应力直线形钢筋最小混凝土保护层厚度(mm) 表3.1.1

序号	构 件 类 别		环 境 条 件		
			I	II	III、IV
1	基础、桩基承台 (受力钢筋)	(1)基坑底面有垫层或侧面有模板	40	50	60
		(2)基坑底面无垫层或侧面无模板	60	75	85
2	墩台身、挡土结构、涵洞、梁、板、拱圈、拱上建筑(受力主筋)		30	40	45
3	人行道构件、栏杆(受力主筋)		20	25	30
4	箍筋		20	25	30
5	缘石、中央分隔带、护栏等行车道构件		30	40	45
6	收缩、温度、分布、防裂等表层钢筋		15	20	25

注:对于环氧树脂涂层钢筋,可按环境类别I取用。

垂直于板内主钢筋方向布置的构造钢筋称为分布钢筋(distribution steel bars)。其主要作用是将板面上荷载更均匀地传递给主钢筋,同时在施工中可通过绑扎或点焊分布钢筋来固定主钢筋的位置,而且,用它来抵抗温度应力和混凝土收缩应力。行车道板内分布钢筋应设在主钢筋的内侧,其直径不应小于8mm,间距不应大于200mm,截面面积不小于板截面面积的0.1%。人行道板内分布钢筋直径不应小于6mm,间距不应大于200mm。在主钢筋的弯折处,应布置分布钢筋。

单边固接的板称为悬臂板(cantilever slabs),主钢筋应布置在截面上部。

(二)双向板(two-way slabs)

周边支承的板,如图3.1.3所示。视其长短边的比例,可分为两种情况:当长边与短边之比大于等于2时,弯矩主要沿短边方向分配,长边方向受力很小,其受力情况与两边支承板基本相同,故称单向板。

在单向板中,主钢筋沿短边方向布置,在长边方向只布置分布钢筋,如图3.1.4(a)。当长边与短边之比小于2时,两个方向同时承受弯矩,故称双向板,如图3.1.4(b)。在双向板中,两个方向都应设置受力主钢筋。

双向板内主钢筋的分布,可在纵向和横向各划分成3个板带。两个边带的宽度均为板的短边宽度的1/4。在中间带的钢筋应按计算数量设置,在边带设置中间带所需钢筋的一半,钢筋间距不应大于250mm,且不应大于板厚的两倍。

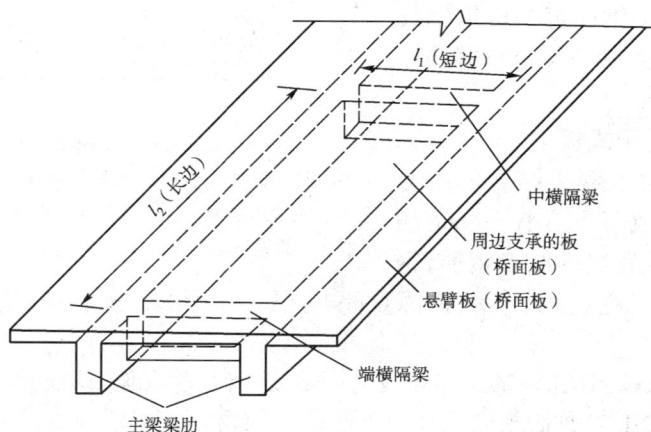

图3.1.3 周边支承板示意图

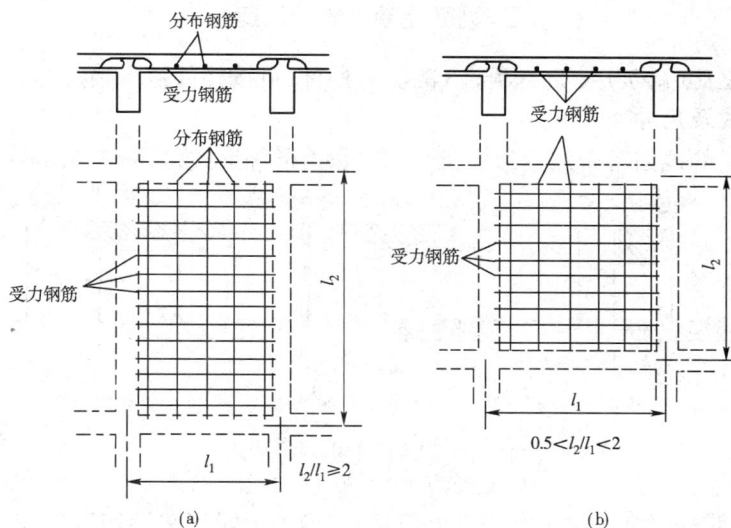

图3.1.4 单、双向板钢筋布置图

(三)斜板

斜板的钢筋可按下列规定布置,如图3.1.5所示。

1.当整体式斜板的斜交角(板的支座轴线的垂直线与桥纵轴线的夹角)不大于15°时,主钢筋可平行于桥纵轴线方向布置。当整体式斜板的斜交角大于15°时,主钢筋宜垂直于板的支座轴线方向布置,此时,在板的自由边上下应设一条不少于3根主钢筋的平行于自由边的钢筋带,并用箍筋箍牢。在钝角部位靠近板顶的上层,应布置垂直于钝角平分线的加强钢筋,在钝角部位靠近板底的下层,应布置平行于钝角平分线的加强钢筋,加强钢筋直径不宜小于 12mm,间距 100～150mm,布置于以钝角两侧 1.0m 至 1.5m 为边长的扇形面积内。

2.斜板的分布钢筋宜垂直于主钢筋方向设置,其直径、间距和数量同直板。在斜板的支座附近宜增设平行于支座轴线的分布钢筋,或将分布钢筋向支座方向呈扇形分布,过渡到平行于支撑轴线。

3.预制斜板的主钢筋可与桥纵轴线平行,其钝角部位加强钢筋及分布钢筋与整体式斜板桥相同。

(四)组合板和装配式板

由预制板与现浇混凝土结合的组合板,预制板顶面应做成凹凸不小于 6mm 的粗糙面。如结合面配置竖向结合钢筋,钢筋应埋入预制板和现浇层内,其埋置深度不应小于 10 倍钢筋直径;钢筋间距不应大于 500mm。

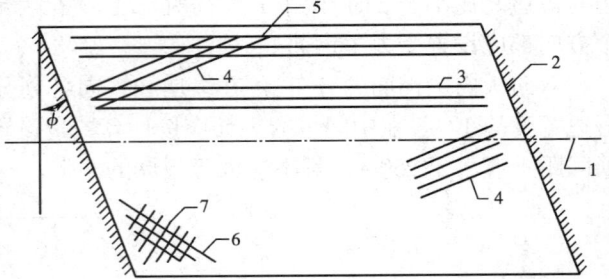

图 3.1.5 斜板桥钢筋布置

1-桥纵轴线;2-支承轴线;3-顺桥纵轴线钢筋;4-与支承轴线正交钢筋;5-自由边钢筋带;6-垂直于钝角平分线的钝角钢筋;7-平行于钝角平分线的钝角钢筋

装配式板当采用铰接时,铰的上口宽度应满足施工时使用插入式震捣器的需要,铰的深度不应小于预制板高的 1/2,预制板内应预埋钢筋伸入铰内。铰接板顶面应铺设现浇混凝土层,其厚度不易小于 80mm。

二、钢筋混凝土梁的构造

长度与高度之比 (l_0/h) 大于或等于 5 的受弯构件,可按杆件考虑,通称为"梁"。

(一)截面形式及尺寸

钢筋混凝土梁的截面常采用矩形、T 形(I 形)和箱形等形式,如图 3.1.6 所示。

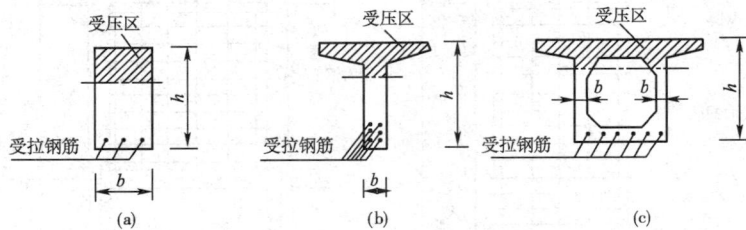

图 3.1.6 受弯构件梁的截面形式

(a)矩形梁;(b)T 形梁;(c)箱形梁

一般在中、小跨径时常采用 I 形及 T 形截面,跨径增大时可采用箱形截面。钢筋混凝土 T 形截面简支梁(simply supported beam)(包括 I 形截面梁)标准跨径不宜大于 20m。钢筋混凝土箱形截面连续梁标准跨径不宜大于 30m。矩形梁的高宽比一般为 $h/b \approx 2.5 \sim 3$。T 形截面梁的高度主要与梁的跨度、间距及荷载大小有关。公路桥梁中大量采用的 T 形简支梁桥,其梁高与跨径之比为 1/11～1/16。

预制 T 形截面梁翼缘悬臂端的厚度不应小于 100mm;当预制 T 形截面梁之间采用横向整体现浇连接或箱形截面梁设有桥面横向预应力钢筋时,其悬臂端厚度不应小于 140mm。T 形

34

和 I 形截面梁,在与腹板相连处的翼缘厚度,不应小于梁高的 1/10,当该处设有承托时,翼缘厚度可计入承托加厚部分,厚度 $h_h = b_h \tan\alpha$,其中 b_h 为承托宽度,如图 3.1.7 所示,$\tan\alpha$ 为承托底坡(竖横比);当 $\tan\alpha$ 大于 1/3 时,取用 $h_h = b_h/3$。

T 形截面梁(包括 I 形截面梁)应设跨端和跨间横隔梁。当梁横向刚性连接时,横隔梁间距不应大于 10m;当铰接时,其间距不应大于 5m。

箱形截面梁应设箱内端隔板。内半径小于 240m 的弯箱梁应设跨间横隔板,其间距对于钢筋混凝土箱形截面梁不应大于 10m;对于预应力箱形截面梁则需经结构分析确定。共同受力的多箱梁桥,梁间应设跨端横隔梁,需要时宜设跨间横隔梁,其设置及间距可参照 T 形截面梁处理。

箱形截面悬臂梁桥除应设箱内端隔板外,悬臂跨径 50m 及以上的箱形截面悬臂梁桥在悬臂中部尚应设跨间横隔板。箱形截面梁横隔板应设检查用入孔。

图 3.1.7 T 形梁截面示意图

箱形截面梁顶板与腹板相连处应设置承托;底板与腹板相连处应设倒角,必要时也可设置承托。箱形截面梁顶、底板的中部厚度,不应小于其净跨径的 1/30,且不小于 200mm。

T 形、I 形截面或箱形截面梁的腹板宽度不应小于 140mm;其上下承托之间的腹板高度,当腹板内设有竖向预应力钢筋时,不应大于腹板宽度的 20 倍,当腹板内不设竖向预应力钢筋时,不应大于腹板宽度的 15 倍。当腹板宽度有变化时,其过渡段长度不宜小于 12 倍腹板宽度差。

(二)钢筋构造

梁内的钢筋有纵向受力钢筋、弯起钢筋、箍筋、架立钢筋、纵向水平钢筋等。

梁内的钢筋常常采用骨架形式,一般分为绑扎钢筋骨架和焊接钢筋骨架两种形式。绑扎骨架是用细铁丝将各种钢筋绑扎而成,如图 3.1.8(a)所示。焊接骨架是先将纵向受拉钢筋、弯起钢筋或斜筋和架立钢筋焊接成平面骨架,然后用箍筋将数片焊接的平面骨架组成立体骨架形式,如图 3.1.8(b)所示。

1. 纵向受力筋

布置在梁的受拉区的纵向受力钢筋是梁内的主要受力钢筋,一般又称为主钢筋。当梁的高度受到限制时,亦可在受压区布置纵向受力钢筋,用以协助混凝土承担压力。纵向受力钢筋的数量由计算决定。选择的钢筋直径一般为 14 ~ 32mm,通常不得超过 40mm,同一梁内宜采用相同直径的钢筋,以简化施工。有时为了节省钢筋,也可以采用两种直径,但直径相差不应小于 2mm,以便施工识别。

梁内的纵向受力钢筋可以单根或 2 ~ 3 根成束的布置,组成束筋的单根钢筋直径不应大于 28mm,束筋成束后的等代直径 $d_e = \sqrt{n}d$,其中,n 为组成束筋的根数,d 为单根钢筋直径。当束筋的等代直径大于 36mm 时,受拉区应设表层带肋钢筋网,在顺束筋长度方向,钢筋直径 8mm,其间距不大于 100mm,在垂直于束筋长度方向,钢筋直径 6mm,其间距不大于 100mm。上述钢筋的布置范围,应超出束筋的设置范围,每边不小于 5 倍束筋等代直径。梁内的纵向钢筋亦可采用竖向不留空隙焊成多层钢筋骨架[图 3.1.8(b)]。采用单根配筋时,主钢筋的层数不宜多于 3 层,上下层主钢筋的排列应注意对正。为了便于浇筑混凝土,保证混凝土质量和增加混凝土与钢筋的粘结力,梁内主钢筋间横向和层与层间应有一定的净距,如图 3.1.9(a)所示。绑扎钢筋骨架中,当钢筋为 3 层及以下时,净距不应小于 30mm,并不小于钢筋直径;当钢筋为

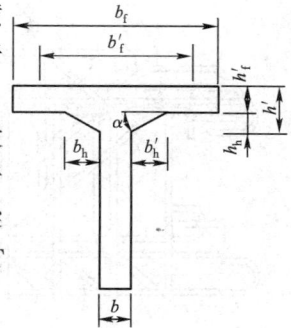

3层以上时,净距不应小于 40mm 或钢筋直径的 1.25 倍。对于束筋,此处直径采用等代直径。当采用焊接骨架(welded framework)时,多层钢筋骨架的叠高一般不超过 $(0.15 \sim 0.20)h$,此处 h 为梁高。焊接钢筋骨架的净距与保护层要求见图 3.1.9(b)。

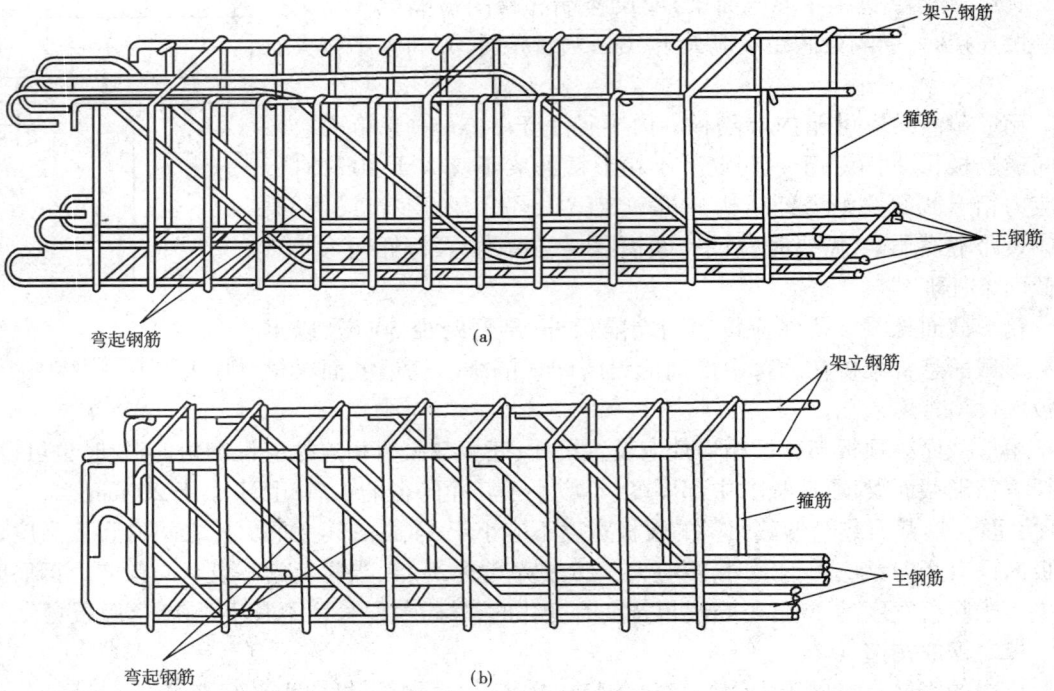

图 3.1.8　钢筋骨架示意图
(a)绑扎钢筋骨架;(b)焊接钢筋骨架

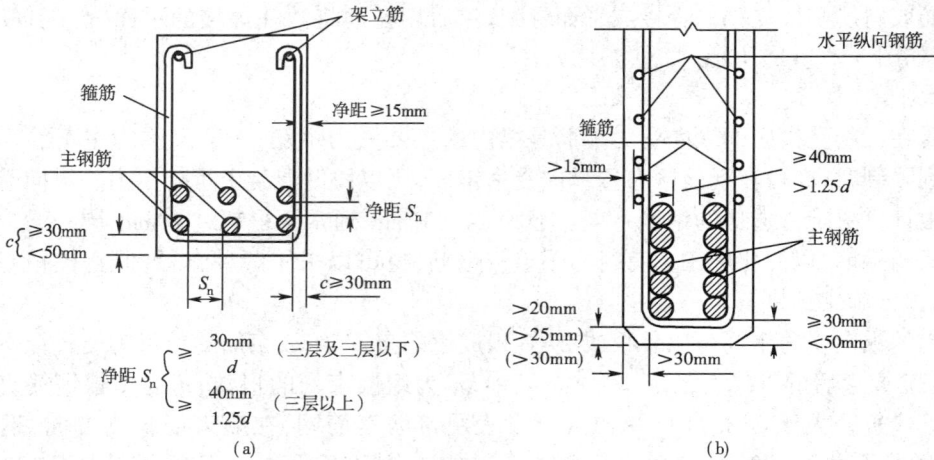

图 3.1.9　梁内主钢筋的净距及保护层要求

为了防止钢筋锈蚀,主钢筋至梁底面的净距应不小于 30mm,亦不大于 50mm,边上的主钢筋与梁侧面的净距应不小于 30mm,如图 3.1.9 所示。

在钢筋混凝土梁的支点处(包括端支点),应至少有 2 根并不少于总数 1/5 的下层的受拉主钢筋通过。两外侧的受拉主钢筋应伸出支点截面以外,并弯成直角顺梁高延伸至顶部,与顶

36

层纵向架立钢筋相连。两侧之间其他未弯起的受拉主钢筋伸出支点截面以外的长度,对光圆钢筋应不小于 $10d$(并带半圆钩),对螺纹钢筋也应不小于 $10d$,对环氧树脂涂层钢筋为 $12.5d$。

2. 斜钢筋

斜筋是为满足斜截面抗剪承载力而设置的,大多由纵向受力钢筋弯起而成,故又称为弯起钢筋。弯起钢筋与梁的纵轴线一般宜成 45°角,在特殊情况下,可取不小于 30°或不大于 60°角弯起。弯起钢筋的末端(弯终点以外)应留一定的锚固长度(anchorage length of steel bars):受拉区不应小于 $20d$,受压区不应小于 $10d$,环氧树脂涂层钢筋增加 25%,此处 d 为钢筋直径,R235 钢筋应设置半圆弯钩。

靠近支点的第一排弯起钢筋顶部的弯折点,简支梁或连续梁(continuous beam)边支点应位于支座中心截面处,悬臂梁或连续梁中间支点应位于横隔梁(板)(diaphragm)靠跨径一侧的边缘处,以后各排(跨中方向)弯起钢筋的梁顶部弯折点,应落在前一排(支点方向)弯起钢筋的梁底部弯折点以内。钢筋混凝土梁采用多层焊接钢筋时,可用侧面焊缝使之形成骨架。侧面焊缝设在弯起钢筋的弯折点处,并在中间直线部分适当设置短焊缝,如图 3.1.10 所示。

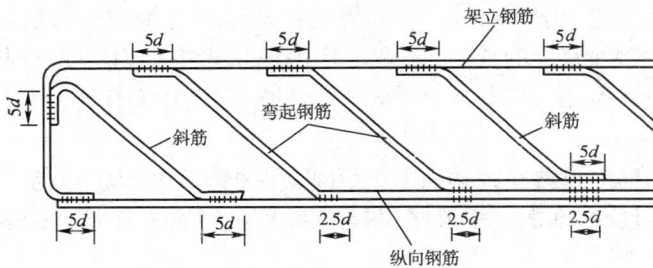

图 3.1.10 焊接骨架示意图

焊接钢筋骨架,若仅将纵向受力钢筋弯起还不足以满足斜截面抗剪承载力要求,或者由于构造上的要求需要增设斜钢筋时,可以加焊专门的斜钢筋。斜钢筋与纵向钢筋之间的焊接,易用双面焊缝,其长度为 $5d$,纵向钢筋之间的短焊缝,其长度为 $2.5d$,当采用单面焊缝时,其长度加倍。焊接骨架的钢筋层数不应多于 6 层,单根直径不应大于 32mm。

3. 箍筋(stirrups)

梁内箍筋通常垂直于梁轴线布置,箍筋除了满足斜截面抗剪承载力外,它还起到联结受拉主钢筋和受压区混凝土使其共同工作的作用,在构造上还起着固定钢筋位置使梁内各种钢筋构成钢筋骨架。因此,无论计算上是否需要,梁内均应设置箍筋。梁内采用的箍筋形式如图 3.1.11 所示。

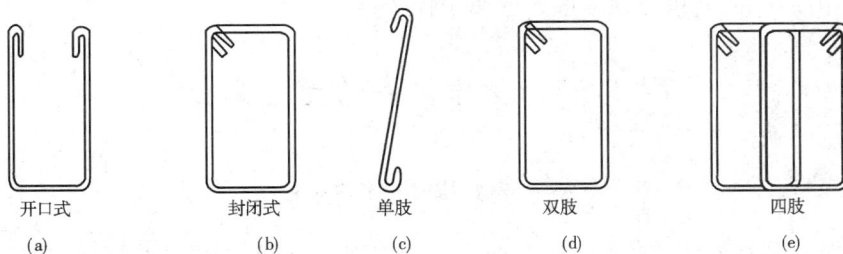

| 开口式 | 封闭式 | 单肢 | 双肢 | 四肢 |
| (a) | (b) | (c) | (d) | (e) |

图 3.1.11 箍筋的形式

梁内只配有纵向受拉钢筋时,可采用开口箍筋;除纵向受拉筋外,还配有纵向受压钢筋的双筋截面或同时承受弯扭作用的梁,应采用闭口箍筋。同时,同排内任一纵向受压钢筋,离箍筋折角处的纵向钢筋(角筋)的间距不应大于 150mm 或 15 倍箍筋直径(取较大者),否则,应设复合箍筋。各根箍筋的弯钩接头,在纵向其位置应交替布置。

箍筋直径不小于 8 mm 且不小于主钢筋直径的 1/4,每根箍筋所箍的受拉钢筋,每排不多于 5 根;所箍受压钢筋应不多于 3 根。所以,当受拉钢筋一排多于 5 根或受压钢筋一排多于 3 根时,则需采用 4 肢或更多肢数的箍筋。

箍筋的末端应做成弯钩。弯钩的弯曲直径应大于被箍的受力主钢筋的直径,且 R235 (Q235)钢筋不应小于箍筋直径的 2.5 倍(环氧树脂涂层钢筋不应小于箍筋直径的 4 倍), HRB335 钢筋不应小于箍筋直径的 4 倍。弯钩—平直段长度,一般结构不应小于箍筋直径的 5 倍,抗震结构不应小于箍筋直径的 10 倍。弯钩的形式,可按图3.1.12(a)、(b)、(c)加工,抗震结构应按图3.1.12(c)加工。

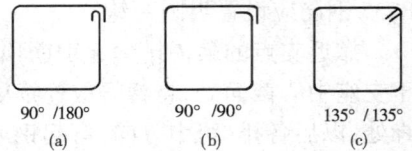

图 3.1.12　箍筋的弯钩形式

箍筋间距不应大于梁高的 1/2 且不大于 400mm;当所箍钢筋为按受力需要的纵向受压钢筋时,不应大于所箍钢筋直径的 15 倍,且不应大于 400mm。钢筋绑扎搭接接头范围内的箍筋间距,当绑扎搭接钢筋受拉时不应大于主钢筋直径的 5 倍,且不大于 100mm;当搭接钢筋受压时不应大于主钢筋直径的 10 倍,且不大于 200mm。在支座中心向跨径方向长度相当于不小于一倍梁高范围内,箍筋间距不宜大于 100mm。

近梁端第一根箍筋应设置在距端面一个混凝土保护层距离处。梁与梁或梁与柱的交接范围内可不设箍筋;靠近交接面的一根箍筋,其与交接面的距离不宜大于 50mm。

4. 架立钢筋

架立钢筋主要是根据构造上的要求设置的,其作用是固定箍筋并与主钢筋等连成钢筋骨架。架立钢筋的直径为 10 ~ 22 mm。采用焊接骨架时,为保证骨架具有一定的刚度,架立钢筋的直径应适当加大。

5. 纵向水平钢筋

T 形截面梁(包括 I 形截面梁)或箱形截面梁的腹板(web plates)两侧设置纵向水平钢筋,以抵抗温度应力及混凝土收缩应力(shrinkage stress of concrete),同时与箍筋共同构成网格骨架以利于应力的扩散。

纵向水平钢筋的直径一般采用 6 ~ 8mm,每腹板内钢筋截面面积为 $(0.001 \sim 0.002) bh$,其中 b 为腹板宽度,h 为梁的高度,其间距在受拉区不应大于腹板宽度,且不应大于 200mm,在受压区不应大于 300mm。在支点附近剪力较大区段和预应力混凝土梁锚固区段,腹板两侧纵向钢筋截面面积应予增加,纵向钢筋间距宜为 100 ~ 150mm。

第二节　受弯构件的受力分析

一、受弯构件破坏形态

钢筋混凝土受弯构件,在弯矩 M 和剪力 V 的作用下,在正常情况下,构件可能产生两种破坏形态。

一种为正截面破坏[图 3.2.1(a)],通常发生在弯矩最大的截面,或者发生在抗弯能力较小的截面。像均布荷载作用下的等截面简支梁发生在跨中截面的破坏就属正截面破坏。破坏的原因是由于截面弯矩使钢筋应力和混凝土压应力达到材料强度极限。

另一种为斜截面破坏[图 3.2.1(b)]，一般发生在主拉应力较大的截面，或者发生在截面抗剪能力较弱的截面。像均布荷载作用下的等截面简支梁，发生在支座附近某个斜截面上的破坏就属斜截面破坏。破坏的主要原因是由于弯矩和剪力共同作用使钢筋应力和混凝土应力达到材料强度极限。

钢筋混凝土受弯构件破坏有两种类型：一种是塑性破坏（延性破坏），指的是结构或构件在破坏前有明显变形或其他预兆的破坏类型；另一种是脆性破坏，指的是结构或构件在破坏前无明显变形或其他预兆的破坏类型。

假设受弯构件的截面宽度为 b，截面高度为 h，纵向受力钢筋截面面积为 A_s，从受压边缘至纵向受力钢筋截面重心的距离 h_0 为截面的有效高度，截面宽度与截面有效高度的乘积 bh_0 为截面的有效面积(图 3.2.2)。构件的截面配筋率是指纵向受力钢筋截面面积与截面有效面积之比，即

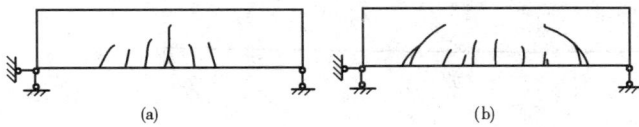

图 3.2.1　受弯构件破坏形态
(a)正截面破坏；(b)斜截面破坏

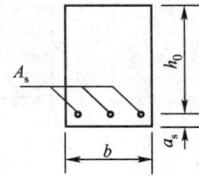

图 3.2.2　单筋矩形截面
示意图

$$\rho = \frac{A_s}{bh_0} \tag{3.2.1}$$

根据试验研究，钢筋混凝土受弯构件的破坏类型与配筋率(tension reinforcement ratio)ρ、钢筋等级、混凝土强度等级、截面形式等诸多因素有关。对常用的钢筋等级和混凝土强度等级，破坏类型主要受到配筋率 ρ 的影响，随着配筋率的改变，构件的破坏特征将发生质的变化。

根据受力钢筋用量多少，将钢筋混凝土梁分为适筋梁、超筋梁和少筋梁三类，其破坏形态亦不同。梁的正截面破坏形态，可归纳为下列三种情况。

（一）适筋梁(balanced-reinforced beam)——**塑性破坏**

配筋率 ρ 适中($\rho_{min} \leqslant \rho \leqslant \rho_{max}$)的梁，称为适筋梁。

其主要特点是受拉钢筋的应力首先达到屈服强度，如图 3.2.3(a)所示，裂缝开展很大，然后受压区混凝土应力随之增大而达到抗压极限强度，梁即告破坏。这种梁在完全破坏前，由于钢筋要经历较大的塑性伸长，随之引起裂缝急剧变宽和梁挠度的剧增，它将给人明显的破坏预兆，破坏过程比较缓慢，一般称这种破坏为"塑性破坏"。钢筋与混凝土的强度均得到充分发挥。

（二）超筋梁(over-reinforced beam)——**脆性破坏**

配筋率过大($\rho > \rho_{max}$)的梁，称为超筋梁。

其破坏特点是在受拉区钢筋应力尚未达到屈服强度之前，受压区混凝土边缘纤维的应力已达到抗压极限强度，压应变达到抗压极限应变值，因而受压区混凝土将先被压碎而导致梁的破坏。试验表明，超筋梁中的钢筋在梁破坏前仍处于弹性工作阶段，裂缝开展宽度小，梁的挠度也不大。这种梁是在没有明显破坏预兆的情况下，由于受压区混凝土突然被压碎而破坏，一般称这种破坏为"脆性破坏"，如图 3.2.3(b)所示。超筋梁配置钢筋过多，并没有充分发挥钢筋的作用，造成钢材的浪费，设计中必须避免这种破坏形态的发生。适筋梁与超筋梁破坏的分

界($\rho = \rho_{\max}$)称为界限破坏,其特征是钢筋屈服和混凝土压碎同时发生。

(三)少筋梁(under-reinforced beam)

配筋率过小($\rho < \rho_{\min}$)的梁称为少筋梁。

其破坏特点是受拉区混凝土一旦出现裂缝,受拉钢筋的应力立即达到屈服强度,裂缝迅速沿梁高延伸,裂缝宽度迅速增大,即使受压区混凝土尚未压碎,由于裂缝宽度过大,标志梁已"破坏",如图3.2.3(c)所示。少筋梁承载能力相对很低,破坏过程发展迅速,是不安全的,在结构设计中是不准采用的。在规范中,通常是用规定最大配筋率(maximum allowable reinforcement ratio)和最小配筋率(minimum allowable reinforcement ratio)的限制来防止梁发生后两种脆性破坏,以保证梁的配筋处于适筋梁的范围,发生正常的塑性破坏。以下我们研究的钢筋混凝土梁都是指适筋梁而言,所有的公式都是针对适筋梁的塑性破坏状态推导出的。$\rho = \rho_{\min}$为少筋梁与适筋梁的界限配筋率(balanced reinforcement ratio),也是适筋梁最小配筋率。

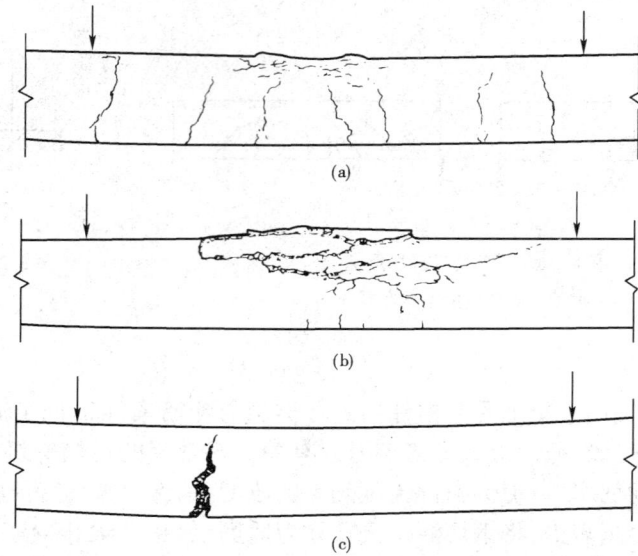

图 3.2.3 梁的破坏特征

二、受弯构件正截面的工作阶段

由弹性力学得知,对于均质弹性体受弯构件,例如钢梁(steel beams),当其加载后,垂直于梁纵轴正截面(normal section)应力 σ 和弯矩 M 成正比,这种线性关系一直保持到截面边缘纤维应力达到屈服强度以前。因为跨高比(l/h)较大的梁挠曲以后其变形规律符合平面假定(即沿截面高度各点的应变与其至中性轴的距离成正比),所以受拉区和受压区的应力分布图均为三角形。此外,梁的挠度(deflection)和弯矩(bending moments)亦保持线性关系。但是钢筋混凝土受弯构件是由钢筋和混凝土这两种物理-力学性质不同的材料所组成,而且混凝土又是非均质、非弹性材料,因此在荷载作用下,钢筋混凝土受弯构件正截面上的"应力-应变"关系就与均质弹性体的钢梁有所不同。

钢筋混凝土梁的试验表明,一根配筋适当的钢筋混凝土梁,从加荷直至破坏,其正截面工作状态,大致可分为三个工作阶段(图3.2.4)。

(一)阶段 I——整体工作阶段

从加载开始到受拉区混凝土将要出现裂缝为止。

当刚开始加载时,由于荷载(或弯矩)很小,混凝土下缘应力小于抗拉极限强度,上缘应力远小于抗压极限强度。此时混凝土的工作性能与均质弹性体相似,应力与应变成正比,截面上的应力分布图接近三角形,如图3.2.4(a)所示。一般当梁上所受的荷载约为破坏荷载的20%以下时,梁才处于弹性工作阶段,此时可称为"整体工作阶段初期"。

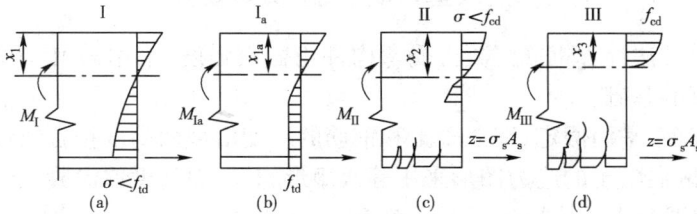

图 3.2.4 受弯构件正截面应力发展阶段

由于混凝土的抗拉强度远低于其抗压强度,当荷载增加时,受拉区边缘混凝土将首先出现塑性性质,应变较应力增长速度为快,受拉区应力图形开始偏离直线而变成曲线形。当达到这个阶段的极限时,受拉区拉应力达到混凝土的极限抗拉强度,梁处于即将开裂的临界状态(critical state)。在截面的受压区,因混凝土的抗压强度很高,混凝土基本上仍属于弹性工作性质,受压区混凝土的应力图仍接近三角形,这时可称为"第 I 阶段末"或"整体工作阶段末期",如图 3.2.4(b)所示,这一阶段梁所承受的荷载大致在破坏荷载的 25% 以下。

在这一阶段,由于受拉区混凝土尚未开裂,钢筋与混凝土之间存在着可靠的粘结力,受拉钢筋的应变与其周围相邻混凝土的应变相等,其特点为全截面工作。

(二)阶段 II——带裂缝工作阶段

从受拉区混凝土开裂到受拉钢筋应力达到屈服强度为止。

当荷载继续增加时,受拉区混凝土出现裂缝(crack),并不断向上扩展,这时梁进入"带裂缝工作阶段",这时,在有裂缝的截面上,受拉区混凝土退出工作,把它原承担的拉力传给了钢筋,发生了明显的应力重分布,使钢筋应力突增,裂缝开展,截面刚度突降。通常认为在已开裂的截面上,受拉区混凝土已退出工作,其拉力全部由钢筋承受。

随着荷载的增加,受拉区钢筋的拉应变和受压区混凝土的压应变均不断增加,梁的挠度也随之加大,裂缝变得越来越宽,此时受拉钢筋的应力逐渐向钢筋的屈服强度趋近。由于混凝土压应变不断增大,受压区混凝土也出现一定的塑性特征,应力图形呈平缓的曲线形,如图3.2.4(c)所示。

带裂缝工作阶段的时间比较长,当所加荷载为破坏荷载的 25%~85% 时,梁都处于这一工作阶段。因此,钢筋混凝土受弯构件在正常受力阶段都是在带裂缝情况下工作的。

(三)阶段 III——破坏阶段

从受拉钢筋应力达到屈服强度到受压混凝土被压碎。

在这个阶段里,钢筋的拉应变增加很快,但钢筋的拉应力一般维持在屈服强度不变,由于钢筋进入塑性阶段,所以钢筋的拉应力维持在屈服点而不再增加,其应变却剧增,这就促使裂缝急剧开展并向上延伸,混凝土受压区高度迅速减小,混凝土的应力随之达到抗压极限强度,紧接着混凝土即被压碎,甚至崩脱,梁即进入"破坏瞬间",如图3.2.4(d)所示。

必须指出,上述梁的正截面破坏特征是指在实际中广为应用的正常配筋的适筋梁而言的。根据试验研究,钢筋混凝土梁的正截面破坏形态与纵向受力钢筋的含量,即配筋百分率 ρ 与钢筋和混凝土的种类有关。

第三节　单筋矩形截面受弯构件正截面承载力计算

一、基本假定和计算简图

按极限状态设计法计算钢筋混凝土受弯构件正截面强度,采用第 III 阶段应力图,并引入下列假设作为计算的基础:

(1)构件变形符合平面假定,即混凝土和钢筋的应变沿截面高度符合线性分布;

(2)截面受压区混凝土的应力图形采用等效矩形,其压力强度取混凝土的轴心抗压强度设计值 f_{cd},截面受拉混凝土的抗拉强度不予考虑;

(3)不考虑受拉区混凝土的作用,拉力全部由钢筋承担;

(4)钢筋应力等于钢筋应变与其弹性模量的乘积,但不大于其强度设计值,受拉钢筋的极限拉应变取 0.01,极限状态时,受拉钢筋应力取其抗拉强度设计值 f_{sd},受压区取其抗压强度设计值 f'_{sd}。

根据前述钢筋混凝土受弯构件按承载能力极限状态设计的假定,可得出单筋矩形截面受弯构件正截面承载力计算图示,如图 3.3.1 所示。

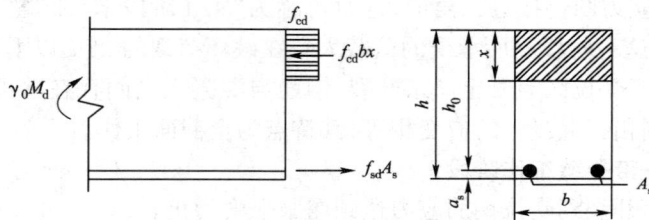

图 3.3.1　单筋矩形截面梁正截面强度计算简图

二、计 算 公 式

单筋矩形截面承载力计算公式可根据计算图示由内力平衡条件求得(图 3.3.1)。在实际工程设计中,必须保证所设计的构件具有足够的安全储备。

由水平力平衡,即 $\sum X = 0$ 得:

$$f_{cd}bx = f_{sd}A_s \tag{3.3.1}$$

由所有的力对受拉钢筋合力作用点取矩的平衡条件,即 $\sum M_s = 0$ 得:

$$\gamma_0 M_d \leqslant f_{cd}bx\left(h_0 - \frac{x}{2}\right) \tag{3.3.2}$$

由所有的力对受压区混凝土合力作用点取矩的平衡条件,即 $\sum M_D = 0$ 得:

$$\gamma_0 M_d \leqslant f_{sd}A_s\left(h_0 - \frac{x}{2}\right) \tag{3.3.3}$$

式中：M_d——弯矩组合设计值(design value of combination for moments);

f_{cd}——混凝土轴心抗压强度设计值(design value of concrete compressive strength);

f_{sd}——纵向受拉钢筋强度设计值(design value of tensile strength of longitudinal tension reinforcement);

A_s——纵向受拉钢筋截面面积(area of longitudinal tension reinforcement);

b——矩形截面宽度;

x——混凝土受压区高度（depth of compression zone）；

h_0——截面有效高度（effective depth of section）。

三、公式适用条件

上述公式是针对适筋梁的破坏状态导出的，因而截面的配筋率 $\rho = \dfrac{A_s}{bh_0}$ 必须满足下列条件：

$$\rho_{\min} \leqslant \rho \leqslant \rho_{\max} \tag{3.3.4}$$

截面最小配筋百分率 $\rho_{\min}$ 可以这样确定：截面配筋百分率为 $\rho_{\min}$ 的钢筋混凝土梁，在破坏瞬间所能承受的弯矩（按 III 阶段计算）应不小于同样截面的素混凝土梁在即将开裂时所能承受的弯矩（按第 I 阶段末期，即整体工作阶段末期计算），并考虑温度、收缩力和构造要求以及以往设计经验等因素而予以确定的。

《公桥规》规定的混凝土结构中的纵向受拉钢筋（包括偏心受拉构件、受弯构件及偏心受压构件中受拉一侧的钢筋）的最小配筋百分率取为 $\rho_{\min} = 45f_{td}/f_{sd}$，且不小于 0.20，式中 f_{td} 是指混凝土轴心抗拉强度设计值。最小配筋率的限制，规定了少筋梁和适筋梁的界限。

对于钢筋和混凝土强度都已确定的梁来说，总会有一个特定的配筋率，使得钢筋的应力达到屈服强度的同时，受压区混凝土边缘纤维的应变也恰好达到混凝土的抗压极限应变值，通常将这种梁的破坏称为"界限破坏"，这一配筋百分率就是适筋梁的最大配筋百分率。最大配筋百分率的限制，一般是通过受压区高度来加以控制。

发生界限破坏时，由矩形应力图形计算得出界限受压区高度 x_b，x_b 的相对高度 (x_b/h_0) 称为截面相对界限受压区高度，用 ξ_b 表示，即 $\xi_b = x_b/h_0$。

这样，在上述针对适筋梁导出的式(3.3.1)~式(3.3.3)中，混凝土受压区高度必须符合下列条件：

$$x \leqslant \xi_b h_0 \tag{3.3.5}$$

《公桥规》中对不同强度等级混凝土所浇制的、配有各种不同等级钢筋的梁，给出了不同的混凝土相对界限受压区高度 ξ_b 值（见表3.3.1）。

混凝土受压区高度界限系数 ξ_b　　　　　　　表 3.3.1

相对界限受压区高度 混凝土强度等级 钢筋种类	ξ_b			
	C50 及以下	C55、C60	C65、C70	C75、C80
R235(Q235)	0.62	0.60	0.58	—
HRB335	0.56	0.54	0.52	—
HRB400、KL400	0.53	0.51	0.49	—
钢绞线、钢丝	0.40	0.38	0.36	0.35
精轧螺纹钢筋	0.40	0.38	0.36	—

注：截面受拉区内配置不同种类钢筋的受弯构件，其 ξ_b 值应选用相应于各种钢筋的较小者。

四、计 算 方 法

钢筋混凝土受弯构件的正截面计算，一般仅需对构件的控制截面进行计算。所谓控制截面，在等截面构件中是指计算弯矩（荷载效应）最大的截面；在变截面构件中则是指截面尺寸相对较小，而计算弯矩相对较大的截面。

受弯构件正截面计算,根据已知及未知条件可以分为两类问题,即截面设计和承载力复核。

(一)截面设计

截面设计是根据要求截面所承受的弯矩,选定混凝土强度等级、钢筋等级及截面尺寸,并计算所需要的钢筋截面面积。对一般钢筋混凝土受弯构件而言,正截面起主要作用的是钢筋的抗拉强度,因此混凝土强度等级不宜选得过高。

截面高度 h 一般是根据受弯构件的刚度、常用的配筋率(对于长度为 1.5 ~ 8m 的板, $\rho = 0.5\% \sim 1.3\%$;对于长度为 10 ~ 20 m 的 T 梁,$\rho = 2.0\% \sim 3.5\%$)以及构造和施工要求拟定。截面宽度 b 亦应根据构造要求拟定。若构造上无特殊要求,一般可根据设计经验、常用的高宽比(h/b)及高跨比(h/l)等经验尺寸拟定,在进行钢筋截面面积 A_s 的计算、选定钢筋的直径与根数及按构造要求进行钢筋布置后,再视具体情况作必要的修改。

下面就截面设计时常遇到的两种情况分别介绍其计算方法。

1.已知弯矩组合设计值 M_d,钢筋、混凝土强度等级及截面尺寸 b、h,求所需的受拉钢筋截面面积 A_s。

首先由式(3.3.2)解二次方程求得受压区高度 x,

$$x = h_0 - \sqrt{h_0^2 - \frac{2\gamma_0 M_d}{f_{cd} b}} \tag{3.3.6}$$

若 $x > \xi_b h_0$,则此梁为超筋梁,则需要增大截面尺寸,主要是增加高度 h 或者提高混凝土的强度等级;若 $x \leqslant \xi_b h_0$,再由式(3.3.3)求得钢筋截面面积,

$$A_s = \frac{\gamma_0 M_d}{f_{sd}\left(h_0 - \dfrac{x}{2}\right)} \tag{3.3.7}$$

或者

$$A_s = \frac{f_{cd} b x}{f_{sd}} \tag{3.3.8}$$

应当注意,在上述计算公式中均需先确定截面的有效高度 h_0,当钢筋截面面积 A_s 尚未确定前,必须先假定受拉钢筋合力点至受拉边缘的距离 a_s。一般在板中可先假定 $a_s = 25$ mm,在梁中当估计钢筋为单排时,可先假定 $a_s = 35 \sim 45$ mm;当为双排时,可假定 $a_s = 60 \sim 80$ mm。同时,为使所采用的钢筋截面面积 A_s 在适筋梁范围内,尚需验证 $\xi \leqslant \xi_b$,也就是 $x \leqslant \xi_b h_0$。

通过计算求得受拉钢筋截面面积 A_s 后,即可根据构造要求等从表 3.3.2 及表 3.3.3 中选择钢筋直径及根数,并进行具体的钢筋布置,从而再对假定的 a_s 值进行校核修正。此外,还需验证 $\rho \geqslant \rho_{min}$。

钢筋间距一定时板每米宽度内钢筋截面面积(mm²)　　　　　　　　表 3.3.2

钢筋间距	钢 筋 直 径(mm)										
(mm)	60	70	80	100	120	140	160	180	200	220	240
70	404	550	718	1122	1616	2199	2873	3636	4487	5430	6463
75	377	513	670	1047	1508	2052	2681	3393	4188	5081	6032
80	353	481	628	982	1414	1924	2514	3181	3926	4751	5655
85	333	453	591	924	1331	1811	2366	2994	3695	4472	5322
90	314	428	559	873	1257	1711	2234	2828	3490	4223	5027
95	298	405	529	827	1190	1620	2117	2679	3306	4000	4762
100	283	385	503	785	1131	1539	2011	2545	3141	3801	4524
105	269	367	479	748	1077	1466	1915	2424	2991	3620	4309
110	257	350	457	714	1028	1399	1828	2314	2855	3455	4113

钢筋间距 （mm）	钢 筋 直 径(mm)										
	60	70	80	100	120	140	160	180	200	220	240
115	246	335	437	683	984	1339	1749	2213	2731	3305	3934
120	236	321	419	654	942	1283	1676	2121	2617	3167	3770
125	226	308	402	628	905	1232	1609	2036	2513	3041	3619
130	217	296	387	604	870	1184	1547	1958	2416	2924	3480
135	209	285	372	582	838	1140	1490	1885	2327	2816	3351
140	202	275	359	561	808	1100	1436	1818	2244	2715	3231
145	195	265	347	542	780	1062	1387	1755	2166	2621	3120
150	189	257	335	524	754	1026	1341	1697	2084	2534	3016
155	182	248	324	507	730	993	1297	1643	2027	2452	2919
160	177	241	314	491	707	962	1257	1590	1964	2376	2828
165	171	233	305	476	685	933	1219	1542	1904	2304	2741
170	166	226	296	462	665	905	1183	1497	1848	2236	2661
175	162	220	287	449	646	876	1149	1454	1795	2172	2585
180	157	214	279	436	628	855	1117	1414	1746	2112	2513
185	153	208	272	425	611	832	1087	1376	1694	2035	2445
190	149	203	265	413	595	810	1058	1339	1654	3001	2381
195	145	197	258	403	580	789	1031	1305	1611	1949	2320
200	141	192	251	393	565	769	1005	1272	1572	1901	2262

圆钢筋、螺纹钢筋截面面积、重量表 表3.3.3

直径 （mm）	下列钢筋根数时的截面面积(mm²)									重量 （kg/m）	螺纹钢筋(mm)	
	1	2	3	4	5	6	7	8	9		直径	外径
4	12.6	25	38	50	63	75	88	101	113	0.098		
6	28.3	57	85	113	141	170	198	226	254	0.222		
8	50.3	101	151	201	251	302	352	402	452	0.396		
10	78.5	157	236	314	393	471	550	628	707	0.617	10	11.3
12	113.1	226	339	452	566	679	792	905	1018	0.888	12	13.5
14	153.9	308	462	616	770	924	1078	1232	1385	1.208	14	15.5
16	201.1	402	603	804	1005	1206	1407	1608	1810	1.680	16	18
18	254.5	509	763	1018	1272	1527	1781	2036	2290	1.998	18	20
20	314.2	628	942	1256	1570	1884	2200	2513	2827	2.460	20	22
22	380.1	760	1140	1520	1900	2281	2661	3041	3421	2.980	22	24
24	452.4	905	1356	1810	2262	2714	3167	3619	4071	3.551	24	
25	490.9	982	1473	1964	2454	2945	3436	3927	4418	3.850	25	27
26	530.9	1062	1593	2124	2655	3186	3717	4247	4778	4.168	26	
28	615.7	1232	1847	2463	3079	3695	4310	4926	5542	4.833	28	30.5
30	706.9	1413	2121	2827	3534	4241	4948	5655	6362	5.549	30	
32	804.3	1609	2413	3217	4021	4826	5630	6434	7238	6.310	32	34.5
34	907.9	1816	2724	3632	4540	5448	6355	7263	8171	7.127	34	
36	1017.9	2036	3054	4072	5089	6107	7125	8143	9161	7.990	36	39.5
38	1134.1	2268	3402	4536	5671	6805	7939	9073	10207	8.003	38	
40	1256.6	2513	3770	5026	6283	7540	8796	10053	11310	9.865	40	43.5

2. 根据已知弯矩组合设计值 M_d，材料规格 f_{cd}、f_{sd}、ξ_b，选择截面尺寸 b、h 和钢筋截面面积 A_s。

在式(3.3.1)～式(3.3.5)中，只有两个独立的方程式，而这类问题实际上存在四个未知数 b、h、A_s 及 x，问题将有多组解答。为了求得一个比较合理的解答，通常是先假定梁宽和配筋率 ρ（对矩形梁取 $\rho = 0.006 \sim 0.015$，板取 $\rho = 0.003 \sim 0.008$），这样就只剩下两个未知数了，问题是可解的。

首先由式(3.3.1)得：$x = \dfrac{f_{sd}A_s}{f_{cd}b} = \rho\dfrac{f_{sd}}{f_{cd}}h_0$，则 $\dfrac{x}{h_0} = \rho\dfrac{f_{sd}}{f_{cd}} = \xi$，若 $\xi \leqslant \xi_b$，则取 $x = \xi h_0$，将其代入式(3.3.2)，求得梁的有效高度：

$$h_0 = \sqrt{\frac{\gamma_0 M_d}{\xi(1 - 0.5\xi)f_{cd}b}} \tag{3.3.9}$$

则梁的高度为 $h = h_0 + a_s$，梁高应取整数，并注意尺寸模数化和检验梁的高宽比是否合适。经过调整后，截面尺寸 b 及 h 均为已知，再按上述第一种情况计算所需的受拉钢筋截面面积 A_s。

(二)承载力复核

截面的承载力复核，其目的在于验算已设计好的截面是否具有足够的承载力以抵抗荷载作用所产生的弯矩。因此，在进行承载力复核时，已知截面尺寸 b、h_0，钢筋截面面积 A_s，材料规格 f_{cd}、f_{sd}、ξ_b，弯矩组合设计值 M_d，所要求的是截面所能承受的最大弯矩 M'_d，并判断是否安全。

在进行承载力复核时，首选由式(3.3.1)求得受压区高度。

$$x = \frac{f_{sd}A_s}{f_{cd}b} \tag{3.3.10}$$

若 $x \leqslant \xi_b h_0$，则可按式(3.3.2)或式(3.3.3)求得截面所能承受的最大弯矩 M'_d 为

$$M'_d = f_{cd}bx\left(h_0 - \frac{x}{2}\right) \tag{3.3.11}$$

或者

$$M'_d = f_{sd}A_s\left(h_0 - \frac{x}{2}\right) \tag{3.3.12}$$

若截面所能承受的弯矩 M'_d 大于实际的组合设计弯矩 M_d，则认为结构是安全的。

例 3.3.1 已知矩形截面尺寸 $b \times h = 250\ \text{mm} \times 500\ \text{mm}$，弯矩组合设计值 $M_d = 136\text{kN·m}$，拟采用 C25 混凝土、HRB335 级钢筋，求所需钢筋截面面积 A_s，桥梁结构重要性系数 $\gamma_0 = 1.1$，求所需钢筋截面面积 A_s。

解：根据给定的材料规格查得 $f_{cd} = 11.5\text{MPa}$，$f_{sd} = 280\text{MPa}$，$f_{td} = 1.23\text{MPa}$，$\xi_b = 0.56$，设 $a_s = 40\text{mm}$，梁的有效高度 $h_0 = 500 - 40 = 460\text{mm}$，钢筋按一排布置估算。

由公式 $\gamma_0 M_d = f_{cd}bx\left(h_0 - \dfrac{x}{2}\right)$，可得：

$x = h_0 - \sqrt{h_0^2 - \dfrac{2\gamma_0 M_d}{f_{cd}b}}$，代入数值得：

$$x = 460 - \sqrt{(460)^2 - \frac{2 \times 1.1 \times 136 \times 10^6}{11.5 \times 250}}$$

$$= 132.1(\text{mm}) < \xi_b h_0 = 0.56 \times 460 = 257.6(\text{mm})$$

由式(3.3.1)求得钢筋截面面积：

$$A_s = \frac{f_{cd}bx}{f_{sd}} = \frac{11.5 \times 250 \times 132.1}{280} = 1357(\text{mm}^2)$$

查表 3.3.3 选取 3 ϕ 25，$A_s = 1473\text{mm}^2$，钢筋按一排布置，所需截面最小宽度：

$$b_{\min} = 2 \times 30 + 3 \times 27 + 2 \times 30 = 201 (\text{mm}) < b = 250\text{mm}$$

梁的实际有效高度：

$$h_0 = 500 - (30 + 12) = 458 (\text{mm})$$

实际配筋率

$$\rho_{\min} = 45 \frac{f_{td}}{f_{sd}}\% = 45 \times \frac{1.23}{280}\% = 0.1976\% < 0.2\%，取 \rho_{\min} = 0.2\%。$$

$$\rho = \frac{A_s}{bh_0} = \frac{1473}{250 \times 458} = 0.0128，\rho = 1.28\% > \rho_{\min} = 0.2\%。$$

配筋率满足《公桥规》要求。

例 3.3.2 已知某矩形截面梁的弯矩组合设计值 $M_d = 170\text{kN} \cdot \text{m}$，混凝土强度等级为 C25，HRB335 级钢筋，桥梁结构重要性系数 $\gamma_0 = 1.1$。试确定此梁的截面尺寸及所需纵向受拉钢筋截面面积，选择钢筋直径、根数并布置钢筋。

解：根据混凝土和钢筋强度等级查表 2.4.5 和表 2.4.6 得 $f_{cd} = 11.5\text{MPa}$，$f_{sd} = 280\text{MPa}$，$f_{td} = 1.23\text{MPa}$，$\xi_b = 0.56$。

现假设 $\rho = 0.01$，$b = 300\text{mm}$，则

$$\xi = \rho \frac{f_{sd}}{f_{cd}} = 0.01 \times \frac{280}{11.5} = 0.243 < \xi_b = 0.56$$

由式(3.3.9)计算截面有效高度 h_0：

$$h_0 = \sqrt{\frac{\gamma_0 M_d}{\xi(1 - 0.5\xi)f_{cd}b}}$$

$$= \sqrt{\frac{1.1 \times 170 \times 10^6}{0.243 \times (1 - 0.5 \times 0.243) \times 11.5 \times 300}} = 504 (\text{mm})$$

若设 $a_s = 35\text{mm}$，则 $h = h_0 + a_s = 504 + 35 = 539 (\text{mm})$。

现取 $h = 550\text{mm}$，于是 $h_0 = h - a_s = 550 - 35 = 515 (\text{mm})$。

由式(3.3.6)可得：

$$x = h_0 - \sqrt{h_0^2 - \frac{2\gamma_0 M_d}{f_{cd}b}}$$

代入数值得：

$$x = 515 - \sqrt{(515)^2 - \frac{2 \times 1.1 \times 170 \times 10^6}{11.5 \times 300}} = 119 (\text{mm})$$

由式(3.3.1)得：

$$A_s = \frac{f_{cd}bx}{f_{sd}} = \frac{11.5 \times 300 \times 119}{280} = 1466 (\text{mm}^2)$$

查表取钢筋为 4 ϕ 22(外径为 24mm)，其 $A_s = 1520\text{mm}^2$，钢筋按一排布置，所需截面最小宽度：

$$b_{\min} = 2 \times 30 + 4 \times 24 + 3 \times 30 = 246 (\text{mm}) < b = 300\text{mm}$$

$$a_s = 30 + \frac{24}{2} = 42 (\text{mm})$$

则

$$h_0 = 550 - \left(30 + \frac{24}{2}\right) = 508 (\text{mm})$$

验算最小配筋率 $\rho_{\min} = 45 \times \dfrac{1.23}{280}\% = 0.1976\% < 0.2\%$，取 $\rho_{\min} = 0.2\%$。

$$\rho = \frac{A_s}{bh_0} = \frac{1520}{300 \times 508} = 0.0099, \rho = 0.99\% > \rho_{\min} = 0.2\%。$$

且配筋率在经济配筋范围之内。

例 3.3.3 已知一矩形截面梁，截面尺寸 $b = 400\text{mm}$，$h = 900\text{mm}$，弯矩组合设计值 $M_d = 800\text{kN·m}$，混凝土强度等级 C30，钢筋等级为 HRB335，$A_s = 4926\text{mm}^2$，$a_s = 60\text{mm}$。求该截面是否可以安全承载。

解：查表得 $f_{cd} = 13.8\text{MPa}$，$f_{sd} = 280\text{MPa}$，$\xi_b = 0.56$。

(1)计算混凝土受压区高度：

$$x = \frac{f_{sd}A_s}{f_{cd}b} = \frac{280 \times 4926}{13.8 \times 400} = 250(\text{mm})$$

$$h_0 = h - a_s = 900 - 60 = 840(\text{mm})$$

$x = 250\text{mm} < \xi_b h_0 = 0.56 \times 840 = 470.4(\text{mm})$，满足要求。

(2)计算截面所能承受的最大弯矩值，并做比较：

$$M'_d = f_{cd}bx\left(h_0 - \frac{x}{2}\right)$$

$$= 13.8 \times 400 \times 250 \times (840 - 250/2)$$

$$= 986.7 \times 10^6(\text{N·mm}) = 986.7(\text{kN·m})$$

$$M'_d > M_d = 800\text{kN·m}，结构安全。$$

第四节　双筋矩形梁正截面承载力计算

双筋截面是指除受拉钢筋外，在截面受压区亦布置受压钢筋(compression reinforcement)的截面。当构件的截面尺寸受到了限制，采用单筋截面设计出现 $x \geqslant \xi_b h_0$ 时，则应设置一定的受压钢筋来帮助混凝土承担部分压力，这样就构成双筋截面。当某些构件在不同的作用组合情况下，截面需要承受正负号弯矩时，也需采用双筋截面。有时，由于结构本身受力图式的原因，例如连续梁的内支点处截面，将会产生事实上的双筋截面。

应该指出，采用受压钢筋协助混凝土承担压力是不经济的。在实际工程中，由于梁的高度过矮而需要设置受压钢筋的情况也是不多的。但是从使用性能来看，双筋截面受弯构件由于设置了受压钢筋，可提高截面的延性和提高截面的抗震性能，有利于防止结构的脆性破坏。此外由于受压钢筋的存在和混凝土徐变(creep)的影响，可以减少短期和长期作用下构件产生的变形。从这种意义上讲，采用双筋截面还是适宜的。

设计双筋截面在构造上应注意的是必须设置闭合箍筋，其间距一般不超过受压钢筋直径的 15 倍，以防止纵向受压钢筋压屈，引起保护层混凝土剥落。

一、计 算 公 式

双筋矩形截面梁正截面承载力的计算图式与单筋矩形截面相似，所不同的仅是在受压区增加了纵向受压钢筋的内力，如图 3.4.1(a)所示。

双筋矩形截面梁正截面的抗弯承载力可理解为由下列两组抗弯力矩叠加组成。

第一组抗弯力矩是由受压混凝土的内力 $f_{cd}bx$ 及部分受拉钢筋 A_{s1} 的内力 $f_{sd}A_{s1}$ 所组成,如图 3.4.1(b),并以符号 M_{d1} 表示。其表达式与单筋梁完全相同,即

$$\gamma_0 M_{d1} = f_{cd}bx\left(h_0 - \frac{x}{2}\right) \quad (3.4.1)$$

$$f_{cd}bx = f_{sd}A_{s1} \quad (3.4.2)$$

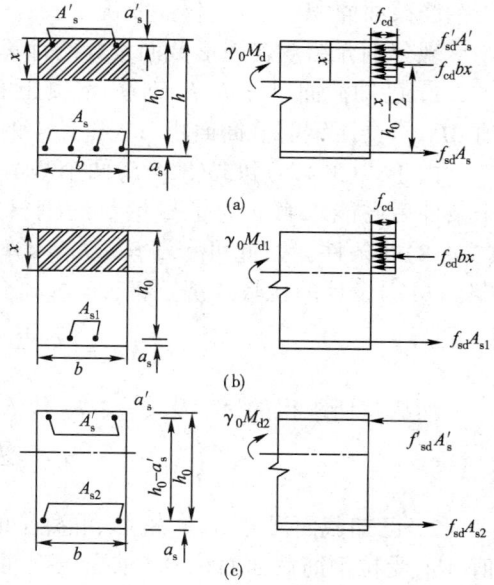

第二组抗弯内力矩系由受压钢筋的内力 $f'_{sd}A'_s$ 与剩余部分受拉钢筋 A_{s2}(即 $A_{s2} = A_s - A_{s1}$)的内力 $f_{sd}A_{s2}$ 所组成,并以符号 M_{d2} 表示,此组内力矩的内力偶臂为 $(h_0 - a'_s)$[图 3.4.1(c)],M_{d2} 的表达式为

$$\gamma_0 M_{d2} = \gamma_0(M_d - M_{d1}) = f'_{sd}A'_s(h_0 - a'_s) \quad (3.4.3)$$

$$f_{sd}A_{s2} = f'_{sd}A'_s \quad (3.4.4)$$

此两组内力矩同时作用在一个截面上,联合抵抗外部作用(荷载)所产生的弯矩 $\gamma_0 M_d$,于是得到

图 3.4.1 双筋矩形截面梁正截面承载力计算图式

$$\gamma_0 M_d = \gamma_0(M_{d1} + M_{d2})$$

$$= f_{cd}bx\left(h_0 - \frac{x}{2}\right) + f'_{sd}A'_s(h_0 - a'_s) \quad (3.4.5)$$

由水平力平衡,即 $\sum X = 0$ 得

$$f_{cd}bx + f'_{sd}A'_s = f_{sd}A_s \quad (3.4.6)$$

由所有的力对受压钢筋合力作用点取矩的平衡条件,即 $\sum M_{A'_s} = 0$,得

$$\gamma_0 M_d = -f_{cd}bx\left(\frac{x}{2} - a'_s\right) + f_{sd}A_s(h_0 - a'_s) \quad (3.4.7)$$

二、公式适用条件

应用以上公式时,必须满足下列条件:

(1)
$$x \leqslant \xi_b h_0 \quad (3.4.8)$$

(2)
$$x \geqslant 2a'_s \quad (3.4.9)$$

上述第一个限制条件与单筋梁相同,是为了保证梁的破坏始自受拉钢筋的屈服,防止梁发生脆性破坏;第二个限制条件是为了保证在极限破坏时,受压钢筋的应力达到抗压强度设计值,如果 $x < 2a'_s$,表明受压钢筋离中性轴(neutral axis)太近,梁破坏时,受压钢筋的应变不大,其应力达不到抗压强度设计值。

三、计 算 方 法

利用式(3.4.5)~式(3.4.7)进行双筋截面强度计算,亦可分为截面设计和承载力复核两种情况。

(一)截面设计

双筋矩形截面的尺寸,一般是根据构造要求或总体布置预先确定的。因此双筋截面设计的任务主要是确定受拉钢筋截面面积 A_s 和受压钢筋截面面积 A'_s。有时由于构造的需要,受

压钢筋截面面积已选定,仅需要确定受拉钢筋截面面积。

现分别介绍双筋矩形截面设计的计算方法。

1. 已知截面尺寸 b、h,钢筋、混凝土的强度等级,桥梁结构重要性系数 γ_0,弯矩组合设计值 M_d,求受压钢筋截面面积 A'_s 和受拉钢筋截面面积 A_s。

由于式(3.4.5)和式(3.4.6)两个基本公式中含有 x、A_s 和 A'_s 三个未知数,故尚需补充一个条件后方能求解。为了尽量节约钢材,应充分利用混凝土的抗压强度,而且又能满足式(3.4.8)的条件。因此可令 $x = \xi_b h_0$ 计算 A'_s,这样求得的 A'_s 才是最小值,从而可使对应的 $(A_s + A'_s)$ 设计的比较经济。将 $x = \xi_b h_0$ 代入式(3.4.5)即可求得 A'_s 为:

$$A'_s = \frac{\gamma_0 M_d - \xi_b f_{cd} b h_0^2 (1 - 0.5\xi_b)}{f'_{sd}(h_0 - a'_s)} \tag{3.4.10}$$

然后将所求得的 A'_s 及 $x = \xi_b h_0$ 代入式(3.4.6)求 A_s,则有

$$A_s = \frac{f_{cd} b \xi_b h_0}{f_{sd}} + \frac{f'_{sd} A'_s}{f_{sd}} \tag{3.4.11}$$

2. 已知截面尺寸 b、h,钢筋、混凝土的强度等级,桥梁结构重要性系数 γ_0,弯矩组合设计值 M_d,受拉钢筋截面面积 A_s,求受压钢筋截面面积 A'_s。

此时,由于 A_s 为已知,在基本公式(3.4.5)和式(3.4.6)中,仅 x 和 A'_s 两个未知数,故可直接联立求解。

(二)承载力复核

同单筋矩形梁一样,双筋矩形截面梁正截面承载力复核是根据截面的已知条件 b、h,混凝土的强度等级及钢筋的级别,受压钢筋和受拉钢筋的截面面积 A'_s 和 A_s 等,验算截面所能承受的弯矩值 M'_d。

进行承载力复核时,应首先由式(3.4.6)求得混凝土受压区高度:

$$x = \frac{f_{sd} A_s - f'_{sd} A'_s}{f_{cd} b}$$

若满足 $2a'_s \leqslant x \leqslant \xi_b h_0$ 的限制条件,将其代入式(3.4.5)求得截面所能承受的最大弯矩值:

$$\gamma_0 M'_d = f_{cd} b x \left(h_0 - \frac{x}{2} \right) + f'_{sd} A'_s (h_0 - a'_s)$$

若 $x > \xi_b h_0$,则令 $x = \xi_b h_0$,代入上式。

若 $x < 2a'_s$,因受压钢筋离中性轴太近,变形不能充分发挥,受压钢筋的应力不可能达到抗压设计强度。这时,截面所能承受的最大弯矩可由下列公式求得

$$\gamma_0 M'_d = f_{sd} A_s (h_0 - a'_s)$$

例 3.4.1 有一截面尺寸为 250mm × 600mm 的矩形梁,所承受的弯矩组合设计值 $M_d = 295$ kN·m,桥梁结构重要性系数 $\gamma_0 = 1$,拟采用 C20 混凝土,HRB335 级钢筋。试选择截面配筋,并计算截面承载力。

解: 查表得 $f_{cd} = 9.2$ MPa,$f_{sd} = f'_{sd} = 280$ MPa,$\xi_b = 0.56$,假设 $a_s = 70$ mm,$a'_s = 40$ mm,$h_0 = 600$ mm $- 70$ mm $= 530$ mm。

(1)从充分利用混凝土抗压强度出发,即取 $x = \xi_b h_0 = 0.56 \times 530 = 296.8$ (mm),分别代入式(3.4.10)和式(3.4.11)得:

$$A'_s = \frac{M_d \gamma_0 - \xi_b f_{cd} b h_0^2 (1 - 0.5\xi_b)}{f'_{sd}(h_0 - a'_s)}$$

$$= \frac{295 \times 10^6 \times 1.0 - 0.56 \times 9.2 \times 250 \times 530^2 \times (1 - 0.5 \times 0.56)}{280 \times (530 - 40)}$$

$$= 251.50(\text{mm}^2)$$

$$A_s = \frac{f_{cd} b \xi_b h_0}{f_{sd}} + \frac{f'_{sd} A'_s}{f_{sd}}$$

$$= \frac{9.2 \times 530 \times 0.56 \times 250}{280} + \frac{280 \times 251.5}{280}$$

$$= 2689.5(\text{mm}^2)$$

受压钢筋选 2 Φ 14,提供的 $A'_s = 308\text{mm}^2$, $a'_s = 37\text{mm}$;受拉钢筋选 6 Φ 24,提供的 $A_s = 2714\text{mm}^2$,布置成两排,所需最小宽度

$$b_{\min} = 2 \times 30 + 30 \times 2 + 3 \times 24 = 192(\text{mm}) < b = 250\text{mm}$$

$$a_s = 30 + 24 + 30/2 = 69(\text{mm})$$

$$h_0 = 600 - 69 = 531(\text{mm})$$

(2)对已设计好的截面进行承载力计算,由式(3.4.6)求得混凝土受压区高度:

$$x = \frac{f_{sd} A_s - f'_{sd} A'_s}{f_{cd} b} = \frac{280 \times 2714 - 280 \times 308}{9.2 \times 250}$$

$$= 292.9(\text{mm}) < \xi_b h_0 = 0.56 \times 531 = 297.36(\text{mm})$$

截面所能承担的计算弯矩由式(3.4.5)求得:

$$M'_d = f_{cd} bx \left(h_0 - \frac{x}{2} \right) + f'_{sd} A'_s (h_0 - a'_s)$$

$$= 9.2 \times 250 \times 292.9 \times \left(531 - \frac{292.9}{2} \right) + 280 \times 308 \times (531 - 38)$$

$$= 299.3 \times 10^6(\text{N} \cdot \text{mm})$$

$$= 299.3(\text{kN} \cdot \text{m}) > 295\text{kN} \cdot \text{m}$$

因此,结构是安全的。

第五节　T形截面承载力计算

一、概　述

由于受弯构件在破坏时截面受拉区混凝土早已开裂而不考虑其抗拉作用,拉力全部由钢筋承受。因此,在矩形截面受弯构件的受拉区,混凝土对正截面抗弯承载力计算是不起作用的,如果将受拉区混凝土的一部分挖去,如图 3.5.1 所示,而将原有的纵向受拉钢筋集中布置在梁肋(或腹板)下部,以承担拉力;翼缘受压,梁肋联系受压区混凝土和受拉钢筋,并承担剪力。T形截面梁与矩形截面梁相比,不仅承载力不会降低,截面的抗弯承载力与原有矩形截面完全相同,而且能够节省混凝土,减轻构件自重。因此,T截面梁在工程上应用广泛。除独立T形梁以外,槽形板、圆形板、箱形截面、工字形梁等都可按 T 形截面计算。

矩形截面挖剩的部分即形成 T 形截面。T 形截面中板的悬出部分称为翼缘,其中间部分称为梁肋或腹板。有时为了增强翼缘与梁肋之间的联系,在其连接处设置斜托,称为承托,如图 3.5.2 所示。

钢筋混凝土受弯构件常采用肋形结构,例如桥梁结构中的桥面板和支承的梁,浇筑成整体,形成平板下有若干梁肋的结构。在荷载作用下,板与梁共同弯曲。在正弯矩作用下,梁的上部受压,位于受压区的板将参与工作而成为梁有效截面的一部分,梁的截面成为 T 形截面;在负弯矩作用下,位于梁上部的板受拉后混凝土开裂,不起受力作用,梁的有效截面成为与梁肋等宽的矩形截面。换句话说,判断一个截面在计算时是否属于 T 形截面,不是看截面本身的形状,而是看混凝土受压区的形状而定。从这种意义上讲,空心板、Π 形梁、T 形梁、箱形梁(box girder)等,在承受正弯矩时,混凝土受压区的形状与 T 形截面相同,计算时都可按等效的 T 形截面处理。

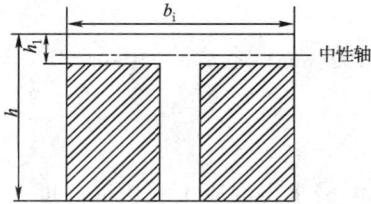

图 3.5.1 T 形截面

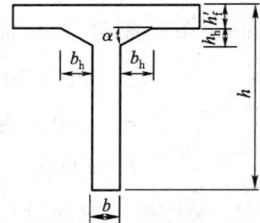

图 3.5.2 有承托的 T 形梁

下面以板宽为 b_i 的空心板截面为例,将其换算成等效工字形截面,计算中即可按 T 形截面处理。

设空心板截面高度为 h,圆孔直径为 D,孔洞重心距板截面上、下边缘距离分别为 y_1 和 y_2,如图 3.5.3 所示。

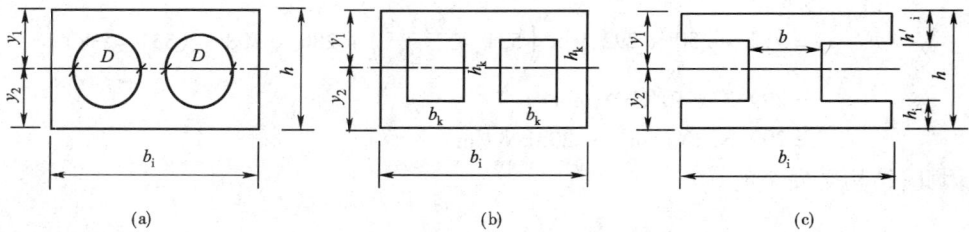

图 3.5.3 空心板截面换算成等效工字形截面

将空心板截面换算成等效的工字形截面的方法,是根据面积、惯性矩(moment of inertia)和形心位置不变的原则,将空心板的圆孔(直径为 D)换算成 $b_k \times h_k$ 矩形孔,可按下式计算:

按面积相等:
$$b_k \times h_k = \frac{\pi}{4} D^2$$

按惯性矩相等:
$$\frac{1}{12} b_k h_k^3 = \frac{\pi}{64} D^4$$

联立求解上述两式,可得:

$$h_k = \frac{\sqrt{3}}{2} D, \qquad b_k = \frac{\sqrt{3}}{6} \pi D$$

这样,在空心板截面宽度、高度以及圆孔的形心位置都不变的条件下,等效工字形截面尺寸为:

上翼板厚度:
$$h'_i = y_1 - \frac{1}{2} h_k = y_1 - \frac{\sqrt{3}}{4} D$$

下翼板厚度：
$$h_\mathrm{i} = y_2 - \frac{1}{2}h_\mathrm{k} = y_2 - \frac{\sqrt{3}}{4}D$$

腹板厚度：
$$b = b_\mathrm{i} - 2b_\mathrm{k} = b_\mathrm{i} - \frac{\sqrt{3}}{3}\pi D$$

换算工字形截面见图 3.5.3(c)。当空心板截面孔洞为其他形状时，均可按上述原则换算成相应的等效工字形截面。在异号弯矩作用时，工字形截面总有上翼板或下翼板位于受压区，故正截面承载力可按 T 形截面计算。

二、受压区翼缘的计算宽度及截面类型

根据试验与理论分析，T 形梁受力后截面受压区翼缘上的纵向压应力并不是均匀分布的，离梁肋越远则纵向压应力越小（图 3.5.4）。当翼缘超过一定宽度后，远离梁肋部分的翼缘参加承压工作的作用就很小，其分布规律主要取决于截面与跨径（长度）的相对尺寸、翼缘板厚度、支撑条件等。在设计计算中为了便于计算，根据等效受力原则，将翼缘宽度限制在一定范围内，称为受压翼缘的计算宽度或有效宽度（effective flange width），并以符号 b'_f 表示。在 b'_f 范围内的翼板可认为是全部参与工作，其压应力是均匀分布的，而在这范围以外部分，则不考虑其参与工作，如图 3.5.5 所示。

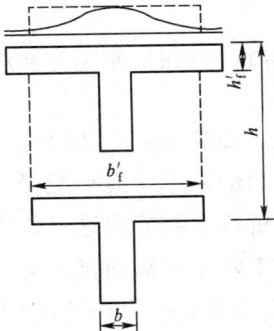

图 3.5.4　T 形梁翼缘板上压应力分布图

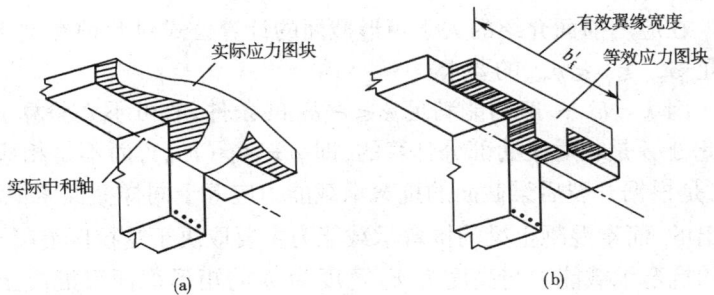

图 3.5.5　T 形截面的应力分布图

《公桥规》规定，T 形和工字形截面梁的内梁翼缘有效宽度 b'_f，可取用下列三者之最小者。

1. 对于简支梁，取计算跨径的 1/3。对于连续梁，各中间跨和边跨正弯矩区段分别取该跨计算跨径（effective span）的 0.2 倍和 0.27 倍，各中间支点负弯矩区段则取该支点相邻两跨计算跨径之和的 0.07 倍。

2. $(b + 2b_\mathrm{h} + 12h'_\mathrm{f})$；当 $h_\mathrm{h}/b_\mathrm{h} \geqslant 1/3$ 时，取 $b_\mathrm{h} = 3h_\mathrm{h}$，此处 b、b_h、h'_f 如图 3.5.2 所示。

3. 相邻两梁的平均间距。边梁翼缘的有效宽度取相邻内梁腹板间中距的一半，加边梁腹板宽度的一半再加上外侧悬臂板平均厚度的 6 倍或外侧悬臂板实际宽度两者中的较小者。

对超静定结构进行作用（或荷载）效应分析时，T 形和工字形截面梁的翼缘宽度可取全宽。

三、基本计算公式

T 形截面受压区很大，混凝土足够承担压力，一般不需设置受压钢筋，设计成单筋截面即可。

T形截面受弯构件的计算方法随中性轴位置的不同可分为两种类型:中性轴位于翼缘内($x \leqslant h'_f$)和中性轴位于梁肋内($x > h'_f$)两种,如图3.5.6所示。

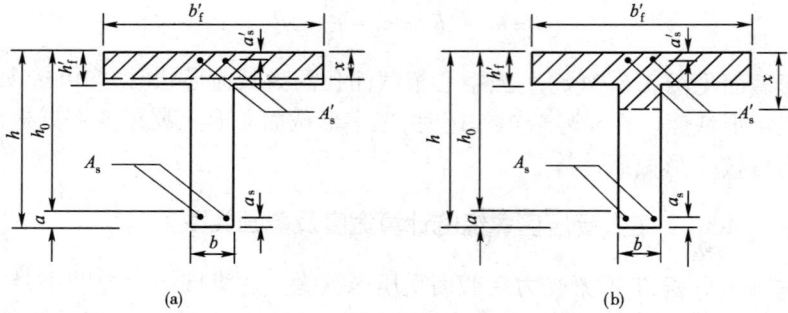

图3.5.6 两类T形截面
(a)第一类T形截面;(b)第二类T形截面

(一)第一类 T 形截面

第一类T形截面中性轴位于翼缘内,即受压区高度 $x \leqslant h'_f$,受压区为矩形。因中性轴以下部分的受拉混凝土不起作用,故与正截面承载力计算是无关的。因此,这种截面虽其外形为T形,但其受力机理却与宽度为 b'_f、高度为 h 的矩形截面相同,仍可按矩形截面进行正截面承载力计算。

在应用前面介绍的关于矩形截面的计算公式对此种类型T形梁进行计算时,原则上亦应满足 $\rho_{min} \leqslant \rho \leqslant \rho_{max}$ 的要求。

因 $x \leqslant h'_f$ 一般均能满足 $x \leqslant \xi_b h_0$ 的条件,故可不必验算 $\rho \leqslant \rho_{max}$。验算 $\rho \geqslant \rho_{min}$ 时,应注意此处 ρ 是相对梁肋部分计算的,即 $\rho = A_s / (bh_0)$,而不是相应 $b'_f h_0$ 的配筋率。最小配筋率 ρ_{min} 是根据开裂后梁截面的抗弯承载能力应等于同样截面素混凝土梁抗弯承载能力这一条件得出的,而素混凝土梁的抗弯承载能力主要取决于受拉区混凝土强度等级,T形截面素混凝土梁的抗弯承载能力与高度为 h、宽度为 b 的矩形截面素混凝土梁的抗弯承载能力相接近,因此,在验算 T 形截面的 ρ_{min} 值时,近似地取肋宽 b 来计算。

(二)第二类 T 形截面

第二类T形截面中性轴位于梁肋内,即受压区高度 $x > h'_f$,受压区为T形,见图3.5.6。对于中性轴位于梁肋部分的T形截面,可将受压区混凝土压应力的合力分为两部分求得:一部分宽度为肋宽 b、高度为 x 的矩形,一部分宽度为 $(b'_f - b)$、高度为 h'_f 的矩形,其强度计算公式可由平衡条件求得。

由水平力平衡,即 $\sum X = 0$ 得

$$f_{cd} bx + f_{cd} (b'_f - b) h'_f = f_{sd} A_s \tag{3.5.1}$$

由弯矩平衡,即 $\sum M_{A_s} = 0$ 得

$$\gamma_0 M_d = f_{cd} bx \left(h_0 - \frac{x}{2} \right) + f_{cd} (b'_f - b) h'_f \left(h_0 - \frac{h'_f}{2} \right) \tag{3.5.2}$$

式中: h'_f ——T形截面受压区翼缘厚度;

b'_f ——T形截面受压区翼缘计算宽度。

对于第二种类型T形截面的两个基本公式,同样需要满足 $x \leqslant \xi_b h_0$ 和 $\rho \geqslant \rho_{min}$ 这两个条件。第二类T形截面的配筋率较高,在一般情况下 $\rho \geqslant \rho_{min}$ 均能满足,可不必验算。

四、计 算 方 法

(一)截面设计

T形梁的截面尺寸一般可根据使用及构造要求、经验尺寸等拟定。因此,截面设计的主要内容是通过计算确定钢筋截面面积,选择和布置钢筋。

已知:截面尺寸,材料强度,弯矩组合设计值 M_d,求钢筋截面面积 A_s。

1. 假设 a_s。

对于空心板等截面,往往采用绑扎钢筋骨架,因而可根据等效工字形截面下翼板厚度 h_i,在实际截面中布置一层或布置两层钢筋来假设 a_s 值,这与前述单筋矩形截面相同。对于预制或现浇 T 形梁,往往多用焊接钢筋骨架,由于多层钢筋的叠高一般不超过 $(0.15 - 0.2)h$,故可假设 $a_s = 30\text{mm} + (0.07 \sim 0.1)h$。这样可得到有效高度 $h_0 = h - a_s$。

2. 判断 T 形截面类型。

计算时首先应确定中性轴位置,但是由于钢筋截面面积未知,受压区高度是无法求出的。这时可利用 $x = h'_f$ 的界限条件来判断截面类型。显然,若满足

$$\gamma_0 M_d \leqslant f_{cd} b'_f h'_f \left(h_0 - \frac{h'_f}{2} \right) \tag{3.5.3}$$

则 $x \leqslant h'_f$,中性轴位于翼缘板内,其计算方法与截面尺寸为 $b'_f h$ 的单筋矩形截面受弯构件完全相同,此处不再赘述。反之,若

$$\gamma_0 M_d > f_{cd} b'_f h'_f \left(h_0 - \frac{h'_f}{2} \right) \tag{3.5.4}$$

则 $x > h'_f$,中性轴位于梁肋内。

3. 当为第二类设计 T 形截面时,应由式(3.5.2)解一元二次方程求得受压区高度 x。

4. 若 $h'_f < x \leqslant \xi_b h_0$,可将所得 x 值代入式(3.5.1),求得受拉钢筋截面面积 A_s;若 $x > \xi_b h_0$,则应修改截面,适当加大翼缘尺寸,或设计成双筋 T 形截面。

5. 选择钢筋直径和数量,按照构造要求进行布置。

(二)承载力复核

已知:受拉钢筋面积 A_s 及钢筋布置、截面尺寸和材料强度,求截面的抗弯承载能力。

1. 检查钢筋布置是否符合规范要求。

2. 判断 T 形截面的类型。一般是先按第一类 T 形截面,即宽度为 b'_f 的矩形截面计算受压区高度 x,若满足

$$x = \frac{f_{sd} A_s}{f_{cd} b'_f} \leqslant h'_f \tag{3.5.5}$$

则属第一类 T 形截面,否则属于第二类 T 形截面。

3. 当为第一类 T 形截面时,可按矩形截面的计算方法进行承载力计算。

4. 若 $x > h'_f$,中性轴位于梁肋内,则应按第二类 T 形截面计算。这时,应采用式(3.5.1)重新确定受压区高度:

$$x = \frac{f_{sd} A_s - f_{cd} (b'_f - b) h'_f}{f_{cd} b} \tag{3.5.6}$$

若 $x \leqslant \xi_b h_0$,则可按式(3.5.2)求得截面所能承受的计算弯矩:

$$M'_d = \frac{1}{\gamma_0} \left[f_{cd} bx \left(h_0 - \frac{x}{2} \right) + f_{cd} (b'_f - b) h'_f \left(h_0 - \frac{h'_f}{2} \right) \right]$$

按上式求得的截面所能承受的弯矩大于截面所承受的实际弯矩组合设计值,则认为结构是安全的。

例3.5.1 已知简支梁的计算跨径 $L=12.6\text{m}$,两主梁中心距为 2.1m,其截面尺寸如图3.5.7所示。混凝土为 C30,HRB400 级钢筋,桥梁结构的重要性系数 $\gamma_0=1.0$,所承受的弯矩组合设计值 $M_\text{d}=2800\text{kN}\cdot\text{m}$。试设计配筋。

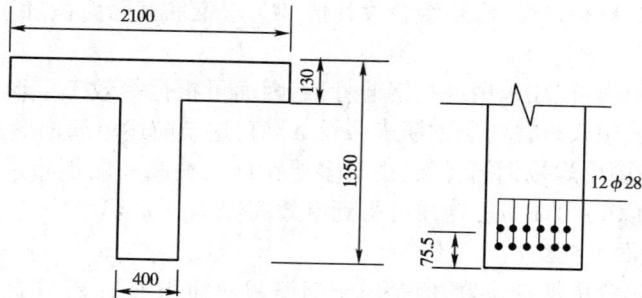

图3.5.7　截面尺寸图(尺寸单位:mm)

解:(1)确定翼缘板计算宽度 b'_f

①简支梁计算跨径的 1/3 为:$12600/3=4200(\text{mm})$;

②主梁中心距为 2100mm;

③$b+12h'_\text{f}=400+12\times130=1960(\text{mm})$。

所以,取翼缘板的计算宽度 $b'_\text{f}=1960\text{ mm}$。

(2)判断 T 形截面类型

查表得 $f_\text{cd}=13.8\text{MPa}$,$f_\text{sd}=330\text{MPa}$,$f_\text{td}=1.39\text{MPa}$,$\xi_\text{b}=0.53$,假定受拉钢筋布置成两排,取 $a_\text{s}=70\text{mm}$,$h_0=h-a_\text{s}=1350-70=1280(\text{mm})$,根据式(3.5.3)判断截面类型:

$$\frac{1}{\gamma_0}f_\text{cd}b'_\text{f}h'_\text{f}\left(h_0-\frac{h'_\text{f}}{2}\right)=13.8\times1960\times130\times(1280-130/2)/1.0$$

$$=4272.23\times10^6(\text{N}\cdot\text{mm})$$

$$=4272.23(\text{kN}\cdot\text{m})>M_\text{d}=2800(\text{kN}\cdot\text{m})$$

中性轴在翼缘内,属于第 I 类 T 形梁,应按 $b'_\text{f}h=1960\text{ mm}\times1350\text{mm}$ 的矩形截面进行计算。

(3)计算混凝土受压区高度 x

根据式(3.3.6),

$$x=h_0-\sqrt{h_0^2-\frac{2\gamma_0 M_\text{d}}{f_\text{cd}b}}=1280-\sqrt{1280^2-\frac{2\times1.0\times2800\times10^6}{13.8\times1960}}$$

$$=83.61(\text{mm})<\xi_\text{b}h_0=0.53\times1280=678.4(\text{mm})$$

且 $x<h'_\text{f}=130\text{ mm}$。

求得所需受拉钢筋截面面积为:

$$A_\text{s}=\frac{f_\text{cd}b'_\text{f}x}{f_\text{sd}}=\frac{13.8\times1960\times83.61}{330}=6852.98(\text{mm}^2)$$

选 12 Φ 28,提供的钢筋截面面积 $A_\text{s}=7388.4\text{mm}^2$,12 根钢筋布置成两排,每排 6 根,所需截面最小宽度 $b_\text{min}=2\times30+5\times30+6\times30.5=393(\text{mm})<b=400\text{ mm}$,受拉钢筋合力作用点至梁下边缘的距离:

$$a_s = 30 + 30.5 + 30/2 = 75.5 \text{ mm}$$

$$h_0 = h - a_s = 1350 - 75.5 = 1274.5 \text{ mm}$$

$$\rho_{\min} = 45 \frac{f_{td}}{f_{sd}}\% = 45 \times \frac{1.39}{330}\% = 0.19\% < 0.2\%, \text{取 } \rho_{\min} = 0.2\%$$

$$\rho = \frac{A_s}{bh_0} = \frac{7388.4}{400 \times 1274.5} = 0.01449 = 1.449\% > \rho_{\min} = 0.2\%$$

例 3.5.2 有 T 形截面梁,截面尺寸如图 3.5.8 所示,所承受的弯矩组合设计值 $M_d = 520\text{kN·m}$,拟采用 C30 混凝土,HRB400 级钢筋,桥梁结构重要性系数 $\gamma_0 = 1.1$。试选择钢筋,并计算截面承载能力。

解: C30 混凝土,$f_{cd} = 13.8\text{MPa}$,HRB400 级钢筋,$f_{sd} = 330\text{MPa}$,$\xi_b = 0.53$。假设受拉钢筋排成两排,取 $a_s = 70$ mm,梁的有效高度 $h_0 = h - a_s = 700 - 70 = 630(\text{mm})$,翼缘计算宽度 $b'_f = b + 12h'_f = 300 + 12 \times 120 = 1740(\text{mm}) > 600\text{mm}$,故取 $b'_f = 600\text{mm}$。

根据式(3.5.4)判断截面类型

$$\frac{1}{\gamma_0} f_{cd} b'_f h'_f \left(h_0 - \frac{h'_f}{2} \right)$$

$$= 13.8 \times 600 \times 120 \times (630 - 120/2)/1.1$$

$$= 514.8(\text{kN·m}) < M_d = 520\text{kN·m}$$

故应按第二类 T 形截面计算。

由式(3.5.2)求得混凝土受压区高度:

$$M'_d = \frac{1}{\gamma_0}\left[f_{cd} bx \left(h_0 - \frac{x}{2} \right) + f_{cd}(b'_f - b)h'_f \left(h_0 - \frac{h'_f}{2} \right) \right]$$

代入数据得

$$520 \times 10^6 = \frac{1}{1.1}\left[13.8 \times 300 x \left(630 - \frac{x}{2} \right) + 13.8 \times (600 - 300) \times 120 \times (630 - 120/2) \right]$$

$$x^2 - 1260x + 139528.5 = 0, \text{解方程得:}$$

$$x = 122.68\text{mm} < \xi_b h_0 = 0.53 \times 630 = 333.9(\text{mm})$$

且 $x > h'_f = 120$ mm。

由式(3.5.1)求得所需受拉钢筋截面面积为

$$A_s = \frac{f_{cd} bx + f_{cd}(b'_f - b)h'_f}{f_{sd}}$$

$$= \frac{13.8 \times 300 \times 122.68 + 13.8 \times (600 - 300) \times 120}{330}$$

$$= 3044(\text{mm}^2)$$

选 10 Φ 20,提供的钢筋截面面积 $A_s = 3142\text{mm}^2$,10 根钢筋布置成两排,每排 5 根,所需截面最小宽度 $b_{\min} = 2 \times 25 + 4 \times 30 + 5 \times 22 = 280(\text{mm}) < b = 300$ mm,受拉钢筋合力作用点至梁下边缘距离 $a_s = 30 + 22 + 30/2 = 67(\text{mm})$,梁的有效高度 h_0:

$$h_0 = 700 - 67 = 633(\text{mm})$$

实际的受压区高度应由式(3.5.1)求得

$$x = \frac{f_{sd} A_s - f_{cd}(b'_f - b)h'_f}{f_{cd} b}$$

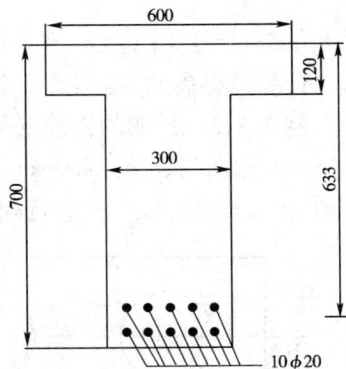

图 3.5.8 截面尺寸图(尺寸单位:mm)

$$= \frac{330 \times 3142 - 13.8 \times (600 - 300) \times 120}{13.8 \times 300}$$

$$= 130.4 (\text{mm}) > h'_f = 120 \text{mm}$$

$$x < \xi_b h_0 = 0.53 \times 633 = 335.49 (\text{mm})$$

截面所能承受的计算弯矩为:

$$M'_d = \frac{1}{\gamma_0} \left[f_{cd} b x \left(h_0 - \frac{x}{2} \right) + f_{cd} (b'_f - b) h'_f \left(h_0 - \frac{h'_f}{2} \right) \right]$$

$$= \frac{1}{1.1} \left[13.8 \times 300 \times 130.4 \times \left(633 - \frac{130.4}{2} \right) + 13.8 \times (600 - 300) \times 120 \times \left(633 - \frac{120}{2} \right) \right]$$

$$= 537.5 (\text{kN} \cdot \text{m}) > M_d = 520 \text{kN} \cdot \text{m}$$

计算结果表明,结构是安全的。

例 3.5.3 预制的钢筋混凝土简支空心板,计算截面尺寸如图 3.5.9(a)所示。计算宽度 $b'_f = 1\text{m}$,截面高度 $h = 450\text{mm}$,混凝土强度等级 C30,HRB400 级钢筋,板所承受的弯矩组合设计值 $M_d = 500\text{kN} \cdot \text{m}$。试进行配筋计算。

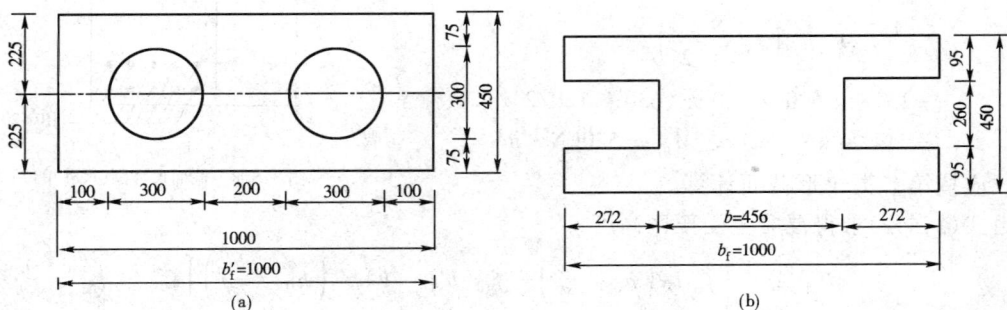

图 3.5.9 截面尺寸图(尺寸单位:mm)

解: $f_{cd} = 13.8\text{MPa}$, $f_{sd} = 330\text{MPa}$。$\xi_b = 0.53$, $\gamma_0 = 1.0$。

为了便于进行计算,先将空心板截面换算成等效工字形截面。

$y_1 = y_2 = \frac{1}{2} \times 450 = 225 (\text{mm})$,等效工字形截面尺寸如图 3.5.9(b)所示。

上翼板厚度:

$$h'_f = y_1 - \frac{\sqrt{3}}{4} D = 225 - \frac{\sqrt{3}}{4} \times 300 \approx 95 (\text{mm})$$

下翼板厚度:

$$h_f = y_2 - \frac{\sqrt{3}}{4} D = 225 - \frac{\sqrt{3}}{4} \times 300 \approx 95 (\text{mm})$$

腹板厚度:

$$b = b_f - \frac{\sqrt{3}}{3} \pi D \approx 1000 - \frac{\sqrt{3}}{3} \times 3.14 \times 300 = 456 (\text{mm})$$

(1)空心板采用绑扎钢筋骨架,一层受拉主筋。假设 $a_s = 40\text{mm}$,则有效高度 $h_0 = h - a_s = 450 - 40 = 410 (\text{mm})$。

(2)判断 T 形截面类型

由式 $M_d \leqslant \frac{1}{\gamma_0} f_{cd} b'_f h'_f \left(h_0 - \frac{h'_f}{2} \right)$ 的右边可得:

58

$$\frac{1}{\gamma_0}f_{cd}b'_f h'_f\left(h_0 - \frac{h'_f}{2}\right) = \frac{1}{1.0} \times 13.8 \times 1000 \times 95 \times \left(410 - \frac{95}{2}\right)$$
$$= 475.24(\text{kN} \cdot \text{m}) < M_d = 500\text{kN} \cdot \text{m}$$

故属于第二类 T 形截面。

(3)求受压区高度 x

由式 $\gamma_0 M_d = f_{cd}bx\left(h_0 - \frac{x}{2}\right) + f_{cd}(b'_f - b)h'_f\left(h_0 - \frac{h'_f}{2}\right)$ 得:

$$1.0 \times 500 \times 10^6 = 13.8 \times 456x\left(410 - \frac{x}{2}\right) + 13.8 \times (1000 - 456) \times 95 \times \left(410 - \frac{95}{2}\right)$$

整理后得到: $x^2 - 820x + 76745 = 0$

解得方程的合适解为: $x = 121\text{mm}\begin{cases} > h'_f = 95\text{mm} \\ < 0.53h_0 = 217.3\text{mm} \end{cases}$

(4)受拉钢筋面积计算

$$A_s = \frac{f_{cd}bx + f_{cd}h'_f(b'_f - b)}{f_{sd}}$$
$$= \frac{13.8 \times 456 \times 121 + 13.8 \times 95 \times (1000 - 456)}{330}$$
$$= 4469(\text{mm}^2)$$

现选择 8 ⏀ 24 + 4 ⏀ 18,提供面积 $A_s = 4637\text{mm}^2$。混凝土保护层 $c = 25\text{mm}$,见图 3.5.10 所示。

钢筋净间距 $S_n = \frac{1000 - 2 \times 25 - 8 \times 24 - 4 \times 20}{11} = 61.6(\text{mm}) > 30\text{mm}$ 及 $d = 24\text{mm}$,故满足要求。

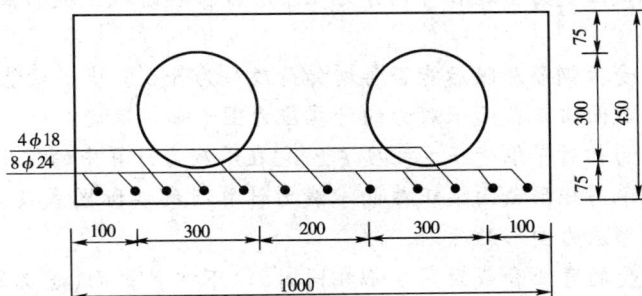

图 3.5.10 截面尺寸图(尺寸单位:mm)

思考题

3-1 受弯构件常用截面形式和尺寸、保护层厚度、受力钢筋直径、间距和配筋率等构造要求分别是什么?

3-2 箍筋的一般构造要求是什么?

3-3 受弯构件中的适筋梁从加载到破坏经历哪几个阶段?各阶段正截面上应力-应变分布、中和轴位置、梁的跨中最大挠度的变化规律是怎样的?各阶段的主要特征是什么?每个阶段是哪种极限状态的计算依据?

3-4 钢筋混凝土梁正截面应力-应变状态与匀质弹性材料梁(如钢梁)有什么主要区别?

3-5 受弯构件正截面承载力计算有哪些基本假定?

3-6 钢筋混凝土梁正截面有几种破坏形式?各有何特点?

3-7 截面尺寸如图(思考题图 3-7)所示。根据配筋量不同的 4 种情况,回答下列问题:

(1)各截面破坏原因和破坏性质有何不同?

(2)破坏时钢筋应力大小如何?

(3)破坏时钢筋和混凝土强度是否充分利用?

(4)受压区高度大小有何不同?

(5)开裂弯矩大致相等吗? 为什么?

(6)若混凝土强度等级为 C20,钢筋为 HPB235 级钢筋,各截面的破坏弯矩怎样?

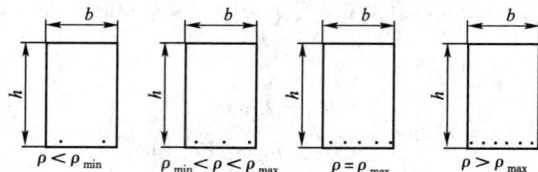

思考题图 3-7

3-8 什么是配筋率? 配筋率对梁的正截面承载力有何影响?

3-9 说明少筋梁、适筋梁与超筋梁的破坏特征有何区别?

3-10 钢筋混凝土梁正截面应力、应变发展至第 IIIa 阶段时,受压区的最大压应力在何处? 最大压应变在何处?

3-11 梁、板中混凝土保护层的作用是什么,其最小值是多少? 对梁内受力主筋的直径、净距有何要求?

3-12 适筋梁正截面受力全过程可划分为几个阶段? 各阶段主要特点是什么? 与计算有何联系?

3-13 适筋梁当受拉钢筋屈服后能否再增加荷载? 为什么? 少筋梁能否这样? 为什么?

3-14 单筋矩形截面梁正截面承载力的计算应力图形如何确定?

3-15 什么是截面相对界限受压区高度 ξ_b? 它在承载力计算中的作用是什么?

3-16 试默画出单筋矩形截面梁正截面承载力计算时的实际图式及计算图式,并说明确定等效矩形应力图形的原则。

3-17 当构件承受的弯矩和截面高度都相同时,以下四种截面(思考题图 3-17)的正截面承载力需要的钢筋截面面积 A_s 是否一样? 为什么?

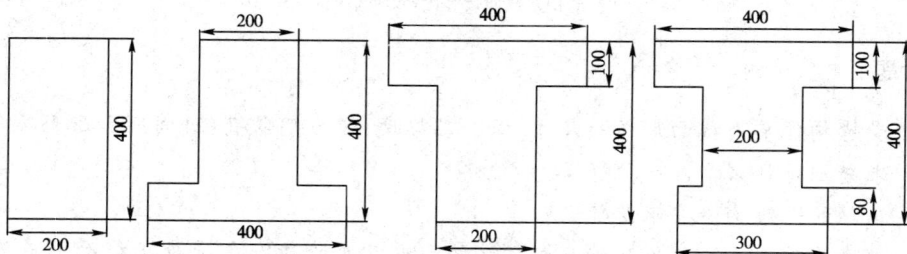

思考题图 3-17

3-18 在什么情况下可采用双筋梁,其计算应力图形如何确定? 在双筋截面中受压钢筋起什么作用? 为什么双筋截面一定要用封闭箍筋?

3-19 为什么在双筋矩形截面承载力计算中也必须满足 $\xi \leqslant \xi_b$ 与 $x \geqslant 2a'_s$ 的条件? 试说明原因。

3-20 在双筋梁正截面受弯承载力计算中,当 A'_s 已知时,应如何计算 A_s?在计算 A_s 时如发现 $x > \varepsilon_b h_0$,说明什么问题?应如何处理?如果 $x < 2a'_s$,应如何处置,为什么?

3-21 两类 T 形截面梁如何鉴别?为什么说第一类 T 形梁可按 $b'_f \times h$ 的矩形截面计算?在第二类 T 形截面梁的计算中混凝土压应力应如何取值?

3-22 当验算 T 形截面梁的最小配筋率 ρ_{min} 时,计算配筋率 ρ 为什么要用腹板宽 b 而不用翼缘宽度 b'_f?

3-23 编制矩形截面单筋梁、双筋梁及 T 形截面梁的受弯承载力的计算程序。

习 题

1. 有一单筋矩形截面受弯构件,其截面尺寸 $b = 25\text{cm}$, $h = 50\text{ cm}$,承受的计算弯矩为 $M_d = 180\text{kN·m}$,拟采用 HRB335 钢筋,C25 混凝土,试求受拉钢筋截面面积 A_s。

2. 一单筋矩形截面梁,截面尺寸 $b \times h = 25\text{cm} \times 50\text{ cm}$,混凝土为 C25,钢筋为 $4\phi18$,$a_s = 4\text{cm}$,试求所能承受的弯矩。

3. 已知双筋矩形截面梁,其截面尺寸为 $b = 18\text{cm}$, $h = 40\text{cm}$,承受的计算弯矩为 $M_d = 150\text{ kN·m}$;混凝土为 C30,受压钢筋采用 HRB335 钢筋,为 $2\phi16$,受拉钢筋采用 HRB335,求受拉钢筋截面面积 A_s。

4. 有一矩形截面梁,截面尺寸 $b = 20\text{cm}$, $h = 45\text{ cm}$,承受的计算弯矩 $M_d = 160\text{kN·m}$;混凝土为 C25,HRB335 钢筋,试求钢筋截面面积。

5. 已知双筋矩形截面梁的截面尺寸为 $b = 20\text{ cm}$, $h = 50\text{cm}$,混凝土为 C25,HRB335 钢筋 $A_s = 18.84\text{ cm}^2$, $a_s = 62\text{cm}$, $A'_s = 7.63\text{cm}^2$, $a'_s = 4\text{cm}$。承受的计算弯矩 $M_d = 195\text{ kN·m}$。求此梁所能承受的最大计算弯矩,并复核截面强度。

6. 已知一双筋矩形截面梁,截面尺寸 $b = 20\text{cm}$, $h = 55\text{cm}$,C25 混凝土,HRB335 钢筋,$A_s = 19\text{cm}^2$, $a_s = 6\text{cm}$, $A'_s = 15\text{cm}^2$, $a_s = 4\text{cm}$,求承截面所能承受的最大计算弯矩。

7. 已知 T 形截面梁的翼缘宽 $b'_f = 200\text{ cm}$, $h'_f = 15\text{cm}$,梁肋 $b = 20\text{cm}$,梁高 $h = 60\text{cm}$,混凝土 C25,钢筋为 HRB335,所需承受的最大弯矩 $M_d = 28 \times 10^4\text{N·m}$,试计算所需纵向受拉钢筋截面面积 A_s。

8. 已知 T 形截面梁的尺寸为 $b = 20\text{ cm}$, $h = 55\text{cm}$, $b'_f = 40\text{cm}$, $h'_f = 8\text{cm}$;混凝土为 C25,HRB335 钢筋,$A_s = 27.14\text{cm}^2$, $a_s = 6\text{cm}$,求截面所能承受的最大计算弯矩。

第四章 钢筋混凝土受弯构件斜截面承载力计算

第一节 概　述

钢筋混凝土受弯构件在荷载作用下,梁的横截面上除了由弯矩产生正应力外,还有由剪力在该截面上产生的剪应力。在弯曲正应力和剪应力的共同作用下,受弯构件会产生与纵轴斜交的主拉应力(tensile principal stress)与主压应力(compressive principal stress)。因为混凝土的抗压强度较高,所以一般受弯构件当其截面尺寸不是太小时,将不会由于主压应力而引起梁的破坏。由于混凝土材料的抗拉强度很低,当主拉应力达到其抗拉极限强度时,就会出现垂直于主拉应力方向的斜向裂缝,并导致沿斜截面发生破坏。因此,钢筋混凝土受弯构件除应进行正截面承载力计算外,尚需对弯矩和剪力同时作用的区段,进行斜截面承载力计算。

为了使梁沿斜截面不发生破坏,除了在构造上使梁具有合理的截面尺寸外,通常在梁内设置箍筋和弯起钢筋(斜筋),以增强斜截面的抗拉能力。箍筋、弯起钢筋与纵向受力主筋及其他构造钢筋(如架立钢筋)焊接或绑扎在一起,形成钢筋骨架。对于钢筋混凝土板,一般正截面承载力起控制作用,通常不需要设置箍筋和弯起钢筋。

受弯构件斜截面承载力计算包括两方面内容,即斜截面抗剪承载力计算与斜截面抗弯承载力计算。但是在一般情况下,对于斜截面的抗弯承载力,只需通过满足构造要求来保证,而不必进行验算。

第二节 受 力 分 析

在第三章受弯构件的构造中,介绍过钢筋混凝土梁的箍筋和弯起(斜)钢筋都起抗剪作用。一般把箍筋和弯起(斜)钢筋统称为梁的腹筋(web reinforcement)或剪力钢筋。把配有纵向受力钢筋和腹筋的梁称为有腹筋梁,而把仅有纵向受力钢筋而不设腹筋的梁称为无腹筋梁。

一、影响钢筋混凝土受弯构件斜截面抗剪承载力的主要因素

影响钢筋混凝土受弯构件斜截面抗剪强度的因素很多,但至今还没有一个被公认为最合理最适用的计算方法。因此,目前关于斜截面抗剪承载力的计算公式都还是采用半经验半理论的公式。

目前比较普遍的观点是,影响斜截面抗剪承载力的主要因素有剪跨比、混凝土强度等级、箍筋及纵向钢筋的配筋率等。其中最重要的是剪跨比的影响。

所谓剪跨比(shear span to effective depth ratio),是指梁承受集中荷载作用时集中力的作用点到支点的距离 a(一般称为剪跨)与梁的有效高度 h_0 之比,即 $m = a/h_0$。显然,剪跨 a 应等于该截面的弯矩与剪力之比,这样,剪跨比也可表示为 $m = M_d/(V_d h_0)$。对于其他荷载情况,也可用 $m = M_d/(V_d h_0)$ 表示,并定义为广义剪跨比。剪跨比的数值,实际上反映了该截面的弯

矩和剪力的数值比例关系。试验研究表明,剪跨比越大,抗剪能力越小,当剪跨比 $m = M_d/(V_d h_0) > 3$ 以后,抗剪能力基本上不再变化。

二、斜截面破坏形态

由于各种因素的影响,钢筋混凝土梁斜裂缝的出现与发展及梁沿斜截面的破坏形态将呈现很大的差异。试验观测表明,梁的斜截面受剪破坏大致可以归纳为下列三种主要破坏形态。

(一)斜拉破坏

斜拉破坏发生在无腹筋梁或腹筋配得很少的有腹筋梁中,一般出现在剪跨比 $m > 3$ 的情况。此时,斜裂缝一出现,有一条裂缝很快地斜向伸展到集中荷载作用点处(垂直于主拉应力方向),形成所谓的临界斜裂缝(critical oblique crack),并迅速延伸到集中荷载作用点,将梁沿斜向拉成两部分而破坏,如图4.2.1(a)所示。斜拉破坏时所施加的荷载一般仅稍高于斜裂缝出现时的荷载,破坏是在无预兆的情况下突然发生的,属于脆性破坏。由于这种破坏的危险性较大,在设计中应避免斜拉破坏。

(二)剪压破坏

当腹筋配置适当或无腹筋梁剪跨比大致在 $1 < m < 3$ 的情况下,随着荷载的增加,首先出现了一些垂直裂缝和微细的倾斜裂缝。随着荷载的进一步增加,斜裂缝向集中荷载的作用点处伸展,这种斜裂缝可能不只一条。当荷载增加到一定程度时,在众多斜裂缝中形成一条延伸较长、扩展较宽的主要斜裂缝,即临界斜裂缝。此时的临界斜裂缝一般不贯通至梁顶,而在集中荷载作用点下面维持有一定的受压区高度。临界斜裂缝出现后,梁还能继续增加荷载,斜裂缝向上伸展,与斜裂缝相交的腹筋应力迅速增长而达到屈服强度,荷载主要由剪压区的混凝土承受,斜裂缝继续向上延伸,剪压区面积减小,最后使混凝土在弯矩和剪力的作用下,即在压应力和剪应力的复合作用下达到混凝土复合受力时的极限强度而破坏,如图4.2.1(b)所示。所以,剪压破坏时所施加的荷载明显地大于斜裂缝出现时的荷载。剪压破坏具有明显的破坏征兆,属于塑性破坏,是设计中普遍要求的情况。

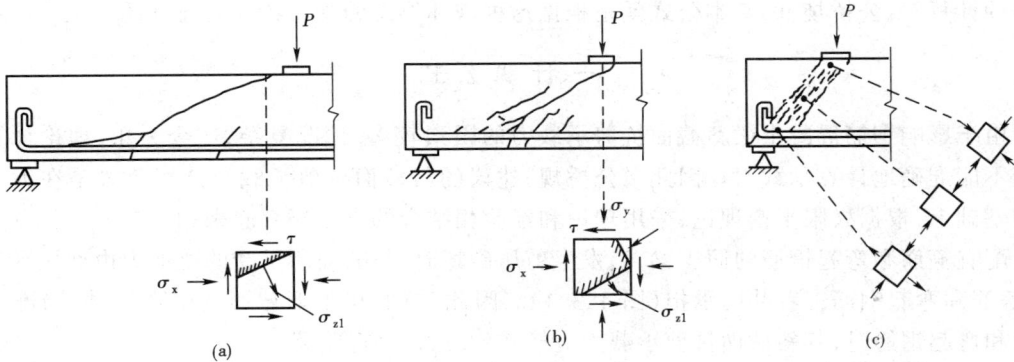

图4.2.1 斜截面破坏形态
(a)斜拉破坏;(b)剪压破坏;(c)斜压破坏;

(三)斜压破坏

当剪跨比较小($m \leqslant 1$)或者腹筋配置过多,腹板很薄时,都会由于主压应力过大而造成腹板斜向压坏,如图4.2.1(c)所示。它的特点是随着荷载的增加,首先在加载点和支座之间出现一条斜裂缝,然后出现若干条大体平行的斜裂缝,梁腹板被一系列平行的斜裂缝分割成许多倾斜的受压短柱,最后,混凝土在弯矩和剪力的复合作用下被压碎而破坏。斜压破坏一般发生在剪力大、弯矩小的区段内,破坏时腹筋的应力尚未达到屈服强度。破坏性质类似于正截面的超筋梁破坏,在设计中应设法避免。

除了上述三种主要的破坏形态以外,还可能出现其他的破坏形态,例如纵向受拉钢筋的锚固破坏或局部挤压破坏等。

对于上述几种不同的破坏形态,设计时可以采用不同的方法加以考虑,以保证构件在正常工作情况下具有足够的强度。例如,当梁内保持一定的箍筋最小配筋率,且采用的箍筋间距不是过大时,就可防止发生斜拉破坏;当控制了梁的最小截面以后,就可以防止发生小剪跨比时的斜压破坏。然而,剪压破坏是最常遇到的一种斜截面破坏形态,而且其抗剪能力的变化幅度较大,因此,在进行钢筋混凝土受弯构件设计时,应进行必要的斜截面强度计算,以保证构件具有一定的抗剪能力。此外,还应按规定满足纵向受拉承载力要求:

(1)避免发生斜拉破坏,设计时,对有腹筋梁,必须控制箍筋的用量不能太少,即箍筋的配筋率必须不小于规定的最小配筋率;

(2)为避免发生斜压破坏,设计时,必须限制箍筋的用量不能太多,也就是必须对构件的截面尺寸加以验算,控制截面尺寸不能过小。

斜拉破坏和斜压破坏用这些构造规定予以避免后,下面所述及的斜截面承载力计算公式实质上只是针对剪压破坏建立的。

第三节　斜截面抗剪承载力计算

钢筋混凝土梁沿斜截面的主要破坏形态有斜压破坏、斜拉破坏和剪压破坏等。对斜拉破坏和斜压破坏,一般利用构造措施和截面限制条件予以避免。在设计时,通过配置构造箍筋,可避免发生斜拉破坏,控制截面尺寸不致过小时,可以防止发生斜压破坏。对于常见的剪压破坏,由于发生这种破坏形态时,梁的斜截面抗剪能力变化幅度较大,故必须进行斜截面抗剪承载力的计算。《公桥规》的基本公式就是根据这种破坏形态的受力特征而建立的。

一、计 算 公 式

由于影响钢筋混凝土梁斜截面抗剪承载力的因素较多、情况复杂,迄今为止,理论计算方法还不能准确地计算承载力。因此,《公桥规》建议的斜截面抗剪承载力计算公式是在大量试验的基础上,根据极限平衡理论,采用理论和经验相结合的方法建立起来的。

配有箍筋和弯起钢筋的简支梁,当发生剪压破坏时,斜截面所承受的总剪力由剪压区混凝土、箍筋和弯起钢筋三者共同承担(图4.3.1)。因此,矩形和T形截面的受弯构件,当配置有箍筋和弯起钢筋时,其斜截面抗剪承载力应按式(4.3.1)进行验算。

$$\gamma_0 V_d \leqslant V_c + V_{sb} + V_{sv} = V_{cs} + V_{sb} \tag{4.3.1}$$

式中:V_d——斜截面受压端正截面上由作用(或荷载)产生的最大剪力组合设计值(kN);

V_c——斜截面内混凝土的抗剪承载力设计值(kN);

V_{sv}——斜截面内箍筋的抗剪承载力设计值(kN);

V_{cs}——斜截面内混凝土和箍筋共同的抗剪承载力设计值(kN);

V_{sb}——与斜截面相交的弯起钢筋抗剪承载力设计值(kN)。

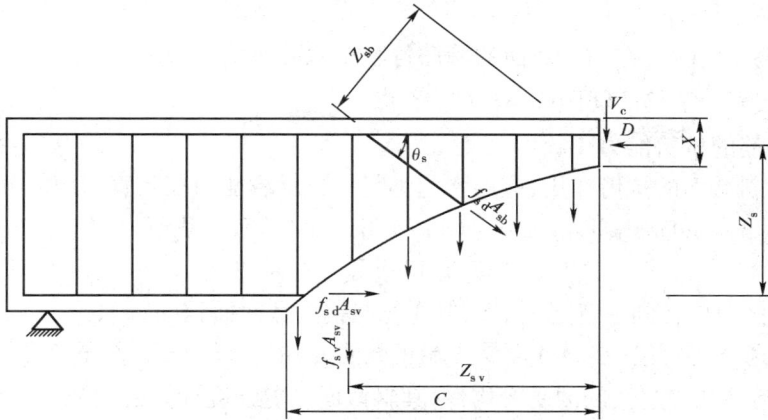

图 4.3.1　斜截面抗剪承载力验算

(一)混凝土和箍筋的抗剪能力

普遍地认为剪跨比、混凝土强度等级和纵向钢筋配筋率是影响混凝土抗剪强度的主要因素。

剪跨比对混凝土的抗剪能力有着显著影响,当混凝土强度等级、截面尺寸及纵向钢筋配筋率相同时,剪跨比越大,混凝土抗剪能力越小,当剪跨比大于 3 时,变化逐渐减小。

混凝土强度直接影响斜截面的抗剪强度,混凝土强度越高,其受压、受剪及剪压状态的极限强度就越高。试验表明,混凝土的抗剪强度与混凝土强度的平方根($\sqrt{f_{cu,k}}$)成正比。纵向钢筋可以约束裂缝的开展,阻止中性轴上升,保证受压区混凝土的抗剪作用,因此纵向钢筋配筋率 ρ(longitudinal reinforcement ratio)的大小也影响混凝土的抗剪能力。

《公桥规》采用的计算混凝土和箍筋共同抗剪能力的公式为:

$$V_{cs} = \alpha_1 \alpha_2 \alpha_3 0.45 \times 10^{-3} bh_0 \sqrt{(2 + 0.6p)\sqrt{f_{cu,k}}\rho_{sv}f_{sv}} \qquad (4.3.2)$$

式中:α_1——异号弯矩影响系数,计算简支梁和连续梁近边支点梁段的抗剪承载力时,$\alpha_1 = 1.0$;
计算连续梁和悬臂梁近中间支点梁段的抗剪承载力时,$\alpha_1 = 0.9$;

α_2——预应力提高系数,对钢筋混凝土受弯构件,$\alpha_2 = 1.0$;对预应力混凝土受弯构件,$\alpha_2 = 1.25$,但当由钢筋合力引起的截面弯矩与外弯矩的方向相同,或对于允许出现裂缝的预应力混凝土受弯构件,取 $\alpha_2 = 1.0$;

α_3——受压翼缘的影响系数,取 $\alpha_3 = 1.1$;

b——斜截面受压端正截面处矩形截面宽度,或 T 形和 I 形截面腹板宽度(mm);

h_0——斜截面受压端正截面的有效高度,自纵向受拉钢筋合力点至受压边缘的距离(mm);

p——斜截面内纵向受拉钢筋的配筋百分率,$p = 100\rho$,
$\rho = (A_p + A_{pb} + A_s)/(bh_0)$,当 $p > 2.5$ 时,取 $p = 2.5$;

$f_{cu,k}$——边长为 150mm 的混凝土立方体抗压强度标准值(MPa),即为混凝土强度等级;

ρ_{sv}——斜截面内箍筋配筋率,如图 4.3.2 所示,$\rho_{sv} = A_{sv}/(S_v b)$;

f_{sv}——箍筋抗拉强度设计值,按表 2.4.6 采用;但取值不宜

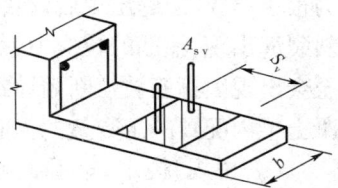

图 4.3.2　箍筋配筋率面积

65

大于 280MPa;

A_{sv}——斜截面内配置在同一截面的箍筋各肢总截面面积(mm^2);

S_v——斜截面内箍筋的间距(mm)。

(二)弯起钢筋的抗剪能力 V_{sb}

弯起钢筋对斜截面的抗剪作用,应为弯起钢筋抗拉承载能力在竖直方向的分量,再乘以应力不均匀系数(non - uniformly distributed strain coefficient)0.75,其数值为

$$V_{sb} = 0.75 \times 10^{-3} f_{sd} \sum A_{sb} \sin\theta_s \qquad (4.3.3)$$

式中:A_{sb}——斜截面内在同一弯起平面的普通弯起钢筋截面面积(mm^2);

θ_s——普通弯起钢筋(在斜截面受压端正截面处)的切线与水平线的夹角。

于是,配有箍筋和弯起钢筋的受弯构件,其斜截面抗剪强度计算公式为

$$\gamma_0 V_d \leqslant V_{cs} + V_{sb} \qquad (4.3.4)$$

二、计算公式的适用条件

式(4.3.4)是根据混凝土梁剪压破坏时的受力特点及试验研究资料拟定的,因此它仅在一定的条件下才适用。应用式(4.3.4)时,必须确定该公式的适用范围,即公式的上、下限值。

(一)上限值——截面最小尺寸

试验表明,当梁内抗剪钢筋的配筋率达到一定程度后,即使再增加抗剪钢筋,梁的抗剪能力也不再增加,破坏时箍筋的应力亦达不到屈服强度,而混凝土却受斜压或劈裂而导致破坏,这种梁的抗剪承载力取决于混凝土的抗压强度等级及梁的截面尺寸,且这种破坏属于突发性的脆性破坏。为了防止此类破坏,《公桥规》规定了截面尺寸的限制条件,抗剪上限值的限制。

矩形、T形和工字形截面的钢筋混凝土受弯构件的抗剪:

$$\gamma_0 V_d \leqslant 0.51 \times 10^{-3} \sqrt{f_{cu,k}} bh_0 \qquad (4.3.5)$$

式中:V_d——验算截面处由作用(或荷载)产生的剪力组合设计值(design value of combination for shear effects)(kN);

b——相应于剪力组合设计值处的矩形截面宽度或 T 形、工字形截面腹板宽度(mm);

h_0——相应于剪力组合设计值处的截面有效高度,即自纵向受拉钢筋合力点至受压边缘的距离(mm)。

对变高度(承托)连续梁,除验算近边支点梁段的截面尺寸外,尚应验算截面急剧变化处的截面尺寸。

如果不能满足式(4.3.5)时,则应增大构件的截面尺寸。

(二)下限值与最小配箍率 $\rho_{sv\,min}$

试验表明,在混凝土尚未出现斜裂缝以前,梁内的主拉应力主要由混凝土所承受,箍筋的应力很小;当斜裂缝出现后,斜裂缝处的主拉应力将全部转由箍筋承受。如果箍筋配置过少,一旦斜裂缝出现,箍筋的拉应力就可能立即达到屈服强度,以至于不能进一步抑制斜裂缝的延展,甚至会出现因箍筋被拉断而导致混凝土梁的斜拉破坏。这种破坏是一种无预兆的脆性破坏。当混凝土梁内配置一定数量的箍筋,而且箍筋的间距又不太大时,就可以避免发生斜拉破坏。

《公桥规》规定,矩形、T形和工字形截面的受弯构件,若符合下列公式要求时,则不需要进行斜截面抗剪承载力计算,而仅按构造要求配置箍筋。

$$\gamma_0 V_d \leqslant 0.50 \times 10^{-3} \alpha_2 f_{td} bh_0 \qquad (4.3.6)$$

式中：f_{td}——混凝土的抗拉强度设计值（MPa）；

其余符号意义同前。

式(4.3.6)实际上是规定了梁的抗剪承载力的下限值。对于板式受弯构件，混凝土的抗剪下限值可按式(4.3.6)提高25%。

当受弯构件的设计剪力 V_d 符合式(4.3.6)的条件时，按构造要求配置箍筋，并应满足最小配箍率 ρ_{sv} 的要求。这是因为混凝土在出现斜裂缝前，主拉应力主要由混凝土承受，箍筋内应力很小，但当裂缝一旦出现，箍筋内应力骤增，箍筋过少不足以抵抗由开裂截面转移过来的斜拉应力，因此必须规定最小箍筋配筋率，考虑在意外荷载下出现斜裂缝时，应由箍筋来负担这时的剪力(主拉应力)。《公桥规》规定的最小配箍率为：

$$R235(Q235)： \qquad \rho_{sv} \geqslant 0.0018 \qquad\qquad (4.3.7a)$$

$$HRB335： \qquad \rho_{sv} \geqslant 0.0012 \qquad\qquad (4.3.7b)$$

在实际设计中，斜截面抗剪承载力计算可分为斜截面抗剪配筋设计和承载力复核两种情况。

三、斜截面抗剪承载力复核

对已设计好的受弯构件进行斜截面抗剪承载力复核，通常选择在几个控制截面处进行，这些截面通常是构件的薄弱环节，或是应力剧变的截面，或是易于产生斜裂缝的地方。《公桥规》规定受弯构件斜截面抗剪承载力验算的位置应按下列规定采用，如图4.3.3所示。

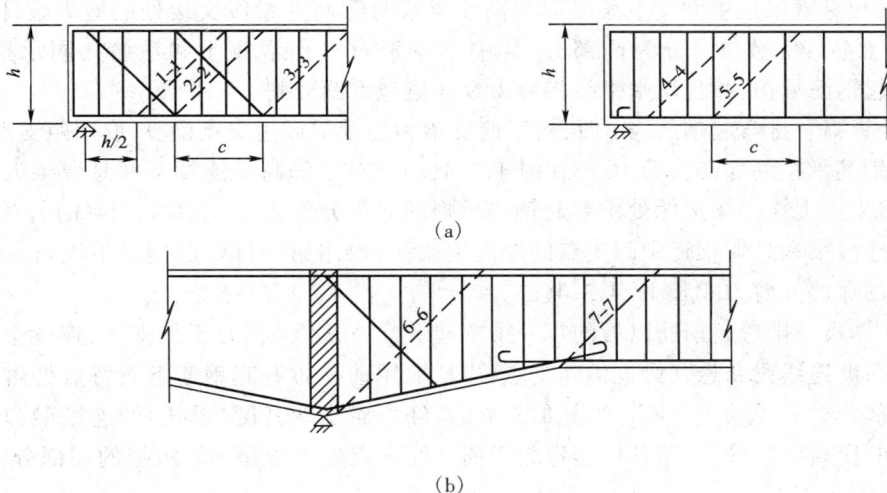

(a)

(b)

图4.3.3 斜截面抗剪承载力验算位置示意图
(a)简支梁和连续梁近边支点梁段；(b)连续梁和悬臂梁近中间支点梁段

1.简支梁和连续梁近边支点梁段

(1)距支座中心 $h/2$(梁高一半)处的截面[图4.3.3(a)截面1-1]。因为越靠近支座，直接支承的压力影响越大，混凝土的抗力越高，不致破坏，而距支座中心 $h/2$ 以外，混凝土抗力急剧降低。

(2)受拉区弯起钢筋弯起点处的截面[图4.3.3(a)截面2-2、3-3]。

(3)锚于受拉区的纵向钢筋开始不受力处的截面[图4.3.3(a)截面4-4]。

(4)箍筋数量或间距改变处的截面[图4.3.3(a)截面5-5]。

(5)构件腹板宽度改变处的截面,这里与箍筋数量或间距改变一样,都受到应力剧变、应力集中的影响,都有可能形成构件的薄弱环节,首先出现裂缝。

2.连续梁和悬臂梁近中间支点梁段

(1)支点横隔梁边缘处截面[图4.3.3(b)截面6-6]。

(2)变高度梁高度突变处截面[图4.3.3(b)截面7-7]。

(3)参照简支梁的要求,需要进行验算的截面。

对于此类承载力复核问题,只需将各已知参数代入式(4.3.1)即可求得解答。如不符合这一条件,则应重新设计抗剪钢筋或改变截面尺寸。

四、抗剪配筋设计

式(4.3.1)表明,计算剪力应由混凝土、箍筋及弯起钢筋共同承担,但各自承担的比例涉及剪力图的合理分配问题。

《公桥规》规定,在不符合式(4.3.6)要求的钢筋混凝土矩形、T形和工字形截面的受弯构件,当进行斜截面抗剪承载力配筋设计时,其箍筋和弯起钢筋应按下列规定进行计算和配置,如图4.3.4所示。

(1)绘出剪力设计值包络图。用作抗剪配筋设计的最大剪力组合设计值按以下规定取值:简支梁和连续梁近边支点梁段取离支点 $h/2$ 处的剪力设计值 V_d[图4.3.4(a)];等高度连续梁和悬臂梁近中间支点梁段取支点横隔梁边缘处的剪力设计值 V'_d[图4.3.4(b)];变高度(承托)连续梁和悬臂梁近中间支点梁段取变高度梁段与等高度梁段交接处的剪力设计值 V_d^0[图4.3.4(c)]。将 V'_d 或 V_d^0 分为两部分,其中不少于60%由混凝土和箍筋共同承担;不超过40%由弯起钢筋承担,并且用水平线将剪力设计值包络图分割。

(2)计算第一排弯起钢筋 A_{sb1} 时,对于简支梁和连续梁近边支点梁段,取用距支点中心 $h/2$ 处由弯起钢筋承担的那部分剪力 V_{sb1}[图4.3.4(a)];对于等高度连续梁和悬臂梁近中间支点梁段,取用支点上横隔梁边缘处由弯起钢筋承担的那部分剪力 V_{sb1}[图4.3.4(b)];对于变高度(承托)的连续梁和悬臂梁近中间支点的变高度梁段,取用第一排弯起钢筋下面弯点处由弯起钢筋承担的那部分剪力 V_{sb1}[图4.3.4(c)]。

(3)计算第一排弯起钢筋以后的每一排弯起 A_{sb2},…,A_{sbi} 时,对于简支梁、连续梁近边支点梁段和等高度连续梁和悬臂梁近中间支点梁段,取用前一排弯起钢筋下面弯点处由弯起钢筋承担的那部分剪力 V_{sb2},…,V_{sbi},如图4.3.4(a)、(b);对于变高度(承托)的连续梁和悬臂梁近中间支点的变高度梁段,取用各该排弯起钢筋下面弯点处由弯起钢筋承担的那部分剪力 V_{sb2},…,V_{sbi},如图4.3.4(c)。

(4)计算变高度(承托)的连续梁和悬臂梁跨越变高段与等高段交接处的弯起钢筋 A_{sbf} 时,取用交接截面剪力峰值由弯起钢筋承担的那部分剪力 V_{sbf}[图4.3.4(c)];计算等高度梁段各排弯起钢筋 A'_{sb1}、A'_{sb2}、A'_{sbi} 时,取用各该排弯起钢筋上面弯点处由弯起钢筋承担的那部分剪力 V'_{sb1}、V'_{sb2}、V'_{sbi}[图4.3.4(c)];

(5)每排弯起钢筋的截面面积按式(4.3.8)计算:

$$A_{sb} = \frac{\gamma_0 V_{sb}}{0.75 \times 10^{-3} f_{sd} \sin\theta_s} (mm^2) \qquad (4.3.8)$$

式中:A_{sb}——每排弯起钢筋的总截面面积,即为图4.3.4中的 A_{sb1}、A_{sb2}、A_{sbi},或 A'_{sb1}、A'_{sb2}、A'_{sbi},或 A_{sbf};

V_{sb}——由每排弯起钢筋承担的剪力设计值(kN),即为图4.3.4中的 V_{sb1}、V_{sb2}、V_{sbi},或 V'_{sb1}、V'_{sb2}、V'_{sbi},或 V'_{sbf}。

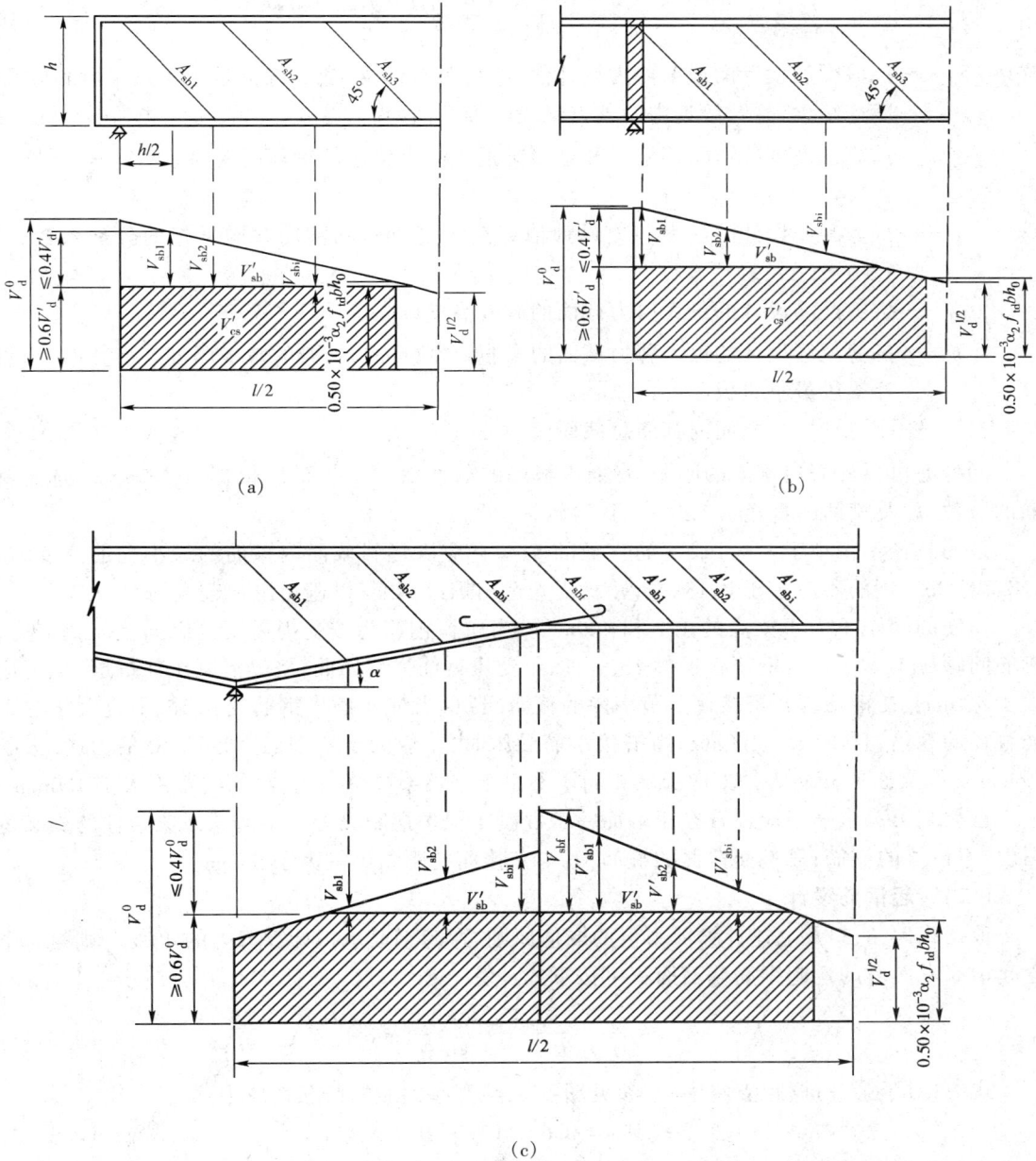

(a)   (b)

(c)

图4.3.4　斜截面抗剪承载力配筋设计计算图

(a)简支梁和连续梁近边支点梁段;(b)等高度连续梁和悬臂梁近中间支点梁段;

(c)变高度连续梁和悬臂梁近中间支点梁段

(一)箍筋设计

根据式(4.3.2)和上述计算剪力值的取值原则"混凝土和箍筋共同承担最大剪力不小于设计值的60%",则有以下关系式:

$$V_{cs} = a_1 a_3 \times 0.45 \times 10^{-3} b h_0 \sqrt{(2 + 0.6p) \sqrt{f_{cu,k}} \rho_{sv} f_{sv}} \qquad (4.3.9)$$

69

由上式可求得配箍率 ρ_{sv}，根据 $\rho_{sv} = A_{sv}/(S_v b)$，欲先选定箍筋种类和直径，可按式 (4.3.10)计算箍筋间距：

$$S_v = \frac{\alpha_1^2 \alpha_3^2 \times 0.2 \times 10^{-6}(2 + 0.6p)\sqrt{f_{cu,k}} A_{sv} f_{sv} b h_0^2}{(\xi \gamma_0 V_d)^2} \qquad (4.3.10)$$

式中：V_d——抗剪配筋设计的最大剪力设计值(kN)，计算简支梁、连续梁近边支点梁段和等高度连续梁、悬臂梁近中间支点梁段的箍筋间距时，令 $V_d = V_d'$[图 4.3.4(a)、(b)]；计算变高度(承托)连续梁和悬臂梁近中间点梁段的箍筋间距时，令 $V_d = V_d^0$[图 4.3.4(c)]；

ξ——抗剪配筋设计的最大剪力设计值分配于混凝土和箍筋共同承担的分配系数，取 $\xi \geqslant 0.6$；

h_0——抗剪配筋设计的最大剪力截面的有效高度(mm)；

b——抗剪配筋设计的最大剪力截面的梁腹宽度(mm)，当梁的腹板厚度有变化时，取设计梁段最小腹板厚度；

A_{sv}——配置在同一截面内箍筋总截面面积(mm²)。

同样亦可以先假定箍筋的间距 S_v 而求箍筋的截面面积 A_{sv}，最后根据 $A_{sv} = n_{sv} a_{sv}$ 选定箍筋的肢数 n_{sv} 及箍筋的直径 d_{sv} 和每一肢的截面面积 a_{sv}。

箍筋直径不得小于 8 mm 或主筋直径的 1/4，且应满足斜截面内箍筋的最小配筋率要求，[R235(Q235)钢筋不应小于 0.18%]，并宜优先选用螺纹钢筋，以避免出现较宽的斜裂缝。

箍筋的间距不大于梁高的 1/2 和 400mm。当所箍钢筋为按受力需要的纵向受压钢筋时，箍筋间距应不大于受压钢筋直径的 15 倍，以免受压钢筋失稳屈曲，挤碎混凝土保护层，且不应大于 400mm；在钢筋绑扎搭接接头范围内的箍筋间距，当绑扎搭接钢筋受拉时，不应大于主钢筋直径的 5 倍，且不大于 100mm；当搭接钢筋受压时，不应大于主钢筋直径的 10 倍，且不大于 200mm。在支座中心向跨径方向长度相当于不小于一倍梁高范围内，箍筋间距不大于 100mm。

近梁端第一根箍筋应设置在距端面一个混凝土保护层距离处。梁与梁或梁与柱的交叉范围内，不设梁的箍筋；靠近交接面的箍筋，其与交接面的距离不宜大于 50mm。

(二)弯起钢筋设计

根据式(4.3.3)及上述计算剪力值的取值原则"弯起钢筋承担计算剪力的 40%"，则第 i 个弯起钢筋平面内的弯起钢筋截面面积可按下式计算：

$$A_{sb} = \frac{\gamma_0 V_{sb}}{0.75 \times 10^{-3} f_{sd} \sin\theta_s} (mm^2) \qquad (4.3.11)$$

式中，对于第一排(距支座中心，参见图 4.3.4)弯起钢筋的荷载效应为

$$V_{sb} = V_d' - 0.6 \times V_d' = 0.4 \times V_d' \qquad (4.3.12)$$

这里需要注意的是 V_d' 为距支座中心 $h/2$(梁高之半)处的计算剪力。以后各排弯起钢筋的截面面积 A_{sv} 可按照计算剪力的取值规定依次求出，并符合下列规定：

靠近支点的第一排弯起钢筋顶部的弯折点，简支梁或连续梁边支点应位于支座中心截面处，悬臂梁或连续梁中间支点应位于横隔梁(板)靠跨径一侧的边缘处，以后各排(跨中方向)弯起钢筋的梁顶部弯折点，应落在前一排(支点方向)弯起钢筋的梁底部弯折点处或弯折点以内；简支梁第一排(从支座算起)弯起钢筋的弯终点应位于支座中心截面处，以后各排弯起钢筋的弯终点必须落在或超过前一排弯起钢筋的弯起点截面。

第四节　斜截面抗弯承载力计算

在钢筋混凝土受弯构件中,斜裂缝的产生与发展除了可能引起斜截面受剪破坏外,还可能引起斜截面受弯破坏。特别是当梁内纵向钢筋配置不足时,斜裂缝的扩展使与斜裂缝相交的箍筋、弯起钢筋等的应力达到屈服强度。于是,被斜裂缝分开的构件的两部分将绕位于受压区的公共铰而转动,混凝土受压区随之减小而破坏。因此,钢筋混凝土受弯构件斜截面承载力计算中,除了必须进行斜截面抗剪承载力计算外,还应进行斜截面抗弯承载力计算。

在荷载作用下,当斜截面发生受弯破坏时,与斜截面相交的箍筋、弯起钢筋及纵向受拉钢筋的应力均达到各自的设计强度 f_{sb}、f_{sv} 及 f_{sb}、f_{sd},受压区混凝土达到抗压极限强度而产生很大的变形,直至受压区混凝土被压碎而破坏。由此可得斜截面抗弯承载力的计算图式,参考图4.4.1 所示。

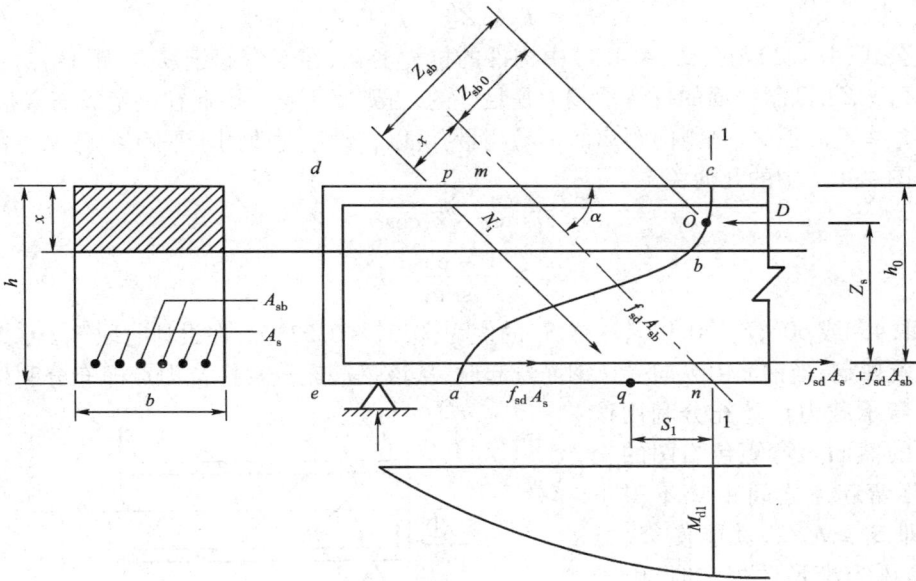

图 4.4.1　斜截面抗弯受力分析

根据通过斜截面顶端正截面(剪压面)混凝土合力 D 作用点 O 为中心的力矩平衡条件,可得到斜截面抗弯承载力的计算公式,矩形、T 形、工字形截面的受弯构件,其斜截面抗弯承载力应按式(4.4.1)进行验算:

$$\gamma_0 M_d \leqslant f_{sd} A_s Z_s + \sum f_{sd} A_{sb} Z_{sb} + \sum f_{sv} A_{sv} Z_{sv} \tag{4.4.1}$$

式中:M_d——斜截面受压端正截面的最大弯矩组合设计值;

$\quad Z_s$——纵向普通受拉钢筋合力点至受压区中心点 O 的距离;

$\quad Z_{sb}$——与斜截面相交的同一弯起平面内普通弯起钢筋合力点至受压区中心点 O 的距离;

$\quad Z_{sv}$——与斜截面相交的同一平面内箍筋合力点至斜截面受压端的水平距离。

按照式(4.4.1)进行斜截面抗弯承载力计算时,首先应确定最不利斜截面位置,一般是对受拉区抗弯薄弱处,自下向上沿斜向计算几个不同角度的斜截面,按下列公式试算确定最不利的斜截面水平投影长度:

$$\gamma_0 V_d = \sum f_{sd} A_{sb} \sin\theta_s + \sum f_{sv} A_{sv} \tag{4.4.2}$$

式中：V_d——斜截面受压端正截面相应于最大弯矩组合设计值的剪力组合设计值。

在实际设计中，钢筋混凝土受弯构件一般不进行斜截面抗弯承载力计算，而是通过一定的构造措施予以保证，这主要是控制纵向钢筋的弯起点位置。设计和配置纵向钢筋时，正截面承载力已得到保证，在斜截面范围内如无纵筋弯起，与斜截面相交的钢筋所能承受的弯矩与正截面相同，因而无需进行斜截面抗弯承载力验算。在斜截面范围内如有部分纵筋弯起或切断，与斜截面相交的纵向钢筋少于受压区所在的正截面的钢筋，若采取一定的构造措施，如图4.4.1中的 N_i 弯起钢筋为例，其截面积为 A_{sb}，在截面1-1处未弯起以前，与其他钢筋（截面积为 A_{so}）共同负担设计弯矩 M_{d1}，其平衡方程为

$$M_{d1} \leqslant f_{sd} A_{sb} Z + f_{sd} A_s Z_s \tag{4.4.3}$$

N_i 钢筋过了截面1-1后就需要弯起充当抗剪钢筋之用，但 N_i 钢筋与可能出现的斜裂缝（斜截面）交遇，斜裂缝顶端的受压区中心为 O，现以此裂缝取脱离体，其受力平衡条件就转变为

$$M_d \leqslant f_{sd} A_{sb} Z_{sb} + f_{sd} A_{so} Z_s \tag{4.4.4}$$

比较公式(4.4.3)与公式(4.4.4)中构件的抗力变化，在于弯起钢筋 N_i 距 O 点的力臂变化，如果 $Z_{sb} > Z_s$，则斜截面的抗弯承载力是足够的，否则就不够。因此在确定纵筋弯起点位置时，应使 $Z_{sb} \geqslant Z_s$。但 Z_{sb} 是斜向距离而不易测量，所以在设计时改用水平距离 S_1 来控制。

根据图4.4.1中的几何关系

$$Z_{sb} = S_1 \sin\alpha + Z_s \cos\alpha \geqslant Z_s$$

$$S_1 \geqslant \frac{1 - \cos\alpha}{\sin\alpha} Z_s$$

α 宜取45°或60°，$Z_s \approx 0.9 h_0$，这样 S_1 的值为$(0.37 \sim 0.52) h_0$，在设计时取 $S_1 \geqslant 0.5 h_0$。

故规范规定，当钢筋由纵向受拉钢筋弯起时，从该钢筋充分发挥抗力点即充分利用点（按正截面抗弯承载力计算充分利用该钢筋强度的截面与弯矩包络图的交点）到实际弯起点之间距离不得小于 $h_0/2$，即 $S_1 \geqslant h_0/2$，就能使 $Z_{sb} \geqslant Z_s$，亦就是说当满足此规定时，由于与斜截面相交的纵筋减少所损失的抗弯能力完全可由弯起钢筋来补偿，因此，可不必再进行斜截面抗弯承载力计算。弯起钢筋可在按正截面受弯承载力计算不需要该钢筋截面面积之前弯起，但弯起钢筋与梁中心线的交点应位于按计算不需要该钢筋的截面之外，如图4.4.2所示。

弯起钢筋的末端（弯终点以外）应留有锚固长度：受拉区不应小于 $20d$，受压区不应小于 $10d$，环氧树脂涂层钢筋增加25%。此处 d 为钢筋

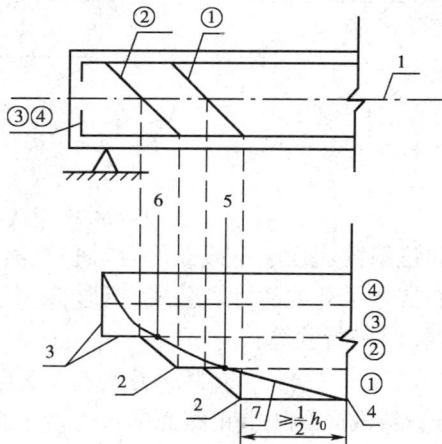

图 4.4.2　弯起钢筋弯起点位置

1-梁中心线；2-受拉区钢筋弯起点；3-正截面抗弯承载力图形；4-钢筋①～④强度充分利用的截面；5-按计算不需要钢筋①的截面（钢筋②～④强度充分利用截面）；6-按计算不需要钢筋②的截面（钢筋③～④强度充分利用截面）；7-弯矩图；①、②、③、④-钢筋批号

直径。$R235(Q235)$钢筋尚应设置半圆弯钩。如图 4.4.3 所示。

图 4.4.3　钢筋的末端锚固长度

靠近支点的第一排弯起钢筋顶部的弯折点,简支梁或连续梁边支点应位于支座中心截面处,悬臂梁或连续梁中间支点应位于横隔梁(板)靠跨径一侧的边缘处,以后各排(跨中方向)弯起钢筋的梁顶部弯折点,应落在前一排(支点方向)弯起钢筋的梁底部弯折点处或弯折点以内。弯起钢筋不得采用浮筋。

钢筋混凝土梁内纵向受拉钢筋不宜在受拉区截断;如需截断时,应从按正截面抗弯承载力计算充分利用该钢筋强度的截面至少延伸($l_a + h_0$)长度,如图 4.4.4 所示,此处 l_a 为受拉钢筋最小锚固长度,h_0 为梁截面有效高度;同时,尚应考虑从正截面抗弯承载力计算不需要该钢筋的截面至少延伸 $20d$(环氧树脂涂层钢筋 $25d$),此处 d 为钢筋直径。纵向受压钢筋如在跨间截断时,应延伸至按计算不需要该钢筋的截面以外至少 $15d$(环氧树脂涂层钢筋 $20d$)。

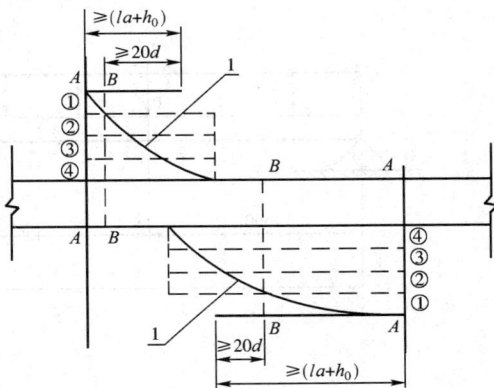

图 4.4.4　纵向钢筋截断时的延伸长度

思考题

4-1　简述钢筋混凝土梁的斜截面破坏形式及发生原因?

4-2　受弯构件沿斜截面受剪破坏的形态有几种? 各在什么情况下发生? 分别应如何防止?

4-3　何谓剪跨比? 为什么其大小会引起沿斜截面破坏形态的改变?

4-4　梁斜截面抗剪承载力计算的基本假定是什么? 忽略了哪些因素? 你的看法如何?

4-5　斜截面抗剪承载力计算公式的适用范围是什么? 其意义何在?

4-6　计算斜截面受剪承载力时,其位置应取在哪些部位?

4-7　钢筋混凝土梁在荷载作用下,为什么会产生斜裂缝?

4-8　梁沿斜截面破坏有哪几种形态? 如何防止?

4-9　箍筋的设计计算如何进行?

4-10　斜筋设计计算中有哪些问题要解决? 如何进行斜筋的设计计算? 配置方法如何?

4-11　影响梁斜截面承载力的主要因素是什么? 剪跨比对抗剪承载力的影响实际上反映了什么问题?

4-12　提高斜截面抗剪承载力的措施有哪些? 哪些比较有效?

4-13　在决定弯起钢筋的根数和间距时,应考虑哪些因素? 为什么?

习 题

1. 承受均布荷载的简支梁,净跨为 $l_0 = 4.8\text{m}$,截面尺寸 $b = 200\text{mm}$,$h = 500\text{mm}$,混凝土强度等级为 C20,箍筋为 HPB235 级钢筋,已知沿梁长配有双肢 $\phi 8$ 的箍筋,箍筋间距为 150mm。计算该斜截面受剪承载力。

2. 如习题图 4.1 所示简支梁,$b = 250\text{mm}$,$h = 550\text{mm}$,混凝土强度等级为 C25,箍筋为 HPB235 级钢筋,纵向受拉钢筋用 HRB335 级钢筋,集中荷载设计值 $P = 135\text{kN}$,均布荷载设计值 $q = 6.5\text{kN/m}$(包括自重)。请对下列两种情况进行受剪承载力计算:

(1)仅配置箍筋,并选定箍筋直径和间距;

(2)箍筋按双肢 $\phi 6$,间距为 200mm 配置,计算弯起钢筋用量,并绘制腹筋配置草图。

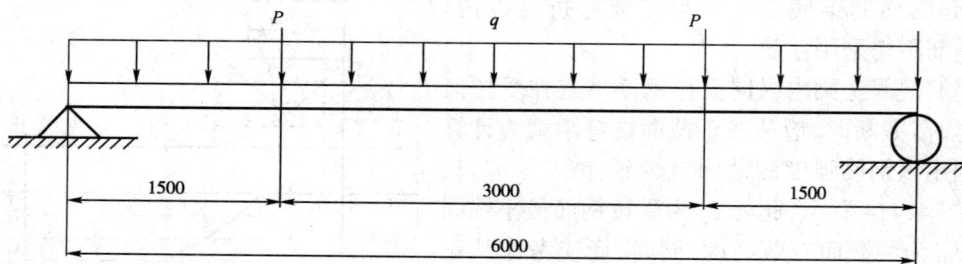

习题图 4.1

第五章 钢筋混凝土梁承载能力校核与构造要求

第一节 全梁承载能力校核

一、全梁承载力校核的目的

全梁承载力校核的目的是,所设计的钢筋混凝土受弯构件沿长度任一截面都要保证在最不利荷载作用下,不会出现正截面和斜截面承载力破坏。

如前所述,受弯构件的斜截面抗剪钢筋设计中,箍筋与混凝土的综合抗力 V_{cs} 和弯起钢筋的抗力 V_{sb},足以覆盖剪力包络图,即在任一截面上都可保证 $\gamma_0 V_d \leq V_{cs} + V_{sb}$ 的条件。然而对受弯构件的正截面,正如第三章受弯构件正截面承载能力计算,只在发生最大荷载效应的一个控制截面上进行,对其他截面都未曾涉及。而受弯构件的弯矩值又是沿跨长而变化的,所以,实际上纵向受拉钢筋常在跨径间不同位置弯起(以满足斜截面抗剪承载力要求)或截断。因此,纵向钢筋的弯起或截断既要满足正截面抗弯承载力的要求,同时又要适应斜截面抗剪承载力的要求。现在来讨论综合满足全梁承载能力要求的配筋设计方法。

在工程实践中钢筋混凝土受弯构件正截面承载力,通常只需对若干控制截面进行承载力计算,至于其他截面的承载能力能否满足要求,可通过图解法来校核,即用弯矩包络图与承载能力图进行校核。关于梁的弯矩包络图的概念及其绘制方法已在力学课程中予以介绍,此处不再赘述。

二、正截面受弯承载力图(材料图)的概念

所谓正截面受弯承载力图,是指按实际配置的纵向受拉钢筋所绘出的反映梁上沿跨径各正截面所能承受的弯矩图。它反映了沿梁长正截面上材料的抗力,故简称材料图。

全梁承载能力校核图如图 5.1.1 表示——等截面简支梁的弯矩包络图和承载能力图。在跨中控制截面 $a - a'$ 处,根据弯矩荷载效应 M_d 要求设置 6 根抗弯钢筋($A_s = 4N_1 + 2N_2$),如纵向受拉钢筋沿全梁通过,则其总抗力 M'_d 图为矩形,可以完全覆盖弯矩包络图,如图 5.1.1(b),能满足 $\gamma_0 M_d < M'_d$ 条件,但这仅仅是孤立地考虑了正截面的承载力需要,而未兼顾斜截面承载力的配筋要求(根据剪力荷载效应 V_{sb1},要求弯起 2 根第一排钢筋 A_{sb1},根据 V_{sb2},需弯起 2 根第二排钢筋),不是一个合理的设计。因此,从正截面抗弯承载力来考虑,把纵向受拉钢筋按弯矩值的变化在梁内适当位置弯起或截断将是经济合理的。

在跨中截面 $a - a'$ 处,由设计的抗弯钢筋 A_s 产生的总抗力为:

$$M'_d = \frac{1}{\gamma_0} f_{sd} A_s Z = \frac{1}{\gamma_0} \sum A_{si} f_{sd} Z_{sb}$$

每根钢筋产生的抗力近似地按该根钢筋面积 A_{si} 占总面积 A_s 的比例来分配 M'_d,即

$$\Delta M'_d = \frac{1}{\gamma_0} f_{sd} A_{si} Z_{sb} \frac{A_{si}}{A_s} M'_d$$

式中，$Z_{sb} = (h_0 - \dfrac{x}{2})$，内力偶臂。

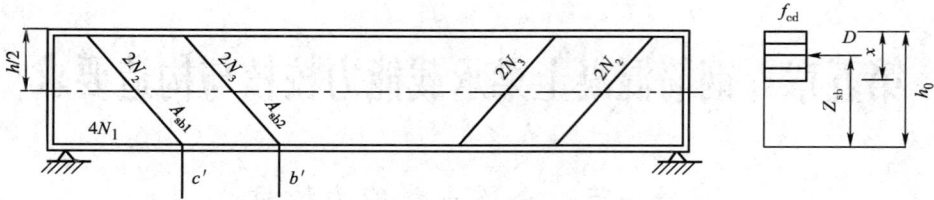

(a)

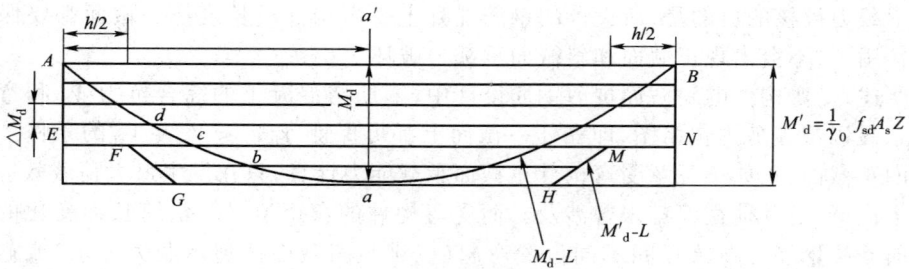

(b)

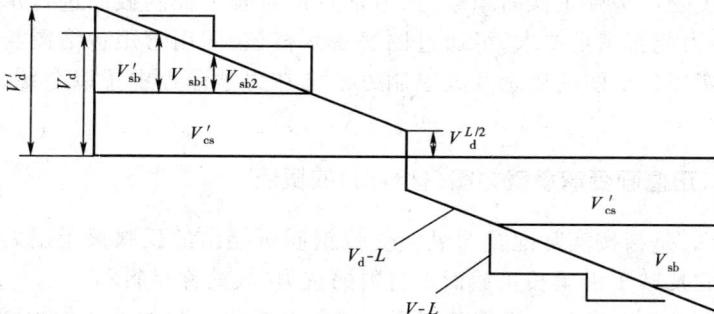

(c)

图 5.1.1　等截面简支梁的弯矩包络图和承载能力图

弯矩包络图 M_d-L 与抗力图 $\Delta M'_d$ 的交点如图 5.1.1(b)中的 b、c、d 点，b、c、d 点以外的钢筋，都可以截断或弯起，充当抗剪钢筋之用，如在交点 b 处可以截断或弯起一根纵向受拉钢筋，在 c 点可截断或弯起两根等，这些点称为"理论断点"，但须注意这只是理论断点，实际的截断或弯起位置，还应从理论弯起点向支座方向延伸 $h_0/2$ 才能截断或弯起，以保证裂缝出现后的内力重分配；对于用作弯起钢筋的弯起点位置，还不得削弱对弯矩的抗力，如图 5.1.1(a)中第二排弯起钢筋 A_{sb2}，按照抗剪强度计算的要求，应在 b' 点处弯起两根纵向钢筋，但按 M_d-L图来校核，只能在 c 点以左才能弯起，即不能提前弯起，因此，只能补充两根 N_3 作抗剪钢筋，而原来的两根受拉钢筋 N_2，却可作为第一排弯起钢筋在 c' 处弯起，这样在抗力图（或称材料图)M'_d-L 的 G 点(与 c' 相对点)形成转折 GF 段(F 点为弯起钢筋与纵梁轴线交点,梁轴线近似取梁高的一半),纵向钢筋弯起而离开截面下缘,但因仍位于中性轴以下的受拉区故尚能承受一些弯矩,所以承载能力图以斜线 GF 相连。对中性轴以上的弯起钢筋,因已进入截面的受压区,故不再考虑其抗弯能力。总之,抗力图 M'_d-L 必须覆盖在弯矩包络图 M_d-L 之外,不得切入包络图之内,这样,全梁的抗弯承载能力可获得保证。关于斜截面抗弯强度,只要满足如上所述"构造措施"配筋,即可认为对全梁的承载力是有保证的。

第二节　构　造　要　求

一、保证正截面抗弯承载力

利用图解法(图 5.1.1)进行全梁承载力校核,还须注意纵向受拉钢筋与混凝土间有可靠的锚固,当这些钢筋在跨度内有剩余抗力而截断以节省钢筋时,或在梁端过支点终断时,均须自该钢筋不受力点起延伸一个最小锚固长度后再截断,以免锚固失效而削弱承载力。最小锚固长度按表 5.2.1 采用。受力主钢筋端部弯钩应符合表 5.2.2。

钢筋最小锚固长度 l_a　　　　　　　　　　　　　　　表 5.2.1

混凝土项目	钢筋	R235(Q235)				HRB335				HRB400, KL400			
		C20	C25	C30	≥C40	C20	C25	C30	≥C40	C20	C25	C30	≥C40
受压钢筋(直端)		$40d$	$35d$	$30d$	$25d$	$35d$	$30d$	$25d$	$20d$	$40d$	$35d$	$30d$	$25d$
受拉钢筋	直端	—	—	—	—	$40d$	$35d$	$30d$	$25d$	$45d$	$40d$	$35d$	$30d$
	弯钩端	$35d$	$30d$	$25d$	$20d$	$30d$	$25d$	$25d$	$20d$	$35d$	$30d$	$30d$	$25d$

受力钢筋端部弯钩　　　　　　　　　　　　　　　表 5.2.2

弯曲部位	弯曲角度	形　状	钢筋	弯曲直径(D)	平直段长度
末端弯钩	180°		R235 (Q235)	≥2.5d(d≤20mm)	≥3d
	135°		HRB335	≥4d	≥5d
			HRB400 KL400	≥5d	
	90°		HRB335	≥4d	≥10d
			HRB400 KL400	≥5d	

弯曲部位	弯曲角度	形 状	钢筋	弯曲直径(D)	平直段长度
中间弯折	≤90°		各种钢筋	≥20d	—

注:采用环氧树脂涂层钢筋时,除应满足表内规定外,当钢筋直径 d≤20mm 时,弯钩内直径 D 不应小于 4d,当 d>20mm 时,弯钩内直径 D 不应小于 6d;直线段长度不应小于 5d。

二、保证斜截面抗剪承载力

除在上节"箍筋设计"与"弯起钢筋设计"中已提出的有关构造要求以外,还应注意的问题有:弯起钢筋应优先利用受拉区的纵向主钢筋弯起,弯起的纵向受拉主钢筋的数量不足时,应补充钢筋作为斜筋。另外,弯起钢筋的弯终点外尚应留有一定的锚固长度(见表 5.2.1)。

三、保证斜截面抗弯承载力

斜截面抗弯承载力计算像上章介绍。受弯构件斜截面抗弯承载力一般可通过一定的构造措施予以保证,此措施控制纵向钢筋的弯起点位置。如图 5.2.1 所示,在梁的受拉区,钢筋混凝土梁当设置弯起钢筋时,其弯起角度宜取 45°。纵筋弯起首先应保证正截面抗弯承载能力,其次还需保证斜截面抗弯承载能力,这可以通过控制弯起点和弯终点的位置来实现。

《公桥规》对纵向钢筋弯起点位置的规定是:在受拉区,弯起钢筋的弯起点可设在按正截面受弯承载力计算不需要该钢筋的截面之前(充分利用点和不需要点之间);但弯起钢筋与梁中心线的交点,应在不需要该钢筋的截面之外;受拉区弯起钢筋的弯起点应设在根据正截面抗弯承载力计算充分利用该根钢筋强度的截面(称为充分利用点)以外不小于 $h_0/2$ 处;同时,弯起钢筋与梁纵轴线的交点应位于根据正截面承载力计算不需要该钢筋的截面(称为理论断点)以外。

充分利用点和不需要点的位置可根据纵向钢筋的根数和直径(即截面面积)绘出的水平线与弯矩包络图的交点来确定。

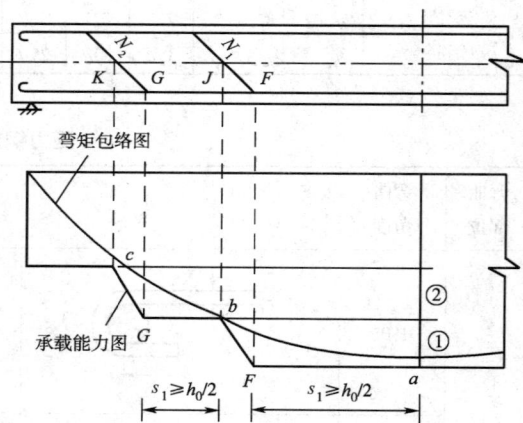

图 5.2.1 纵向钢筋弯起的位置

第三节 简支梁的斜截面设计与全梁承载力校核

某装配式等高简支 T 梁,混凝土强度等级 C25,纵向受拉钢筋 HRB335 级钢筋,箍筋采用 R235 级钢筋。设计荷载作用下弯矩组合设计值: $M_d^{1/2}$ = 2100kN·m, $M_d^{1/4}$ = 1358kN·m,剪力组合

设计值 $V_d^{L/2} = 88.3\text{kN}$，$V_d^0 = 479.8\text{kN}$。梁下缘配置 8φ32 + 4φ16 纵向受拉钢筋，$A_s = 7238\text{mm}^2$。桥梁结构重要性系数 $\gamma_0 = 1.1$，T 形梁尺寸及钢筋布置如图 5.3.1 所示。试设计剪力钢筋。

一、验算截面尺寸

根据式(4.3.5)，有：

$$\gamma_0 V_d \leq 0.51 \times 10^{-3} \sqrt{f_{cu,k}} bh_0$$

$$V_d = \frac{1}{1.1} \times 0.51 \times 10^{-3} \times \sqrt{25} \times 180 \times \left[1350\right.$$

$$\left. - \left(30 + \frac{34.5}{2}\right)\right] = 543.6(\text{kN}) > V_d^0 = 479.8\text{kN}$$

所以该 T 形梁截面尺寸满足要求。

二、核算是否需要根据计算配置箍筋

按式(4.3.6)计算，若满足 $\gamma_0 V_d \leq 0.50 \times 10^{-3} \alpha_2 f_{td} bh_0$，则此梁段范围可仅根据构造要求设置箍筋。

图 5.3.1 T 梁截面尺寸及配筋图(尺寸单位:mm)

$$0.50 \times 10^{-3} \alpha_2 f_{td} bh_0 = 0.5 \times 10^{-3} \times 1.0 \times 1.23 \times 180 \times \left[1350 - \left(30 + \frac{24.5}{2}\right)\right] = 144.2\text{kN}$$

$$\gamma_0 V_d^{L/2} = 88.3 \times 1.1\text{kN} < 144.2\text{kN}$$

故在近跨中区段可仅根据构造要求设置箍筋。

三、剪力钢筋设计

(一)剪力图划分

(1)绘剪力图，如图 5.3.2(a)所示。

(2)计算不需要配置计算剪力筋区段长度 x

$$\frac{x}{10800} = \frac{144.2 - 88.3}{479.8 - 88.3}$$

$$x = 1542(\text{mm})$$

所以，按计算设置剪力钢筋梁段长度 $L_1 = 10800 - 1542 = 9258(\text{mm})$

(3)计算 V_d'(距支座中心 $\frac{h}{2}$ 处截面的计算剪力)

$$h/2 = 1350/2 = 675(\text{mm})$$

$$V_d' = 88.3 + \frac{479.8 - 88.3}{10800} \times (10800 - 675) = 455.3(\text{kN})$$

其中，应由混凝土和箍筋承担的计算剪力

$$V_{cs} = 0.6 V_d' = 0.6 \times 455.3 = 273.2(\text{kN})$$

应由弯起钢筋承受的计算剪力

$$V_{sb} = 0.4 V_d' = 0.4 \times 455.3 = 182.1(\text{kN})$$

(二)箍筋设计

采用直径为 φ8 的双肢箍筋，$A_{sv1} = 50.3\text{mm}^2$，$A_{sv} = n_{sv} A_{svi} = 2 \times 50.3 = 100.6\text{mm}^2$，一般受弯构件中箍筋常按等间距布置，为计算简便，计算公式中纵筋配筋百分率 p 及截面有效高度 h_0 均取跨中及支点截面的平均值。

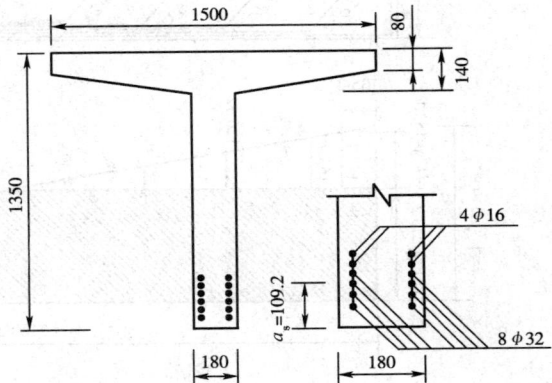

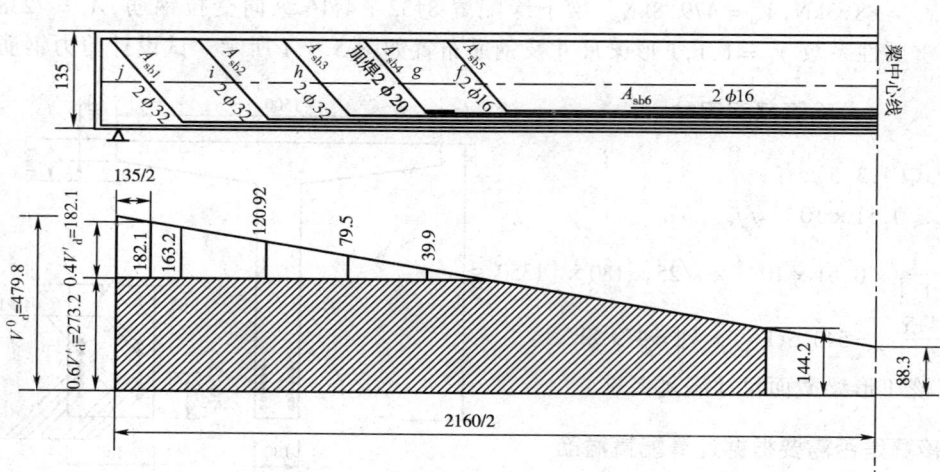

（a）

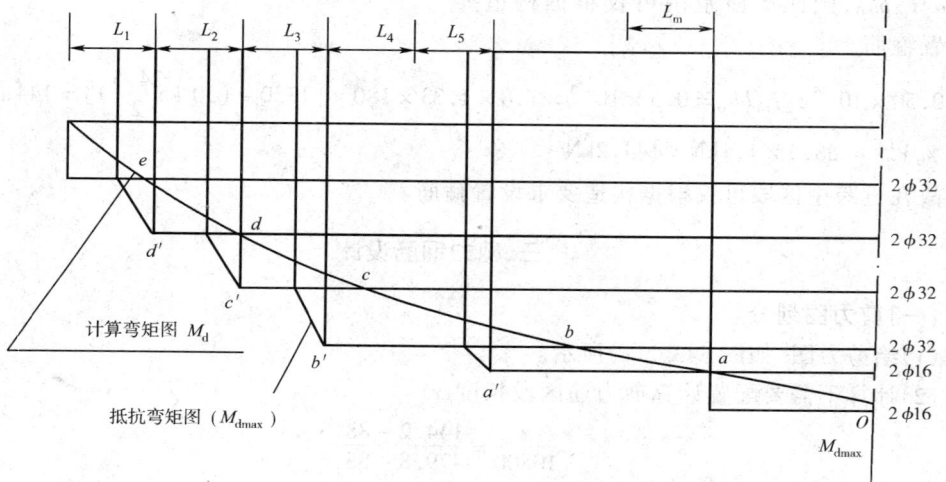

（b）

图 5.3.2
（a）剪力分配图；（b）承载能力图

弯 起 钢 筋 位 置

表 5.3.1

钢筋号 点位	A_{sb1}	A_{sb2}	A_{sb3}	A_{sb4}	A_{sb5}	A_{sb6}
充分利用点	d	c	b		a	o
不需要点	e	d	c	加焊钢筋	b	a
弯起点到充分利 用点距离	$dd' > h_0/2$	$cc' > h_0/2$	$bb' > h_0/2$		$aa' > h_0/2$	通过 a 点后 在 L_m 外截断
弯起钢筋与梁轴 交点位置	j 在 e 外侧	i 在 d 外侧	h 在 c 外侧		f 在 b 外侧	

$$p_{1/2} = 100\rho_{1/2} = 100\,\frac{A_s}{bh_0} = 100 \times \frac{7238}{(1350 - 109.2) \times 180} = 3.2$$

$$p_0 = 100\rho_0 = 100 \times \frac{1609}{180 \times 1303} = 0.686$$

$$p = \frac{p_{1/2} + p_0}{2} = 1.943$$

$$h_0 = \frac{1303 + 1240.8}{2} = 1271.9 (\text{mm})$$

由式(4.3.10):

$$S_v = \frac{a_1^2 a_3^2 0.2 \times 10^{-6}(2 + 0.6p)\sqrt{f_{cu,k}}A_{sv}f_{sv}bh_0^2}{(\xi\gamma_0 V_d)^2}$$

$$= \frac{1.0^2 \times 1.1^2 \times 0.2 \times 10^{-6} \times (2 + 0.6 \times 1.943) \times \sqrt{25} \times 100.6 \times 195 \times 180 \times (1271.9)^2}{(0.6 \times 1.1 \times 455.3)^2}$$

$$= 242.32(\text{mm})$$

取 $S_v = 200\text{mm}$,并根据《公桥规》要求,支座中心至 $h/2 = 675\text{mm}$ 范围内取 $S_v = 100\text{mm}$,

$$\rho_k = \frac{A_{sv}}{bS_v} = \frac{100.6}{180 \times 200} = 0.0028 > \rho_{sbmin}$$

(三)弯起钢筋设计

(1)第一排弯起钢筋计算

根据《公桥规》规定,计算第一排弯起钢筋时取用距支座中心 $h/2 = 675\text{mm}$ 处由第一排弯起钢筋承担的剪力 V_{sb1},即 $V_{sb1} = 0.4V_d' = 182.1\text{kN}$。

$$A_{sb1} = \frac{\gamma_0 V_{sb1}}{0.75 \times 10^{-3}f_{sd}\sin 45°}$$

$$= \frac{182.1 \times 1.1}{0.75 \times 10^{-3} \times 280 \times \sin 45°} = 1349(\text{mm}^2)$$

起弯 2φ32,供给面积 $A_{sb1} = 1609\text{mm}^2 > 1349\text{mm}^2$。

(2)第二排弯起钢筋计算

计算第二排弯起钢筋时,取用第一排弯起钢筋弯起点处由弯起钢筋承担的那部分剪力值 V_{sb2},此时,第一排弯起钢筋弯起段的水平投影长度计算如下(设净保护层为 30mm,上部架立钢筋为 2φ18):

$$L_1 = h - 2 \times 保护层厚度 - d_伸 - d_架 - d_弯$$

$$= 1350 - 2 \times 30 - 34.5 - 34.5 - 20 = 1201(\text{mm})$$

$$V_{sb2} = 88.3 + (479.8 - 88.3) \times \frac{10800 - 1201}{10800} - 273.2 = 163.2(\text{kN})$$

$$A_{sb2} = \frac{\gamma_0 V_{sb2}}{0.75 \times 10^{-3}f_{sd}\sin 45°} = \frac{1.1 \times 163.2}{0.75 \times 10^{-3} \times 280 \times \sin 45°} = 1208(\text{mm}^2)$$

弯起 2φ32,供给面积 $A_{sb2} = 1609\text{mm}^2 > 1208\text{mm}^2$。

(3)第三排弯起钢筋计算

计算第三排弯起钢筋时,取用第二排弯起钢筋起弯点处应由弯起钢筋承担的那部分剪力值 V_{sb3},此时第二排弯起钢筋的水平投影长度

$$L_2 = L_1 - d_弯 = 1199 - 34.5 = 1164.5(\text{mm})$$

$$V_{sb3} = 88.3 + (479.8 - 88.3) \times \frac{10800 - 1199 - 1164.5}{10800} - 273.2 = 120.92(\text{kN})$$

$$A_{sb3} = \frac{\gamma_0 V_{sb3}}{0.75 \times 10^{-3} f_{sd} \sin 45°} = \frac{1.1 \times 120.92}{0.75 \times 10^{-3} \times 280 \times \sin 45°} = 896(\text{mm}^2)$$

弯起 $2\phi32$，供给面积 $A_{sb3} = 1609\text{mm}^2 > 896\text{mm}^2$。

（4）第四排弯起钢筋计算

计算第四排弯起钢筋时，取第三排弯起钢筋起弯点处应由弯起钢筋承担的那部分剪力值 V_{sb4}，此时

$$L_3 = L_2 - d_{弯3} = 1164.5 - 34.5 = 1130(\text{mm})$$

同理　　　　　　　　$V_{sb4} = 79.96\text{kN}$

$$A_{sb4} = 592\text{mm}^2$$

加焊 $2\phi20$，供给面积 $A_{sb4} = 628\text{mm}^2 > 592\text{mm}^2$。

（5）第五排弯起钢筋计算

同理　　　　　　　　$L_4 = L_3 - d_{弯4} = 1130 - 22 = 1108(\text{mm})$

$$V_{sb5} = 39.98\text{kN}$$

$$A_{sb5} = 296\text{mm}^2$$

弯起 $2\phi16$，供给面积 $A_{sb5} = 402\text{mm}^2 > 296\text{mm}^2$。

至此，纵向钢筋尚余 $2\phi16$ 未弯起，可视具体情况在适当的位置截断。

四、全梁承载能力校核

（一）跨中截面所能承担的最大弯矩计算

$b'_f = 1500\text{mm}$，$h'_f = 110\text{mm}$，$a_s = 109.2\text{mm}$，$h_0 = 1240.8\text{mm}$

$$x = \frac{\sum f_{sd} A_s - f_{cd}(b_f - b) h'_f}{f_{cd} b} = \frac{280 \times 7238 - 11.5 \times (1500 - 180) \times 110}{11.5 \times 180} = 172.38(\text{mm}) < \xi_b h_0$$

$$M'_d = \frac{1}{\gamma_0}\left[f_{cd} bx \left(h_0 - \frac{x}{2}\right) + f_{cd}(b'_f - b) h'_f \left(h_0 - \frac{h'_f}{2}\right)\right]$$

$$= \frac{1}{1.1}\left[11.5 \times 180 \times 172.38 \times \left(1240.8 - \frac{172.38}{2}\right) + 11.5 \times (1500 - 180) \times 110 \times \left(1240.8 \right.\right.$$

$$\left.\left. - \frac{110}{2}\right)\right]$$

$$= 2174.58(\text{kN·m}) > M_d = 2100\text{kN·m}$$

（二）绘制承载能力图（材料图）进行全梁承载能力校核

首先将弯矩包络图 $M_d - L$ 按比例尺画出[由支点、$L/4$、$L/2$ 处截面最大弯矩值连成曲线，如图5.3.2(b)所示]，然后将 M'_d（2174.58kN·m）采用与弯矩包络图相同的比例尺，画出抗力图 $M'_d - L$ 在跨中的纵坐标，再近似地按受力钢筋截面面积比分为4:4:4:4:1:1 份，过各分点作水平线，弯矩包络图与各水平线交点，即可近似求得各根钢筋的"充分利用点"和"理论断点（不需要点）"[见表5.3.1]。再根据弯起钢筋的弯起点（按斜截面抗剪计算确定及构造要求确定）和截面钢筋的截断点位置及弯起钢筋与梁中心线（通常为半梁高）的交点，即可绘出材料的抵抗弯矩图。由图5.3.2(b)中可见，按上述斜截面抗剪强度所决定的弯起钢筋位置而绘制的抵抗弯矩图没有侵入弯矩包络图，即所有正截面强度都能满足要求，并满足斜截面抗弯强度的构造措施要求。

第四节 装配式钢筋混凝土简支T形梁主梁设计

一、设计资料

1. 设计荷载
汽车—公路Ⅱ级。

2. 桥面净空
净 $-7+2\times 0.5$。

3. 主要尺寸
标准跨径 $L_b = 13\text{m}$。

计算跨径 $l = 12.5\text{m}$。

梁长 $l' = 12.96\text{ m}$。

4. 材料规格
混凝土强度等级 C25。

主筋采用 HRB335 级钢筋，直径 12mm 以下者采用 R235 级钢筋。

5. 设计规范
《公桥规》(JTG D62—2004)。

6. 桥梁横断面布置情况见图 5.4.1。

二、设计内容

1. 截面尺寸拟定(见图 5.4.2);
2. 内力组合(各片主梁内力计算结果见表 5.4.1 和表 5.4.2);
3. 跨中截面正截面承载力计算(选择钢筋并复核截面承载力);
4. 斜截面承载力计算(剪力钢筋设计);
5. 全梁承载能力图校核;
6. 裂缝及变形计算;
7. 绘制钢筋图,编制钢筋明细表。

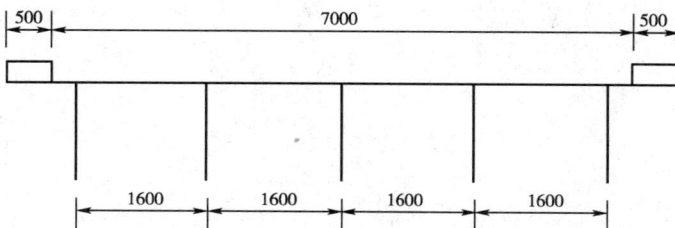

图 5.4.1　桥梁横断面图(尺寸单位:mm)

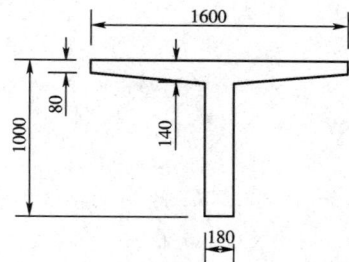

图 5.4.2　T形梁截面尺寸(尺寸单位:mm)

各片主梁弯矩值			表5.4.1
梁号	内力	恒载 ①	汽车 ②
1	$M_{1/2}$	273.42	453.40
1	$M_{1/4}$	205.1	340.05
2	$M_{1/2}$	288.26	395.88
2	$M_{1/4}$	216.23	296.91
3	$M_{1/2}$	288.26	338.36
3	$M_{1/4}$	216.23	253.77

各片主梁剪力值			表5.4.2
梁号	内力	恒载 ①	汽车 ②
1	$V_{1/2}$	87.5	172.623
1	$V_{1/4}$	0	76.76
2	$V_{1/2}$	92.25	152.456
2	$V_{1/4}$	0	67.02
3	$V_{1/2}$	92.25	132.788
3	$V_{1/4}$	0	57.29

思考题

5-1 何谓梁的材料抵抗弯矩图？其意义和作用怎样？它与弯矩图的关系怎样？

5-2 梁的斜截面受弯承载力是怎样保证的？

5-3 全梁承载力校核的目的是什么？都包括哪些内容？

5-4 钢筋混凝土梁应该满足哪些构造要求？

习 题

1. 有一等高矩形截面简支梁，截面尺寸 $b \times h = 250mm \times 550mm$，计算跨径 $l = 5.4m$，承受均布荷载，支点计算剪力 $V_d^0 = 162kN$，跨中计算剪力 $V_d^{1/2} = 0$，混凝土强度等级为 C25，纵向受力钢筋为 HRB335 级，跨中布置有主筋 $4\phi25$，伸入支座 $2\phi25$，箍筋为 R235 级钢筋，采用双肢 $\phi8$，试求箍筋间距和第一排弯起钢筋面积。

2. 已知一等高 T 形截面简支梁，计算跨径 $L = 19.5 \, m$，截面尺寸 $b = 200 \, mm$，$b'_i = 1500 \, mm$，$h = 1300 \, mm$，$h'_f = 130 \, mm$，C25 混凝土，纵向受力钢筋为 HRB335 级，$a_s = 470 \, mm$，箍筋为 R235 级钢筋，采用双肢 $\phi8$，$S_v = 200 \, mm$，纵筋弯起 4 次（3 排 $2\phi32$ 及一排 $2\phi16$），有 $2\phi32$ 伸入支座，支点剪力 $V_d^0 = 518 \, kN$，跨中剪力 $V_d^{1/2} = 98 \, kN$，中间按直线分布，求距支点 $h_0/2$ 处斜截面抗剪强度是否满足要求。

第六章　钢筋混凝土受压构件承载力计算

以承受轴向压力为主的构件称为受压构件,有时也称为柱(columns)。理论上认为,凡荷载的合力通过截面形心的受压构件称之为轴心受压构件(compression members with axial load at zero eccentricity)。但是,在实际结构中,由于混凝土材料组成的不均匀,施工中钢筋位置的偏差,模板的公差,装配式结构安装中的误差等因素,都会导致压力产生偏心(eccentricity)。因此,可以说绝对的轴心受压构件是没有的。但是,如果偏心距很小,在设计中可以略去不计,近似地按轴心受压构件计算。

荷载的合力作用线偏离构件形心的构件称之为偏心受压构件(compression members with axial load at given eccentricities)。偏心受压构件不论其具体的受力情况如何,对任一截面而言,既承受轴向压力,又承受弯矩。此外,在实际结构中,还作用有横向剪力。在设计时,因构件截面尺寸较大,而横向剪力较小,为简化计算,一般不考虑剪力的影响,仅考虑纵向偏心力(即轴向力和弯矩)的作用。因而,《公桥规》中关于偏心受压构件的承载力计算,只限于正截面强度计算。

第一节　轴心受压构件承载力计算

按箍筋作用的不同,钢筋混凝土轴心受压构件可分为两种基本类型:一种为配有纵向钢筋及普通箍筋(ties)的构件,称为普通箍筋柱(tied columns)[图 6.1.1(a)];另一种为配有纵向钢筋及螺旋箍筋(spirals)或焊环形箍筋的螺旋箍筋柱(spirally reinforced columns)[图 6.1.1(b)]。在一般情况下,承受同一荷载时,螺旋箍筋柱所需截面尺寸较小,但它的施工较为麻烦,因此,只有当荷载很大,而截面尺寸又受到限制时才采用。

一、普通箍筋柱

(一)破坏状态分析

钢筋混凝土轴心受压构件按照构件的长细比不同,轴心受压构件可分为短构件(对一般截面 $l_0/i < 28$;对矩形截面 $l_0/b \leqslant 8$)和中长构件。习惯上前者称为短柱(short columns),后者称为长柱(long columns)。

1. 短柱破坏

配有纵向钢筋和普通箍筋的短柱轴心受压试验

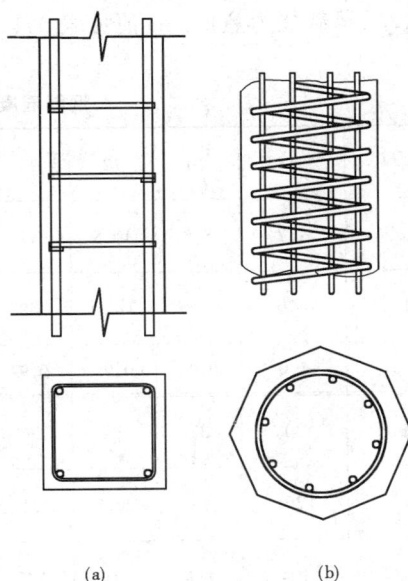

图 6.1.1　轴心受压柱配置箍筋的方式
(a)普通箍筋柱;(b)螺旋箍筋柱

表明,在轴心荷载的作用下,整个截面的应变基本上是均匀分布的。在开始加载和轴向力较小时,混凝土和钢筋都处于弹性工作阶段,钢筋和混凝土的应力基本上按其弹性模量的比值来分配。当外荷载稍大后,随着荷载的增加,混凝土应力的增加愈来愈慢,而钢筋的应力基本上与其应变成正比增加,柱子变形增加的速度就快于外荷载增加的速度。随着荷载的继续增加,柱中开始出现微小的纵向裂缝,在临近破坏荷载时,柱身出现很多明显的纵向裂缝,混凝土保护层开始剥落,箍筋间的纵筋被压曲向外鼓出,混凝土被压碎,柱子发生破坏[图 6.1.2(a)]时,混凝土的应力达到轴心抗压极限强度 f_{ck},相应的应变达到其抗压极限应变(一般取 $\varepsilon_c = 0.002$),对于高强钢筋,在构件破坏时可能达不到屈服,钢筋的应力为 $\sigma_s = \varepsilon_s E_s = \varepsilon_c E_s = 0.002 \times 2 \times 10^5 = 400(MPa)$,小于其屈服强度。在这类构件中,最终承载力都是由混凝土压碎来控制。

2. 长柱破坏

对于比较细长的钢筋混凝土轴心受压构件(对于矩形构件 $l_0/b > 8$;圆形截面构件 $l_0/d > 7$;其他形状截面构件 $l_0/i > 28$),试验表明,其破坏不是由于强度不够,而是由于丧失稳定导致的。如前面所述,轴心受压构件总免不了有初始偏心距的存在,受荷后即产生附加弯矩,伴之发生横向挠度,加速了构件的失稳破坏。构件破坏时,首先在靠近凹边出现大致平行于纵轴方向的纵向裂缝,而在凸边发生水平的横向裂缝[图 6.1.2(b)],随后受压区混凝土被压碎,纵筋向外鼓出,横向挠度迅速发展,构件失去平衡,最后将凸边的混凝土拉断。与截面尺寸、混凝土强度等级和配筋相同的短柱相比,长柱的破坏荷载较小,一般采用稳定系数 φ 考虑长柱纵向弯曲对承载力的影响,稳定系数与构件的长细比有关。所谓长细比(slenderness ratio),对矩形截面可用 l_0/b 表示(l_0 为柱的计算长度,b 为截面的短边尺寸),l_0/b 愈大,即柱子愈长细,则 φ 值愈小,承载能力愈低。φ 值见表 6.1.1,l_0 值见表 6.1.2。

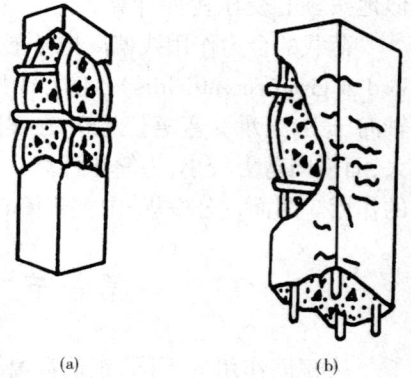

(a)   (b)

图 6.1.2　短柱、长柱破坏形态

钢筋混凝土轴心受压构件的稳定系数　　　　表 6.1.1

l_0/b	≤8	10	12	14	16	18	20	22	24	26	28
l_0/d	≤7	8.5	10.5	12	14	15.5	17	19	21	22.5	24
l_0/i	≤28	35	42	48	55	62	69	76	83	90	97
φ	1.0	0.98	0.95	0.92	0.87	0.81	0.75	0.70	0.65	0.60	0.56
l_0/b	30	32	34	36	38	40	42	44	46	48	50
l_0/d	26	28	29.5	31	33	34.5	36.5	38	40	41.5	43
l_0/i	104	111	118	125	132	139	146	153	160	167	174
φ	0.52	0.48	0.44	0.40	0.36	0.32	0.29	0.26	0.23	0.21	0.19

注:①表中 l_0——构件的计算长度;b——矩形截面短边尺寸;d_1——圆形截面直径;i——截面的最小回转半径。

　　②长细比在表列值之间时,φ 值可用直线内插法计算。

　　③计算回转半径时,不考虑钢筋的截面积。

构件纵向弯曲时的计算长度 l_0

表 6.1.2

构 件	构件及其两端结合情况	计算长度 l_0
直杆	两端固定	0.5l
	一端固定,一端为不移动的铰	0.7l
	两端均为不移动的铰	1.0l
	一端固定,一端自由	2.0l
拱	三铰拱	0.58S
	双铰拱	0.54S
	无铰拱	0.36S

(二)构造要点

1. 截面形式

为了使模板制作方便,以及便于梁柱的连接,普通箍筋柱的截面常设计成正方形、矩形和圆形等,对于装配式柱,为了减轻其自重,并使运输安装时有较大的刚度,也可做成工字形截面。截面最小边长不宜小于 250mm,构件的长细比 l_0/b 不宜过大。

2. 材料

混凝土强度对受压构件的承载力影响较大,故宜采用强度等级较高的混凝土,如 C20 ~ C30 混凝土,或采用更高强度等级的混凝土。

钢筋与混凝土共同受压时,若钢筋强度过高(如高于 $0.002E_s$),则不能发挥其作用,故不宜采用高强度钢筋作为受压钢筋。

3. 纵向钢筋

纵向钢筋为对称布置,轴心受压构件的承载力主要由混凝土承担,布置纵向钢筋的目的:(a)柱中的纵向钢筋用来协助混凝土承担压力,以减小截面尺寸;(b)用以增强对意外弯矩(accidental bending moments)的抵抗能力;(c)防止构件的突然破坏。

(1)纵向受力钢筋的直径不应小于 12mm,其净距不应小于 50mm,也不应大于 350mm,根数不少于 4 根。

(2)构件的全部纵向钢筋配筋率不宜超过 5%。构件的最小配筋率不应小于 0.5%,当混凝土强度等级为 C50 及以上时不应小于 0.6%;同时,一侧钢筋的配筋率不应小于 0.2%。

(3)纵向受力钢筋应伸入基础(foundations)和盖梁(caps),伸入长度不应小于表 5.2.1 规定的锚固长度。

4. 箍筋

普通箍筋的作用是防止纵向钢筋局部压屈,并与纵向钢筋形成钢筋骨架,便于施工。沿构件高度设置有等间距的箍筋。

(1)箍筋应做成封闭式,以保证钢筋骨架的整体刚度。

(2)箍筋的间距应不大于纵向受力钢筋直径的 15 倍,且不大于构件横截面的较小尺寸(圆形截面采用 0.8 倍直径),并且不大于 400 mm。纵向受力钢筋搭接范围的箍筋间距,当绑扎搭接钢筋受拉时不应大于主钢筋直径的 5 倍,且不大于 100mm;当搭接钢筋受压时不应大于主钢筋直径的 10 倍,且不大于 200mm。纵向钢筋截面面积大于混凝土截面面积 3% 时,箍筋间距不应大于纵向钢筋直径的 10 倍,且不大于 200mm。

(3)箍筋的直径不应小于 8mm,且不小于纵向钢筋直径的 1/4。

(4)构件内纵向受力钢筋应设置于离角筋间距 S 不大于 150 mm 或 15 倍箍筋直径(取较大者)范围内,如超出此范围设置纵向受力钢筋,应设复合箍筋(compound stirrup),如图 6.1.3 所示。各根箍筋的弯钩接头,在纵向其位置应错开。

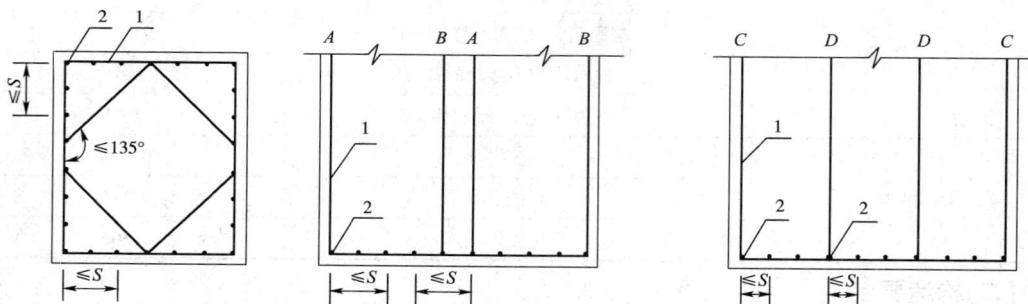

图 6.1.3 箍筋与附加箍筋

(5)为了防止纵向钢筋的纵向压屈,箍筋向外移动而导致角隅处混凝土拉崩,不应采用具有内折角的箍筋构造[图 6.1.4(a)];当遇到柱截面内折角的构造时,则箍筋应按照图 6.1.4 (b)的方式布置。

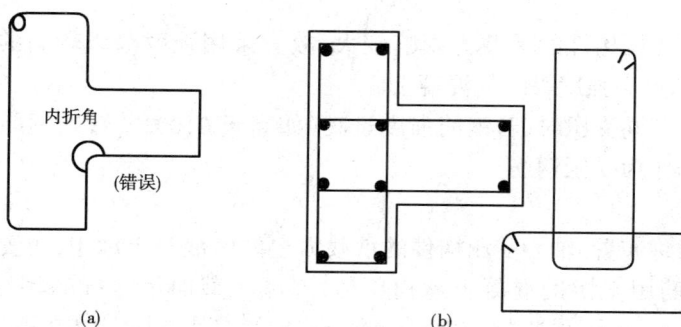

图 6.1.4 有内折角时的箍筋构造

(三)正截面承载力计算

普通箍筋柱配有纵向受力钢筋协同混凝土承压,而横向箍筋只起维持纵筋稳定的作用,并不增加构件的承载能力。

根据图 6.1.5 ,由平衡条件即可得出普通箍筋柱的正截面抗压承载力计算公式:

$$\gamma_0 N_d \leqslant 0.9\varphi(f_{cd}A + f'_{sd}A'_s) \tag{6.1.1}$$

式中:N_d——轴向力组合设计值(design value of combination for axial load);

φ——轴压构件稳定系数;

f_{cd}——混凝土轴心抗压强度设计值;

A——构件毛截面面积,当 $\rho > 3\%$ 时,$\left(\rho = \dfrac{A'_s}{A}\right)$,$A$ 应改作 A_n,$A_n = A - A'_s$;

f'_{sd}——纵向钢筋抗压强度设计值;

A'_s——全部纵向钢筋截面面积;

γ_0——结构的重要系数。

88

轴心受压构件承载力计算,分为截面设计和承载力复核两种情况。

1. 截面设计

截面尺寸已知时,可由式(6.1.1)计算所需钢筋截面面积:

$$A'_s = \frac{\gamma_0 N_d - 0.9 A \varphi f_{cd}}{0.9 \varphi f'_{sd}} \qquad (6.1.2)$$

截面尺寸未知时,则可在适宜配筋率($\rho = 0.5\% \sim 1.5\%$)范围内选取一个 ρ 值,并暂设 $\varphi = 1$,这时式(6.1.1)可写成

$$\gamma_0 N_d \leqslant 0.9 A (f_{cd} + f'_{sd}\rho)$$

所以

$$A \geqslant \frac{\gamma_0 N_d}{0.9(f_{cd} + f'_{sd}\rho)} \qquad (6.1.3)$$

式中:ρ——配筋率,$\rho = \dfrac{A'_s}{A}$。

若柱为正方形,边长 $b = \sqrt{A}$,求出的边长 b 根据构造要求调整为整数,然后按实际的 l_0 / b 查出 φ,再由式(6.1.2)计算所需的钢筋截面面积。

图 6.1.5 普通箍筋计算简图

2. 承载力复核

对已设计好的截面进行承载力复核时,首先应检查纵向钢筋及箍筋布置构造是否符合要求,根据 l_0 / b 查出 φ 值,由式(6.1.1)求得截面所能承受的纵向力:

$$\gamma_0 N'_d = 0.9 \varphi (f_{cd} A + f'_{sd} A'_s)$$

所求得的截面承载能力(bearing capacity)N'_d 应大于轴向力组合设计值。

例 6.1.1 某现浇钢筋混凝土轴心受压柱,底端固结,上端铰接,柱高 6.5m,承受轴向力组合设计值为 828kN,采用 C20 号混凝土,R235 级钢筋,结构重要性系数 $\gamma_0 = 1.0$。试设计该轴心受压柱。

解: 查得 $f_{cd} = 9.2$ MPa,$f'_{sd} = 195$ MPa。

由式(6.1.1)可看出,在设计时尚有三个未知量 φ、A'_s、A_s,现设 $\rho = 1\%$,暂取 $\varphi = 1$,由式(6.1.3)有

$$A \geqslant \frac{\gamma_0 N_d}{0.9(f_{cd} + f'_{sd}\rho)} = \frac{828 \times 10^3 \times 1.0}{0.9 \times (9.2 + 0.01 \times 195)} = 82511(mm^2)$$

选取正方形截面 $b = \sqrt{A} = \sqrt{82511} = 287(mm)$,取 $b = 300$ mm,$A = b^2 = 90000$ mm²。一端固结,一端铰接的柱,$l_0 = 0.7l = 0.7 \times 6500 = 4550(mm)$。

$l_0 / b = 4550/300 = 15.17$,查表 6.1.1 得 $\varphi = 0.89$,由式(6.1.2)可求得所需受压钢筋的截面面积 A'_s 为:

$$A'_s = \frac{\gamma_0 N_d - 0.9 \varphi f_{cd} A}{0.9 \varphi f'_{sd}}$$

$$= \frac{1.0 \times 828 \times 10^3 - 0.9 \times 0.89 \times 9.2 \times 90000}{0.9 \times 0.89 \times 195} = 1055(mm^2)$$

选用 4ϕ19 的纵向钢筋,$A'_s = 1134$ mm² > 1055 mm²,箍筋按构造要求布置,根据《公桥规》规定,箍筋间距 S 应满足 $S \leqslant 15d = 270$ mm,$S \leqslant b = 300$mm,$S \leqslant 400$ mm 的要求,故取 $S = 250$ mm,箍筋直径为 8 mm。

核算实际配筋率 $\rho = \dfrac{A'_s}{A} = \dfrac{1134}{90000} = 0.0126 = 1.26\%$,符合适宜含筋率范围,故上述设计合

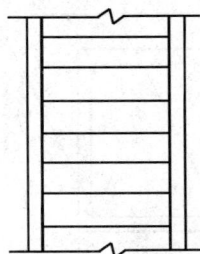

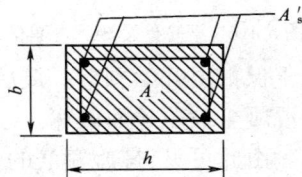

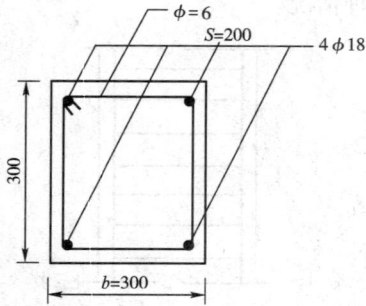

图 6.1.6　钢筋布置图(尺寸单位:mm)

理,符合要求。横截面设计如图 6.1.6 所示。

二、螺旋箍筋柱

(一)受力分析及破坏特征

螺旋箍筋柱与普通箍筋柱的主要区别,在于所配置的横向箍筋能有效地约束混凝土的横向变形,使核心混凝土处于三向受压的工作状态,大大提高了核心部分混凝土的轴心抗压强度。

螺旋箍筋柱在混凝土的应力较小($\sigma_c < 0.7f_{cd}$)时,其受力情况和普通箍筋柱一样,当纵向压力增加到一定数值时,混凝土保护层开始剥落。最后,由于螺旋箍筋的应力达到屈服强度,失去对混凝土的约束作用,使混凝土被压碎而破坏。

由此可见,螺旋箍筋的作用是间接地提高了核心混凝土的轴心抗压强度,这不仅提高了构件的承载力,而且最重要的是在承载力不降低的情况下,能使柱的变形能力(延性)大大增加,所以,又常将这种螺旋箍筋柱称为间接配筋柱。

在进行极限承载能力计算时,必须考虑横向钢筋的影响。螺旋箍筋的面积,一般以换算截面面积 A_{s0} 表示。所谓换算截面面积(area of transformed section),是根据配筋体积相等的原则,将螺旋箍筋截面面积折算成相当的纵向钢筋截面面积,由一圈螺旋箍筋的体积除以螺距而得,如图 6.1.7 所示。

$$A_{s0} = \frac{\pi \times d_{cor} \times A_{s0l}}{S} \tag{6.1.4}$$

式中:d_{cor}——构件核心截面的直径;

$\quad\quad A_{s0l}$——每根螺旋箍筋的截面面积;

$\quad\quad S$——沿构件轴线方向螺旋箍筋的螺距。

螺旋箍筋对柱承载能力的影响程度,与螺旋箍筋的换算截面面积的多少有关。试验和理论计算表明,螺旋箍筋所提高的承载能力约为同体积纵向钢筋承载能力的 2~2.5 倍。这种增大的承载能力是由于在箍筋的横向约束作用下,核心混凝土处于三向压应力作用下工作,因而混凝土的轴心抗压强度提高了,其大小按下式决定:

$$f_c = f_{cd} + 4\sigma_r \tag{6.1.5}$$

式中:σ_r——间接钢筋引起的横向约束力,可以根据螺旋箍筋破坏时的平衡条件导出;

$\quad\quad f_c$——螺旋箍筋柱处于三向压应力作用下核心混凝土的抗压设计强度。

将圆形箍筋沿直线切开(图 6.1.8),由极限状态时力的平衡,可得:

$$\int_0^{\frac{\lambda}{2}} \sigma_r S \frac{d_{cor}}{2} \sin\alpha \, d\alpha = f_{sd} A_{s0l}$$

式中:f_{sd}——箍筋抗拉强度设计值。

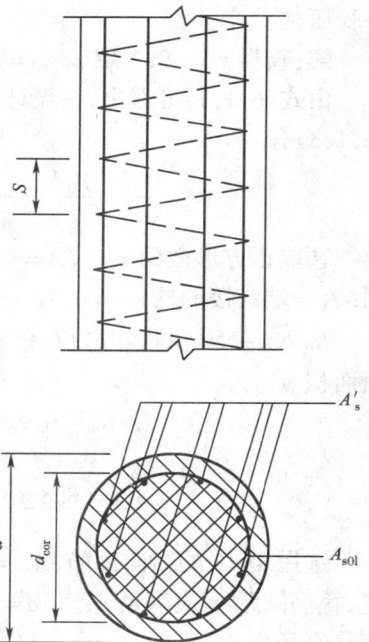

图 6.1.7　螺旋箍筋柱示意图

90

经积分,且当螺旋箍筋达到受拉屈服强度时,上式可写为:

$$d_{cor}S\sigma_r = 2f_{sd}A_{s01}$$

则

$$\sigma_r = \frac{2f_{sd}A_{s01}}{d_{cor}S} \qquad (6.1.6)$$

将上式带入式(6.1.5)中,可得:

$$f_c = f_{cd} + \frac{8f_{sd}A_{s01}}{d_{cor}S} \qquad (6.1.7)$$

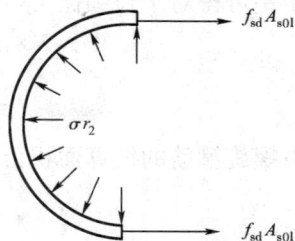

图 6.1.8 径向力计算简图

(二)构造要点

1. 截面形式

螺旋箍筋柱截面形式一般多做成圆形或多边形,仅在特殊情况下才采用矩形或方形。

2. 纵向钢筋

(1)螺旋箍筋柱的纵向受力钢筋为了能抵抗偶然出现的弯矩,其配筋率 ρ 应不小于箍筋圈内核心混凝土截面面积的 0.5%,构件的核心截面面积应不小于构件整个截面面积的 2/3。但配筋率 ρ 也不宜大于 3%,一般为核心面积的 0.8% ~ 1.2% 之间。

(2)纵向受力钢筋的直径要求同普通箍筋柱,但为了构成圆形截面,纵筋至少要采用 6 根,实用根数经常为 6 ~ 8 根,并沿圆周作等距离布置。

3. 箍筋

箍筋太细有可能引起混凝土承压时的局部损坏,箍筋太粗则又会增加钢筋弯制的困难,螺旋筋的常用直径不应小于纵向钢筋直径的 1/4,且不小于 8 mm。

螺旋箍筋或环形箍筋的螺距 S(或间距)应不大于混凝土核心直径 d_{cor} 的 1/5;且不大于 80mm。为了保证混凝土的浇筑质量,其间距也不宜小于 40mm。

纵向受力钢筋及配置的螺旋式或焊接式间接钢筋,应伸入与受压构件连接的上下构件内,其长度不应小于受压构件的直径且不大于纵向受力钢筋的锚固长度(anchorage length)。

为了能有效地约束构件混凝土的侧向变形,螺旋箍筋或焊环的最小换算面积 A_{s0} 应不小于纵筋面积的 25%。常用的螺旋钢筋配筋率 ρ_{sv} 不小于 1%,而且也不宜大于 3%。螺旋筋外侧保护层应不小于 15mm,长细比 $l_0/d > 12$ 的尺寸也不宜选用。

(三)基本公式

计算配有螺旋式或焊接环式间接钢筋的轴心受压构件承载力时,假定混凝土应力达到考虑横向约束的混凝土轴心抗压强度 f_c,纵向钢筋应力均达到钢筋抗压强度设计值 f'_{sd},箍筋外围混凝土不起作用。其计算简图如图 6.1.9 所示。

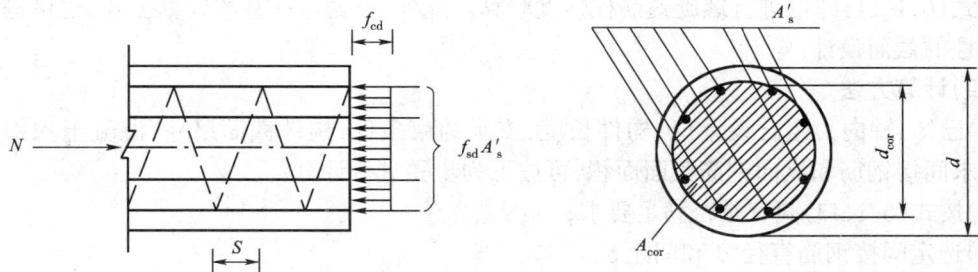

图 6.1.9 螺旋箍筋柱计算简图

于是可得对于长细比 $l_0/d \leqslant 12$ 时的螺旋箍筋柱的正截面抗压承载力计算公式：

$$\gamma_0 N_d = 0.9(A_{cor}f_c + A'_sf'_{sd})$$

$$= 0.9(f_{cd}A_{cor} + A'_sf'_{sd} + \frac{8f_{sd}A_{s01}}{d_{cor}S}A_{cor}) \tag{6.1.8}$$

由螺旋箍筋的换算面积公式(6.1.4)有：

$$A_{s01} = \frac{A_{s0}S}{\pi d_{cor}} \tag{6.1.9}$$

将式(6.1.9)代入式(6.1.8)得：

$$\gamma_0 N_d = 0.9(f_{cd}A_{cor} + A'_sf'_{sd} + 2f_{sd}A_{s0}) \tag{6.1.10}$$

考虑到螺旋箍筋对强度等级 C50 以上混凝土的约束效果不如 C50 以下混凝土，将式(6.1.10)中由螺旋箍筋产生的作用系数用 k 表示，于是承载力计算公式可表达为

$$\gamma_0 N_d \leqslant 0.9(f_{cd}A_{cor} + f'_{sd}A'_s + kf_{sd}A_{s0}) \tag{6.1.11}$$

式中：A_{cor}——螺旋箍筋围绕的混凝土核心面积；

  A_{s0}——螺旋箍筋换算面积，按式(6.1.4)计算；

  k——间接箍筋影响系数，混凝土强度等级 C50 及以下时，取 $k=2.0$；对 C50~C80，取 $k=2.0\sim1.7$。

《公桥规》规定，按式(6.1.11)计算的螺旋箍筋柱抗压承载力设计值不应大于由式(6.1.1)计算的普通箍筋柱抗压承载能力设计值的 1.5 倍，用以保证混凝土保护层在使用荷载作用下不致过早剥落，即

$$0.9(f_{cd}A_{cor} + f'_{sd}A'_s + kf_{sd}A_{s0}) \leqslant 1.5[0.9\varphi(f_{cd}A + f'_{sd}A'_s)] \tag{6.1.12}$$

《公桥规》还规定，考虑间接钢筋作用时，必须满足下列要求：

$$l_0/d \leqslant 12 \tag{6.1.13}$$

箍筋只能提高核心混凝土的抗压强度，而不能增加柱的稳定性。

$$0.9(f_{cd}A_{cor} + f'_{sd}A'_s + kf_{sd}A_{s0}) \geqslant 0.9\varphi(f_{cd}A + f'_{sd}A'_s) \tag{6.1.14}$$

混凝土核心面积不能太小，否则计算承载能力反而小了。这种情况通常发生在间接钢筋外围的混凝土面积较大时。

$$A_{s0} \geqslant 0.25A'_s \tag{6.1.15}$$

这是因为间接钢筋的换算面积太小，会失去间接钢筋的侧限作用。以上条件若有一条不满足则按普通箍筋柱计算。

按式(6.1.11)即可进行螺旋箍筋柱强度验算。此外，根据这一基本计算公式，也可进行螺旋箍筋柱的截面设计。

(四)计算方法

(1)已知：轴向力组合设计值，构件长度，支承约束条件，构件截面尺寸，混凝土和钢筋等级。欲求间接钢筋和纵向钢筋截面面积，可按下列步骤进行计算：

(a)按式(6.1.13)验算是否满足要求；

(b)选定间接钢筋直径 d 和间距 S；

(c)由式(6.1.4)计算间接钢筋截面面积 A_{s0}；

(d)由式(6.1.11)计算纵向钢筋截面面积 A'_s；

(e)按式(6.1.12)、式(6.1.14)或式(6.1.15)验算是否满足要求。

(2)截面设计时,当构件截面尺寸未知,可将式(6.1.11)改为

$$\gamma_0 N_d \leqslant 0.9 A_{cor}(f_{cd} + k\rho_j f_{sd} + \rho f'_{sd})$$

所以

$$A_{cor} \geqslant \frac{\gamma_0 N_d}{0.9(f_{cd} + k\rho_j f_{sd} + \rho f'_{sd})}$$

式中:ρ——相对于核心混凝土截面面积的纵向受力钢筋配筋率,$\rho = \dfrac{A'_s}{A_{cor}}$;

ρ_j——螺旋箍筋换算截面面积的配筋率,$\rho_j = A_{s0}/A_{cor}$;

其余符号意义同前。

在经济配筋范围内,选取 ρ 和 ρ_j 值,代入上式求得 A_{cor} 值后,可以求得构件截面核心混凝土面积的直径

$$d_{cor} = \sqrt{\frac{4A_{cor}}{\pi}} = 1.128\sqrt{A_{cor}} \qquad (6.1.16)$$

构件直径为 $d = d_{cor} + 2(d_j + c)$,并取整数。

式中:d_j——螺旋箍筋的直径;

c——净保护层厚度,一般取 $c = 15 \sim 20$mm。

构件尺寸确定后,首先应按实际的混凝土核心截面面积 A_{cor} 求得纵向钢筋截面面积:

$$A'_s = \rho A_{cor} \qquad (6.1.17)$$

螺旋箍筋换算截面面积为:

$$A_{s0} = \rho_j A_{cor} \qquad (6.1.18)$$

由式(6.1.9)和式(6.1.16)可求得一根螺旋箍筋的截面积 A_{s01} 与螺旋箍筋间距 S 的关系:

$$S = \frac{A_{s01}\pi d_{cor}}{A_{s0}} \qquad (6.1.19)$$

S 或 A_{s01} 可以根据构造要求选定后,应用式(6.1.19)求解。

例 6.1.2 试设计一圆形截面的螺旋箍筋柱,柱的计算高度 $l_0 = 3$m,承受轴向力设计值为 1519kN,混凝土强度等级为 C20,$f_{cd} = 9.2$MPa,纵向受力钢筋选 HRB335 级钢筋,$f'_{sd} = 280$MPa,螺旋箍筋采用 R235 级钢筋,$f_{sd} = 195$MPa。

解:先假定该圆形柱的稳定系数 $\varphi = 1$,根据经验,对螺旋箍筋柱的纵向受力钢筋配筋率选用 $\rho = 1\%(\rho = 0.8\% \sim 1.2\%)$,螺旋箍筋换算截面配筋率 $\rho_j = 1.0\%(\rho_j = 1\% \sim 2.5\%)$。

由式(6.1.11)计算所需的混凝土核心面积:

$$\begin{aligned} A_{cor} &\geqslant \frac{\gamma_0 N_d}{0.9(f_{cd} + k f_{sd}\rho_j + f'_{sd}\rho)} \\ &= \frac{1.1 \times 1519 \times 10^3}{0.9(9.2 + 2.0 \times 195 \times 0.01 + 280 \times 0.01)} \\ &= 105088(\text{mm}^2) \end{aligned}$$

由式(6.1.16)可求得核心混凝土面积的直径

$$d_{cor} = 1.128 \times \sqrt{A_{cor}} = 365.7\text{mm}$$

螺旋箍筋采用 $\phi10$ 的 R235 钢筋,则圆柱直径 $d = 365.7 + 2 \times (15 + 10) = 415.7(\text{mm})$。

尺寸取整后选用 $d = 450$ mm,则 $d_{cor} = 450 - 50 = 400$ mm,$l_0/d = 300/45 = 6.67 < 12$,符合按螺旋箍筋柱计算的 $l_0/d < 12$ 的条件。

由式(6.1.17)可求得纵向受力钢筋面积：

$$A'_s = \rho A_{cor} = 0.01 \times \frac{\pi d_{cor}^2}{4} = 0.01 \times \frac{\pi \times 400^2}{4} = 1257(\text{mm}^2)$$

选用 $6\phi16$，$A'_s = 1206 \text{ mm}^2$。

由式(6.1.18)可求得螺旋箍筋的换算截面面积：

$$A_{s0} = \rho_j A_{cor} = 0.01 \times 125600 = 1256(\text{mm}^2)$$

$$A_{s0} > A'_s \times 25\% = 314(\text{mm}^2)$$

螺旋箍筋直径 $\phi10$，$A_{s01} = 78.5 \text{ mm}^2$，于是由式(6.1.19)可求得螺旋箍筋的间距为

$$S = \frac{A_{sol}\pi d_{cor}}{A_{s0}} = \frac{78.5 \times \pi \times 400}{1256} = 78.5(\text{mm})$$

按构造规定：$S \leqslant \dfrac{1}{5} \times d_{cor} = \dfrac{1}{5} \times 400 = 80(\text{mm})$

$$S \leqslant 80 \text{ mm}$$

$$S > 40 \text{ mm}$$

分析比较后，螺旋箍筋间距取用 $S = 75 \text{ mm}$，符合受力要求与构造要求。

为了保证混凝土保护层不致剥落，故《公桥规》中规定按式(6.1.11)算得的螺旋箍筋柱强度不得比由式(6.1.1)计算所得的强度大 50%。

即按式(6.1.12)，

$$0.9(f_{cd}A_{cor} + f'_{sd}A'_s + kf_{sd}A_{s0}) \leqslant 1.5[0.9\varphi(f_{cd}A + f'_{sd}A'_s)]$$

公式左面

$$= 0.9 \times \left[9.2 \times \frac{\pi}{4} \times 400^2 + 280 \times 1257 + 2.0 \times 195 \times 1256\right]$$

$$= 1798.115(\text{kN})$$

公式右面

$$= 1.5 \times 0.9 \times \left(\frac{9.2 \times \pi \times (450)^2}{4} + 280 \times 1257\right)$$

$$= 2450.462(\text{kN})$$

计算表明，保护层不会剥落。横截面设计如图 6.1.10所示。

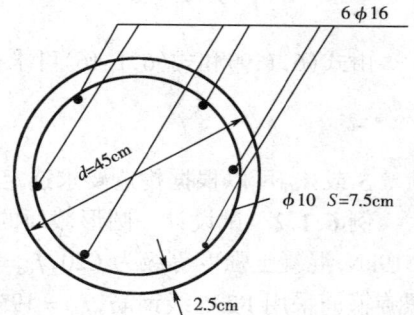

图 6.1.10　横截面设计图

第二节　偏心受压构件的构造及受力特点

一、概　述

偏心受压构件是指轴向力的作用点位于截面形心之外的构件。截面形心，理论上应为考虑钢筋在内的复合材料的换算截面形心，由于在进行设计之初，配筋尚未确定，为进行内力分析，通常采用素混凝土截面形心作为设计依据。

轴向力 N 对截面形心偏离的距离 e_0 称偏心距。偏心距的形成，一般是由构件受到轴向力 N 与弯矩 M 的共同作用或者是轴向力作用在形心之外的结果(如图 6.2.1)。偏心受压构件不论其具体的受力情况如何，对任意截面而言，既承受轴向压力，又承受弯矩。

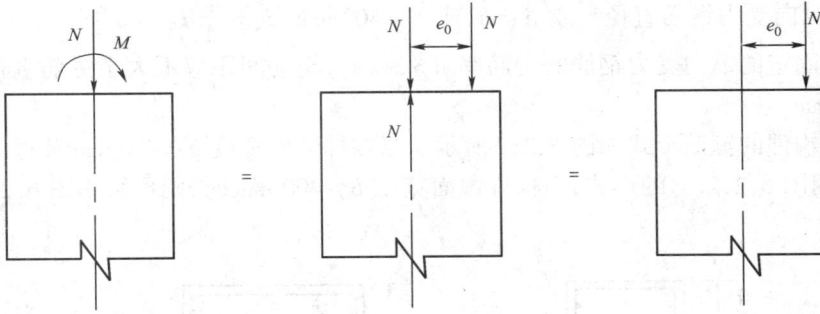

图 6.2.1 偏心受压构件简图

在钢筋混凝土结构中,偏心受压构件应用很广。例如钢筋混凝土拱桥的主拱圈(arch ring)、刚架桥的支柱、桥墩(piers)、桥台(abutments)等。

偏心受压构件不仅是最基本的、应用最广泛的构件之一,而且在正截面承载力计算中具有一般性。前述的受弯构件和轴心受压构件,实际上可看作是偏心受压构件的特殊情况,即当 $N=0$,$M \neq 0$ 时为受弯构件;当 $M=0$,即 $e_0=0$,$N \neq 0$ 时,为轴心受压构件。

二、偏心受压构件的构造

(一)截面形式和尺寸

现浇的偏心受压构件一般多采用矩形截面,这样施工简单,省工省事;但在预制的装配式结构(prefabricated members)中,为节省混凝土用量和减轻装配式构件的运输和安装重量,以及为了增加构件的刚度等原因,常采用 T 形、工字形和箱形截面。在桥梁工程中,也常会遇到圆形截面的偏心受压构件,如柱式桥墩、钻孔灌注桩等。偏心受压构件各种形式的截面尺寸均根据承载力的要求来设计。

对于矩形截面,应将长边布置在弯矩作用的方向,长短边比值一般为 1.5 ~ 3.0,为了模板尺寸模数化,边长宜采用 50 mm 的倍数。

(二)混凝土材料

对于偏心受压构件,常用的混凝土强度等级为 C20、C25、C30 或更高级别。宜尽可能地采用强度等级较高的混凝土以减小截面尺寸,节省钢材。

钢筋主要用于承受拉力,也用来承受压力。在一般钢筋混凝土结构中,考虑到钢筋强度受混凝土共同工作的影响,不宜采用高强钢筋,以免因不能发挥其高强作用而造成浪费。

(三)纵向钢筋及箍筋

1. 纵向钢筋

纵向受力钢筋的直径、净距及保护层厚度等规定,均与轴心受压相同。

截面每侧纵向钢筋的配筋率不应小于 0.2%,在桥梁结构中,由于活载的作用位置不同,在截面中如果产生数值接近而方向相反的弯矩,则纵向受力钢筋大多按对称布置。单向偏心受压构件的截面高度 $h \geqslant 600$mm 时,在侧面(非受弯方向)应设置直径为 10 ~ 16mm 的纵向构造钢筋,必要时需设置复合箍筋。

2. 箍筋

纵向受力钢筋必须采用箍筋加以固定,设置时应考虑防止纵筋在任何方向压曲。箍筋的间距 S 和直径 d 必须满足下列规定。

$S \leqslant 15d$(纵向受力钢筋直径),或 $S \leqslant b$,或 $S \leqslant 400$ mm,$d_k \geqslant \dfrac{1}{4}d$。

当被箍筋固定的纵向受力钢筋的配筋率 $\rho > 3\%$ 时,箍筋间距应不大于主筋直径的 10 倍,且不大于 200mm。

偏心受压构件的箍筋形式如图 6.2.2 所示。当构件截面宽度 $b \leqslant 400$ mm 及每侧钢筋不多于 4 根时,可用图 6.2.2(a)的形式;当构件截面宽度 $b > 400$ mm 时,则可采用图 6.2.2(b)的形式。

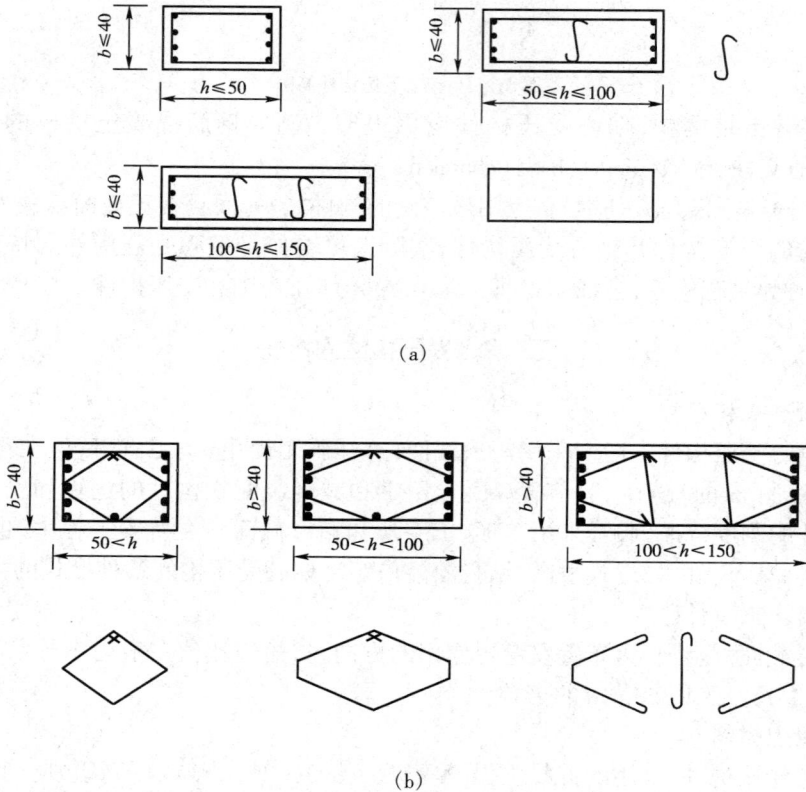

(a)

(b)

图 6.2.2　偏心受压构件的箍筋形式(尺寸单位:cm)

三、偏心受压构件的破坏特征

(一)破坏类型

偏心受压构件随偏心距 e_0 值的变化和配筋的不同有不同的破坏形态。根据试验结果,在正常配筋情况下,大致有两种破坏形态。其破坏特征如下。

1. 受压破坏——小偏心受压构件

当偏心距 e_0 很小时,即轴心压力很大,弯矩很小时,或者虽然 e_0 较大,但此时配置了较多受拉钢筋时,截面可能大部分受压,小部分受拉,也可能全截面受压,如图 6.2.3(a)。它们的共同特点是:构件的破坏是由于受压区混凝土达到其抗压强度而压碎,受拉边或压应力较小边的钢筋应力一般达不到钢筋的屈服强度,是一个不定值,随配筋率和偏心距而变。其承载力主要取决于受压混凝土和受压钢筋,故称受压破坏。这种破坏是一种无明显预兆的破坏,其破坏性质属于脆性破坏,这类构件称为小偏心受压构件。

2. 受拉破坏——大偏心受压构件

当偏心距 e_0 较大时,即轴向压力较小,弯矩较大时,截面部分受压,部分受拉,如图 6.2.3 (b)。破坏时,受拉钢筋应力先达到屈服强度,这时中性轴上升,受压区面积减小,压应力增加,最后使受压区混凝土应力达到弯曲抗压强度而破坏。此时受压区的钢筋一般也能达到屈服强度。这种构件的破坏性质类似于受弯构件的适筋梁,具有较大的塑性,破坏前有明显的预兆,弯曲变形显著,裂缝开展甚宽,这种破坏性质称塑性破坏,这类构件称大偏心受压构件。因为这种偏心受压破坏是由于受拉钢筋应力首先达到屈服,而导致的受压区混凝土压坏,其承载力主要取决于受拉钢筋,故称为受拉破坏。

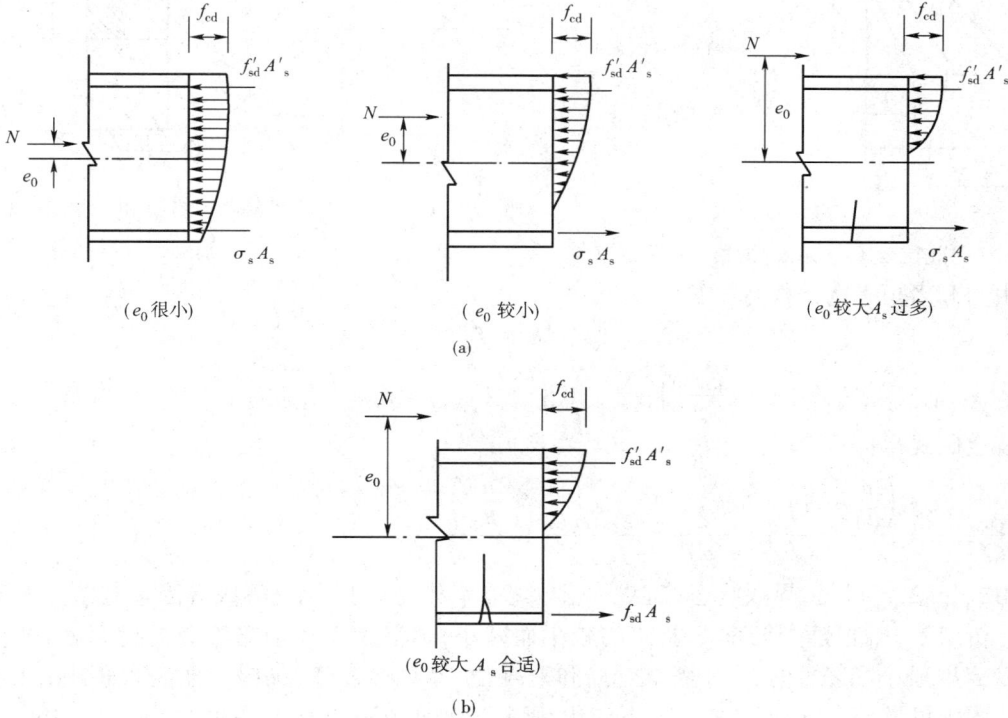

图 6.2.3 偏心受压构件破坏形态
(a)小偏心受压破坏形态;(b)大偏心受压破坏形态

(二)界限破坏(大小偏心界限)

小偏心受压时,受压区混凝土先破坏;大偏心受压时,受拉区钢筋先达到屈服强度。从小偏心受压破坏形态过渡到大偏心受压破坏形态,必定存在一种受压混凝土应力和受拉钢筋应力同时达到各自的强度极限的界限破坏形态。这一特征破坏称为界限破坏,也称为平衡破坏。为了明确地表示这一界限以便于设计,偏心受压构件也和受弯构件一样,采用相同的界限系数 ξ_b 来表示,各种钢筋的界限系数 ξ_b,按表 3.3.1 采用。

$$\left.\begin{array}{l} \text{当 } \xi = x/h_0 \leqslant \xi_b \text{ 时,为大偏心受压} \\ \text{当 } \xi > \xi_b \text{ 时,为小偏心受压} \end{array}\right\} \tag{6.2.1}$$

式(6.2.1)是用界限系数作为大小偏心的区分界限,如图 6.2.4 所示,它概念明确,直接反映大小偏心的破坏特征。但在实际工程中,通常是已知偏心距的大小,而不是截面受压区的高度 $x(\xi_b = \dfrac{x}{h_0})$,因此用来鉴别大小偏心受压不太方便,最好用偏心距 e_0 来鉴别,为此,必须确

定相应于界限状态 ξ_b 时的偏心距 e_{0b}，参照第三章双筋受弯构件计算简图和公式，偏心受压界限状态的计算简图如图6.2.5所示。

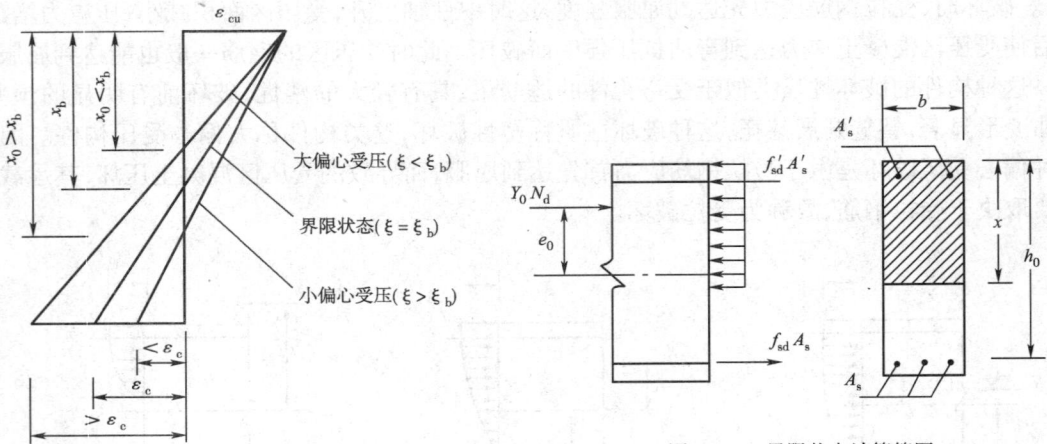

图6.2.5　界限状态计算简图

图6.2.4　大小偏心界限

由力和力矩平衡条件得

$$\gamma_0 N_d = f_{cd}\xi_b b h_0 + f'_{sd}A'_s - f_{sd}A_s$$

$$\gamma_0 N_d e_{0b} = f_{cd}b\xi_b h_0\left(\frac{h}{2} - \frac{\xi_b h_0}{2}\right) + f'_{sd}A'_s\left(\frac{h}{2} - a'_s\right) + f_{sd}A_s\left(\frac{h}{2} - a_s\right)$$

解上两式得：

$$\frac{e_{0b}}{h_0} = \frac{f_{cd}\xi_b\left(\dfrac{h}{h_0} - \xi_b\right) + (\rho f_{sd} + \rho'f'_{sd}) \times \left(\dfrac{h}{h_0} - \dfrac{2a'_s}{h_0}\right)}{2(f_{cd}\xi_b + \rho'f'_{sd} - f_{sd}\rho)} \tag{6.2.2}$$

由式(6.2.2)可见，界限状态偏心距 e_{0b} 与配筋率和混凝土、钢筋等级等因素有关。根据对上式分析结果，e_{0b} 值随配筋率 ρ 及 ρ' 的减小而减小，随混凝土和钢筋等级提高而略有变化。当 ρ 及 ρ' 取最小配筋率时，对于各级钢筋和混凝土，界限状态偏心距 e_{0b} 的变化如图6.2.6所示。从图中可见，e_{0b}/h_0 值在0.3上下变化，因此近似地取平均值 $e_{0b} = 0.3h_0$ 作为界限状态偏心距。这样，可按下列规定区分大小偏心受压破坏：

$$\left.\begin{array}{l} e_0 < 0.3h_0,为小偏心 \\ e_0 \geqslant 0.3h_0,一般为大偏心 \end{array}\right\} \tag{6.2.3}$$

由于 $e_{0b} = 0.3h_0$ 是根据最小配筋率为前提确定的，当实际的配筋率大于最小配筋率时，则 $e_{0b} > 0.3h_0$，若这时 $e_0 < 0.3h_0$，肯定属小偏心受压；若这时 $e_0 \geqslant 0.3h_0$ 有可能是大偏心受压，亦有可能是小偏心受压。这就是说大偏心受压一定满足 $e_0 \geqslant 0.3h_0$ 条件，但满足 $e_0 \geqslant 0.3h_0$ 不一定是大偏心受压破坏。所以该条件($e_0 \geqslant 0.3h_0$)是大偏心受压破坏的必要条件，遇到这种情况先按大偏心受压计算，最后根据实际计算的 x 或 ξ 值按式(6.2.1)判别大小偏心受压破坏。

(三)偏心受压构件的 M-N 相关曲线

对于给定截面、配筋及材料强度的偏心受压构件，到达承载能力极限状态时，截面承受的内力设计值 N,M 并不是独立的，而是相关的。轴力与弯矩对于构件的作用效应存在着叠加和制约的关系，也就是说，当给定轴力 N 时，有其唯一对应的弯矩 M，或者说构件可以在不同的 N 和 M 的组合下达到其极限承载力。下面以对称配筋截面($A_s = A'_s$，$a_s = a'_s$，$f_{sd} = f'_{sd}$)为

98

例说明轴向力 N 与弯矩 M 的对应关系。如图 6.2.7 所示,ab 段表示大偏心受压时的 $M-N$ 相关曲线,为二次抛物线。随着轴向压力 N 的增大,截面能承担的弯矩也相应提高。b 点为受拉钢筋与受压混凝土同时达到其强度值的界限状态。此时偏心受压构件承受的弯矩 M 最大。bc 段表示小偏心受压时的 $M-N$ 曲线,是一条接近于直线的二次函数曲线。由曲线趋向可以看出,在小偏心受压情况下,随着轴向压力的增大,截面所能承担的弯矩反而降低。图中 a 点表示受弯构件的情况,c 点代表轴心受压构件的情况。曲线上任一点 d 的坐标代表截面承载力的一种 M 和 N 的组合。如任意点 e 位于图中曲线的内侧,说明截面在该点坐标给出的内力组合下未达到承载能力极限状态,是安全的;若 e 点位于图中曲线的外侧,则表明截面的承载力不足。

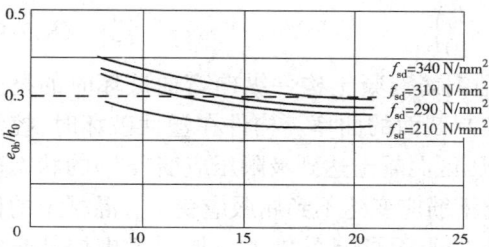

图 6.2.6　界限偏心距 e_{0b} 变化规律

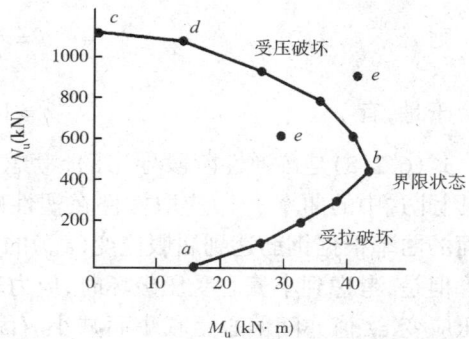

图 6.2.7　偏心受压构件的 $M-N$ 相关曲线图

(四)偏心受压构件的纵向弯曲影响

钢筋混凝土柱承受偏心受压荷载后,会发生纵向弯曲,试验表明,长细比较大的钢筋混凝土柱,在偏心荷载作用下,构件在弯矩作用平面内发生纵向弯曲,如图 6.2.8 所示,从而导致初始偏心距的增大,使柱的承载力降低。对于长细比甚小的短柱,由于其纵向弯曲很小,故在工程设计时一般可忽略不计。

《公桥规》规定,计算偏心受压构件时,对于矩形截面 $l_0/h > 5$(h 为弯矩作用平面内的截面高度),对于圆形截面 $l_0/d_1 > 5$(d_1 为圆形截面直径),对于任意截面 $l_0/r_i > 17.5$(r_i 为弯矩作用平面内截面的回转半径),均应考虑构件在弯矩作用平面内的挠度对纵向力偏心距的影响。此时,应将纵向力对截面重心轴的偏心距 e_0 乘以偏心距增大系数 η,即

$$e'_0 = e_0 + f = e_0(1 + f/e_0) = \eta e_0 \qquad (6.2.4)$$

式中:e'_0——相对于截面重心轴的计算偏心距;

　　　e_0——相对于截面重心轴的原始偏心距;

　　　f——由偏心距为 e_0 的偏心荷载 N 引起的构件在弯矩作用平面内产生的挠度。

由式(6.2.4)可见,偏心距增大系数 η 与破坏时构件的最大挠度值 f 有关。而构件的最大挠度值 f 可以根据材料力学弹性曲线方程计算,并考虑塑性破坏时的曲率变化。就两端铰接的偏心受压构件而言,它的弹性曲线接近于正弦曲线,因此假设弹性曲线方程为:

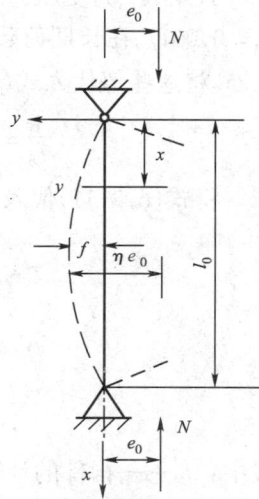

图 6.2.8　偏心受压纵向
弯曲示意图

$$y = f\sin\frac{\pi}{l_0}x \qquad (6.2.5)$$

其曲率为

$$y'' = \frac{1}{r_c} = -\frac{\pi^2}{l_0^2}f\sin\frac{\pi}{l_0}x \qquad (6.2.6)$$

在 $x = \frac{l_0}{2}$ 处

$$y = f$$
$$y'' = \frac{1}{r_c} = \frac{\pi^2}{l_0^2}f \qquad (6.2.7)$$

则

$$f = \frac{1}{r_c}\frac{l_0^2}{\pi^2} \approx \frac{1}{r_c}\cdot\frac{l_0^2}{10} \qquad (6.2.8)$$

于是,有

$$\eta = 1 + \frac{1}{e_0}\left(\frac{1}{r_c}\cdot\frac{l_0^2}{10}\right) \qquad (6.2.9)$$

式(6.2.8)是按弹性阶段导出的,考虑到 f 值是钢筋混凝土构件纵向弯曲破坏时的挠度值,因此式中的曲率 $1/r_c$ 应取构件在塑性破坏时控制截面的曲率。构件在塑性破坏时,控制截面的曲率根据钢筋达到屈服应变(ε_{su})的同时,受压区混凝土达到极限压应变(ε_{cu})的状态确定。但是,考虑到小偏心受压破坏时,应力较小边的钢筋应变达不到屈服应变 ε_{su},混凝土的极限压应变 ε_{cu} 值亦随偏心距减小而减小。因此,引入偏心距影响系数 ζ_1。同时考虑构件长细比对曲率的影响,再引入修正系数 ζ_2。因为试验表明,不仅长细比很大的构件发生失稳破坏时,控制截面曲率比一般长细比的控制截面曲率明显降低,而且长细比较大的偏心受压构件在达到最大承载能力时,控制截面曲率亦比一般长细比的控制截面曲率小,因此引入系数 ζ_2。则

$$\frac{1}{r_c} = \frac{\varepsilon_{cu} + \varepsilon_s}{h_0}\zeta_1\zeta_2 \qquad (6.2.10)$$

式中,ε_{cu} 为受压边缘混凝土极限压应变,取 $\varepsilon_{cu} = 0.0033$;$\varepsilon_s$ 为钢筋屈服时的应变值,取 $\varepsilon_s = 0.0017$。在长期荷载作用下,考虑到混凝土徐变影响,混凝土极限压应变 ε_{cu} 再乘以系数 1.25。将这些值代入式(6.2.10),则

$$\frac{1}{r_c} = \frac{0.0033 \times 1.25 + 0.0017}{h_0}\zeta_1\zeta_2 = \frac{0.00583}{h_0}\zeta_1\zeta_2 \qquad (6.2.11)$$

将式(6.2.11)代入式(6.2.9),并取 $h = 1.1h_0$,经整理后得

$$\eta = 1 + \frac{1}{1400e_0/h_0}\left(\frac{l_0}{h}\right)^2\zeta_1\zeta_2 \qquad (6.2.12)$$

$$\zeta_1 = 0.2 + 2.7\frac{e_0}{h_0} \leqslant 1.0$$

$$\zeta_2 = 1.15 - 0.01\frac{l_0}{h} \leqslant 1.0$$

式中:l_0——构件的计算长度;

e_0——轴向力对截面重心轴的偏心距;

h_0——截面的有效高度,对圆形截面取 $h_0 = r + r_s$;

h——截面高度,对圆形截面取 $h = d_1$,d_1 为圆形截面直径;

100

ζ_1——荷载偏心率对截面曲率的影响系数;

ζ_2——构件长细比对截面曲率的影响系数。

试验表明,随着构件长细比的增大,构件达到极限状态时控制截面的曲率将减小。故此引入 $\zeta_2 = 1.15 - 0.01 l_0/h$ 进行修正。该公式的适用范围为 $15 \leqslant l_0/h \leqslant 30$。当 $l_0/h < 15$ 时,影响不显著,无需修正,取 $\zeta_2 = 1$;当 $l_0/h > 30$ 时,构件已由材料破坏变为失稳破坏,不在考虑范围之内,$l_0/h = 30$ 时,最小值 $\zeta_2 = 0.85$。

还应指出,对于矩形、T 形和工字形截面偏心受压构件,除应计算弯矩作用面的抗压承载能力外,尚应按轴心受压构件验算垂直于弯矩作用平面的抗压承载能力。此时不考虑弯矩作用,但应考虑稳定系数 φ 的影响。

第三节　矩形截面偏心受压构件抗压承载力计算

公路桥涵工程中偏心受压构件常用的截面形式有矩形和工字形截面,其截面的配筋方式有非对称配筋和对称配筋两种。

一、非对称配筋正截面承载力计算

(一)大偏心受压($\xi \leqslant \xi_b$)

1. 计算简图

根据大偏心破坏特征,进行大偏心受压承载能力计算时,假定:构件变形符合平面假设;受拉区混凝土退出工作,受压区混凝土应力取等效矩形分布图,并达到混凝土抗压设计强度 f_{cd},受拉区钢筋达到钢筋抗拉设计强度 f_{cd},受压区钢筋应力达到抗压设计强度 f_{sd},并采用破坏时的偏心距 η_{e0},其计算简图如图 6.3.1 所示。

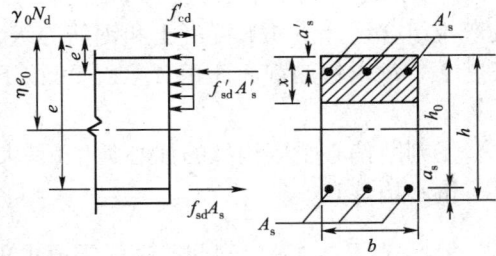

图 6.3.1　矩形截面大偏心受压构件承载力计算简图

2. 基本公式

根据计算简图,由轴力平衡条件得:

$$\gamma_0 N_d \leqslant f_{cd} bx + f'_{sd} A'_s - f_{sd} A_s \tag{6.3.1}$$

由所有的力对受拉钢筋合力作用点取矩的平衡条件,即 $\sum M_{As} = 0$ 得:

$$\gamma_0 N_d e \leqslant f_{cd} bx \left(h_0 - \frac{x}{2} \right) + f'_{sd} A'_s (h_0 - a'_s) \tag{6.3.2}$$

受压区高度 x 可由对偏心压力 N_d 作用点取力矩平衡方程求得:

$$f_{cd} bx \left(e - h_0 + \frac{x}{2} \right) = f_{sd} A_s\ e \mp f_{sd}' A_s' e' \tag{6.3.3}$$

式中: e——轴向力 N_d 至钢筋 A_s 合力作用点的距离,表达式为:

$$e = \eta e_0 + h_0 - \frac{h}{2} \tag{6.3.4}$$

e'——轴向力 N_d 至钢筋 A'_s 合力作用点的距离,表达式为:

$$e' = \eta e_0 - \frac{h}{2} + a'_s \tag{6.3.5}$$

e_0——轴向力 N_d 至混凝土截面重心的距离,$e_0 = \dfrac{M_d}{N_d}$;

η——偏心距增大系数,按式(6.2.12)计算,在式(6.3.3)中,当纵向计算力 N_d 作用在钢筋 A'_s 的合力点与钢筋 A_s 的合力点之间时,取正号,否则取负号。

3. 基本公式适用条件

上述基本公式,要求受压区高度满足下列条件:

$$x \leqslant \xi_b h_0 \qquad (6.3.6)$$

$$x > 2a'_s \qquad (6.3.7)$$

如果截面受压区高度 x 不符合式(6.3.7),即 $x < 2a'_s$ 时,根据第三章双筋矩形截面的分析近似地取受压钢筋合力点为力矩中心,由力矩平衡条件得(图6.3.2):

$$\gamma_0 N_d e' \leqslant f_{sd} A_s (h_0 - a'_s) \qquad (6.3.8)$$

以上是假定混凝土受压区的合力位置与受压钢筋 A'_s 的合力位置重合,并都位于 A'_s 的合力位置处。如果按式(6.3.8)计算所得的承载力比不考虑受压钢筋 A'_s 的作用还小时,则在计算中不应考虑受压钢筋的工作,即取 $A'_s = 0$ 进行计算。

4. 配筋计算

(1)已知构件截面尺寸 b、h,轴向力组合设计值 N_d 及弯矩组合设计值 M_d、混凝土和钢筋等级,构件的计算长度 l_0。欲求钢筋截面面积 A_s、A'_s,可按下列步骤进行计算。

①判断偏心受压构件的偏心类型(是大偏心构件还是小偏心构件)

图6.3.2 $x < 2a'_s$ 时承载能力计算图

根据式(6.2.3)进行判断,这样需要求出 $e_0\left(e_0 = \dfrac{M_d}{N_d}\right)$、$\eta$ 及 h_0 的值,如 $\eta e_0 \geqslant 0.3h_0$,可按大偏心受压进行计算,$\eta e_0 < 0.3h$ 为小偏心受压构件,应按小偏心受压构件进行计算。

②设偏心受压区高度 x

因为在基本公式(6.3.1)和公式(6.3.2)两式中,有三个未知数 x、A_s、A'_s 及两个有效方程。三个未知数,因而问题的解答会有无穷多个。为了求得合理的解答,必须根据设计要求预先确定一个未知数,一般在设计 A_s 及 A'_s 时,可根据构件配筋量($A_s + A'_s$)最少,又充分发挥受压混凝土的作用,设 $x = \xi_b h_0$。

③求 A'_s

由式(6.3.2)得:

$$A'_s = \frac{\gamma_0 N_d e - f_{cd} b h_0^2 \xi_b (1 - 0.5\xi_b)}{f'_{sd}(h_0 - a'_s)} \qquad (6.3.9)$$

若由式(6.3.9)求得的受压钢筋配筋率小于最小配筋率,则应按构造要求取 $A'_s = 0.2\% bh_0$。

④求 A_s

由式(6.3.1)计算受拉钢筋截面面积:

$$A_s = \frac{f_{cd} b h_0 \xi_b + f'_{sd} A'_s - \gamma_0 N_d}{f_{sd}} \qquad (6.3.10)$$

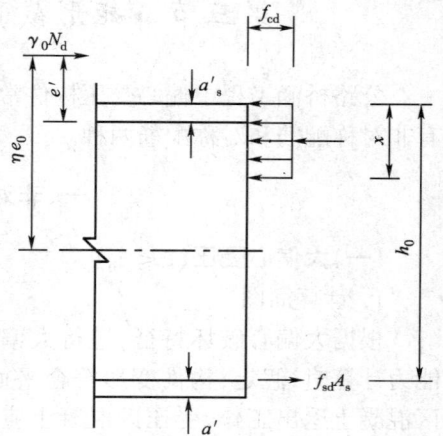

(2)若在上述已知条件下,还已知受压钢筋截面面积 A'_s,求 A_s 截面面积,可按下列步骤计算。

由式(6.3.2)解出 x,即

$$x = h_0 - \sqrt{h_0^2 - \frac{2[\gamma_0 N_d e - f'_{sd} A'_s (h_0 - a'_s)]}{f_{cd} b}} \tag{6.3.11}$$

判断 x 值是否在 $2a'_s$ 及 $\xi_b h_0$ 之间。

①若 $2a'_s \leqslant x \leqslant \xi_b h_0$,由式(6.3.1)计算受拉钢筋截面面积,即

$$A_s = \frac{f_{cd} bx + f'_{sd} A'_s - \gamma_0 N_d}{f_{sd}} \tag{6.3.12}$$

②若 $x < 2a'_s$,则由式(6.3.8)计算受拉钢筋截面面积,即

$$A_s = \frac{\gamma_0 N_d e'}{f_{sd}(h_0 - a'_s)} \tag{6.3.13}$$

③若 $x > \xi_b h_0$,则说明已知的 A'_s 不足,需按 A'_s 未知的情况重新计算。

例 6.3.1 已知钢筋混凝土柱的截面 $h \times b = 500\text{mm} \times 400\text{mm}$,荷载产生的轴向力组合设计值 $N_d = 400\text{kN}$,弯矩组合设计值 $M_d = 240\text{kN} \cdot \text{m}$,混凝土强度等级为 C20,纵向受力钢筋用 HRB335 级钢筋,构件的计算长度 $l_0 = 2.5\text{m}$,$\xi_b = 0.56$,$f_{sd} = f'_{sd} = 280\text{MPa}$,桥梁重要性系数 $\gamma_0 = 1.1$,试求钢筋截面面积 A'_s 及 A_s。

解:①计算 η、e_0

$l_0 / h = 250/50 = 5$,故 $\eta = 1$(短柱)。

设 $a_s = a'_s = 40\ \text{mm}$,$h_0 = 460\ \text{mm}$

$$\eta e_0 = \eta \frac{M_d}{N_d} = \frac{240}{400} = 600(\text{mm}) > 0.3 h_0 = 0.3 \times 460 = 138(\text{mm})$$

故可按大偏心计算,$e = \eta e_0 + \dfrac{h}{2} - a_s = 600 + 250 - 40 = 810(\text{mm})$。

②计算 A'_s

由式(6.3.9)得

$$\begin{aligned} A'_s &= \frac{\gamma_0 N_d e - f_{cd} b h_0^2 \xi_b (1 - 0.5\xi_b)}{f'_{sd}(h_0 - a'_s)} \\ &= \frac{1.1 \times 400 \times 10^3 \times 810 - 9.2 \times 400 \times 460^2 \times 0.56 \times (1 - 0.5 \times 0.56)}{280 \times (460 - 40)} \\ &= 361(\text{mm}^2) < 0.2\% b h_0 = 0.2\% \times 400 \times 460 = 368(\text{mm}^2) \end{aligned}$$

所以取 $A'_s = 368\ \text{mm}^2$,配 $2\phi16$,$A'_s = 402\text{mm}^2$。

③计算 A_s

由式(6.3.10)得:

$$\begin{aligned} A_s &= \frac{f_{cd} b h_0 \xi_b + f'_{sd} A'_s - \gamma_0 N_d}{f_{sd}} \\ &= \frac{9.2 \times 400 \times 460 \times 0.56 + 280 \times 402 - 1.1 \times 400 \times 10^3}{280} \\ &= 2216(\text{mm}^2) \end{aligned}$$

受拉钢筋配置 $5\phi24$,$A_s = 2262\ \text{mm}^2$。

例 6.3.2 有一钢筋混凝土偏心受压构件,计算长度 $l_0 = 10\text{m}$,截面尺寸为 $b \times h = 300\ \text{mm}$

×600 mm,荷载产生的轴向力组合设计值 $N_d = 228$kN,相应于轴向力的弯矩组合设计值 $M_d = 152$kN·m。混凝土强度等级为 C20,$f_{cd} = 9.2$MPa,HRB335 级钢筋($f_{sd} = f'_{sd} = 280$ MPa,$\xi_b = 0.56$),桥梁重要性系数 $\gamma_0 = 1.1$,试选择钢筋。

解:①设 $a_s = a'_s = 45$ mm,求 η、e

$l_0 / h = 10000/600 = 16.67 > 5$,故 η 值按式(6.2.12)计算:

$$\eta = 1 + \frac{1}{1400 e_0/h_0}\left(\frac{l_0}{h}\right)^2 \zeta_1 \zeta_2$$

式中,$h_0 = h - a_s = 600 - 45 = 555(\text{mm})$

$$e_0 = \frac{M_d}{N_d} = \frac{152}{228} = 666.7(\text{mm})$$

$\zeta_1 = 0.2 + 2.7\frac{e_0}{h_0} = 0.2 + 2.7 \times \frac{666.7}{555} = 3.41 > 1.0$,取 $\zeta_1 = 1.0$。

$\zeta_2 = 1.15 - 0.01\frac{l_0}{h} = 1.15 - 0.01 \times \frac{10000}{600} = 0.98 < 1.0$,取 $\zeta_1 = 0.98$。

因此,

$$\eta = 1 + \frac{1}{1400 e_0/h_0}\left(\frac{l_0}{h}\right)^2 \zeta_1 \zeta_2$$

$$= 1 + \frac{1}{1400 \times 666.7/555}\left(\frac{10000}{600}\right)^2 \times 1.0 \times 0.98$$

$$= 1.162$$

计算偏心距如图 6.3.3(a),

$$e = \eta e_0 + h_0 - \frac{h}{2} = 1.162 \times 666.7 + 555 - \frac{600}{2} = 1029.7(\text{mm})$$

$$e' = \eta e_0 - \frac{h}{2} + a'_s = 1.162 \times 666.7 - \frac{600}{2} + 45 = 519.7(\text{mm})$$

$\eta e_0 = 774.7$mm $> 0.3 h_0 = 166.5$mm,按大偏心构件计算。

②求 A'_s

由式(6.3.9)得:

$$A'_s = \frac{\gamma_0 N_d e - f_{cd} b h_0^2 \xi_b(1 - 0.5\xi_b)}{f'_{sd}(h_0 - a'_s)}$$

$$= \frac{1.1 \times 228 \times 10^3 \times 1029.7 - 9.2 \times 300 \times 555^2 \times 0.56 \times (1 - 0.5 \times 0.6)}{280 \times (555 - 45)}$$

$$= -592(\text{mm}^2)$$

A'_s 出现负值,应按构造要求取 $A'_s = 0.2\% b h_0 = 0.002 \times 300 \times 555 = 333(\text{mm}^2)$。

选 $2\phi16$,提供的 $A'_s = 402$mm²,$a'_s = 30 + \frac{18}{2} = 39(\text{mm})$,取 $a'_s = 40$mm。

③求 x 值

根据式(6.3.11)得:

$$x = h_0 - \sqrt{h_0^2 - \frac{2\left[\gamma_0 N_d e - f'_{sd} A'_s(h_0 - a'_s)\right]}{f_{cd} b}}$$

$$= 555 - \sqrt{555^2 - \frac{2 \times \left[1.1 \times 228 \times 10^3 \times 1029.7 - 280 \times 402 \times (555 - 40)\right]}{9.2 \times 300}}$$

$$= 151.4(\text{mm})$$

$$2a'_s = 80 < x < \xi_b h_0 = 0.56 \times 555 = 310.8(\text{mm})$$

④求 A_s

将 x 值代入式(6.3.1),求得受拉钢筋截面面积:

$$A_s = \frac{f_{cd}bx + f'_{sd}A'_s - \gamma_0 N_d}{f_{sd}}$$

$$= \frac{9.2 \times 300 \times 151.4 + 280 \times 402 - 1.1 \times 228 \times 10^3}{280}$$

$$= 998.7(\text{mm}^2)$$

选 $4\phi18$,提供 $A_s = 1018 \text{ mm}^2$,钢筋布置成一排如图6.3.3(b)。

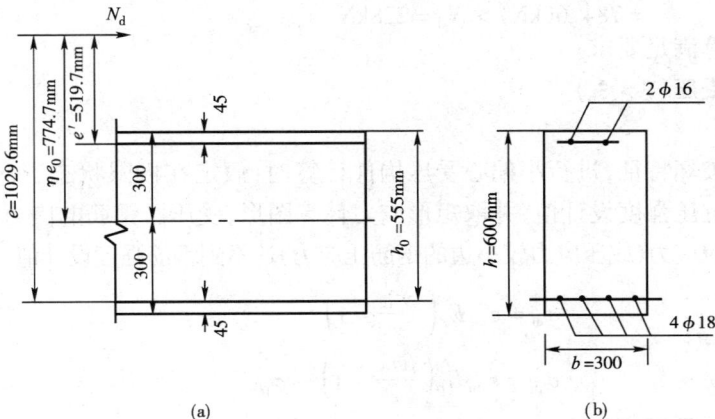

图6.3.3 (尺寸单位:mm)

5. 截面承载力复核

对已经设计好的截面进行承载力复核,这时已知偏心受压构件截面尺寸,计算长度,混凝土和钢筋等级以及钢筋截面面积。欲求构件承载能力,可按下列步骤进行计算:

(1) $\eta e_0 > 0.3h_0$,可先按大偏心计算。

(2)求受压区高度 x,由式(6.3.3)得

$$x = (h_0 - e) + \sqrt{(h_0 - e)^2 + \frac{2(f_{sd}A_s e \pm f'_{sd}A'_s e')}{f_{cd}b}} \tag{6.3.14}$$

(3)若求出的 $x \leqslant \zeta_b h_0$,为大偏心受压构件。可将 x 代入式(6.3.1)计算轴向承载能力,即

$$\gamma_0 N_d = f_{cd}bx + f'_{sd}A'_s - f_{sd}A_s$$

例6.3.3 复核例6.3.2的截面承载力。

解:由例6.3.2可知 $\eta e_0 > 0.3h_0$,可按大偏心构件计算。

求受压区高度 x,由式(6.3.14)有:

$$x = (h_0 - e) + \sqrt{(h_0 - e)^2 + \frac{2(f_{sd}A_s e \pm f'_{sd}A'_s e')}{f_{cd}b}}$$

$$= (555 - 1029.7) + \sqrt{(555 - 1029.7)^2 + \frac{2 \times (280 \times 1018 \times 1029.7 - 280 \times 402 \times 519.7)}{9.2 \times 300}}$$

$$= 154(\text{mm})$$

$2a'_s = 80\text{mm} < \xi_b h_0 = 310.8 \text{ mm}$

求构件纵向承载能力 N_d:

105

$$N_d = \frac{1}{\gamma_0}(f_{cd}bx + f'_{sd}A'_s - f_{sd}A_s)$$

$$= \frac{1}{1.1} \times [9.2 \times 300 \times 154 + (402 - 1018) \times 280]$$

$$= 229.6(kN) > N_d = 228 \ kN$$

纵向承载力满足要求。

根据《公桥规》要求,尚应按轴心受压构件验算垂直于弯矩作用平面的抗压承载力,$l_0/b = 10000/300 = 33.3 > 8$,查表6.1.1得 $\varphi = 0.467$,

$$N'_d = 0.9\varphi[f_{cd}bh + f'_{sd}(A_s + A'_s)]/\gamma_0$$

$$= 0.9 \times 0.467 \times [9.2 \times 300 \times 600 + 280 \times (1018 + 402)]/1.1$$

$$= 784.6(kN) > N_d = 228kN$$

轴心受压验算满足要求。

(二)小偏心受压($\xi > \xi_b$)

1. 计算简图

根据小偏心破坏特征,进行小偏心受压构件计算时,假定在极限状态下,受压区混凝土的应力达到混凝土抗压强度设计值,并取矩形应力计算图形,受压区钢筋的应力取钢筋抗压强度设计值;受拉钢筋拉应力(或压应力较小边的钢筋压应力)达不到钢筋强度设计值,可按下式计算:

对普通钢筋 $\quad\quad \sigma_{si} = \varepsilon_{cu}E_s\left(\frac{\beta h_{0i}}{x} - 1\right)$

对预应力钢筋 $\quad\quad \sigma_{pi} = \varepsilon_{cu}E_p\left(\frac{\beta h_{0i}}{x} - 1\right) + \sigma_{p0i}$

式中:x——截面受压区高度;

$\quad\quad h_{0i}$——第 i 层纵向钢筋截面重心至受压较大边边缘的距离;

$\quad\quad \beta$——截面受压区矩形应力图高度与实际受压区高度的比值,按表6.3.1取用;

系数 β 值 表6.3.1

混凝土强度等级	C50 及以下	C55	C60	C65	C70	C75	C80
β	0.80	0.79	0.78	0.77	0.76	0.75	0.74

σ_{p0i}——第 i 层纵向预应力钢筋截面的重心处混凝土法向应力等于零时,预应力钢筋中的应力,构件截面承载能力计算简图如图6.3.4所示;

$\quad E_s$——普通钢筋的弹性模量;

$\quad E_p$——预应力钢筋的弹性模量;

σ_{si},σ_{pi}——第 i 层的纵向普通钢筋、预应力钢筋的应力,按公式计算正值表示拉应力,负值表示压应力;

$\quad \varepsilon_{cu}$——截面非均匀受压时,混凝土的极限压应变,凝土强度等级 C50 及以下时,取 $\varepsilon_{cu} = 0.0033$;C80 时,取 $\varepsilon_{cu} = 0.003$,中间的强度等级用直线插入求得。

2. 基本公式

根据计算简图6.3.4,由轴力平衡条件得:

$$\gamma_0 N_d \leqslant f_{cd}bx + f'_{sd}A'_s - \sigma_s A_s \tag{6.3.15}$$

由钢筋 A_s 合力点的力矩平衡条件得:

$$\gamma_0 N_d e \leqslant f_{cd}bx\left(h_0 - \frac{x}{2}\right) + f'_{sd}A'_s(h_0 - a'_s) \tag{6.3.16}$$

受压区高度 x，取偏心力 N_d 作用点为力矩中心，有：

$$f_{cd}bx\left(e - h_0 + \frac{x}{2}\right) = \sigma_s A_s e + f'_{sd} A'_s e' \tag{6.3.17}$$

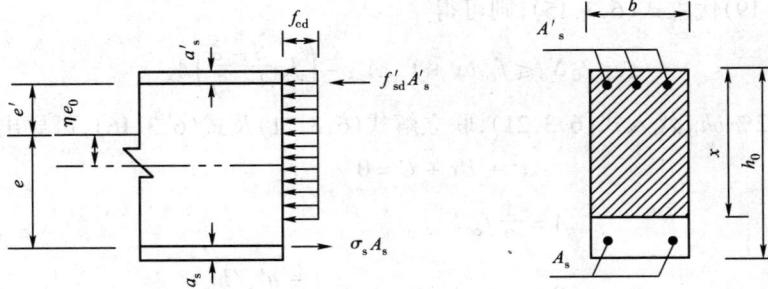

图 6.3.4　矩形截面小偏心受压构件承载力计算简图

小偏心受压破坏时，受拉边或压应力较小边钢筋应力一般达不到屈服强度。但是当偏心距很小时，构件全截面受压，有时由于 A_s 的配置量过少，使实际形心与几何形心偏离较大，当纵向力正好作用于实际形心与几何形心之间时，如图 6.3.5 所示，则有可能使构件在离纵向力较远一侧的混凝土先被压坏。为了避免这种情况，必须保证有足够的钢筋配置量，故对偏心距很小的小偏心受压构件，尚应满足以 A'_s 合力点为力矩中心列出的平衡方程（图 6.3.5）：

$$\gamma_0 N_d e' \leqslant f_{cd} bh\left(h'_0 - \frac{h}{2}\right) + f'_{sd} A_s(h'_0 - a_s) \tag{6.3.18}$$

式中：h'_0——受压钢筋 A'_s 的合力中心至远离轴向力 N_d 的截面边缘距离；

　　　e'——自轴向力 N_d 作用点至受压钢筋 A'_s 合力中心的距离，

$$e' = \frac{h}{2} - a'_s - e_0。$$

注意，此处 e_0 不计偏心距增大系数 η 才能得到最不利值。

3. 配筋计算

截面计算分两类：截面设计和承载力复核。

已知构件截面尺寸、构件计算长度、轴向力组合设计值 N_d 及弯矩组合设计值 M_d、混凝土和钢筋等级，欲求钢筋截面面积 A_s、A'_s，可按下列步骤计算：

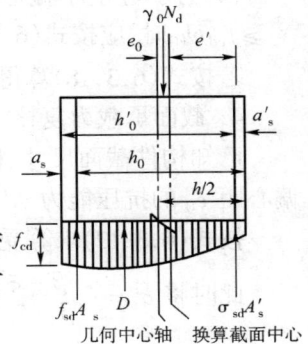

图 6.3.5　偏心距很小时的补充验算简图

（1）因小偏心受压构件的配筋设计和大偏心构件一样，只有两个基本方程，要求解三个未知数 x、A_s、A'_s，考虑到小偏心受压构件，受拉边或压应力较小边的钢筋应力 σ_s 一般都比较小，除偏心距过小，同时纵向力又较大的情况外，按最小配筋率配置钢筋 A_s 都能满足要求。因此，在一般情况下设 $A_s = 0.2\% \, bh_0$。

（2）求混凝土受压区高度

设 $x = \xi h_0$，$\sigma_s = \varepsilon_{cu} E_s \left(\dfrac{\beta h_{0i}}{x} - 1\right)$。

当用上述公式代入承载力计算基本公式时，将出现 x 的三次方，为了简化计算，σ_s 可采用近似计算公式：

$$\sigma_s = f_{sd} \frac{x/h_0 - \beta}{\xi_b - \beta} = f_{sd} \frac{\beta - \xi}{\beta - \xi_b} \tag{6.3.19}$$

107

当采用 C50 级以上混凝土时,式(6.3.19)变为:

$$\sigma_s = f_{sd}\frac{0.8 - \xi}{0.8 - \xi_b} \tag{6.3.20}$$

将式(6.3.19)代入式(6.3.15),则可得

$$\gamma_0 N_d \leq f_{cd}bx + f'_{sd}A'_s - \left(f_{sd}\frac{\beta - \xi}{\beta - \xi_b}\right)A_s \tag{6.3.21}$$

将 $A_s = 0.2\% bh_0$ 代入式(6.3.21),联立解式(6.3.21)及式(6.3.16),可导出如下公式:

$$Ax^2 + Bx + C = 0 \tag{6.3.22}$$

$$A = \frac{1}{2}f_{cd}b$$

$$B = -f_{cd}ba'_s + f_{sd}A_s\frac{1 - a'_s/h_0}{\beta - \xi_b}$$

$$C = -\gamma_0 Ne' - f_{sd}A_s\frac{\beta(h_0 - a'_s)}{\beta - \xi_b}$$

$$x = \frac{-B \pm \sqrt{B^2 - 4AC}}{2A} \tag{6.3.23}$$

若 $x > h$,取 $x = h$。

(3)将 x 值代入式(6.3.16),则受压钢筋面积为:

$$A'_s = \frac{\gamma_0 N_d e - f_{cd}bx\left(h_0 - \dfrac{x}{2}\right)}{f'_{sd}(h_0 - a'_s)} \tag{6.3.24}$$

(4)为了防止小偏心受压时,压应力较小边的钢筋应力有可能达到设计值而破坏,当 $N_d \geq f_{cd}bh_0$ 时,应按式(6.3.18)验算远离偏心压力一侧的钢筋截面面积。

若按式(6.3.18)算得的 A_s 大于按最小配筋率算得的值,则取其大者。

4. 截面承载力复核

已知构件截面尺寸、构件计算长度、混凝土等级和钢筋等级及截面面积,欲求构件相应于偏心距 e_0 的抗压能力 N'_d,可按下列步骤计算:

按式(6.3.17)求算受压区高度 x,

此时将 $\sigma_s = f_{sd}\dfrac{\beta - \xi}{\beta - \xi_b}$ 代入式(6.3.17)经整理后,得:

$$x = \frac{-B \pm \sqrt{B^2 - 4AC}}{2A}$$

$$A = \frac{f_{cd}b}{2}$$

$$B = f_{cd}b(e - h_0) + f_{sd}A_s e\frac{1}{(\beta - \xi_b)h_0}$$

$$C = -\left(f_{sd}A_s e\frac{\beta}{\beta - \xi_b} + f'_{sd}A'_s e'\right)$$

若 $x > \xi_b h_0$,则为小偏心受压。

将 x 代入 $\sigma_s = f_{sd}\dfrac{\beta - \xi}{\beta - \xi_b}$ 计算 σ_s 值,

将 σ_s 值代入式(6.3.15),求相应于偏心距 e_0 时的结构承受压力 N'_d 的能力:

$$N'_d = f_{cd}bx + f'_{sd}A'_s - \sigma_s A_s$$

例 6.3.4 已知某钢筋混凝土柱截面尺寸 $b \times h = 300\text{mm} \times 500\text{mm}$，$a_s = a'_s = 40\text{mm}$，荷载产生的轴向力组合设计值 $N_d = 1000\text{kN}$，相应于轴向力的弯矩组合设计值 $M_d = 80\text{kN·m}$。混凝土强度等级 C20，$f_{cd} = 9.2\text{ MPa}$，$E_s = 2.55 \times 10^4\text{ MPa}$，钢筋为 HRB335，$f_{sd} = f'_{sd} = 280\text{ MPa}$，构件计算长度 $l_0 = 5.2\text{m}$，试设计所需钢筋面积 A_s 及 A'_s。

解：$e_0 = \dfrac{M_d}{N_d} = \dfrac{80 \times 10^3}{1000} = 80(\text{mm})$

$l_0 / h = \dfrac{5200}{500} = 10.4 > 5$，故需计算偏心距增大系数：

$$\eta = 1 + \frac{1}{1400 e_0 / h_0} \left(\frac{l_0}{h} \right)^2 \zeta_1 \zeta_2$$

式中，$\zeta_1 = 0.2 + 2.7 \dfrac{e_0}{h_0} = 0.6696 < 1.0$，取 $\zeta_1 = 0.6696$；

$\qquad \zeta_2 = 1.15 - 0.01 \dfrac{l_0}{h} = 1.046 > 1$，取 $\zeta_2 = 1$；

$\qquad \eta = 1 + \dfrac{1}{1400 e_0 / h_0} \left(\dfrac{l_0}{h} \right)^2 \zeta_1 \zeta_2 = 1.297$

$\qquad \eta e_0 = 103.8\text{mm} < 0.3 h_0 = 0.3 \times 460 = 138(\text{mm})$

按小偏心受压构件计算。

设 $A_s = 0.002 b h_0 = 0.002 \times 300 \times 460 = 276(\text{mm}^2)$，选 $2\phi14$，$A_s = 308\text{mm}^2$。

$\qquad A x^2 + B x + C = 0$

$\qquad A = \dfrac{1}{2} f_{cd} \times b = \dfrac{1}{2} \times 9.2 \times 300 = 1380$

$\qquad B = -f_{cd} b a'_s + f_{sd} A_s \dfrac{1 - a'_s / h_0}{0.8 - \xi_b} = -9.2 \times 300 \times 40 + 280 \times 308 \times \dfrac{1 - 40/460}{0.8 - 0.53}$

$\qquad\quad = 181232.85$

$\qquad C = -\gamma_0 N_e' - f'_{sd} A_s \dfrac{0.8(h_0 - a'_s)}{0.8 - \xi_b}$

$\qquad\quad = -1 \times 1000 \times 10^3 \times (250 - 80 - 40) - 280 \times 308 \times \dfrac{0.8 \times (460 - 40)}{0.8 - 0.53}$

$\qquad\quad = -2.3732 \times 10^8$

$\qquad x = \dfrac{-B \pm \sqrt{B^2 - 4AC}}{2A}$

$\qquad\quad = 354.19\text{mm} > \xi_b h_0 = 243.8\text{mm}$

由式(6.3.24)得

$$A'_s = \frac{\gamma_0 N_d e - f_{cd} b x \left(h_0 - \dfrac{x}{2} \right)}{f'_{sd}(h_0 - a'_s)}$$

$$= \frac{1 \times 1000 \times 10^3 \times (250 + 80 - 40) - 9.2 \times 300 \times 354.19 \times \left(460 - \dfrac{354.19}{2} \right)}{280 \times (460 - 40)}$$

$$= 114.3(\text{mm}^2)$$

《公桥规》规定轴心受压构件、偏心受压构件全部纵向钢筋的配筋百分率不应小于 0.5%，所以按构造要求配置钢筋，$A'_s = 0.3\% b h_0 = 414\text{mm}^2$，受压钢筋选 $3\phi14$，$A'_s = 462\text{mm}^2$。

例 6.3.5 已知矩形截面偏心受压构件截面尺寸如图 6.3.6 所示，构件计算长度

$l_0 = 4.5$m,混凝土强度等级 C25,钢筋为 HRB335,承受偏心距为 $e_0 = 65$mm,纵向力组合设计值 $N_d = 1500$kN,试复核截面承载能力是否满足要求。

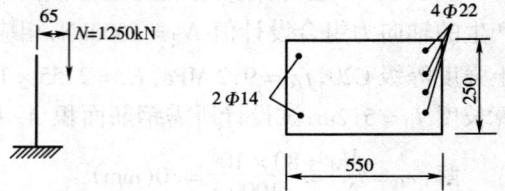

图 6.3.6 截面计算示意图(尺寸单位:mm)

解:$l_0/h = \dfrac{4500}{550} = 8.2 > 5$,

$a_s = 40$mm,

$\zeta_1 = 0.2 + 2.7\dfrac{e_0}{h_0} = 0.2 + 2.7 \times \dfrac{65}{510} = 0.544 < 1.0$,取 $\zeta_1 = 0.544$;

$\zeta_2 = 1.15 - 0.01\dfrac{l_0}{h} = 1.15 - 0.01 \times \dfrac{4500}{550} = 1.068 > 1.0$,取 $\zeta_2 = 1.0$。

因此, $\eta = 1 + \dfrac{1}{1400 e_0/h_0}\left(\dfrac{l_0}{h}\right)^2 \zeta_1 \zeta_2$

$$= 1 + \dfrac{1}{1400 \times 65/510} \times \left(\dfrac{4500}{550}\right)^2 \times 0.544 \times 1.0$$

$$= 1.204$$

$\eta e_0 = 78.26$mm $< 0.3 h_0 = 153$mm,按小偏心计算。

计算偏心距如图 6.3.4。

$$e' = \dfrac{h}{2} - \eta e_0 - a'_s = \dfrac{550}{2} - 78.26 - 45 = 151.74(\text{mm})$$

$$e = \eta e_0 + \dfrac{h}{2} - a_s = 78.26 + \dfrac{550}{2} - 40 = 313.26(\text{mm})$$

$$x = \dfrac{-B \pm \sqrt{B^2 - 4AC}}{2A}$$

$$A = \dfrac{f_{cd}b}{2} = \dfrac{11.5}{2} \times 250 = 1437.5$$

$$B = f_{cd}b(e - h_0) + f_{sd}A_s e \dfrac{1}{(\beta - \xi_b)h_0}$$

$$= 11.5 \times 250 \times (313.26 - 510) + 280 \times 308 \times 313.26 \times \dfrac{1}{(0.8 - 0.56) \times 510}$$

$$= -565598.75 + 220715.22$$

$$= -344883.53$$

$$C = -\left(f_{sd}A_s e \dfrac{\beta}{\beta - \xi_b} + f'_{sd}A'e'\right)$$

$$= -\left[280 \times 308 \times 313.26 \times \dfrac{0.8}{0.8 - 0.56} + 280 \times 1520 \times 151.74\right]$$

$$= -154630970.7$$

$$x = -\dfrac{B \pm \sqrt{B^2 - 4AC}}{2A}$$

$$= \dfrac{344883.53 \pm \sqrt{344883.53^2 + 4 \times 1437.5 \times 154630970.7}}{2 \times 1437.5}$$

$$= 469.2(\text{mm})$$

$$\sigma_s = f_{sd}\left(\dfrac{\beta - \xi}{\beta - \xi_b}\right) = 280 \times \dfrac{0.8 - 469.2/510}{0.8 - 0.56} = -140(\text{MPa})$$

$$\gamma_0 N_d \leqslant f_{cd}bx + f'_{sd}A'_s - \sigma_s A_s$$

$$= 9.2 \times 250 \times 469.2 + 280 \times 1520 - (-140 \times 308)$$
$$= 1547.65(\text{kN}) > N_\text{d} = 1500\text{kN}$$

故承载力满足要求。

二、对称配筋正截面承载力计算

在实际工程中,偏心受压构件在不同荷载作用下,可能产生相反方向的弯矩,当其绝对值相差不大时,宜设计成对称配筋,即 $A_\text{s} = A'_\text{s}$。对称配筋的计算方法和基本公式与非对称配筋相似,但计算大大简化,现按大、小偏心受压两种情况分别介绍如下。

(一)大偏心受压 $\xi \leqslant \xi_\text{b}$

当 $A_\text{s} = A'_\text{s}$,$f_\text{sd} = f'_\text{sd}$ 时,式(6.3.1)和式(6.3.2)可简化为

$$\gamma_0 N_\text{d} \leqslant f_\text{cd} bx \tag{6.3.25}$$

$$\gamma_0 N_\text{d} e \leqslant f_\text{cd} bx \left(h_0 - \frac{x}{2} \right) + f'_\text{sd} A'_\text{s} (h_0 - a'_\text{s}) \tag{6.3.26}$$

由式(6.3.25)求得 x 同样要满足式(6.3.6)及式(6.3.7)。

若 $x < 2a'_\text{s}$ 时,可按不对称配筋一样处理。若 $x > \xi_\text{b} h_0$,则属于小偏心受压构件,故应按小偏心受压公式进行计算。

例 6.3.6 当例 6.3.1 中的 $M_\text{d} = \pm 240\text{kN} \cdot \text{m}$ 时,试求钢筋面积($A_\text{s} = A'_\text{s}$)。

解:由例 6.3.1 知,$N_\text{d} = 400\text{kN}$,$b \times h = 400\text{mm} \times 500\text{mm}$,$h_0 = 460\text{mm}$,$\eta e_0 = 600\text{mm}$,$e = 810\text{mm}$,$f_\text{cd} = 9.2\text{MPa}$,$f_\text{sd} = f'_\text{sd} = 280\text{MPa}$,由式(6.3.25)知:

$$x = \frac{N_\text{d} \gamma_0}{f_\text{cd} b} = \frac{400 \times 10^3 \times 1.0}{9.2 \times 400}$$
$$= 108.7(\text{mm}) < \xi_\text{b} h_0 = 0.56 \times 460 = 257.6(\text{mm})$$
$$x > 2a'_\text{s} = 2 \times 40 = 80(\text{mm})$$

由式(6.3.26)得:

$$A'_\text{s} = A_\text{s} = \frac{\gamma_0 N_\text{d} e - f_\text{cd} bx (h_0 - x/2)}{f'_\text{sd} (h_0 - a'_\text{s})}$$

$$= \frac{1.0 \times 400 \times 10^3 \times 810 - 9.2 \times 400 \times 108.7 \times \left(460 - \dfrac{108.7}{2} \right)}{280 \times (460 - 40)}$$

$$= 1375.28(\text{mm}^2)$$

选 $6\phi18$,$A_\text{s} = A'_\text{s} = 1527\text{mm}^2$。

(二)小偏心受压($\xi > \xi_\text{b}$)

当对称配筋时,$A_\text{s} = A'_\text{s}$,$f_\text{sd} = f'_\text{sd}$,取 $x = \xi_\text{b} h_0$,$\sigma_\text{s} = f_\text{sd} \left(\dfrac{\beta - \xi}{\beta - \xi_\text{b}} \right)$,代入式(6.3.21),联立式(6.3.21)和式(6.3.22)求解,即可得到 ξ 和 $A_\text{s} = A'_\text{s}$ 值。

(三)承载力复核

对于对称配筋的偏心受压构件承载力复核,方法同非对称配筋偏心受压构件。

第四节　T形和工字形截面偏心受压构件抗压承载力计算

由矩形截面偏心受压构件的研究知承受压力主要靠混凝土,抵抗拉力主要靠钢筋,为了减

轻柱的自重和节省混凝土,偏心受压构件也可设计成 T 形、工字形和箱形的横截面。

T 形、工字形截面偏心受压构件的破坏特征、计算原则和方法都和矩形截面相同,也区分为大偏心受压构件和小偏心受压构件两种类型。

一、大偏心受压($\xi < \xi_b$)

(一)计算简图

T 形、工字形截面大偏心受压构件的破坏特征与矩形截面大偏心受压构件的破坏特征相似。因此,计算假定和计算简图亦相似,如图 6.4.1 所示。

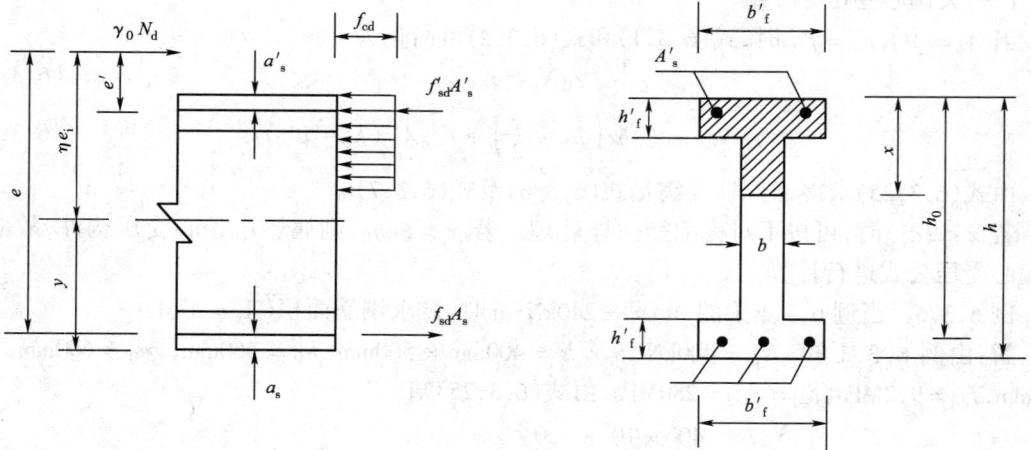

图 6.4.1　T 形和工字形截面大偏心受压构件承载能力计算简图

(二)基本公式

根据大偏心受压时中性轴所处位置的不同,翼缘位于受压区较大边 T 形截面或工字形截面偏心受压构件可分为下列两种情况:

(1)中性轴在翼板内通过,即 $x \leqslant h'_f$,这时按宽度为 b'_f、高为 h 的矩形截面进行计算。

(2)中性轴在腹板内通过,$x > h'_f$,这时按 T 形截面计算。

T 形截面偏心受压构件正截面承载能力计算基本公式,根据计算简图平衡方程导出。

由轴向力平衡条件得:

$$\gamma_0 N_d \leqslant f_{cd} \left[bx + (b'_f - b)h'_f \right] + (f'_{sd} A'_s - f_{sd} A_s) \qquad (6.4.1)$$

对受拉钢筋合力点取力矩得:

$$\gamma_0 N_d e \leqslant f_{cd} \left[bx \left(h_0 - \frac{x}{2} \right) + (b'_f - b)h'_f \left(h_0 - \frac{h'_f}{2} \right) \right] + f'_{sd} A'_s (h_0 - a'_s) \qquad (6.4.2)$$

翼缘位于截面受拉边或受压较小边的 T 形截面和工字形截面构件,当 $x > h - h_f$ 时,其正截面抗压承载力计算应考虑翼缘受压部分的作用。此处 h_f 为截面受拉边或受压较小边翼缘的高度。

对翼缘位于截面受压较大边的 T 形截面小偏心受压构件,当轴向力作用在纵向钢筋 A'_s 和 A'_p 合力点与 A_s 和 A_p 合力点之间时,尚应按下列公式进行计算:

$$\gamma_0 N_d e' \leqslant f_{cd} \left[bh \left(h'_0 - \frac{h}{2} \right) + (b'_f - b)h'_f \left(\frac{h'_f}{2} - a' \right) \right] + f'_{sd} A_s (h'_0 - a_s) + (f'_{pd} - \sigma_{po}) A_p (h'_0 - a_p)$$

$$(6.4.3)$$

112

对翼缘位于截面受拉边或受压较小边的 T 形截面小偏心受压构件,尚应按下列公式计算:

$$\gamma_0 N_d e' \leqslant f_{cd}\left[bx\left(h'_0 - \frac{x}{2} \right) + (b_f - b)h_f\left(h'_0 - \frac{h_f}{2} \right) \right] + f'_{sd}A_s(h'_0 - a_s) + (f'_{pd} - \sigma_{p0})A_p(h'_0 - a_p)$$

(6.4.4)

式中:b_f——位于截面受拉边或受压较小边的翼缘宽度;

h_f——位于截面受拉边或受压较小边的翼缘厚度。

受压区高度 x,取偏心力作用点为力矩中心,有

$$f_{cd}\left[bx\left(e - h_0 + \frac{x}{2} \right) + (b'_f - b)h'_f\left(e_0 - h_0 + \frac{h'_f}{2} \right) \right] = f_{sd}A_s e \pm f'_{sd}A'_s e'$$

(6.4.5)

式中:e——偏心压力作用点至受拉钢筋合力点距离,其值为

$$e = y - a_s + \eta e_0$$

e'——偏心压力作用点至受压钢筋合力点距离,其值为

$$e' = \pm \left[(h - y) - a'_s - \eta \times e_0 \right]$$

y——截面重心至远离偏心压力一边的距离。

式(6.4.3)和式(6.4.4)中,当偏心力作用在 A_s 和 A'_s 之间取正号,作用在 A'_s 和 A_s 之外取负号。

(三)适用条件

为保证上述计算公式中受拉钢筋 A_s 及受压钢筋 A'_s 能达到设计强度,上述基本公式要满足下列条件:

$$x \leqslant \xi_b h_0$$
$$x \geqslant 2a'_s$$

当 $x < 2a'_s$ 时,应以受压钢筋 A'_s 合力点为中心力矩取矩,即

$$\gamma_0 N_d e' \leqslant f_{sd}A_s(h_0 - a'_s)$$

(6.4.6)

(四)计算方法

在实际工程中,对称配筋的工字形截面应用较多,这里仅介绍它的计算方法。(如遇有非对称配筋的情况,可参照矩形截面偏心受压构件进行计算。)

截面的尺寸,通常都是根据设计经验或参考已有类似结构初步估定为已知,因此截面设计主要是求钢筋的截面面积并进行配筋。

在进行对称配筋设计时,开始可将工字形截面假想为宽度等于 b'_f 的矩形截面,取 $f'_{sd}A'_s = f_{sd}A_s$,由式(6.4.1)得:

$$x = \frac{\gamma_0 N_d}{f_{cd}b'_f}$$

(6.4.7)

由上式求得 x 后,分别按下列几种情况进行配筋设计:

(1)$2a'_s \leqslant x \leqslant h'_f$,表明换算中性轴位于翼缘板内,属大偏心受压构件,应用式(6.4.2)可得钢筋截面积:

$$A'_s = A_s = \frac{\left[\gamma_0 N_d e - f_{cd} b'_f x\left(h_0 - \frac{x}{2} \right) \right]}{f'_{sd}(h_0 - a'_s)}$$

(6.4.8)

(2)$x < 2a'_s$,显然属大偏心受压,由式(6.4.6)得:

$$A_s = A'_s = \frac{\gamma_0 N_d e}{f_{sd}(h_0 - a'_s)}$$

(6.4.9)

113

（3）$h'_f < x$，此时换算中性轴与腹板相交，由式（6.4.1）得：

$$x = \frac{\gamma_0 N_d - f_{cd}(b'_f - b)h'_f}{f_{cd}b} \qquad (6.4.10)$$

由式（6.4.10）算得 x 值，如 $x \leqslant \xi_b h_0$，属大偏心受压，可用式（6.4.2）求得：

$$A_s = A'_s = \frac{\gamma_0 N_d e - f_{cd}\left[bx\left(h_0 - \frac{x}{2} \right) + (b'_f - b)h'_f\left(h_0 - \frac{h'_f}{2} \right) \right]}{f'_{sd}(h_0 - a'_s)} \qquad (6.4.11)$$

若 $x > \xi_b h_0$，属小偏心受压，应按小偏心受压构件计算。

二、小偏心受压（$\xi > \xi_b$）

T 形和工字形小偏心受压构件的破坏特征和矩形小偏心受压构件的破坏特征相似。因此，计算假定和计算简图亦相似，如图 6.4.2 所示。忽略受拉翼缘的工作，可将小偏心 T 形、工字形截面计算的基本方程写成：

$$\gamma_0 N_d \leqslant f_{cd}bx + f_{cd}(b'_f - b)h'_f + f'_{sd}A'_s - \sigma_s A_s \qquad (6.4.12)$$

$$\gamma_0 N_d e \leqslant f_{cd}bx\left(h_0 - \frac{x}{2} \right) + f_{cd}(b'_f - b)h'_f\left(h_0 - \frac{h'_f}{2} \right) + f'_{sd}A'_s(h_0 - a'_s) \qquad (6.4.13)$$

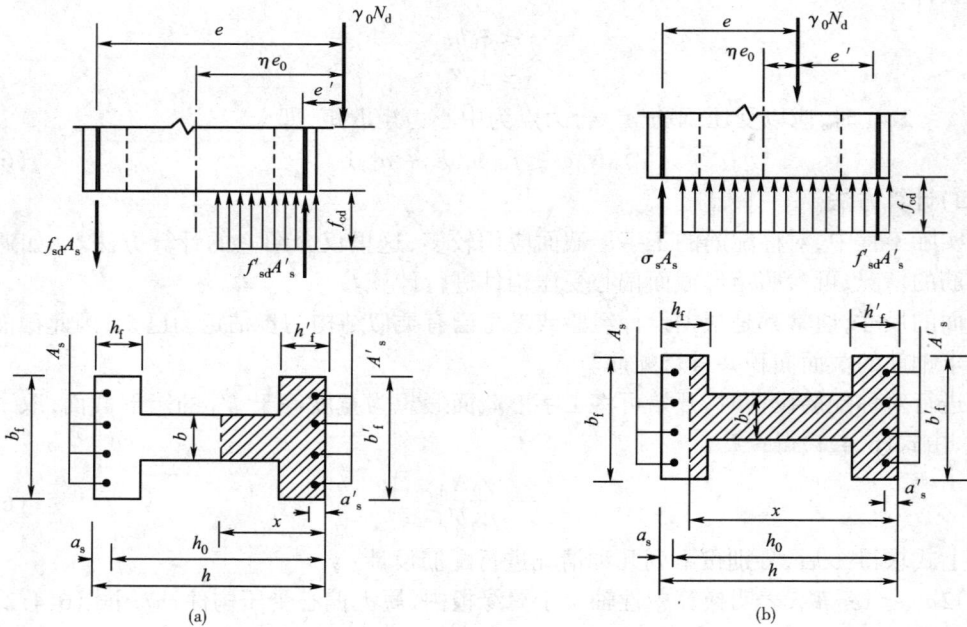

图 6.4.2　小偏心受压构件正截面承载能力计算简图
（a）中和轴在腹板内通过；（b）中和轴在下翼缘内通过

由上述方程与小偏心受压矩形基本方程相比较可知，两者仅相差受压翼缘的伸出部分，因而在进行工字形、T 形截面小偏心受压构件的钢筋设计时，完全可以用矩形截面计算方法，仅需在具体公式中计入（$b'_f - b$）的影响即可。

第五节　圆形截面偏心受压构件承载力计算

在桥梁结构中,钢筋混凝土圆形截面偏心受压构件应用很广,例如圆形柱式桥墩、钻孔灌注桩基础等。圆形截面构件内的纵向受力钢筋,一般沿周边均匀配置,根数不少于6根。

一、计 算 简 图

均匀配置纵筋的圆形截面偏心受压构件,破坏特性与一般偏心受压构件相似。但由于纵向受力钢筋沿圆周均匀布置,使小偏心受压和大偏心受压的破坏界限不明显,因此计算方法亦可统一进行。

根据圆形截面偏心受压构件的试验研究分析,对于正截面强度作如下假定:

(1)横截面变形符合平面假定(plane hypothesis),混凝土最大压应变取用 $\varepsilon_{hmax} = 0.0033$;

(2)混凝土压应力采用等效矩形应力图,且达到抗压设计强度 f_{cd},换算受压区高度采用 $x = \beta X$(X 为实际受压区高度),换算系数 β 与实际相对受压区高度系数 ξ,$\xi = X/d$(d 为圆形截面直径)有关:当 $\xi \leq 1$ 时,$\beta = 0.8$;当 $1 < \xi \leq 1.5$ 时,$\beta = 1.067 - 0.267\xi$;当 $\xi > 1.5$ 时,按全截面混凝土均匀受压处理;

(3)沿圆截面周边布置的钢筋应力依应变而定,$\sigma_s = \varepsilon_s E_s$;

(4)不考虑受拉区混凝土参加工作,拉力全部由钢筋承担。

截面承载能力计算简图如图6.5.1所示。

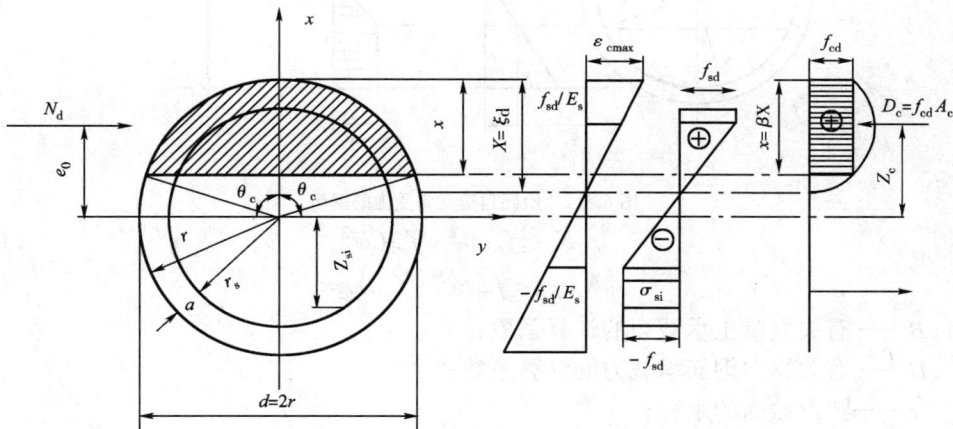

图 6.5.1　圆形截面计算简图

二、基 本 方 程

由计算简图的静力平衡条件,可写出其基本方程如下:

由 $\sum N = 0$,得

$$\gamma_0 N_d \leq A_c f_{cd} + \sum_{i=1}^{n} \sigma_{si} A_{si} \tag{6.5.1}$$

由 $\sum M = 0$,得

$$N_d \eta e_0 \leq f_{cd} A_c Z_c + \sum_{i=1}^{n} \sigma_{si} A_{si} Z_{si} \tag{6.5.2}$$

式中:A_c——对应于混凝土等效矩形应力图的混凝土弓形受压面积;

Z_c——混凝土合力作用点(弓形受压面积形心)至截面形心轴的距离;

A_{si}——第 i 根钢筋的截面面积;

σ_{si}——第 i 根钢筋的应力,其值依应变 ε_{si} 而定,当 $\varepsilon_{si} \geqslant f_{sd}$ 时取 $\sigma_{si} = f_{sd}$;当 $\varepsilon_{si} \leqslant -f_{sd}/E_s$ 时,取 $\sigma_{si} = -f_{sd}$;当 $-f_{sd}/E_s < \varepsilon_{si} \leqslant f_{sd}/E_s$ 时,取 $\sigma_{si} = \varepsilon_{si} E_s$。

当应用式(6.5.1)及式(6.5.2)计算时,须采用试算法求解,在每次试算时都需根据假设的 ξ 值确定每根钢筋的应变,计算每根钢筋的应力,这是一件很繁琐的工作。为了计算方便,通常把沿圆周边均匀布置的纵向受力钢筋视作为一个沿圆周连续分布的等效薄壁钢管来承受荷载(图6.5.2),并采用连续的函数表达式,通过积分导出其实用计算公式。

三、实用计算方法——等效钢环法

(一)正截面抗压承载力计算

为了简化计算,《公桥规》采用了一种简化的计算方法——等效钢环法。混凝土强度等级 C50 以下的,沿周边均匀配置纵向钢筋的圆形截面钢筋混凝土偏心受压构件,如图6.5.2所示,其正截面抗压承载力可按式(6.5.3)计算:

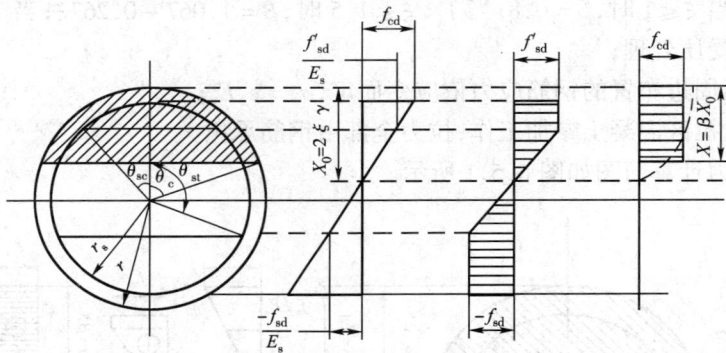

图 6.5.2 沿圆角边均匀受力的钢筋

$$\gamma_0 N_d \leqslant f_{cd} A r^2 + f_{sd} C \rho r^2 \tag{6.5.3}$$

$$\gamma_0 N_d \eta e_0 \leqslant f_{cd} B r^3 + f_{sd} D \rho g r^3 \tag{6.5.4}$$

式中:A,B——有关混凝土承载力的计算系数;

C,D——有关纵向钢筋承载力的计算系数;

r——圆形截面的半径;

g——纵向钢筋所在圆周的半径 r_s 与圆形截面半径之比,$g = r_s/r$;

ρ——纵向钢筋配筋率,$\rho = A_s/\pi r^2$。

(二)配筋设计

式(6.5.3)乘 ηe_0 与式(6.5.4)相减可得:

$$\rho = \frac{f_{cd}}{f_{sd}} \times \frac{Br - A\eta e_0}{C\eta e_0 - Dgr} \tag{6.5.5}$$

构件尺寸已定,只需配筋设计,设计步骤如下:

1. 假定 ξ 值,查表求出系数 A、B、C、D;

2. 将 A、B、C、D 代入式(6.5.5),算出初始配筋率 ρ;

3. 将 ρ 值代入式(6.5.3)进行试算,反复进行,直到满足 $\gamma_0 N_d \leqslant f_{cd} A r^2 + f_{sd} C \rho r^2$ 条件

为止。

ρ 值确定后,求钢筋截面积 $A_s = \rho\pi r^2$ 并配筋。

(三)正截面抗压承载力复核

已知截面尺寸和配筋,进行截面抗压承载力复核时,可利用式(6.5.3)及式(6.5.4)求得抵抗偏心距 ηe_0 来计算,即式(6.5.4)除以式(6.5.3)得

$$\eta e_0 = \frac{Bf_{cd} + D\rho gf_{sd}}{Af_{cd} + C\rho f_{sd}}\gamma \tag{6.5.6}$$

抗压承载力复核计算步骤如下:

1. 设 ξ 值,查表求得 A、B、C、D;

2. 将 A、B、C、D 值代入式(6.5.6),求 ηe_{01},1~2 反复计算直至 $\eta e_{01} \approx \eta e_0$ 为止;

3. 将相应于 ηe_{01} 的 ξ 值的系数 A、B、C、D 代入式(6.5.3)进行承载力复核。

思考题

6-1 轴心受压构件中纵筋的作用是什么?

6-2 螺旋箍筋柱应满足的条件有哪些?

6-3 为什么要考虑附加偏心距?

6-4 试说明偏心距增大系数 η 的意义,并扼要说明建立 η 计算公式的途径。

6-5 试从破坏原因、破坏性质及影响承载力的主要因素来分析偏心受压构件的两种破坏特征。当构件的截面、配筋及材料强度等级给定时,形成两种破坏特征的条件是什么?

6-6 大偏心受压和小偏心受压的破坏特征有何区别?截面应力状态有何不同?它们的分界条件是什么?

6-7 试比较大偏心受压构件和双筋受弯构件的应力分布和计算公式有何异同?

6-8 在大偏心和小偏心受压构件截面设计时为什么都要补充一个条件(或方程)?这个补充条件是根据什么建立的?

6-9 试写出界限受压承载力设计值 N 及界限偏心距 e_{0b} 的表达式,这些表达式说明了什么?

6-10 在截面设计中为什么要以界限偏心距来判断大偏心或小偏心受压情况?

6-11 对称配筋与不对称配筋偏心受压构件的判别式和计算公式有何不同?

6-12 钢筋混凝土受压构件配置箍筋有何作用?对其直径、间距和附加箍筋有何要求?

习 题

1. 有一根高度为 8.5m 的钢筋混凝土柱,底端固结,顶端铰接,截面 500 mm × 500 mm,承受计算轴向力 $N_d = 3510$kN,混凝土强度等级 C25,纵向钢筋采用 HRB335 级钢筋,箍筋采用 R235 级钢筋,求所需的纵筋截面面积。

2. 有一现浇轴心受压柱,截面面积为 250 mm × 250 mm,计算长度 $l_0 = 6.5$m,承受轴向力为 $N_d = 400$kN,混凝土强度等级 C20,纵筋为 4ϕ25,求该柱是否安全。(安全 $N'_d = 402.6$kN)

3. 试设计一个圆形截面的螺旋箍筋柱,柱的计算长度 $l_0 = 3$ m,承受轴向恒载 $N_d = 630$kN,纵向活载 $N_q = 545$kN,混凝土强度等级 C20,纵向受力钢筋选用 HRB335 级钢筋,螺旋箍筋采用 R235 级钢筋,试设计该柱。(如设 $\rho = 0.1\%$,$\rho_s = 10\%$,则 $d = 450$ mm,

$A'_s = 1257 \text{ mm}^2$, $A_s = 1257 \text{ mm}^2$）

4. 已知矩形截面偏心受压构件截面尺寸为 $b \times h = 400 \text{ mm} \times 600 \text{ mm}$，纵向力组合设计值 $N_d = 890 \text{ kN}$，计算弯矩组合设计值 $M_d = 356 \text{ kN·m}$，构件计算长度 $l_0 = 6.6 \text{m}$，混凝土强度等级 C25，钢筋等级 HRB335，$a_s = a'_s = 40 \text{ mm}$，求纵筋截面面积。

5. 已知矩形截面柱，截面尺寸 $b = 300 \text{ mm}$，$h = 500 \text{ mm}$，构件计算长度 $l_0 = 3.8 \text{m}$，$a_s = a'_s = 40 \text{ mm}$，承受 $N_d = 290 \text{ kN}$，$M_d = 162.4 \text{ kN·m}$，混凝土强度等级 C20，钢筋等级 HRB335，在受压区已有受压钢筋 $A'_s = 1100 \text{ mm}^2$，求受拉钢筋的截面面积。

6. 已知矩形截面偏心受压构件，截面尺寸 $b = 350 \text{ mm}$，$h = 500 \text{ mm}$，承受 $N_d = 250 \text{ kN}$，$M_d = 70.5 \text{ kN·m}$，计算长度 $l_0 = 3.5 \text{m}$，混凝土强度等级 C20，钢筋等级 HRB335，$a_s = a'_s = 40 \text{ mm}$，求纵筋截面面积。

7. 已知矩形截面柱，截面尺寸为 $b \times h = 400 \text{ mm} \times 600 \text{ mm}$，柱高 $l = 7 \text{m}$，两端铰接，承受 $N_d = 1550 \text{ kN}$，$M_d = 235 \text{ kN·m}$，混凝土强度等级 C25，钢筋等级 HRB335，$a_s = a'_s = 40 \text{ mm}$，求纵筋截面面积。

8. 已知矩形截面偏心受压构件，截面尺寸为 $b \times h = 400 \text{ mm} \times 600 \text{ mm}$，计算长度 $l_0 = 4.5 \text{m}$，混凝土强度等级 C20，钢筋等级 HRB335，$N_d = 1040 \text{ kN}$，偏心距 $e_0 = 450 \text{ mm}$，$A_s = 1900 \text{ mm}^2$，$A'_s = 1500 \text{ mm}^2$，试复核强度。（$N'_d = 839.6 \text{ kN·m}$）

9. 已知矩形截面尺寸 $b = 400 \text{ mm}$，$h = 700 \text{ mm}$，计算长度 $l_0 = 5.0 \text{m}$，混凝土强度等级 C25，钢筋等级 HRB335，$a_s = a'_s = 400 \text{ mm}^2$，$N_d = 550 \text{ kN}$，$e_0 = 470 \text{ mm}$，$A_s = 800 \text{ mm}^2$，$A'_s = 2700 \text{ mm}^2$，试复核强度。（$N'_d = 659.7 \text{ kN}$）

10. 已知矩形截面偏心受压构件，截面尺寸 $b \times h = 400 \text{ mm} \times 600 \text{ mm}$，$l_0 = 6.6 \text{m}$，$N_d = 890 \text{ kN}$，$M_d = 356 \text{ kN·m}$，混凝土强度等级 C25，钢筋等级 HRB335，求对称配筋时纵向钢筋截面。

11. 已知一桥下螺旋箍筋柱，直径为 $d = 500 \text{mm}$，柱高 5.0 m，计算高度 $l_0 = 0.7$，$H = 3.5 \text{m}$，配 HRB400 钢筋 $10\phi16$（$A'_s = 2010 \text{mm}^2$），C30 混凝土，螺旋箍筋柱采用 R235，直径为 12 mm，螺距为 $S = 50 \text{mm}$，试确定此柱的承载力。

第七章 钢筋混凝土受扭及弯扭构件

第一节 纯扭转构件承载力

力矩作用平面与构件正截面平行时,构件产生扭转,这类构件称为扭转构件(torsional members)。

在钢筋混凝土结构中,单独承受纯扭的结构很少,较多的是扭矩、弯矩与剪力共同作用的结构。例如,在直线桥梁上集中荷载的作用线偏离桥轴线,在曲线桥梁上以及 T 形梁桥在翼缘板桥面上局部受力时,都会遇到弯、扭、剪共同作用的情况。但纯扭构件的受力性能是复合受扭的基础,因此仍先讨论纯扭问题。

构件的扭转可以分为两大类:平衡扭转和协调扭转。由荷载引起可用结构的平衡条件确定扭矩的扭转称为平衡扭转。由超静定结构中相邻构件的变形而引起,其扭矩需结合变形协调条件才可确定,这种扭转称为协调扭转或附加扭转。

一、矩形截面纯扭构件中的破坏特征

扭矩在构件中引起的主拉应力轨迹线为一组与构件纵轴大致成 45°角,并绕四周面连续的螺旋线。因此,理论上讲,在抗扭构件中配抗扭钢筋的最理想方案筋应是沿 45°方向布置的螺旋箍筋。使其与主拉应力方向一致,以期取得较好的受力效果。螺旋箍筋在受力上只能适应一个方向的扭矩,而在桥梁工程中,由于活载作用,扭矩在构件全长上常常要改变方向。扭矩方向一改变,螺旋箍筋的旋角方向也要相应地加以改变,这在配筋构造措施上就会造成很大的困难。所以,在实际工程结构中都采用垂直构件纵轴的箍筋和沿截面周边布置的纵向钢筋组成的空间钢筋骨架来承担扭矩。

在抗扭钢筋骨架中,箍筋的作用是直接抵抗主拉应力,限制裂缝的发展;纵筋用来平衡构件中的纵向分力,而且在斜裂缝处,纵筋可产生销栓作用,抵抗部分扭矩,并可抑制斜裂缝的开展。

抗扭钢筋的配置对矩形截面构件的抗扭能力有很大的影响。图 7.1.1 为不同抗扭配筋率受扭构件的 T-θ 关系曲线。由图 7.1.1可知,抗扭钢筋越少,裂缝出现引起钢筋的应力突变就越大,水平段相对较长。当配筋很少时,会出现扭矩不再增大但扭转角不断加大导致破坏。因此,极限扭矩和抗扭刚度的大小在

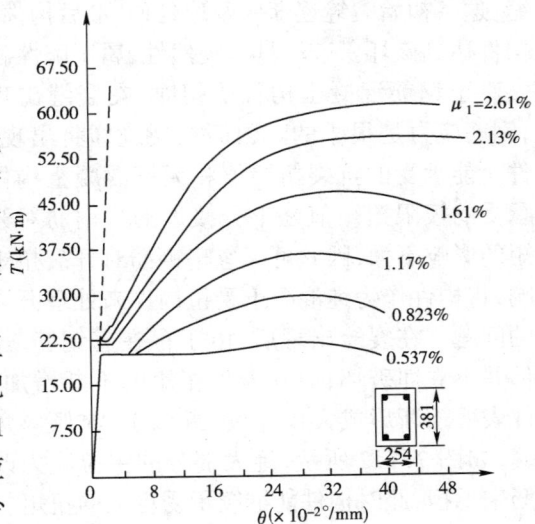

图 7.1.1 受扭构件的 T-θ 关系曲线(尺寸单位:mm)

很大程度上取决于抗扭钢筋的数量。

试验表明,对于钢筋混凝土矩形截面受扭构件,其破坏形态与配置钢筋的数量多少有关。根据配筋率的多少,钢筋混凝土矩形截面受扭构件的破坏形态一般可以分为以下几种。

(1)少筋破坏

当配筋(垂直纵轴的箍筋和沿周边的纵向钢筋)过少或配筋间距过大时,在扭矩作用下,先在构件截面的长边最薄弱处产生一条与纵轴成45°左右的斜裂缝,构件一旦开裂,钢筋不足以承担由混凝土开裂后转移给钢筋承担的拉力,裂缝就会迅速向相邻两侧面呈螺旋形延伸,形成三面开裂、一面受压的空间扭曲裂面,构件随即破坏。破坏过程急速而突然,属于脆性破坏。其破坏扭矩 T_u 基本上等于开裂扭矩 T_{cr},这种破坏形态称为"少筋破坏"。为防止发生这类脆性破坏,规范对受扭构件提出了抗扭箍筋及抗扭纵筋的下限(最小配筋率)及箍筋最大间距等严格规定。

(2)适筋破坏

配筋适量时,在扭矩作用下,首条斜裂缝出现后并不立即破坏。随着扭矩的增加,将陆续出现多条大体平行的连续的螺旋形裂缝。与斜裂缝相交的纵筋和箍筋先后达到屈服,斜裂缝进一步开展,最后受压面上的混凝土也被压碎,构件随之破坏。这种破坏称为"适筋破坏",属于具有一定延性的破坏。下面列出的受扭承载力公式所计算的也就是这一类破坏形态。

(3)超筋破坏

若配筋量过大,则在纵筋和箍筋尚未达到屈服时,混凝土就因受压而被压碎,构件立即破坏。这种破坏称为"超筋破坏",属于无预兆的脆性破坏。在设计中,应力求避免发生超筋破坏,因此在规范中就规定了配筋的上限,也就是规定了最小的截面尺寸条件。

(4)部分超筋破坏

有时,当抗扭纵筋和抗扭箍筋的配筋强度(配筋量及钢筋强度值)的比例失调,即其中一种配置过多时,破坏时会发生一种钢筋达到屈服而另一种则没有达到,这种破坏形态称为"部分超筋破坏"。它虽也有一定延性,但比适筋破坏时的延性小。

试验表明,无筋的矩形混凝土构件,在扭矩的作用下,先在构件长边的最弱处产生一条斜裂缝,这条初始裂缝逐渐向两边延伸,最后构件三面开裂、一面受压,形成一个空间斜曲裂面,使构件达到破坏。破坏具有突然性,属于脆性破坏。

对于钢筋混凝土构件受扭时,在裂缝出现以前,钢筋应力是很小的。因而在裂缝即将出现时,构件所能承受的抗裂扭矩值和无筋混凝土构件所能承受的极限扭矩值是十分接近的。钢筋对开裂扭矩的影响不大,因此可以忽略钢筋对开裂扭矩的影响,将构件作为纯混凝土受扭构件来处理开裂扭矩的问题。在裂缝出现后,由于存在着钢筋,这时构件并不立即破坏,而随着外扭矩的不断增加,在构件表面逐渐形成大体连续,近似于45°倾斜角的裂缝,如图 7.1.2 所示,绝大部分的主拉应力改由钢筋来承担,此时构件能继续承受更大的扭矩。

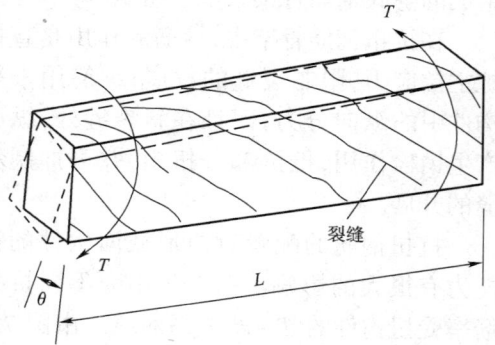

图 7.1.2　扭转裂缝分布图

在正常配筋(低配筋)的情况下,随着外扭矩的不断增加,首先钢筋达到屈服强度,然后主裂缝迅速开展,促使一个面的混凝土受压破碎而使构件破坏。这种正常配筋的受扭构件,具有塑性破坏的特征。

试验表明,受扭构件中设置钢筋仅能在很小程度上提高构件的抗裂扭矩值,但能使构件破坏时的抗扭能力(强度)大大增加。

在受扭构件中,最有效的方式是将抗扭钢筋做成与纵轴成倾斜45°的螺旋形式。其方向与主拉应力相平行,也就是与裂缝相垂直。但是螺旋钢筋施工比较复杂,不能适应扭矩方向的改变,实际上很少使用,一般都是配置抗扭的附加纵筋和附加垂直箍筋来承受主拉应力。

以上三种破坏形态,适筋破坏是正常的破坏形态,通过计算实现。超筋和少筋破坏是不正常的破坏形态,通过限制条件加以避免。

二、矩形截面钢筋混凝土纯扭构件

对于矩形截面钢筋混凝土纯扭构件的承载能力,如图7.1.3所示,规范规定是由混凝土承担的扭矩 T_c 和钢筋承担的扭矩 T_s 两项组成,其抗扭承载力应按式(7.1.1)和式(7.1.2)计算:

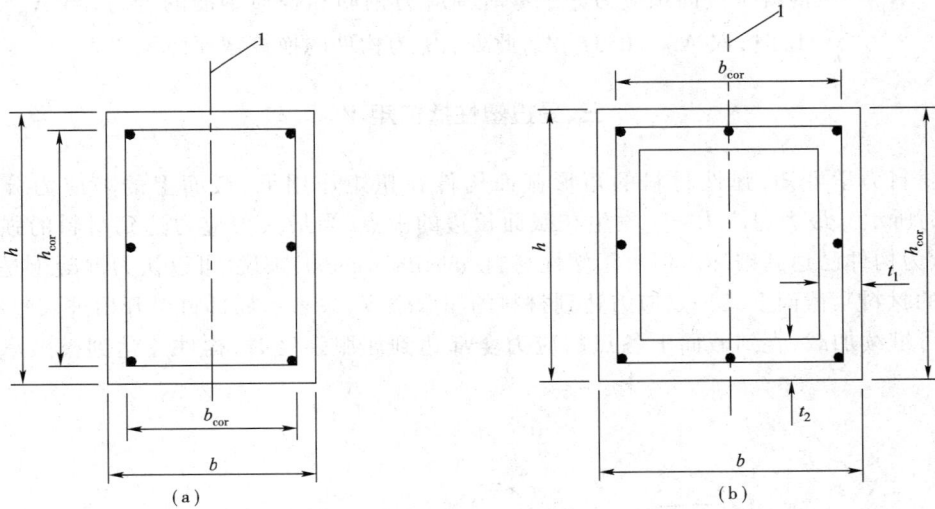

图7.1.3　矩形截面受扭构件截面
(a)矩形截面($h > b$);(b)箱形截面($h > b$)
1-弯矩作用平面

$$\gamma_0 T_d \leqslant 0.35 f_{td} W_t + 1.2 \sqrt{\zeta} \frac{f_{sv} A_{sv1} A_{cor}}{S_v} \tag{7.1.1}$$

$$\zeta = \frac{f_{sd} A_{st} S_v}{f_{sv} A_{sv1} U_{cor}} \tag{7.1.2}$$

上两式中:T_d——扭矩组合设计值(design value of combination for torsion effects);

ζ——纯扭构件纵向钢筋与箍筋强度比;对钢筋混凝土构件,ζ 值应符合 $0.6 \leqslant \zeta \leqslant 1.7$ 的要求,当 $\zeta > 1.7$ 时,取 $\zeta = 1.7$;对预应力混凝土构件,当 $e_{p0} \leqslant h/6$ 且 $\zeta \geqslant 1.7$ 时,应在式(7.1.1)的右边增加预应力影响项 $0.05 \frac{N_{p0}}{A_0} W_t$,取 $\zeta = 1.7$;当 $e_{p0} > h/6$ 或 $\zeta < 1.7$ 时,可不考虑预应力影响项,应按钢筋混凝土构件计算;

W_t——矩形截面受扭塑性抵抗矩;

A_{sv1}——纯扭计算中箍筋的单肢截面面积(area of single component stirrup);

f_{sv}——箍筋的抗拉强度设计值(design value of tensile strength of stirrups),取值不宜大于 280MPa;

A_{st}——纯扭计算中沿截面周边对称配置的全部纵向钢筋截面面积;

f_{sd}——纵向钢筋的抗拉强度设计值(design value of tensile strength of longitudinal reinforcement);

f_{td}——混凝土轴心抗拉强度设计值;

A_{cor}——由箍筋内表面包围的截面核芯面积,$A_{cor} = b_{cor} h_{cor}$,此处,$b_{cor}$ 和 h_{cor} 分别为核芯面积的短边和长边尺寸;

U_{cor}——截面核芯面积的周长,$U_{cor} = 2(b_{cor} + h_{cor})$;

S_v——纯扭计算中箍筋的间距;

e_{p0}——预应力钢筋和普通钢筋的合力对换算截面重心轴的偏心距;

N_{p0}——混凝土法向预应力等于零时预应力钢筋和普通钢筋的合力,当 $N_{p0} > 0.3 f_{cd} A_0$ 时,取 $N_{p0} = 0.3 f_{cd} A_0$,此处,A_0 为构件的换算截面面积。

三、受扭塑性抵抗矩 W_t

由材料力学可知,弹性材料的矩形截面构件在扭矩作用下,截面上的剪应力分布如图 7.1.4(b)所示。最大剪应力 τ_{max} 发生在截面长边的中点,当最大剪应力达到材料的强度极限时,就认为构件已达到破坏。但对于塑性材料(ductile material)来说(可以认为混凝土是具有一定塑性的材料),截面上某一点应力达到材料的屈服强度,只表示局部材料开始进入塑性状态,此时仍可继续加载,直到截面上各点的应力全部达到屈服强度时,构件才达到极限承载力状态。

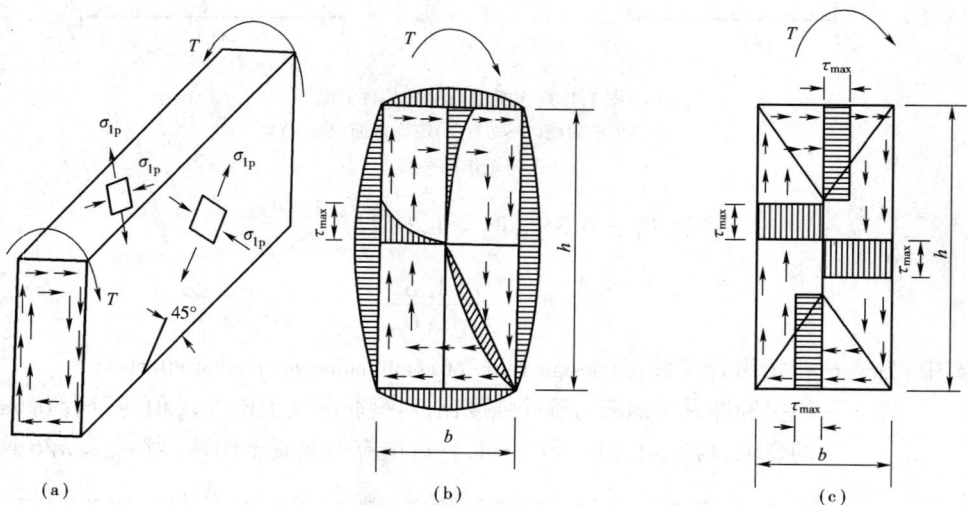

图 7.1.4 纯扭构件在裂缝出现前的应力状态
(a)受扭构件应力;(b)剪应力分布图;(c)受扭塑性状态

根据图 7.1.4(c),对截面扭转中心取矩,可求得截面能承担的极限扭矩 T 为:

$$T = \tau_{\text{max}}\left\{ 2 \times \frac{b}{2} \times \frac{b}{4} \times (h-b) + 4 \times \frac{1}{2} \times \frac{b}{2} \times \frac{b}{3} \times \frac{b}{2} + 2 \times \frac{1}{2} \times \frac{b}{2} \times b \times \left[\frac{2}{3} \times \frac{b}{2} + \frac{(h-b)}{2} \right] \right\}$$

$$= \tau_{\text{max}} \times \frac{b^2}{6}(3h - b) \tag{7.1.3}$$

所以,对矩形截面:

$$W_t = \frac{b^2}{6}(3h - b) \tag{7.1.4}$$

同理,可近似求得:

腹板 $$W_{\text{tw}} = \frac{b^2}{6}(3h - b) \tag{7.1.5}$$

受压翼缘 $$W'_{\text{tf}} = \frac{h'_f{}^2}{2}(b'_f - b) \tag{7.1.6}$$

受拉翼缘 $$W_{\text{tf}} = \frac{h_f{}^2}{2}(b_f - b) \tag{7.1.7}$$

式中:b'_f,h'_f——T形、工字形或带翼缘箱形截面受压翼缘的宽度和厚度,应符合 $b'_f \leqslant b + 6h'_f$ 的规定;

$\qquad b_f$,h_f——工字形截面受拉翼缘的宽度和厚度,应符合 $b_f \leqslant b + 6h_f$ 的规定;

$\qquad\quad b$——矩形截面或箱形截面的短边尺寸;

$\qquad\quad h$——矩形截面或箱形截面的长边尺寸。

四、T形、工字形纯扭构件

T形和工字形截面纯扭构件承受扭矩 T 时,可将截面划分为腹板、受压翼缘及受拉翼缘等三个矩形块(图7.1.5),将总的扭矩 T 按各矩形块的受扭塑性抵抗矩分配给各矩形块承担,各矩形块承担的扭矩即为:

(1)腹板

$$T_{\text{wd}} = \frac{W_{\text{tw}}}{W_t} T_d \tag{7.1.8}$$

(2)受压翼缘

$$T'_{\text{fd}} = \frac{W'_{\text{tf}}}{W_t} T_d \tag{7.1.9}$$

(3)受拉翼缘

$$T_{\text{fd}} = \frac{W_{\text{tf}}}{W_t} T_d \tag{7.1.10}$$

式中:$\qquad T_d$——T形、工字形和带翼缘箱形截面构件承受的扭矩设计值;

$\qquad\quad T_{\text{wd}}$——分配给腹板或矩形箱体承受的扭矩设计值;

$\quad T'_{\text{fd}}$,T_{fd}——分配给受压翼缘、受拉翼缘承受的扭矩设计值;

W_{tw},W'_{tf},W_{tf}——分别为腹板或矩形箱体、受压翼缘、受拉翼缘受扭塑性抵抗矩;

$\qquad\quad W_t$——T形、工字形或带翼缘箱形截面总的受扭塑性抵抗矩。

求得各矩形块承受的扭矩后,分别按式(7.1.1)计算,确定各自所需的抗扭纵向钢筋及抗扭箍筋面积,最后再统一配筋。试验证明,工字形截面整体受扭承载力大于上述分块计算再总加得出的承载力,故分块计算的办法是偏于安全的。

五、箱形截面钢筋混凝土纯扭构件

试验及理论研究表明,具有一定壁厚(例如壁厚 $t_w = 0.4b_h$)的箱形截面,如图7.1.6所示,其受扭承载力与实心截面 $b_h \times h_h$ 是基本相同的。因此,箱形截面受扭承载力公式是在矩形截面承载力公式(7.1.1)的基础上,对 T_d 项乘以壁厚修正系数 β_a 得出的。

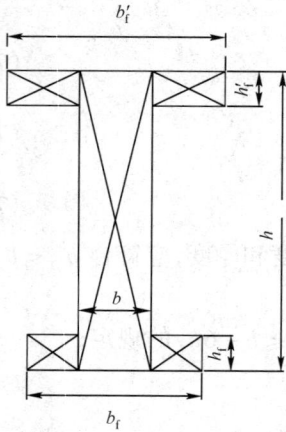

图7.1.5 工字形截面受扭的
划分方法

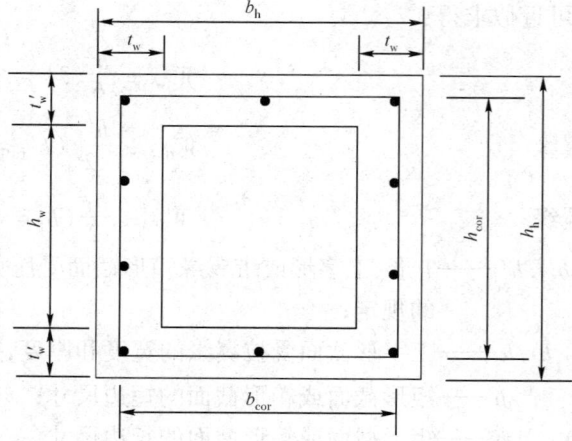

图7.1.6 箱形截面($t_w < t'_w$)

$$\gamma_0 T_d \leq 0.35\beta_a f_{td} W_t + 1.2\sqrt{\zeta}\frac{f_{sv}A_{sv1}A_{cor}}{S_v} \tag{7.1.11}$$

$$w_t = \frac{b^2}{6}(3h - b) - \frac{(b - 2t)^2}{6}[3(h - 2t_2) - (b - 2t_1)] \tag{7.1.12}$$

式中:β_a——箱形截面有效壁厚折减系数。

当 $0.1b \leq t_2 \leq 0.25b$ 或 $0.1h \leq t_1 \leq 0.25h$ 时,取 $\beta_a = 4\frac{t_2}{b}$ 或 $\beta_a = 4\frac{t_1}{h}$ 两者中最小值,当 $t_2 > 0.25b$ 和 $t_1 > 0.25h$ 时,取 $\beta_a = 1.0$。此处 t_1、t_2、b、h 见图7.1.3(b),对矩形截面,$\beta_a = 1.0$。

第二节 弯剪扭构件承载力

一、弯剪扭构件承载力

钢筋混凝土构件在弯矩、剪力和扭矩共同作用下的受力状态十分复杂。《公桥规》中规定,矩形截面和箱形截面承受弯、剪、扭的钢筋混凝土构件,如图7.2.1所示,其截面应符合下列要求(即抗扭上限值):

$$\frac{\gamma_0 V_d}{bh_0} + \frac{\gamma_0 T_d}{W_t} \leq 0.51 \times 10^{-3}\sqrt{f_{cu,k}} \tag{7.2.1}$$

计算结果如不满足上式要求,则应加大截面尺寸。

矩形截面弯扭构件符合下列条件时(即抗扭下限值),受扭钢筋可不进行构件的抗扭承载力计算,而按构造要求配置:

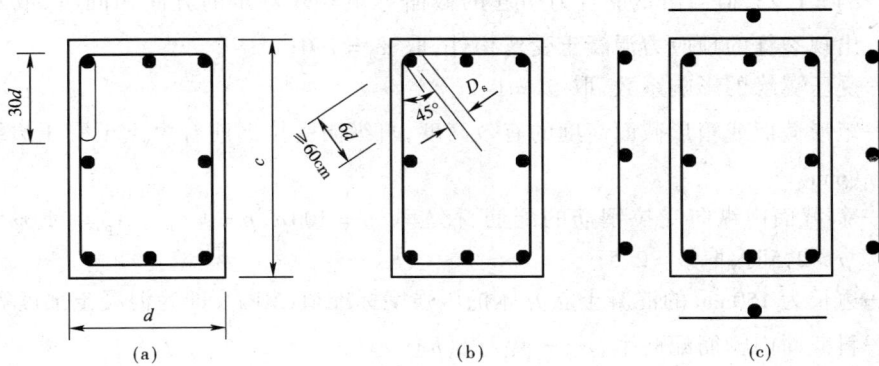

图 7.2.1　抗扭的钢筋骨架

$$\frac{\gamma_0 V_d}{bh_0} + \frac{\gamma_0 T_d}{W_t} \leqslant 0.50 \times 10^{-3} \alpha_2 f_{td} \qquad (7.2.2)$$

式中：V_d——剪力组合设计值(kN)；

$\quad b$——垂直于弯矩作用平面的矩形或箱形截面腹板宽度(mm)；

$\quad h_0$——平行于弯矩作用平面的矩形或箱形截面的有效高度(mm)；

$\quad \alpha_2$——预应力提高系数，对钢筋混凝土受弯构件，$\alpha_2 = 1.0$；对预应力混凝土受弯构件，
$\alpha_2 = 1.25$，但当由钢筋合力引起的截面弯矩与外弯矩的方向相同时，或对于允许
出现裂缝的预应力混凝土受弯构件，取 $\alpha_2 = 1.0$。

二、剪扭构件承载力

对于有腹筋的剪扭构件，其受剪承载力及受扭承载力是由混凝土及钢筋承载两部分组成，
其中的抗剪承载力、抗扭承载力应按下列公式计算：
抗剪承载力：

$$\gamma_0 V_d \leqslant \alpha_1 \alpha_2 \alpha_3 \frac{(10 - 2\beta_t)}{20} bh_0 \sqrt{(2 + 0.6p)} \sqrt{f_{cu,k} \rho_{sv} f_{sv}}(\mathrm{N}) \qquad (7.2.3)$$

抗扭承载力：

$$\gamma_0 T_d \leqslant \beta_t \left(0.35\beta_a f_{td} + 0.05 \frac{N_{p0}}{A_0}\right) W_t + 1.2 \sqrt{\zeta} \frac{f_{sv} A_{sv1} A_{cor}}{S_v}(\mathrm{N \cdot mm}) \qquad (7.2.4)$$

$$\beta_t = \frac{1.5}{1 + 0.5 \dfrac{V_d W_t}{T_d bh_0}} \qquad (7.2.5)$$

式中：β_t——剪扭构件混凝土抗扭承载力降低系数(reducing coefficient for torsion bearing capacity)，
当 $\beta_t < 0.5$ 时，取 $\beta_t = 0.5$；当 $\beta_t > 1.0$ 时，取 $\beta_t = 1.0$；

$\quad \beta_a$——箱形截面有效壁厚折减系数，矩形截面 $\beta_a = 1.0$；

$\quad W_t$——截面受扭塑性抵抗矩，当为箱形截面剪扭构件时，应以 βW_t 代替；

$\quad b$——矩形截面宽度或箱形截面腹板宽度；

$\quad \alpha_1$——异号弯矩影响系数，计算简支梁和连续梁近边支点梁段的抗剪承载力时，
$\alpha_1 = 1.0$；计算连续梁和悬臂梁近中间支点梁段的抗剪承载力时，$\alpha_1 = 0.9$；

$\quad \alpha_2$——预应力提高系数，对钢筋混凝土受弯构件，$\alpha_2 = 1.0$；对预应力混凝土受弯构件，

125

$\alpha_2 = 1.25$,但当由钢筋合力引起的截面弯矩与外弯矩的方向相同时,或对于允许出现裂缝的预应力混凝土受弯构件,取 $\alpha_2 = 1.0$;

α_3——受压翼缘的影响系数,取 $\alpha_3 = 1.1$;

h_0——矩形截面或箱形截面高度的有效高度,自纵向受拉钢筋合力点至受压边缘的距离(mm);

p—— 斜截面内纵向受拉钢筋的配筋百分率,$p = 100\rho$,$\rho = (A_p + A_{pb} + A_s)/(bh_0)$,当 $p > 2.5$ 时,取 $p = 2.5$;

$f_{cu,k}$——边长为 150mm 的混凝土立方体抗压强度标准值(MPa),即为混凝土强度等级;

ρ_{sv}——斜截面内箍筋配筋率,$\rho_{sv} = A_{sv}/(S_v b)$;

f_{sv}——箍筋抗拉强度设计值;

A_{sv}——斜截面内配置在同一截面的箍筋各肢总截面面积(mm²);

S_v——斜截面内箍筋的间距(mm);

T_d——扭矩组合设计值;

ζ——纯扭构件纵向钢筋与箍筋的配筋强度比;

f_{td}——混凝土轴心抗拉强度设计值;

N_{p0}——混凝土法向预应力等于零时预应力钢筋和普通钢筋的合力;

A_0——构件的换算截面面积。

三、受扭构件的构造要求

1. 按照结构构造的要求,箍筋应采用闭合式,箍筋末端做成 135° 弯钩。

2. 承受扭矩的纵向钢筋,应沿截面周边均匀对称布置,其间距不应大于 300mm。在矩形截面基本单元的四角应设有纵向钢筋,其末端应留有按规范规定的受拉钢筋最小锚固长度。

3. 箍筋的配筋率 ρ_{sv},对剪扭构件(梁的腹板)不应小于 $\left[(2\beta_t - 1)\left(0.055\dfrac{f_{cd}}{f_{sv}} - c\right) + c\right]$,其中 β_t 按式(7.2.5)计算,c 值当采用 R235 钢筋时取 0.0018,当采用 HRB335 钢筋时取 0.0012;对纯扭构件(梁的翼缘)ρ_{sv} 不应小于 $0.055f_{cd}/f_{sv}$。

4. 纵向钢筋的配筋率,不应小于受弯构件纵向受力钢筋的最小配筋率与受扭构件纵向受力钢筋的最小配筋率之和。对受扭构件,其纵向受力钢筋的最小配筋率 $[A_{st,min}/(bh)]$,当受剪扭时取 $0.08(2\beta_t - 1)\dfrac{f_{cd}}{f_{sv}}$,当受纯扭时可取 $0.08\dfrac{f_{cd}}{f_{sv}}$,$A_{st,min}$ 为纯扭构件全部纵向钢筋最小截面面积,h 为矩形截面基本单元长边长度,b 为短边长度,f_{sv} 为箍筋抗拉强度设计值。

在受扭构件中,由于外荷载扭矩是靠抗扭钢筋的抵抗矩来平衡的。因此,在保证必要保护层的前提下,抗扭纵筋和抗扭箍筋都应尽可能地均匀对称布置在构件的周边表面处,以增大抵抗效果。受压区的架立钢筋和梁侧面的水平钢筋可兼作抗扭纵筋使用。抗扭纵筋的接长和锚固均需按受拉区锚固和接长的要求处理。抗扭的钢筋骨架,可以采用人工绑扎如图 7.2.1(a)、(b)或焊接空间骨架的形式如图 7.2.1(c),后者一般先焊成平面骨架,然后再焊接成整体。

抗扭箍筋的直径和间距要求同受弯构件的抗剪箍筋,但箍筋的形式与普通抗剪箍筋不完全相同,为了保证抗扭箍筋在构件四个面上都能有效地承受主拉应力,故必须做成封闭式箍筋,箍筋末端应做成 135°弯钩(图 7.2.2)。受扭箍筋的弯钩搭接长度,弯钩平直段长度一般结构不应小于箍筋直径的 10 倍。相邻两根箍筋端头交接的位置宜错开交替布置。如箍筋的锚固长度不足,将导致抗扭失效或降低抗力。因此,在箍筋的末端搭接处必须具有足够的锚固长度,试验证明,这样构造的箍筋即使在混凝土保护层剥落后,箍筋锚固仍然有效。弯钩应箍牢纵向钢筋,相邻箍筋的弯钩接头,其纵向位置应交替布置。在角隅处的混凝土受到斜向主压力的作用,易使混凝土保护层受压剥落,T 形、工字形截面的配筋,应注意将各基本矩形单元部分交错地牢固地联结成整体,如图 7.2.3(a)所示构造是正确的,而图 7.2.3(b)所示构造则是错误的。

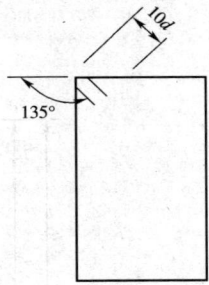

图 7.2.2 封闭式
箍筋图

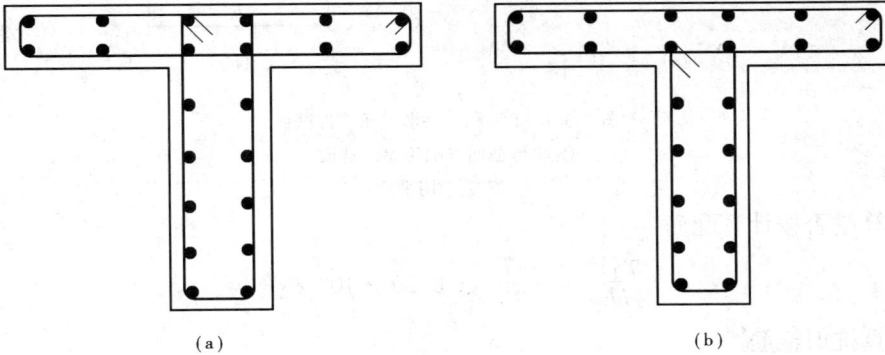

(a)   (b)

图 7.2.3 T 形截面配筋图

第三节 复杂截面受扭构件的设计特点

一、截面抵抗矩

各种截面图(图 7.3.1)的受扭塑性抵抗矩按式(7.3.1)计算:

1. T 形和带翼缘箱形截面总的受扭塑性抵抗矩:

$$W_t = W_{tw} + W'_{tf} \tag{7.3.1}$$

2. I 字形截面总的受扭塑性抵抗矩:

$$W_t = W_{tw} + W'_{tf} + W_{tf} \tag{7.3.2}$$

二、计 算 方 法

(一)配筋计算

已知截面扭矩组合设计值、构件截面尺寸、混凝土和钢筋等级,求抗剪和抗扭箍筋和纵向钢筋的用量,可按下列步骤进行。

1. 验算截面尺寸

$$\frac{\gamma_0 V_d}{bh_0} + \frac{\gamma_0 T_d}{W_t} \leqslant 0.51 \times 10^{-3} \sqrt{f_{cu,k}}$$

127

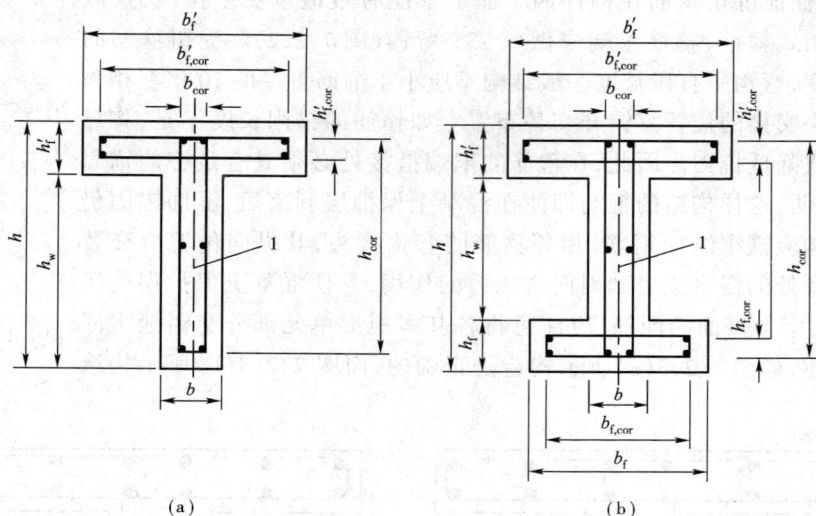

图 7.3.1　T形和工字形受扭构件截面
(a)T形截面;(b)工字形截面
1-弯矩作用平面

2．验算是否按计算配筋

$$\frac{\gamma_0 V_d}{b h_0} + \frac{\gamma_0 T_d}{W_t} \leqslant 0.50 \times 10^{-3} \alpha_2 f_{td}$$

3．计算抗剪箍筋

$$\frac{A_{sv}}{S_v} = \frac{(20\gamma_0 V_d)^2}{\alpha_1^2 \alpha_2^2 \alpha_3^2 (10 - 2\beta_t)^2 (2 + 0.6p) \sqrt{f_{cu,k}} f_{sv} b h_0^2}$$

4．计算抗扭箍筋,假定 ζ = 1.2

$$\frac{A_{sv1}}{S_v} = \frac{\gamma_0 T_d - \beta_t \left(0.35\beta_a f_{td} + 0.05 \dfrac{N_{p0}}{A_0}\right) W_t}{1.2\sqrt{\zeta} f_{sv} A_{cor}}$$

箍筋总量 $\dfrac{A_{sv1}}{S} = \dfrac{A_{sv1}}{S_v} + \dfrac{A_{sv}}{n S_v}$。

由此选定箍筋直径,求箍筋间距。

5．计算纵向钢筋面积

$$A_{st} = \zeta \frac{f_{sv} A_{sv1} U_{cor}}{f_{sd} S_v}$$

6．验算最小配筋率和最小纵向配筋率

例 7.3.1　承受均布荷载的 T 形梁,截面尺寸如图 7.3.2,$a_s = a'_s = 35mm$,$h_0 = 415mm$;承受弯矩设计值 $M_d = 126kN \cdot m$,剪力设计值 $V_d = 100.8kN$,扭矩设计值 $T_d = 9kN \cdot m$;采用 C25 混凝土($f_{cd} = 11.5MPa$,$f_{td} = 1.23MPa$),纵筋为 HRB335 级($f_{sd} = 280MPa$),箍筋为 R235 级($f_{sv} = 195MPa$),试配钢筋。

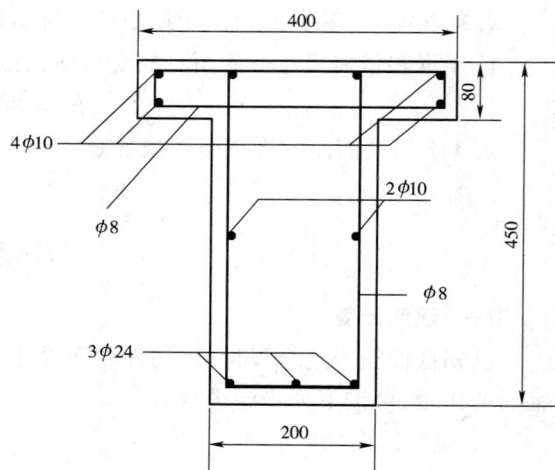

图 7.3.2　截面尺寸及配筋图(尺寸单位:mm)

128

解：

1. 验算截面尺寸

将 T 形截面划分成 2 块矩形，计算受扭塑性抵抗矩：

腹板
$$W_{tw} = \frac{b^2}{6}(3h - b) = \frac{200^2}{6} \times (3 \times 450 - 200) = 7.67 \times 10^6 (\text{mm}^3)$$

受压翼缘板
$$W'_{tf} = \frac{h'^2_f}{2}(b'_f - b) = \frac{80^2}{2} \times (400 - 200) = 0.64 \times 10^6 (\text{mm}^3)$$

整个 T 形截面
$$W_t = W_{tw} + W'_{tf} = 7.67 \times 10^6 + 0.64 \times 10^6$$
$$= 8.31 \times 10^6 (\text{mm}^3)$$

$$\frac{\gamma_0 V_d}{bh_0} + \frac{\gamma_0 T_d}{W_t}$$
$$= \frac{1.0 \times 100.8}{200 \times 415} + \frac{1.0 \times 9.0 \times 10^3}{8.31 \times 10^6}$$
$$= (1.21 + 1.08) \times 10^{-3}$$
$$= 2.29 \times 10^{-3} (\text{kN/mm}^2)$$
$$< 0.51 \times 10^{-3} \sqrt{f_{cu,k}} = 0.51 \times 10^{-3} \times \sqrt{25} = 2.55 \times 10^{-3} (\text{kN/mm}^2)$$

截面尺寸满足要求。

2. 验算是否可按构造配筋

$$\frac{\gamma_0 V_d}{bh_0} + \frac{\gamma_0 T_d}{W_t}$$
$$= \frac{1.0 \times 100.8}{200 \times 415} + \frac{1.0 \times 9.0 \times 10^3}{8.31 \times 10^6}$$
$$= (1.21 + 1.08) \times 10^{-3} = 2.29 \times 10^{-3} (\text{kN/mm}^2)$$
$$> 0.51 \times 10^{-3} f_{td} = 0.51 \times 10^{-3} \times 1.23 = 0.6273 \times 10^{-3} (\text{kN/mm}^2)$$

必须按计算确定剪扭钢筋。

3. 受弯纵筋的确定

判别 T 形截面类型

$$f_{cd} b'_f h'_f \left(h_0 - \frac{h'_f}{2} \right) = 11.5 \times 400 \times 80 \times (415 - 40)$$
$$= 11.5 \times 400 \times 80 \times 375 = 138 (\text{kN} \cdot \text{m}) > 126 \text{ kN} \cdot \text{m}$$

属第一类 T 形截面，按 $b'_f \times h$ 矩形截面计算：

$$x = h_0 - \sqrt{h_0^2 - \frac{2\gamma_0 M_d}{f_{cd} b'_f}} = 415 - \sqrt{415^2 - \frac{2 \times 126 \times 10^6}{11.5 \times 400}} = 72.3 (\text{mm})$$

$$A_s = \frac{f_{cd} b'_f x}{f_{sd}} = \frac{11.5 \times 400 \times 72.3}{280} = 1187.8 (\text{mm}^2)$$

$$\rho = \frac{A}{bh_0} = \frac{1187.8}{200 \times 415} = 0.0143 = 1.43\% > \rho_{min} = 0.2\%$$

4. 腹板抗剪扭钢筋计算

(1) 扭矩 T 的分配

腹板
$$T_{wd} = \frac{W_{tw}}{W_t} T_d = \frac{7.67 \times 10^6}{8.31 \times 10^6} \times 9 = 8.31 (\text{kN} \cdot \text{m})$$

受压翼缘板
$$T'_{fd} = \frac{W'_{tf}}{W_t} T_d = \frac{0.64 \times 10^6}{8.31 \times 10^6} \times 9 = 0.69 (\text{kN} \cdot \text{m})$$

(2)β_t 的计算

$$\beta_t = \frac{1.5}{1 + 0.5 \dfrac{V_d W_{tw}}{T_{wd} b h_0}} = \frac{1.5}{1 + 0.5 \times \dfrac{100.8 \times 10^3 \times 7.67 \times 10^6}{8.31 \times 10^6 \times 200 \times 415}} = 0.96$$

(3)腹板受扭箍筋

由公式 $\gamma_0 T_{wd} \leqslant \beta_t \left(0.35 \beta_a f_{td} + 0.05 \dfrac{N_{p0}}{A_0}\right) W_{tw} + 1.2 \sqrt{\zeta} \dfrac{f_{sv} A_{sv1} A_{cor}}{S_v}$

得 $\dfrac{A_{sv1}}{S_v} = \dfrac{\gamma_0 T_{wd} - \beta_t \left(0.35 \beta_a f_{td} + 0.05 \dfrac{N_{p0}}{A_0}\right) W_{tw}}{1.2 \sqrt{\zeta} f_{sv} A_{cor}}$

$$= \frac{8.31 \times 10^6 - 0.35 \times 0.96 \times 1.23 \times 7.67 \times 10^6}{1.2 \times \sqrt{1.2} \times 195 \times 150 \times 400} = 0.334 \, (A_{cor} = b_{cor} \times h_{cor})$$

(4)腹板受剪箍筋

$$\frac{A_{sv}}{S_v} = \frac{(20 \gamma_0 V_d)^2}{\alpha_1^2 \alpha_2^2 \alpha_3^2 (10 - 2\beta_t)^2 (2 + 0.6p) \sqrt{f_{cu,k}} f_{sv} b h_0^2}$$

$$= \frac{(20 \times 1.0 \times 100.8 \times 10^3)^2}{1.0^2 \times 1.0^2 \times 1.1^2 \times (10 - 2 \times 0.96)^2 \times (2 + 0.6 \times 100 \times 0.0143) \times 5 \times 195 \times 200 \times 415^2}$$

$$= 0.536$$

(5)腹板箍筋总量,当采用双肢箍筋时,$n = 2$,腹板上单肢箍筋所需截面面积

$$\frac{A_{sv1}}{S} = \frac{A_{sv}}{nS_v} + \frac{A_{sv1}}{S_v}$$

$$= \frac{1}{2} \times 0.536 + 0.334$$

$$= 0.602$$

选箍筋直径为 $\phi 8$,$A_{sv1} = 50.3 \text{mm}^2$ 则

$$S = \frac{50.3}{0.602} = 83.55 \, (\text{mm})$$

取 $S = 70 \text{mm}$,

$$\rho_{min} = \left[(2\beta_t - 1)\left(0.055 \frac{f_{cd}}{f_{sv}} - c\right) + c\right] = \left[(2 \times 0.96 - 1) \times \left(0.055 \times \frac{11.5}{195} - 0.0018\right) + 0.0018\right]$$

$$= 0.0032 = 0.32\%$$

$$\rho = \frac{A_{sv}}{bS} = \frac{2 \times 50.3}{200 \times 70} = 0.0072 = 0.72\% > \rho_{min} = 0.32\%$$

(6)腹板纵筋配置

由 $\zeta = \dfrac{f_{sd} A_{st} S_v}{f_{sv} A_{sv1} U_{cor}}$ 计算得:

$$A_{st} = \frac{\zeta f_{sv} A_{sv1} U_{cor}}{f_{sd} S_v} = \frac{1.2 \times 195 \times 1100 \times 0.334}{280} = 307.04 \, (\text{mm}^2)$$

$$\rho = \frac{A_{st}}{bh} = \frac{307.04}{200 \times 450} = 0.34\% > \rho_{min} = 0.08(2\beta_t - 1)\frac{f_{cd}}{f_{sv}} = 0.08 \times (2 \times 0.96 - 1) \times \frac{11.5}{195}$$

$$= 0.44\%$$

根据构造要求,受扭纵筋的间距不应大于 300mm,

130

分三层布置受扭纵筋：

顶层：$\dfrac{A_{st}}{3} = \dfrac{307.04}{3} = 102.35(mm^2)$ 选配 2φ10(157mm²)

中层：$\dfrac{A_{st}}{3} = \dfrac{307.04}{3} = 102.35(mm^2)$ 选配 2φ10(157mm²)

底层：$\dfrac{A_{st}}{3} + A_s = \dfrac{307.04}{3} + 1187.8 = 1290.15(mm^2)$ 选配 3φ24(1356mm²)

5. 翼缘受扭钢筋计算

翼缘不计剪力的作用按纯扭构件计算

(1)箍筋

按公式计算 $A_{cor} = (80 - 2 \times 25) \times (200 - 2 \times 25) = 30 \times 150 = 4500(mm^2)$，

$$\frac{A_{st}}{S} = \frac{\gamma_0 T'_{fd} - 0.35 f_{td} W'_{tf}}{1.2\sqrt{\zeta} f_{sv} A_{cor}} = \frac{1.0 \times 0.69 \times 10^6 - 0.35 \times 1.23 \times 0.64 \times 10^6}{1.2 \times \sqrt{1.2} \times 195 \times 4500}$$

$$= 0.359$$

选用 φ8 箍筋，$S = 50.3/0.359 = 140.11(mm)$。

为了与腹板箍筋协调，取 $S = 140mm$。

(2)纵筋

$$A_{st} = \frac{\zeta f_{sv} A_{sv} U_{cor}}{f_{sd} S} = \frac{1.2 \times 195 \times 2 \times (30 + 150) \times 0.359}{280} = 108.01(mm^2)$$

按照构造要求选配 4φ10(314mm²)。

思考题

7-1 对于纯扭构件，为什么配置螺旋形钢筋或配置垂直箍筋和纵筋？

7-2 纯扭适筋、少筋、超筋构件的破坏特征是什么？

7-3 为什么规定受扭构件的截面限制条件？若扭矩超过截面限制条件的要求，解决的方法是什么？

7-4 在什么情况下受扭构件应按最小配箍率和最小纵筋配筋率进行配筋？

7-5 在弯、剪、扭联合作用下构件的受弯配筋是怎样考虑的？受剪配筋是怎样考虑的？

7-6 纯扭构件截面限制条件是否是剪、扭构件截面限制条件的特例？

7-7 简述 T 形和工字型截面钢筋混凝土纯扭构件的承载力计算要点。

7-8 怎样计算钢筋混凝土受弯、受剪、受扭构件的承载力？

7-9 受扭钢筋有哪些特殊的要求？

习 题

1. 已知一钢筋混凝土矩形截面纯扭构件，截面尺寸 $b \times h = 150mm \times 300mm$，见习题图7-1，作用于构件上的扭矩组合设计值 $T_d = 3.60\ kN \cdot m$，采用 C30 混凝土，采用 HPB235 级钢筋，试计算其配筋量。

2. 已知一均布荷载作用下钢筋混凝土矩形截面弯、剪、扭构件，截面尺寸 $b \times h = 200\ mm \times 400\ mm$（习题图 7-2）。构件所承受的弯矩组合设计值 $M = 50kN \cdot m$，剪力组合设计值 $V = 52kN$，扭矩组合设计值 $T_d = 4\ kN \cdot m$。钢筋全部采用 HPB235 级钢，采用 C20 混凝土，试设计其配筋。

3. 编写弯剪扭构件配筋计算程序。

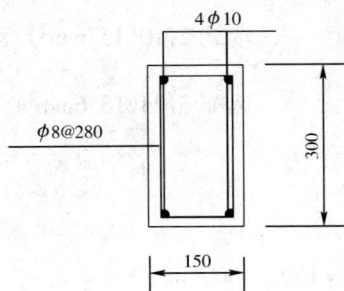

习题图 7-1 （尺寸单位:mm）

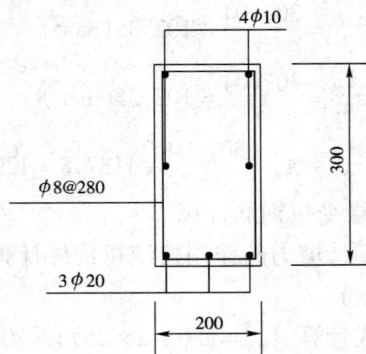

习题图 7-2 （尺寸单位:mm）

第八章 钢筋混凝土受拉构件承载力计算

第一节 概 述

当构件上作用有纵向拉力时,此构件即为受拉构件。受拉构件和受压构件相似,也分为轴心受拉构件和偏心受拉构件两类。当构件承受的纵向拉力作用线与构件截面重心轴线相重合时,此构件称为轴心受拉构件(tension members with axial load at zero eccentricity)。当纵向拉力作用线偏离构件截面重心轴时,或者构件上作用有拉力,同时又作用有弯矩时,则为偏心受拉构件(tension member with axial load at given eccentricities)。

由第二章知道混凝土的抗拉强度远小于抗压强度,当受拉构件截面应力达到混凝土抗拉强度便会开裂,混凝土开裂后,就失去承载能力。因此,除非迫不得已或在次要结构中才采用钢筋混凝土受拉构件,在材料供应、施工技术和设备能力以及设计力量许可时,应优先考虑采用预应力混凝土结构。

在钢筋混凝土桥中,常见的受拉构件有:桁架拱桥中的拉杆,桁架梁桥中的拉杆和系杆拱桥中的系杆等。

钢筋混凝土受拉构件需配置纵向钢筋和箍筋,纵向钢筋不得采用绑扎的搭接接头,为避免配筋过少引起脆性破坏,轴心受拉钢筋的最小配筋率应不小于 0.2% 和 $45f_{td}/f_{sd}$ 中较大值;箍筋直径应不小于 6mm,间距一般为 $150\sim200$mm,如图 8.1.1 所示。

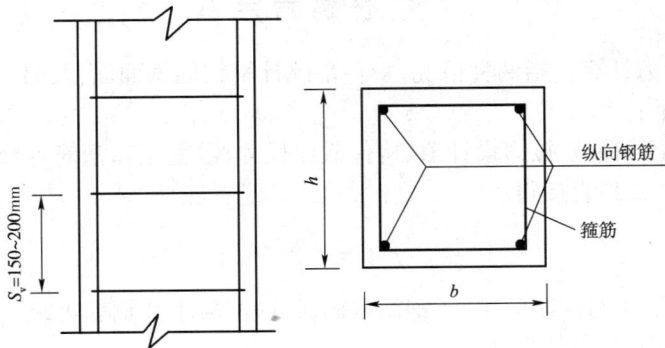

图 8.1.1 受拉构件钢筋构造图

第二节 轴心受拉构件的承载力计算

一、计 算 简 图

根据钢筋混凝土轴心受拉构件破坏特征,在进行正截面承载能力计算时假定:

(1)混凝土退出工作,轴心拉力全部由钢筋承担;

(2)破坏时钢筋应力都达到钢筋抗拉强度设计值 f_{sd}。

根据上述假定,轴心受拉构件正截面承载能力计算简图见 8.2.1。

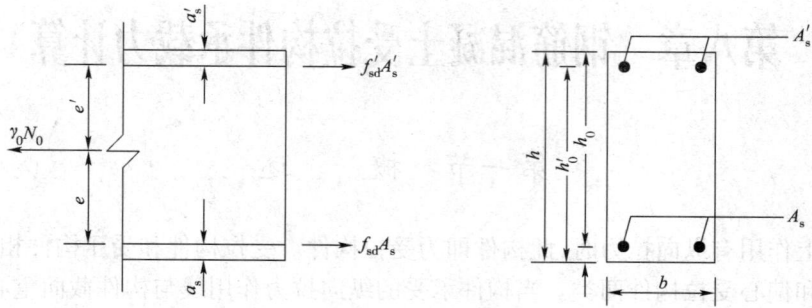

图 8.2.1　轴心受拉构件承载能力计算简图

二、基本公式

在轴心受拉构件中,开裂以前,混凝土与钢筋共同抵抗拉力。

当轴心受拉构件破坏时,混凝土早已被拉裂,全部拉力由钢筋承担,当钢筋达到抗拉强度设计值时,构件达到极限承载,其强度计算公式为:

$$\gamma_0 N_d \leqslant f_{sd} A_s \tag{8.2.1}$$

式中:N_d——轴向力组合设计值;

　　　f_{sd}——纵向钢筋抗拉强度设计值;

　　　A_s——全部纵向普通钢筋截面面积;

　　　γ_0——结构的重要系数。

三、计 算 方 法

正截面承载能力计算包括两种情况,一种情况计算钢筋截面面积,另一种情况计算截面抗力,现分别介绍如下:

(1)配筋计算　已知轴心拉力设计值、构件截面尺寸、混凝土和钢筋等级。欲求钢筋截面面积。由基本公式(8.2.1)直接得

$$A_s = \frac{\gamma_0 N_d}{f_{sd}} \tag{8.2.2}$$

(2)抗力计算　已知构件截面尺寸、钢筋截面尺寸、混凝土和钢筋等级。欲求构件的抗拉能力。这时直接按式(8.2.1)计算,即

$$N'_d = \frac{1}{\gamma_0} f_{sd} A_s \tag{8.2.3}$$

式中:N'_d——构件轴心抗拉承载力。

当已知轴心抗拉设计值 N_d 进行抗拉能力复核时,要求 $N_d \leqslant N'_d$。

第三节　偏心受拉构件的承载力计算

以矩形截面的偏心受拉构件为例,其上作用有纵向拉力 N_d,其作用点距混凝土截面重心

的距离称偏心距 e_0，距纵向拉力 N_d 较近一侧的钢筋为 A_s，较远一侧的钢筋为 A'_s。当纵向力 N_d 作用在钢筋 A_s 的合力点与 A'_s 的合力点之间时，偏心距 e_0 较小，为小偏心受拉构件，如图 8.3.1(a)。这种受力构件按极限状态设计时，截面上混凝土全部开裂贯通，不考虑混凝土承受拉力，由钢筋承受全部拉力。按 $\sum M_d = 0$ 的平衡条件，可知钢筋 A_s 和 A'_s 均承受拉力，A'_s 承受的拉力较小而已。简言之，小偏心受拉构件的特点是全截面都承受拉力。

当纵向拉力 N_d 作用在钢筋 A_s 合力点与 A'_s 合力点范围以外时，偏心距 e_0 较大。混凝土截面受力开裂后，由 $\sum M_d = 0$ 平衡条件可知，远离纵向力 N_d 一侧截面，必有一部分受压，受拉区裂缝不会贯穿全截面，则钢筋 A'_s 受压，这种受力构件称为大偏心受拉构件，如图 8.3.1(b)。

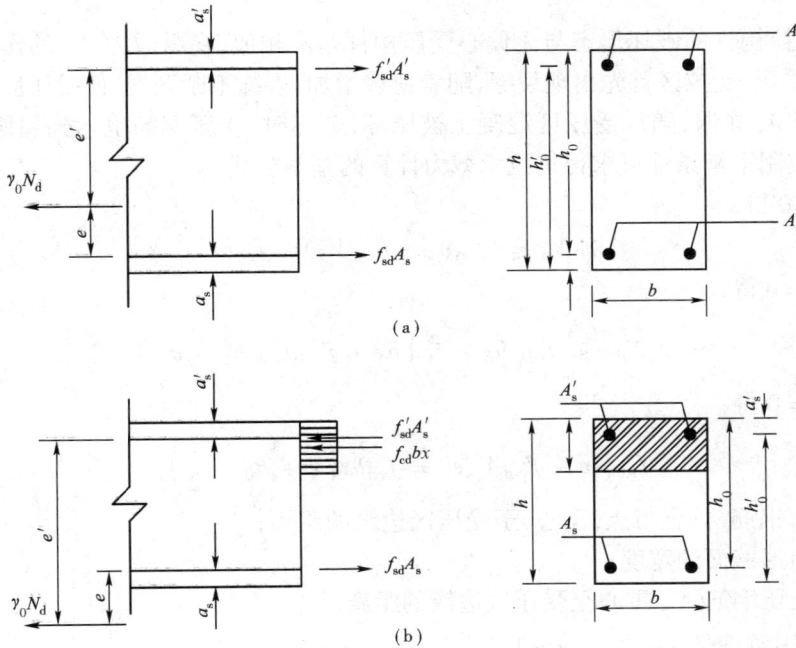

图 8.3.1　矩形截面偏心受拉构件正截面抗拉承载力计算简图
(a)小偏心受拉构件；(b)大偏心受拉构件

一、小偏心受拉构件的抗拉承载力计算

如上所述，小偏心受拉构件全截面受拉，构件破坏时，钢筋 A_s 和 A'_s 的应力都可达到屈服强度。根据内外力对钢筋 A_s 及 A'_s 的合力点分别取矩的平衡条件，可得小偏心受拉构件的正截面抗拉承载力计算公式。

由 $\sum M_{A_s} = 0$ 得

$$\gamma_0 N_d e \leqslant f'_{sd} A'_s (h_0 - a'_s) \tag{8.3.1}$$

由 $\sum M_{A'_s} = 0$ 得

$$\gamma_0 N_d e' \leqslant f_{sd} A_s (h'_0 - a_s) \tag{8.3.2}$$

式中：e——纵向力 N_d 作用点至钢筋 A_s 合力点的距离，$e = \dfrac{h}{2} - e_0 - a_s$；

e'——纵向力 N_d 作用点至钢筋 A'_s 合力点的距离，$e' = \dfrac{h}{2} + e_0 - a'_s$；

e_0—— 纵向力 N_d 作用点至混凝土重心的距离；

其余符号意义同式(8.2.1)。

由式(8.3.1)和式(8.3.2)可进行承载力验算，并可以求 A_s 和 A'_s 的截面面积：

$$A'_s = \frac{\gamma_0 N_d e}{f'_{sd}(e + e')} \tag{8.3.3}$$

$$A_s = \frac{\gamma_0 N_d e'}{f_{sd}(e + e')} \tag{8.3.4}$$

二、大偏心受拉构件的抗拉承载力计算

大偏心受拉构件的破坏形态与大偏心受压构件基本相似，在纵向力 N_d 的作用下，截面部分受拉，部分受压，受拉区首先出现裂缝，随着荷载增加，裂缝不断开展，使受压区截面减小，最先是受拉钢筋 A_s 屈服，随后受压区混凝土被压坏，破坏时，受压钢筋也达到屈服强度。在图8.3.1(b)中，应用平衡条件可求得抗拉承载力计算的基本公式。

由 $\sum N_d = 0$ 得：

$$\gamma_0 N_d \leqslant (f_{sd}A_s - f'_{sd}A'_s) - f_{cd}bx \tag{8.3.5}$$

由 $\sum M_{A_s} = 0$ 得：

$$\gamma_0 N_d e \leqslant f_{cd}\left(h_0 - \frac{x}{2}\right)bx + f'_{sd}A'_s(h_0 - a'_s) \tag{8.3.6}$$

由 $\sum M_{N_d} = 0$ 得：

$$f_{sd}A_s e - f'_{sd}A'_s e' = f_{cd}bx\left(e + h_0 - \frac{x}{2}\right) \tag{8.3.7}$$

式中：h_0——自钢筋 A_s 合力点(重心)至受压区边缘的距离；

　　b——矩形截面的宽度；

　a'_s——受压钢筋 A'_s 重心至受压区边缘的距离。

公式的适用条件是 $x \leqslant \zeta_b h_0, x \geqslant 2a'_s$。

如出现 $x < 2a'_s$ 的情况，可忽略受压区混凝土的作用，构件强度可按下列公式计算：

$$\gamma_0 N_d e' = f_{sd}A_s(h_0 - a'_s) \tag{8.3.8}$$

如按式(8.3.8)求得的构件强度比不考虑受压钢筋还小时，则计算中不考虑受压钢筋。

利用式(8.3.5)～式(8.3.7)，即可进行大偏心受拉构件的承载力复核。同样可以利用这些公式进行截面的配筋设计，截面设计一般有两种情况。

(1)A_s、A'_s 均为未知时

从节省钢材的目的出发，充分利用混凝土的抗力，令 $x = \zeta_b h_0$，于是由式(8.3.5)和式(8.3.6)可得：

$$A'_s = \frac{\gamma_0 N_d e - f_{cd}b\zeta_b h_0^2(1 - \zeta_b/2)}{f'_{sd}(h_0 - a'_s)} \tag{8.3.9}$$

$$A_s = \frac{f'_{sd}A'_s + f_{cd}b\zeta_b h_0 + \gamma_0 N_d}{f_{sd}} \tag{8.3.10}$$

(2)钢筋 A'_s 为已知时

如设计时受压钢筋 A'_s 为已知，则由其负担的弯矩为：

136

$$\gamma_0 M' = f'_{sd} A'_s (h_0 - a'_s) \tag{8.3.11}$$

由受压区混凝土负担的剩余弯矩为：

$$M_1 = N_d e - M' = N_d e - f'_{sd} A'_s (h_0 - a'_s) \tag{8.3.12}$$

根据公式：

$$\gamma_0 M_1 = f_{cd} bx (h_0 - x/2) \tag{8.3.13}$$

由式(8.3.13)可解出：

$$x = h_0 - \sqrt{h_0^2 - \frac{2\gamma_0 M_1}{f_{cd} b}} \tag{8.3.14}$$

由式(8.3.5)可求得受拉区的全部钢筋截面积：

$$A_s = \frac{f'_{sd} A'_s + f_{cd} bx + \gamma_0 N_d}{f_{sd}} \tag{8.3.15}$$

式(8.3.15)中的 x 由式(8.3.12)和式(8.3.14)解得。

例 8.3.1 已知矩形截面受拉构件截面尺寸为 $b = 300mm$，$h = 450mm$，承受最大的纵向拉力 $N_d = 600kN$，最大的局部弯矩 $M_d = 54kN \cdot m$，$a'_s = a_s = 40mm$，混凝土等级为 C20，采用 HRB400 钢筋，结构重要性系数 $\gamma_0 = 1.0$，试作配筋设计。

解： 查表得：$f_{sd} = 330MPa$，$f_{cd} = 9.2MPa$，$\zeta_b = 0.53$。

(1)判定纵向力作用点位置

$$e_0 = M_d / N_d = 54000/600 = 90(mm)$$

表明纵向力作用在钢筋 A_s 合力点与 A'_s 合力点之间。据此可判断该构件为小偏心受拉构件。

(2)求钢筋截面面积

$$e = \frac{h}{2} - e_0 - a_s = 225 - 90 - 40 = 95(mm)$$

$$e' = \frac{h}{2} + e_0 - a'_s = 225 + 90 - 40 = 275(mm)$$

由式(8.3.3)求得：

$$A'_s = \frac{\gamma_0 N_d e}{f'_{sd}(e + e')} = \frac{1.0 \times 600 \times 10^3 \times 95}{330 \times (95 + 275)} = 467(mm^2)$$

选用 3φ14，则 $A'_s = 462mm^2$。

由式(8.3.4)求得：

$$A_s = \frac{\gamma_0 N_d e'}{f_{sd}(e + e')} = \frac{1.0 \times 600 \times 10^3 \times 275}{330 \times (95 + 275)} = 1351(mm^2)$$

选用 3φ24，则 $A_s = 1357mm^2$。

例 8.3.2 已知矩形截面受拉构件截面尺寸为 $b = 250mm$，$h = 500mm$，截面上承受最大的纵向拉力 $N_d = 300kN$，最大的局部弯矩 $M_d = 150kN \cdot m$，$a'_s = a_s = 40mm$，混凝土等级为 C20，HRB400 钢筋，结构重要性系数 $\gamma_0 = 1.0$，求纵向钢筋面积。

解： 查表得 $f_{sd} = 330MPa$，$f_{cd} = 9.2MPa$，$\zeta_b = 0.53$。

(1)判定纵向力作用点位置

$$e_0 = M_d / N_d = 150000/300 = 500(mm)$$

$$e_0 > \frac{h}{2} - a_s = \frac{500}{2} - 40 = 210(mm)$$

表明纵向力作用在钢筋 A_s 合力点与 A'_s 合力点之外,此构件属于大偏心受拉构件。

$$e' = e_0 + \frac{h}{2} - a'_s = 500 + \frac{500}{2} - 40 = 710(\text{mm})$$

$$e = e_0 - \frac{h}{2} + a_s = 500 - \frac{500}{2} + 40 = 290(\text{mm})$$

$$h_0 = h - a_s = 500 - 40 = 460(\text{mm})$$

(2)计算钢筋截面面积

为了充分利用受压区混凝土的抗压强度,可设 $x = \zeta_b h_0 = 0.53 \times 460 = 244(\text{mm})$。

由式(8.3.9)得:

$$
\begin{aligned}
A'_s &= \frac{\gamma_0 N_d e - f_{cd} b \zeta_b h_0^2 (1 - \zeta_b/2)}{f'_{sd}(h_0 - a'_s)} \\
&= \frac{1 \times 300 \times 10^3 \times 290 - 9.2 \times 250 \times 0.53 \times 460^2 \times (1 - 0.53/2)}{330 \times (460 - 40)} \\
&= -740.16(\text{mm}^2) < 0
\end{aligned}
$$

表明当充分利用受压区混凝土抗压强度时,截面不需配置 A'_s,$\rho_{min} = 45 \dfrac{f_{td}}{f_{sd}} = 0.14\% < 0.002$,故可按最小配筋率 $\rho_{min} = 0.002$ 布置构造钢筋。

$$A'_s = 0.002 b h_0 = 0.002 \times 250 \times 460 = 230(\text{mm}^2)$$

则受压区的高度 x 可通过式(8.3.12)和式(8.3.14)求得:

$$
\begin{aligned}
M_1 &= N_d e - f'_{sd} A'_s (h_0 - a'_s) = 300 \times 10^3 \times 290 - 330 \times 230 \times (460 - 40) \\
&= 55.122 \times 10^6 (\text{N} \cdot \text{mm}) = 55.122(\text{kN} \cdot \text{m})
\end{aligned}
$$

$$
\begin{aligned}
x &= h_0 - \sqrt{h_0^2 - \frac{2\gamma_0 M_1}{f_{cd} b}} \\
&= 460 - \sqrt{460^2 - \frac{2 \times 1.0 \times 55.122 \times 10^6}{9.2 \times 250}} = 55.44(\text{mm}) < 2a_s = 80\text{mm}
\end{aligned}
$$

此时应按考虑受压钢筋 A'_s 和不计 A'_s 两种情况分别计算。

①当考虑 A'_s 时,依据式(8.3.8)有:

$$A_s = \frac{\gamma_0 N_d e'}{f_{sd}(h_0 - a'_s)} = \frac{1 \times 300 \times 10^3 \times 710}{330 \times (460 - 40)} = 1537(\text{mm}^2)$$

②当不考虑 A'_s 时,即 $A'_s = 0$,此时在式(8.3.12)中

$$M_1 = N_d e$$

将其代入式(8.3.14),可重新求得:

$$x = h_0 - \sqrt{h_0^2 - \frac{2\gamma_0 M_1}{f_{cd} b}} = 460 - \sqrt{460^2 - \frac{2 \times 1.0 \times 300 \times 10^3 \times 290}{9.2 \times 250}} = 91.28(\text{mm})$$

由式(8.3.15)可得:

$$A_s = \frac{f_{cd} bx + \gamma_0 N_d}{f_{sd}} = \frac{9.2 \times 250 \times 91.28 + 1.0 \times 300 \times 10^3}{330} = 1545.28(\text{mm}^2)$$

选取两者之间的最小值,则 $A_s = 1537\text{mm}^2$。

思考题

8-1 什么是受拉构件? 是怎样分类的? 分类的依据是什么?

8-2 在什么情况下采用受拉构件,试举例说出几种常见的受拉构件?

8-3 钢筋混凝土受拉构件对配筋有哪些要求?

8-4 钢筋混凝土轴心受拉构件在进行正截面承载能力计算时有哪些基本假定?

8-5 偏心受拉构件可分为几种,分类的依据是什么? 各有什么特点?

习 题

1. 已知矩形截面受拉构件截面尺寸为 $b = 300$mm, $h = 600$mm, 截面上承受的轴向力组合设计值 $N_d = 600$kN, 弯矩组合设计值 $M_d = 66$kN·m, $a'_s = a_s = 40$mm, 混凝土等级为 C20, HRB400 钢筋, 求纵向钢筋面积。

2. 已知矩形截面受拉构件截面尺寸为 $b = 250$mm, $h = 500$mm, 截面上承受的轴向力组合设计值 $N_d = 500$kN, 弯矩组合设计值 $M_d = 440$kN·m, $a'_s = a_s = 40$mm, 混凝土等级为 C25, HRB400 钢筋, 求纵向钢筋面积。

3. 已知矩形截面受拉构件截面尺寸为 $b = 900$mm, $h = 1000$mm, 截面上承受的轴向力 $N_d = 500$kN, 弯矩组合设计值 $M_d = 390$kN·m, $a'_s = a_s = 60$mm, 混凝土等级为 C30, HRB400 钢筋, 求纵向钢筋面积。

第九章　冲切与局部承压承载力验算

第一节　冲切承载力计算

一、概　述

（一）破坏形态

钢筋混凝土双向板、箱形截面梁当采用独立墩柱作支承的构件、柱基础和桩基承台等结构构件时，在局部荷载或集中反力作用下，在板内产生正应力和剪应力，尤其在柱头四周合成较大的主拉应力，当主拉应力超过混凝土抗拉强度时，沿柱头四周出现斜裂缝，最后在板内形成锥体斜截面破坏，如图 9.1.1 所示，破坏形状像从板中冲切而成，故称冲切破坏。其破坏形态类似梁的斜拉破坏。

（二）构造措施

板的冲切承载能力与板的厚度、混凝土强度等级、集中荷载、集中反力分布面积以及腹筋配置的多少有关。在一般情况下，板内不配腹筋，靠板的厚度承担冲切力。当板厚不能满足抗冲切要求时，一般采用增加板的厚度或柱顶加腋的方法提高抗冲切能力，如图 9.1.2 所示。

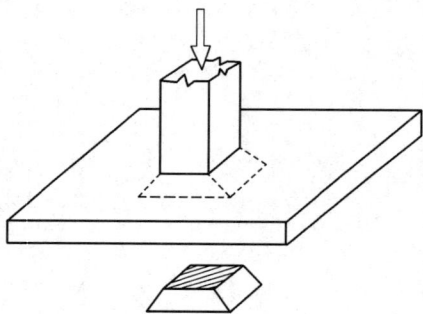

图 9.1.1　冲切破坏锥体

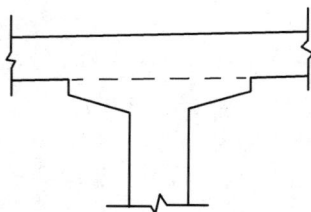

图 9.1.2　柱顶加腋

当增加板的厚度不可能或者不合理时，可以配置腹筋提高抗冲切能力。腹筋配置形式有两种：配箍筋，如图 9.1.3(a)所示；配弯起钢筋，如图 9.1.3(b)所示。腹筋配置应符合下列要求：

(1)板的厚度不应小于 150mm，板的厚度太小，腹筋无法设置；

(2)箍筋直径不应小于 8mm，其间距不应大于 $1/3h_0$；箍筋应采用封闭式，并箍住架立钢筋；按计算所需的箍筋，应配置在冲切破坏锥体范围内，此外，应以等直径和等间距的箍筋自冲切破坏斜截面向外延伸配置在不小于 $0.5h_0$ 范围内（每侧布设箍筋的长度 $\geqslant 1.5h_0$），见图 9.1.3(a)；

(3)弯起钢筋直径不应小于 12mm，弯起角根据板的厚度采用 $30° \sim 45°$，每一方向不应少于

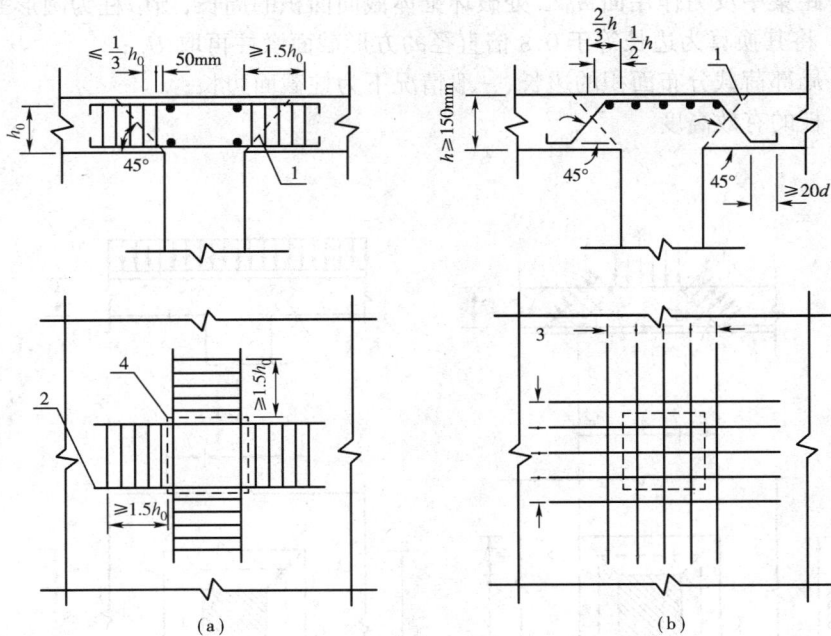

图 9.1.3 独立墩柱顶面抗冲切钢筋配置
(a)箍筋;(b)弯起钢筋
1-冲切破坏锥体斜截面;2-架立钢筋;3-弯起钢筋;4-集中反力作用面积周边

五根;弯起钢筋的倾斜段应与冲切破坏斜截面相交,其交点应在离集中反力作用面积周边以外 $\frac{1}{2}h \sim \frac{2}{3}h$ 范围内,如图 9.1.3(b)所示。

二、无腹筋板的冲切承载能力计算

(一)计算简图

试验表明,抗冲切承载能力与冲切锥体斜面的位置和倾角有关,因为斜面位置和倾角直接影响到冲切锥体面积的大小,同时与斜面上主拉应力的分布有关。这些因素比较复杂,为了使计算方便,假定冲切斜面从集中荷载边缘按 45°形成,斜面上的主拉应力均匀分布,并达到混凝土抗拉强度设计值,对假定与实际的差距根据试验结果用系数 k 予以修正。计算简图如图 9.1.4 所示。

(二)基本公式

根据计算简图 9.1.4 ,由竖向力平衡条件

$$F_1 = k\left[2 \times \frac{a + (a + 2h_0)h_0/\sin 45°}{2} + 2 \times \frac{b + (b + 2h_0)h_0/\sin 45°}{2}\right]f_t\cos 45°$$

$$= k\left[2 \times \frac{a + (a + 2h_0)}{2} + 2 \times \frac{b + (b + 2h_0)}{2}\right]f_t h_0 = kf_t U_m h_0 \qquad (9.1.1)$$

式中,令

$$U_m = 2 \times \frac{a + (a + 2h_0)}{2} + 2 \times \frac{b + (b + 2h_0)}{2}$$

$$= 2(a + b) + 4h_0 \qquad (9.1.2)$$

141

式中：U_m——距集中反力作用面 $h_0/2$ 处破坏锥体截面面积的周长，当墩柱为圆形截面时，可将其换算为边长等于 0.8 倍直径的方形截面墩柱再取 U_m；

$a，b$——局部荷载分布面积的边长，一般情况下为柱截面边长；

h_0——板的有效高度。

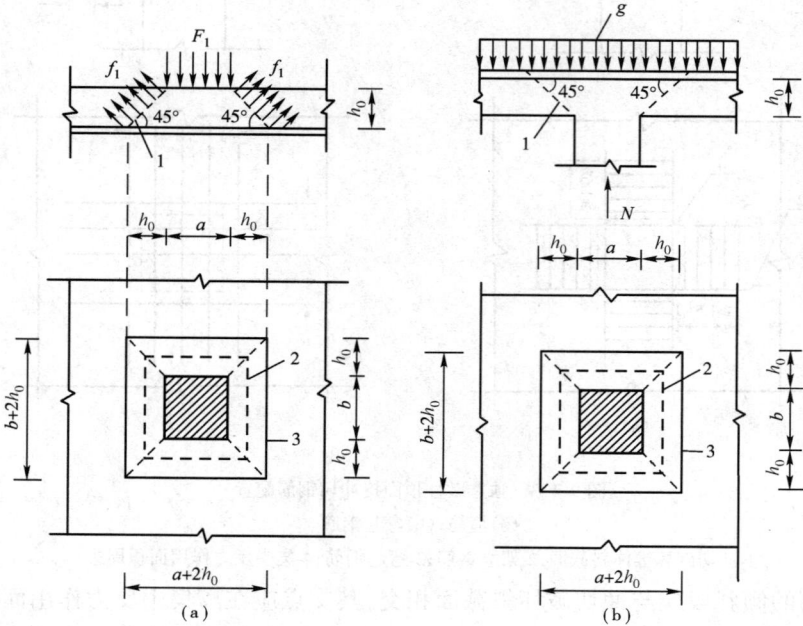

图 9.1.4 板的抗冲切承载力计算图
(a)局部荷载设计值作用下；(b)集中反力设计值作用下
1-冲切破坏锥体的斜截面；2-距荷载面积周边 $h_0/2$ 的周长；3-冲切破坏锥体的底面线

k 为修正系数，取 $k=0.7$ 代入前式，并考虑截面高度尺寸效应，得无腹筋板抗冲切承载力计算基本公式：

$$\gamma_0 F_{cd} \leqslant 0.7\beta_h f_{td} U_m h_0 \tag{9.1.3}$$

式中：F_{cd}——最大集中反力设计值，当计算由墩柱支承的板的抗冲切承载力时，可取墩柱所承受的最大轴向力设计值减去柱顶冲切破坏锥体范围内的荷载设计值，即 $F_{cd} = N - q(a+2h_0)(b+2h_0)$；

β_h——截面高度尺寸效应系数，当 $h \leqslant 300mm$ 时，取 $\beta_h = 1.0$；当 $h \geqslant 800mm$ 时，取 $\beta_h = 0.85$，其间按直线内插取值；此处，h 为板的高度。

(三)计算方法

无腹筋板冲切承载力计算比较简单。一般已知板面荷载设计值、板的厚度、柱截面尺寸和混凝土强度等级，要求验算冲切承载能力时，可按下列步骤进行验算：

(1)求冲切力 F_{cd}；

(2)按式(9.1.2)计算 U_m；

(3)代入式(9.1.3)进行抗冲切验算。

例 9.1.1 已知无梁板，柱网尺寸为 5.5m × 5.5m，板厚 150mm，柱截面尺寸为 400mm ×

142

400mm(图 9.1.5),板面荷载设计值为 7kN/m², 混凝土强
度等级为 C30, 验算其冲切承载能力。

解:(1)计算 F_{cd}

柱子设计轴向力:

$$N = 7 \times 5.5 \times 5.5 = 211.75(\text{kN})$$

设 $a_s = 25\text{mm}$, 冲切力:

$$\begin{aligned} F_{cd} &= N - q(a + 2h_0)(b + 2h_0) \\ &= 211.75 - 7 \times (0.4 + 2 \times 0.125)^2 = 208.8(\text{kN}) \end{aligned}$$

(2)计算 U_m

$$\begin{aligned} U_m &= 2(a + b) + 4h_0 \\ &= 2 \times (400 + 400) + 4 \times 125 = 2100(\text{mm}) \end{aligned}$$

(3)验算冲切承载能力

$$\begin{aligned} 0.7\beta_h f_{td} U_m h_0 &= 0.7 \times 1.0 \times 1.39 \times 2100 \times 125 \\ &= 255.42(\text{kN}) \end{aligned}$$

$$\gamma_0 F_{cd} = 1.0 \times 208.8 = 208.8\text{kN} < 0.7\beta_h f_{td} U_m h_0 = $$

255.42kN(满足要求)

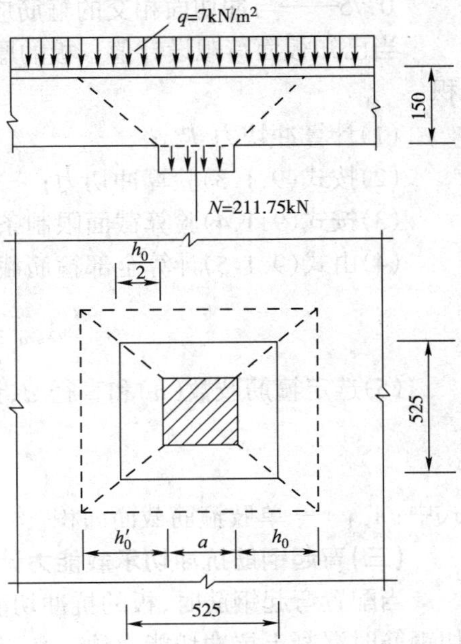

图 9.1.5 冲切验算示意图

三、有腹筋板的冲切承载能力计算

(一)截面限制条件

在局部荷载或集中反力作用下,当抗冲切承载力不满足式(9.1.3)的要求,且板厚受到限
制时,可配置抗冲切钢筋——腹筋。

腹筋能提高板的抗冲切承载能力,配得愈多,板的抗冲切能力愈大。但是腹筋配得过多,
板在使用阶段裂缝宽度较大,反而影响板的正常使用,为了避免这种情况,腹筋用量应当控
制。控制腹筋用量可以用控制截面尺寸来实现。规范规定配有腹筋的板,它的抗冲切能力不得大
于不配腹筋的板的抗冲切能力的 1.5 倍,将式(9.1.3)中的系数 0.7 用 0.7 × 1.5 = 1.05 代替,
则得配腹筋的板的截面限制条件为:

$$\gamma_0 F_{cd} \leqslant 1.05\beta_h f_{td} U_m h_0 \tag{9.1.4}$$

式中:U_m——距集中反力作用面 $h_0/2$ 处破坏锥体截面面积的周长,当墩柱为圆形截面时,可
　　　　将其换算为边长等于 0.8 倍直径的方形截面墩柱,再取 U_m,按式(9.1.2)计算;

　　　h_0——板的有效高度。

(二)配箍筋板冲切承载能力计算

由于配置抗冲切钢筋的板当钢筋发挥其极限强度时,混凝土早已开裂,混凝土的承载力仅是
混凝土骨料间的咬合力和混凝土与钢筋间的消耗力。所以,当板中配有抗冲切箍筋时,板的抗冲
切力由混凝土和箍筋两部分组成。《公桥规》规定混凝土承担的冲切力为不配箍筋时混凝土抗冲
切力的一半,其余部分由箍筋承担。因此,配置箍筋的板的冲切承载能力计算基本公式为:

$$\gamma_0 F_{cd} \leqslant 0.35\beta_h f_{td} U_m h_0 + 0.75 f_{sv} A_{svu} \tag{9.1.5}$$

式中:A_{svu}——与冲切破坏锥体斜截面相交的全部箍筋截面面积;

　　　f_{sv}——箍筋抗拉强度设计值,取值不宜大于 280MPa;

0.75——与冲切面相交的箍筋应力不均匀系数。

当已知板面荷载设计值、板的厚度、混凝土和钢筋等级，可按下列步骤计算箍筋截面面积：

(1)计算冲切力 F_{cd}；

(2)按式(9.1.3)验算冲切力；

(3)按式(9.1.4)验算截面限制条件；

(4)由式(9.1.5)计算全部箍筋截面面积：

$$A_{svu} = \frac{\gamma_0 F_{cd} - 0.35\beta_h f_{td} U_m h_0}{0.75 f_{sv}}$$

(5)选定箍筋肢数(n)和直径 d，计算冲切面每侧箍筋间距 S_v，即

$$S_v = \frac{4h_0 n A_{sv1}}{A_{svu}}$$

式中：A_{sv1}——单肢箍筋截面面积。

(三)弯起钢筋抗冲切承载能力计算

当配置弯起钢筋时，板的抗冲切能力由混凝土和弯起钢筋两部分组成。同样取不配抗冲切钢筋时混凝土抗冲切能力的一半，其余由弯起钢筋承担，与式(9.1.5)相似，冲切承载能力基本公式为：

$$\gamma_0 F_{cd} \leq 0.35\beta_h f_{td} U_m h_0 + 0.75 f_{sd} A_{sbu}\sin\theta \tag{9.1.6}$$

式中：f_{sd}——弯起钢筋抗拉强度设计值；

A_{sbu}——弯起钢筋截面面积；

θ——弯起钢筋与板底面的夹角；

0.75——与冲切面相交的弯起钢筋应力不均匀系数。

当已知板荷载设计值、板的厚度、混凝土和钢筋等级时，可按下列步骤计算弯起钢筋面积：

(1)计算冲切力 F_{cd}；

(2)按式(9.1.3)验算冲切力；

(3)按式(9.1.4)验算截面限制条件；

(4)由式(9.1.6)计算全部弯起钢筋截面面积：

$$A_{sbu} = \frac{\gamma_0 F_{cd} - 0.35\beta_h f_{td} U_m h_0}{0.75 f_{sd}\sin\theta} \tag{9.1.7}$$

(5)计算冲切面每侧弯起钢筋截面面积：

$$A_{sbu1} = \frac{1}{4}A_{sbu} \tag{9.1.8}$$

例 9.1.2 已知无梁板柱网尺寸6m×6m，柱截面尺寸 400mm×400mm，板面荷载设计值8.5kN/m²，钢筋为 R235 级，混凝土强度等级为 C25，验算板抗冲切能力(图 9.1.6)。

解：(1)计算冲切力 F_{cd}

柱子设计轴向力：

$N = 8.5 \times 6 \times 6 = 306(kN)$

设计冲切力：

$f_{cd} = N - q(a + 2h_0)(b + 2h_0)$

$$= 306 - 8.5 \times (0.4 + 2 \times 0.125)^2 = 302.4(\text{kN})$$

（2）按式（9.1.3）验算冲切力

$$U_m = 2(a + b) + 4h_0$$
$$= 2 \times (400 + 400) + 4 \times 125 = 2100(\text{mm})$$
$$0.7\beta_h f_{td} U_m h_0 = 0.7 \times 1 \times 1.23 \times 2100 \times 125$$
$$= 226.01(\text{kN})$$

$$\gamma_0 F_{cd} > 0.7\beta_h f_{td} U_m h_0 = 226.01\text{kN}(\text{应配抗冲切钢筋})$$

（3）验算截面尺寸

按式（9.1.4）有：

$$1.05\beta_h f_{td} U_m h_0 = 1.05 \times 1 \times 1.23 \times 2100 \times 125$$
$$= 339.02(\text{kN})$$

$$F_{cd} = 302.4\text{kN} < 1.05\beta_h f_{td} U_m h_0 = 339.02\text{kN}(\text{满足要求})$$

（4）计算全部箍筋截面面积

$$A_{svu} = \frac{\gamma_0 F_{cd} - 0.35\beta_t f_{td} U_m h_0}{0.75 f_{sd}}$$
$$= \frac{1 \times 302.4 \times 10^3 - 0.35 \times 1 \times 1.23 \times 2100 \times 125}{0.75 \times 195} = 1295(\text{mm}^2)$$

（5）配箍筋 $2\phi8$（$n = 2$，$A_{sv1} = 50.3\text{mm}^2$），每侧箍筋间距 S_v

$$S_v = \frac{4h_0 n A_{sv1}}{A_{svu}} = \frac{4 \times 125 \times 2 \times 50.3}{1295} = 38.8(\text{mm})$$

实际间距取 38mm $< h_0/3 = 42$mm。

例 9.1.3　例9.1.2改配弯起钢筋,弯起钢筋采用 HRB400,试求弯起钢筋用量。

解:将例 9.1.2 计算的数值代入式（9.1.7），得总的弯起钢筋截面面积为:

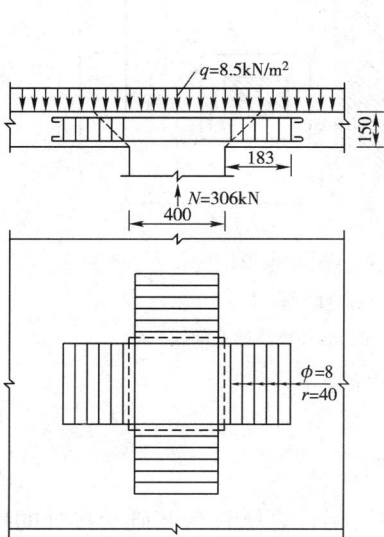

图 9.1.6　例题9.1.2(尺寸单位:mm)

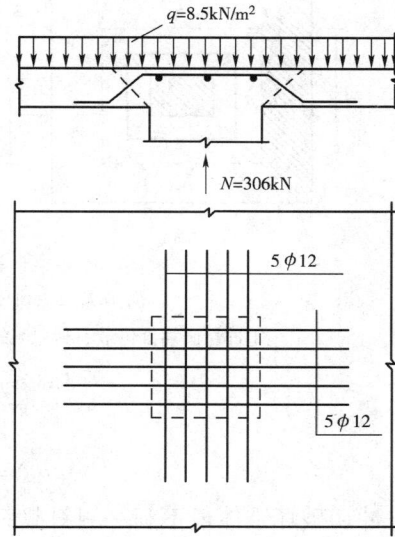

图 9.1.7　冲切配筋计算示意图

$$A_{sbu} = \frac{\gamma_0 F_{cd} - 0.35\beta_h f_{td} U_m h_0}{0.75 f_{sd}\sin\alpha}$$

$$= \frac{1 \times 302.4 \times 10^3 - 0.35 \times 1 \times 1.23 \times 2100 \times 125}{0.75 \times 280}$$

$$= 901.9(\text{mm}^2)$$

每侧所需弯起钢筋的截面面积按式(9.1.8)计算,即

$$A_{sbu1} = \frac{1}{4} A_{sbu} = \frac{901.9}{4} = 225.5(\text{mm}^2)$$

按构造要求每侧配 5φ12,$A_{sbu1} = 318\text{mm}^2$,见图 9.1.7。

满足《公桥规》要求,弯起钢筋每一方向应不少于 5 根。

四、矩形截面墩柱的扩大基础(spread foundations)

基础在传递上部结构的荷载给地基的过程中,也会发生柱和部分基础组成的锥体穿过底板的冲切破坏,如图 9.1.8 所示。冲切破坏锥体可能始于柱边,也可能始于基础边界处。计算基础的受冲切承载力时,冲切破坏锥体可取自柱边

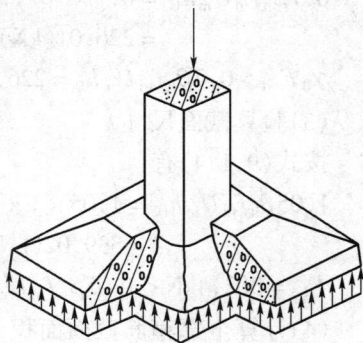

图 9.1.8 基础的冲切破坏

和变阶处向下作 45°线与底板钢筋相交处,垂直向下交于基础底面的范围,如图 9.1.9 所示。由此,在墩柱与基础交接处及基础变阶处的抗冲切承载力可按下列公式计算:

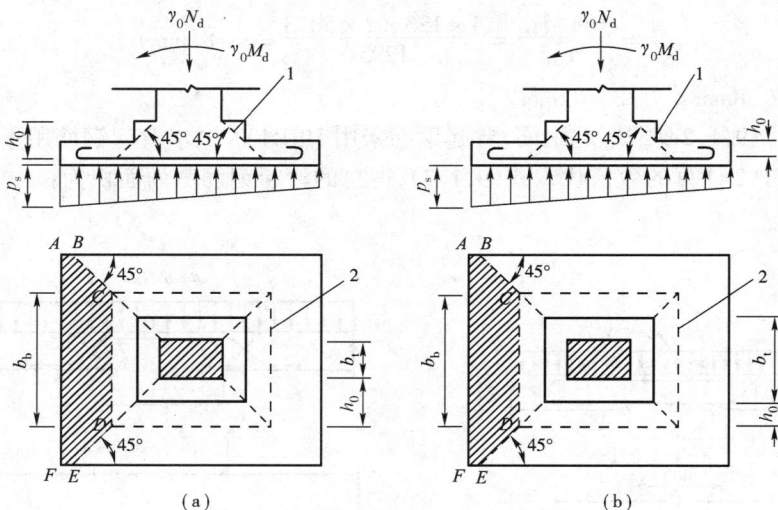

图 9.1.9 矩形扩大基础抗冲切承载力计算

(a)墩柱与基础交接处;(b)基础变阶处

1-冲切破坏锥体最不利一侧的斜截面;2-冲切破坏锥体的底面线

$$\gamma_0 F_{cd} \leqslant 0.7\beta_h f_{td} b_m h_0 \tag{9.1.9}$$

$$F_{cd} = p_s A \tag{9.1.10}$$

$$b_m = \frac{b_t + b_b}{2} \tag{9.1.11}$$

式中:b_t——冲切破坏锥体最不利一侧斜截面的上边长:当计算墩柱与基础交接处的抗冲切承载力时,取墩柱宽度;当计算基础变阶处的抗冲切承载力时,取上阶宽度;

b_b——冲切破坏锥体最不利一侧斜截面的下边长:当计算墩柱与基础交接处的抗冲切承载力时,取墩柱宽加两倍基础有效高度;当计算基础变阶处的抗冲切承载力时,取

上阶宽加两倍该处以下基础的有效高度;

h_0——冲切破坏锥体内基础的有效高度;

p_s——在荷载设计值作用下基底单位面积上的反力(可扣除基础自重及其上的土重),当受偏心荷载时可取最大的单位反力;

A——考虑冲切荷载时取用的多边形基底面积(图9.1.9中的阴影面积 $ABCDEF$)。

第二节　局部承压破坏机理

局部承压是指构件受力表面仅有部分面积来承受压力的受力状态,如图9.2.1所示。

一、局部承压的破坏特征

局部承压(local compression)是结构中常见的一种受力形式,如桥墩和支柱直接承受局部荷载或通过垫板传来上部梁板的荷载,拱架和刚架的铰接点以及后张法预应力混凝土在张拉锚具下的局部承压等。

局部承压时,在局部受压面上产生较大的纵向(x向)压应力 σ_x,随着离开局部受压面,该压应力逐渐扩散到整个截面上,变成均匀受压,这个局部受压区段的长度约等于构件截面的高度 h。在此区段上,还发生横向应力 σ_y。纵向力 σ_x 和横向力 σ_y 的分布如图9.2.2所示。

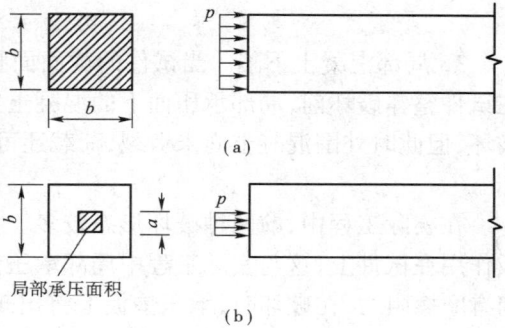

图9.2.1　全部承压和局部承压
(a)全部承压;(b)局部承压

在靠近局部受压面附近,σ_y 为横向拉力,此应力会使混凝土在局部承压时发生纵向裂缝而导致纵向劈裂破坏。

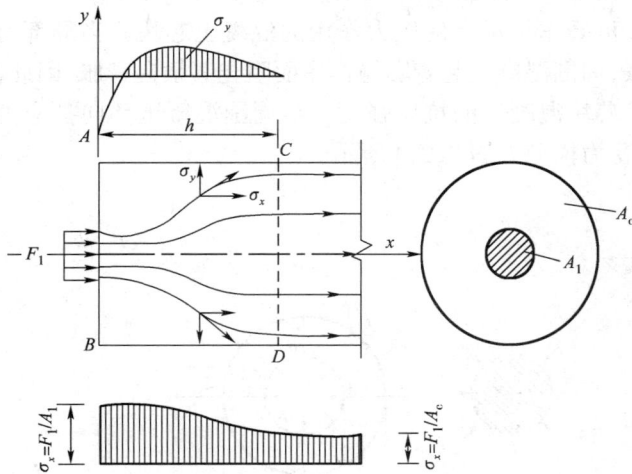

图9.2.2　局部承压区段的应力状态

二、破坏形态和破坏机理

对于混凝土局部承压的破坏形态,国内外进行了大量的混凝土局部承压试件的研究。研究表明,混凝土局部承压的破坏形态主要与 A_c/A(A_c 为局部承压面积,A 为试件截面面积)以及 A_c 在底面积上的位置有关。对于 A_c 对称布置于底面上的轴心局部承压,其破坏形态主要有三种。

1. 先开裂后破坏。当试件截面面积与局部承压面积比较接近(一般在 $A/A_c < 9$)时,到达破坏荷载的50%~90%时,试件某一侧面首先出现纵向裂缝。随着荷载增加,裂缝逐渐延伸,其他侧面也相继出现类似裂缝。最后承压面下的混凝土被冲切出一个楔形体[图9.2.3(a)],试件被劈成数块而发生劈裂破坏。

2. 一开裂即破坏。当试件截面面积与局部承压面积相比较大时(一般 $9 < A/A_c < 36$),试件一开裂就破坏,破坏很突然,裂缝从顶面向下发展,裂缝宽度上大下小,局部承压面积外围混

147

凝土被劈成数块,而局部承压面下的混凝土被冲剪成一个楔形体[图9.2.3(b)]。

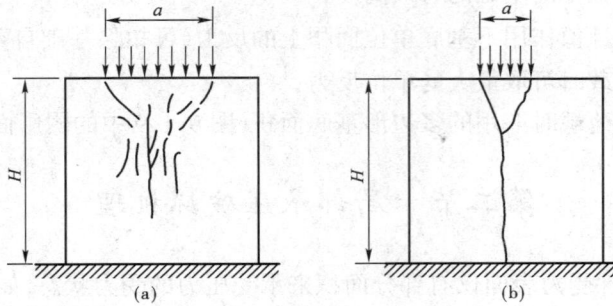

图9.2.3 局部承压破坏形态

3. 局部混凝土下陷。当试件的截面面积与局部承压面积相比很大(一般 $A/A_c > 36$)时,在试件整体破坏前,局部承压面下的混凝土先局部下陷,沿局部承压面四周的混凝土出现剪切破坏,但此时外围混凝土尚未劈裂,荷载还可继续增加,直至外围混凝土被劈成数块而最终破坏。

在实际工程中,前两种破坏形态较多。在局部承压试验中,试验荷载是通过局部承压钢垫板作用在试件上,这与实际工程中局部承压作用形式是一致的。局部承压板与混凝土接触面间有摩擦阻力,在破坏时,承压垫板下将出现楔形体。当 $A/A_c > 36$ 时,破坏试件因楔形体的滑移使试件劈裂破坏;当 $A/A_c < 9$ 时,横向拉应力先使试件表面形成裂缝,然后形成楔形体,最后,试件由楔形体劈裂而破坏。

关于混凝土局部承压的工作机理,国内外学者提出过许多看法,主要有两种理论。

1. 套箍理论

这个理论认为,局部承压区的混凝土可看作是承受侧压力作用的混凝土芯块。当局部荷载作用增大时,受挤压的混凝土向外膨胀,周围混凝土起着套箍作用而阻止其横向膨胀,因此,挤压区混凝土处于三向受压状态,提高了芯块混凝土的抗压强度。当周围混凝土环向拉应力达到抗拉极限强度时,试件即告破坏,其受力模型如图9.2.4所示。

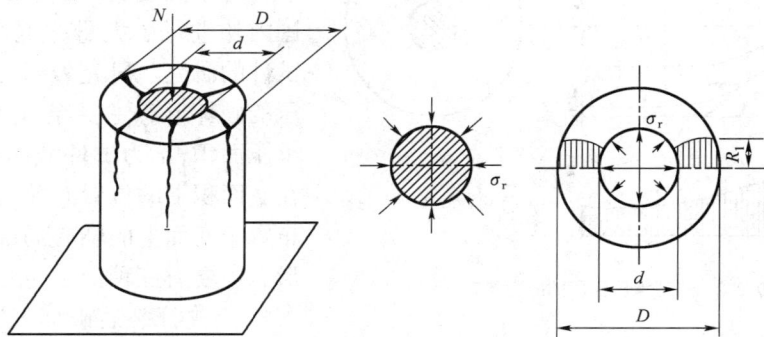

图9.2.4 套箍理论的局部承压受力模型

2. 剪切理论

这个理论认为,在局部荷载作用下,局部承压区的受力特性,犹如一个带多根拉杆的拱结构,如图9.2.5(a)所示。紧靠承压板下面的混凝土,亦即位于拉杆拱顶部的混凝土,处于三向

148

受压状态,故抗压强度有明显提高。距承压板较远的混凝土,亦即位于拉杆拱拉杆部位的混凝土,承受横向拉力。当局部承压荷载达到开裂荷载时,部分拉杆由于局部承压区横向拉应力 σ_x 大于混凝土极限抗拉强度而断裂,从而产生了局部纵向裂缝,但此时尚未形成破坏机构[图 9.2.5(b)]。随着荷载继续增加,更多的拉杆被拉断,裂缝进一步增多和延伸,内力进一步重分配。当达到破坏荷载时,承压板下的混凝土在剪压作用下形成楔形体,产生剪切滑移面,楔形体的劈裂最终导致拱机构破坏[图 9.2.5(c)]。

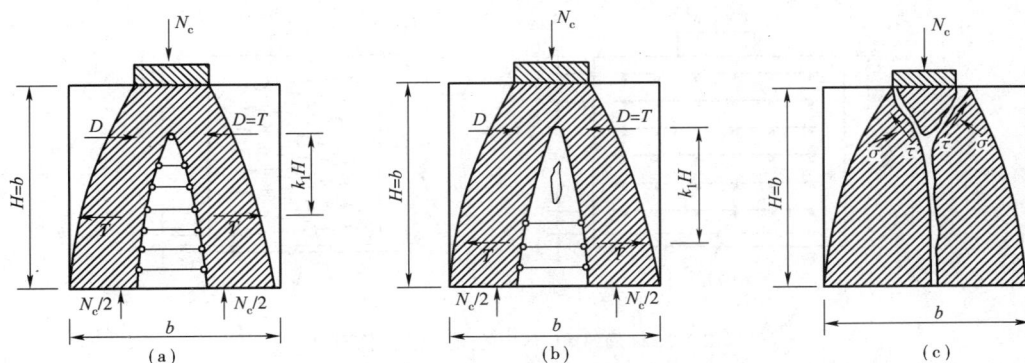

图 9.2.5 局部承压破坏机理示意图

剪切理论较合理地反映了混凝土局部承压的破坏机理及受力过程。由这种理论建立的受力模型可以看到,局部承压区在不同受力阶段存在着两种类型的劈裂力。第一种是拱作用引起的横向劈裂拉力,它作用在拱拉杆部位,这种拉力自加载开始至破坏前都存在;第二种劈裂力是楔形体形成时引起的,它仅仅在接近破坏阶段才产生,作用部位在楔形体高度范围内。

三、防止局部承压破坏的措施

在局部压力作用下,要防止出现局部承压破坏,必须设法减小局部压应力和提高局部抗压能力。主要采取下列两种措施。

(1)设置垫板(或垫块)。设置垫板的目的是扩大局部承压面积,减小局部压应力,从而防止局部承压区内混凝土受压破坏。垫板(或垫块)应具有足够的刚度,保证局部压力均匀地传递。

(2)配置间接钢筋。在局部压力作用下,局部承压区段产生横向拉应力,当拉应力超过混凝土抗拉强度时,出现纵向裂缝,裂缝一旦出现,"套筒"作用大大减小。为了限制纵向裂缝的出现和展开,增加"套筒"作用,在局部承压区段内可配置间接钢筋。

间接钢筋有两种形式:一种为方格网间接钢筋,另一种为螺旋形或焊接环式间接钢筋。前者制作方便,后者受力效果较好,如图 9.2.6 所示。间接钢筋宜选用 R235 级钢筋,其直径一般为 6～16mm。间接钢筋应尽可能接近承压表面布置,其距离不宜大于 350mm,间距取 30～80mm。间接钢筋所包围的核心面积应大于局部承压面积(阴影面积),小于计算面积(虚线内面积)。间接钢筋配置在局部承压区段 h 范围内,对柱接头,h 尚不应小于 15 倍纵向钢筋直径。方格网钢筋不应少于 4 层,螺旋形钢筋不应少于 4 圈;带喇叭管的锚具垫板,板下螺旋筋圈数的长度不应小于喇叭管长度。

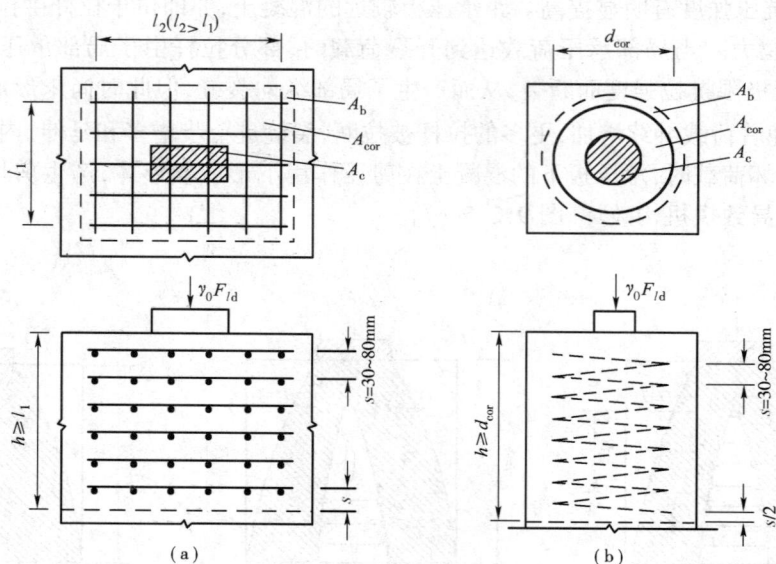

图 9.2.6 局部承压区内的间接钢筋配筋形式
(a)方格网钢筋;(b)螺旋形配筋

第三节 混凝土局部承压强度提高系数

一、混凝土局部承压强度提高系数 β

局部承压时混凝土的抗压强度比混凝土棱柱体抗压强度要高,试验与研究表明,轴心局部承压混凝土强度提高系数 β(即混凝土局部承压强度与混凝土棱柱体抗压强度之比),与局部承压的分布面积 A_b 和局部承压面积 A_c 之比 A_b/A_c 有重要关系。β 值随 A_b/A_c 增加而增加,但不按线性增大,而是接近二次曲线的规律增大。因而,《公桥规》规定 β 按式(9.3.1)计算:

$$\beta = \sqrt{\frac{A_b}{A_c}} \tag{9.3.1}$$

式中:A_b——局部受压时的计算底面积;

A_c——不扣除孔洞的面积,当受压面积设有钢垫板时,局部受压面积应计入在垫板中按
45°刚性角扩大的面积,A_c 可按图 9.3.1 确定。

二、配置间接钢筋的混凝土局部承压强度提高系数 β_{cor}

在实际工程中,遇到混凝土局部承压时,一般都要求在局部承压区段范围内配置间接钢筋。大量试验证明,这样的配筋措施能使局部承压的抗裂性和极限承载能力都有显著提高。
间接钢筋体积配筋率按下列公式计算。

1. 当间接钢筋为方格网时:

$$\rho_v = \frac{n_1 A_{s1} l_1 + n_2 A_{s2} l_2}{l_1 l_2 s} \tag{9.3.2}$$

式中:n_1,A_{s1}——方格网沿 l_1 方向的钢筋根数、单根钢筋的截面面积;

n_2, A_{s2}——方格网沿 l_2 方向的钢筋根数、单根钢筋的截面面积;

s——方格网或螺旋形间接钢筋的层距。

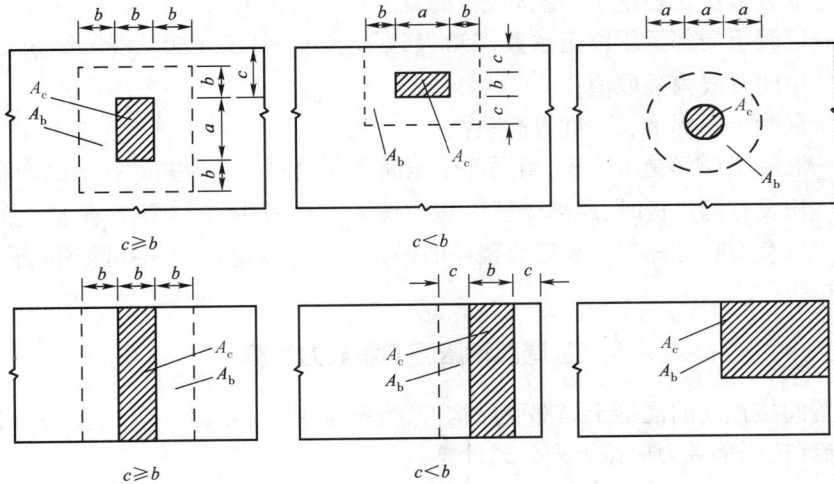

图 9.3.1　局部承压时计算底面积 A_b 的示意图

此时,在钢筋网两个方向的钢筋截面面积相差不应大于 50%。

2．当间接钢筋为螺旋筋时:

$$\rho_v = \frac{4A_{ss1}}{d_{cor}s} \tag{9.3.3}$$

式中:d_{cor}——螺旋形间接钢筋范围内混凝土核心面积的直径;

A_{ss1}——单根螺旋形钢筋的截面面积。

在局部承压区中配置间接钢筋,其作用类似于螺旋箍筋柱中螺旋箍筋的作用,使得核心混凝土的抗压强度增加。采用 β_{cor} 来反映配置间接钢筋后混凝土局部承压强度提高的程度,《公桥规》规定按下式计算 β_{cor}:

$$\beta_{cor} = \sqrt{\frac{A_{cor}}{A_c}} \tag{9.3.4}$$

式中:A_{cor}——方格网或螺旋形间接钢筋范围内的混凝土核心面积,A_{cor} 可参照图 9.2.6 进行计算,但 A_{cor} 不应大于 A_b,当 $A_{cor} > A_b$ 时,应取 $A_{cor} = A_b$,且其重心与 A_c 的重心相重合。

第四节　局部承压区的计算

《公桥规》关于局部承压的计算公式是以"剪切破坏理论"为基础的。具体设计中,要求必须进行局部承压区承载能力和抗裂性计算。

一、局部承压区的截面尺寸

配置间接钢筋的混凝土构件,其局部承压区的截面尺寸应满足下列要求:

$$\gamma_0 F_{cd} \leqslant 1.3\eta_s\beta f_{cd}A_{cn} \tag{9.4.1}$$

式中:F_{cd}——局部承压面积上的局部压力设计值;对后张法构件的锚头局部受压区,应取 1.2 倍张拉时的最大压力；

f_{cd}——混凝土轴心抗压强度设计值，对后张法预应力混凝土构件，应根据张拉时混凝土立方体抗压强度 f'_{cu} 值按规范的规定以直线内插求得；

η_s——混凝土局部承压修正系数，C50 及以下取 $\eta_s = 1.0$，C50～C80 取 $\eta_s = 1.0～0.76$，中间直线内插取值；

β——混凝土局部承压强度提高系数；

A_{cn}——混凝土局部受压面积，当局部受压面有孔洞时，A_{cn} 为扣除孔洞的面积，当受压面积设有钢垫板时，局部受压面积应计入在垫板中按 45°刚性角扩大的面积；对于具有喇叭管并与垫板连成整体的锚具，A_{cn} 可取垫板面积扣除喇叭管尾端内孔面积。

二、局部承压区的承载力计算

对于配置间接钢筋的混凝土局部受压构件，当符合 $A_{cor} > A_1$，且 A_{cor} 的重心与 A_1 的重心相重合时，其局部抗压承载力应按下列公式计算：

$$\gamma_0 F_{cd} \leqslant 0.9(\eta_s \beta f_{cd} + 2\rho_v \beta_{cor} f_{sd}) A_{cn} \tag{9.4.2}$$

$$\beta_{cor} \geqslant 1 \tag{9.4.3}$$

式中：β_{cor}——配置间接钢筋时局部抗压承载力提高系数。

三、局部承压区的抗裂性计算

为了防止局部承压区段出现沿构件长度方向的裂缝，保证局部承压区的防裂要求，对于在局部承压区中配有间接钢筋的情况，《公桥规》规定其局部受压区的尺寸应满足下列锚下混凝土抗裂计算要求：

$$F_{ck} \leqslant 0.80 \eta_s \beta f_{ck} A_{cn} \tag{9.4.4}$$

$$\eta_s \beta \geqslant 1 \tag{9.4.5}$$

式中：F_{ck}——局部受压面积上的局部压力标准值；对后张法构件的锚头局部受压区，可取张拉时最大压力；

η_s——混凝土局部承压修正系数，按表 9.4.1 采用；

β——混凝土局部承压强度提高系数；

A_{cn}——混凝土局部受压面积，当局部受压面有孔洞时，A_{cn} 为扣除孔洞后的面积；当受压面积设有钢垫板时，局部受压面积应计入在垫板中按 45°刚性角扩大的面积；对于具有喇叭管并与垫板连成整体的锚具，A_{cn} 可取垫板面积扣除喇叭管尾端内孔面积。

混凝土局部承压修正系数 　　　　　　　表 9.4.1

混凝土强度等级	C50 及以下	C55	C60	C65	C70	C75	C80
η_s	1.00	0.96	0.92	0.88	0.84	0.80	0.76

为了加强端部锚头传力部分混凝土的抗拉能力，通常在锚固区范围内设置加强钢筋网或螺旋钢筋(图 9.2.6)。

在后张法构件的锚固局压区,宜对其长度相当于一倍梁高的端块进行局部应力分析,并结合规范规定的构造要求,配置封闭式箍筋(closed stirrups)。

例题 9.4.1 某钢筋混凝土双铰桁架拱桥,台帽局部受压面积为 250mm×300mm(已考虑了矩形垫板厚度且沿 45°刚性角扩大后的面积);配置焊接钢筋网片 500mm×600 mm,两方向的钢筋分别为 6φ6 和 7φ6(f_{sd} = 195MPa),网片间距 s = 60 mm(图 9.4.1);台帽混凝土强度等级为 C25(f_{cd} = 11.5MPa,f_{ck} = 16.7MPa);台帽承受主拱拱脚作用的支撑力 F_{ck} = 2700kN。试进行台帽局部承压计算。

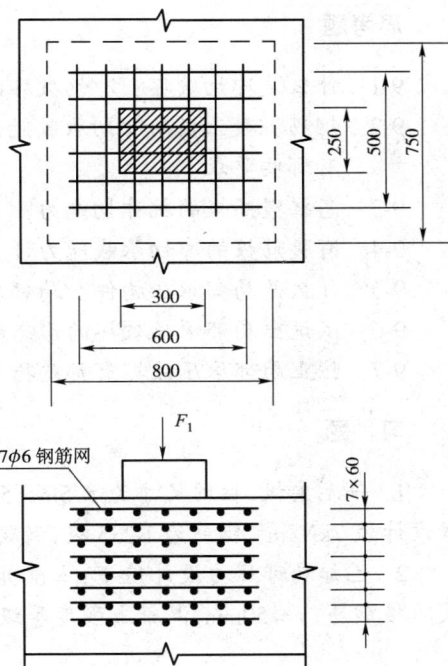

图 9.4.1 配置焊接钢筋网片的局部受压构件

解:(1)计算 β_c、β、β_{cor}

混凝土为 C25,β_c = 1.0,α = 1.0。

$A_{cn} = A_c = 250 \times 300 = 75000(\text{mm}^2)$

由图 9.4.1,可知:

$A_b = (250 + 2 \times 250) \times (300 + 2 \times 250)$

$\quad = 6 \times 10^5 (\text{mm}^2)$

$A_{cor} = 500 \times 600 = 3 \times 10^5 (\text{mm}^2)$

$\beta = \sqrt{A_b/A_c} = \sqrt{6 \times 10^5/75000} = 2.83$

$\beta_{cor} = \sqrt{A_{cor}/A_c} = \sqrt{3 \times 10^5/75000} = 2$

(2)局部承压区抗裂性计算

$0.8\eta_s\beta f_{ck}A_{cn} = 0.8 \times 1 \times 2.83 \times 16.7 \times 75000$

$\quad\quad\quad\quad = 2835.66(\text{kN})$

$\quad\quad\quad\quad > F_{ck} = 2700\text{kN}$

(3)验算局部受压承载力

间接钢筋配筋率:

$$\rho_v = \frac{n_1 A_{s1} l_1 + n_2 A_{s2} l_2}{l_1 l_2 s}$$

$$= \frac{6 \times 28.3 \times 600 + 7 \times 28.3 \times 500}{3 \times 10^5 \times 60} = 0.0112$$

$$F_{cd} = 0.9(\eta_s\beta f_{cd} + 2\rho_v\beta_{cor}f_{sd})A_{cn}$$

$$= 0.9 \times (1.0 \times 2.83 \times 11.5 + 2 \times 0.0112 \times 2 \times 195) \times 75000$$

$$= 2786.468(\text{kN}) > F_{ck}(\text{满足要求})$$

若不满足上面公式的要求,则应加强构件端部截面尺寸,调整局部承压面积。

思考题

9-1　什么是冲切破坏? 冲切破坏的主要特征是怎样的?

9-2　钢筋混凝土板的冲切承载能力与哪些因素有关? 为了防止发生冲切破坏,在构造上有哪些要求?

9-3　怎样提高板的抗冲切能力? 在配制腹筋时有哪些要求?

9-4　有腹筋板的冲切承载能力计算和无腹筋板的冲切承载能力计算有什么区别?

9-5　什么是局部承压构件? 局部承压的破坏特征是什么?

9-6　试说出局部承压破坏的形态和破坏机理?

9-7　防止局部承压破坏有哪些措施?

习　题

1. 一无梁板,柱网尺寸为 5.5m×5.5m,板厚160mm, 柱截面尺寸400mm×400mm,板面荷载设计值7kN/m²,钢筋为 R235 级,混凝土强度等级为 C30,验算板抗冲切承载力是否安全。

2. 已知局部压力设计值 F_{cd} = 800kN,承压直径为 120mm,配置 d_{cor} = 300mm,直径 $\phi 8$ 螺旋式间接钢筋,s = 50mm,混凝土强度等级为 C40,钢筋为 R235 级,复核局部承压能力。

第十章　钢筋混凝土受弯构件的应力、裂缝与变形验算

第一节　概　　述

在前面几章里,根据承载能力极限状态原则,已详细介绍了钢筋混凝土构件的承载力计算及设计方法。但是,钢筋混凝土构件除了可能由于强度破坏或失稳等原因达到承载能力极限状态以外,还可能由于构件变形或裂缝过大影响了构件的适用性及耐久性,而达不到结构正常使用要求。因此,对于所有的钢筋混凝土构件都要求进行承载力计算,而对某些构件,例如钢筋混凝土受弯构件,还要根据使用条件进行正常使用阶段的计算。

对于钢筋混凝土受弯构件,《公桥规》规定必须进行使用阶段的变形和弯曲裂缝最大裂缝宽度验算,除此之外,还应进行受弯构件在施工阶段的混凝土和钢筋应力验算。

与承载能力极限状态计算相比,钢筋混凝土受弯构件在使用阶段的计算有如下特点。

(1)钢筋混凝土受弯构件的承载能力极限状态取构件破坏阶段,例如,其正截面承载力计算取图 3.2.4 所示的第 III 阶段末为计算图式。而使用阶段一般是指图 3.2.4 所示的第 II 阶段,即梁带裂缝工作阶段。

(2)在钢筋混凝土受弯构件的设计中,其承载力计算决定了构件设计尺寸、材料、配筋量及钢筋布置,以保证截面承载能力大于作用效应,计算方法分截面设计和截面承载力复核两种方法。使用阶段计算是按照构件使用条件对已设计的构件进行计算,以保证在使用情况下的应力、裂缝和变形小于正常使用极限状态的限值,这种计算称为"验算"。当构件验算不满足要求时,必须按承载能力极限状态要求对已设计好的构件进行修正、调整,直至满足两种极限状态的设计要求。

(3)钢筋混凝土受弯构件的承载力计算必须满足:作用效应 $M_d \leqslant$ 截面承载能力 M'_d。使用阶段计算中涉及到的内力,是各种使用荷载在构件截面上各自产生的同类型内力,按荷载组合原则简单叠加,不带任何荷载系数。

正常使用极限状态和承载能力极限状态对应着结构的两个不同工作阶段,因而要采用不同的作用(或荷载)效应代表值和荷载效应组合进行验算与计算。此外,在作用(或荷载)保持不变的情况下,由于混凝土的徐变等特性,裂缝和变形将随着时间的推移而发展。因此在讨论裂缝和变形的作用(或荷载)效应组合时,应该区分作用(或荷载)短期效应组合和长期效应组合。对构件进行正常使用极限状态的验算时,应该根据不同要求,分别按作用(或荷载)短期效应组合、长期效应组合或短期效应组合并考虑长期作用影响进行验算,以保证变形、裂缝、应力等计算值不超过相应的规定限值。

在钢筋混凝土受弯构件正常使用阶段的计算中,例如应力验算和变形验算,要用到"换算截面"的概念,因此,本章将先介绍受弯构件的换算截面,然后依次介绍正常使用阶段各项验算的方法。

第二节 换 算 截 面

钢筋混凝土受弯构件受力进入第 II 工作阶段,其特征是弯曲竖向裂缝已经形成并开展,中性轴以下部分混凝土已退出工作,钢筋承担拉力,应力为 σ_s,但它远小于钢筋的屈服强度。受压区混凝土的压应力图形大致是抛物线形,而受弯构件的荷载-挠度(跨中)曲线是一条接近于直线的曲线,因此,钢筋混凝土受弯构件中的第 II 工作阶段又可称为开裂后弹性阶段。由于钢筋混凝土受弯构件并非匀质弹性材料组成,而是由钢筋和混凝土两种弹性模量不同的材料组成,因此不能直接应用《材料力学》中有关匀质梁的计算公式。如果将钢筋与混凝土两种材料组成的实际有效截面(扣除受拉区混凝土),换算成一种拉压性能相同的假想材料所组成的匀质截面,这种截面应当与实际截面具有相同的承载能力,而且亦不改变原来的变形条件。

一、基 本 假 定

根据钢筋混凝土受弯构件在施工阶段及正常使用荷载作用下的主要受力特性,可作如下的假定:

(1)平截面假定。即梁在弯曲变形时,各横截面仍保持平面。

(2)弹性体假定。钢筋混凝土受弯构件在第 II 工作阶段时,混凝土受压区的应力图形是曲线,但此时曲线并不丰满,与直线形相差不大,可以近似地看作为直线分布,即受压区的应力与平均应变成正比。

(3)受拉区出现裂缝后,受拉区的混凝土不参加工作,拉应力全部由钢筋承担。

(4)同一强度等级的混凝土,其拉、压弹性模量视为同一常值,不随应力大小而变,从而钢筋的弹性模量 E_s 和混凝土的弹性模量 E_c 之比值为一常数值 α_{Es},即 $\alpha_{Es} = E_s / E_c$。α_{Es} 与混凝土的强度等级有关。《公桥规》规定钢筋混凝土构件的截面换算系数 α_{Es} 采用表 10.2.1 的规定值。

钢筋混凝土构件截面换算系数　　　　　　　　　　　　　　表 10.2.1

混凝土强度等级	≤C20	C25 ~ C35	C40 ~ C60
α_{Es}	20	15	10

二、截 面 变 换

通常,将截面受拉区的纵向受拉钢筋的截面面积 A_s 换算成假想的能承受拉应力的混凝土截面面积 A_{ct},如图 10.2.1 所示。这样,两种材料组合的组合截面就变成单一材料(混凝土)的截面,称之为换算截面。上述等效变换的条件是:

(1)虚拟混凝土块仍居于钢筋的重心处,它们的应变相同,即:

$$\varepsilon_{ct} = \varepsilon_s \tag{10.2.1}$$

(2)虚拟混凝土块与钢筋承担的内力相同,即:

$$\sigma_s A_s = \sigma_{ct} A_{ct} \tag{10.2.2}$$

式中:ε_{ct}——等效混凝土块的应变;

ε_s——钢筋的应变;

σ_s, A_s——钢筋的应力及截面面积;

156

σ_{ct}，A_{ct}——等效混凝土块的应力及面积。

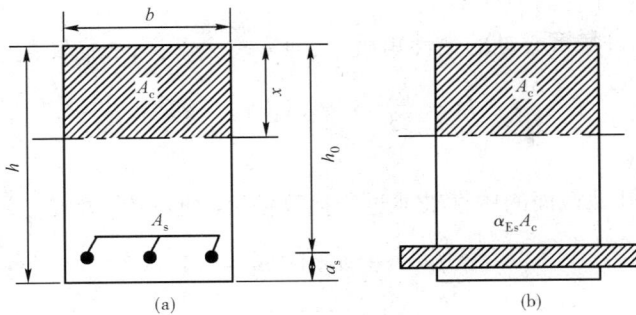

图 10.2.1 换算截面示意图

受拉混凝土受拉应变 ε_{ct} 与钢筋重心处的实际应变 ε_s 相等，其受拉弹性模量等于实际混凝土的弹性模量 E_c，其承受拉应力的作用不变。

由虎克定律(Hooke law)得：$\sigma_{ct} = \varepsilon_{ct} E_c$

因为

$$\varepsilon_s = \frac{\sigma_s}{E_s} \qquad (10.2.3)$$

所以

$$\sigma_{ct} = \frac{\sigma_s}{E_s} E_c = \frac{1}{\alpha_{Es}} \sigma_s \qquad (10.2.4)$$

式中：α_{Es}——钢筋与混凝土弹性模量之比，即 $\alpha_{Es} = \frac{E_s}{E_c}$，称为截面换算系数。

式(10.2.4)表明，在钢筋同一水平位置处混凝土的拉应力 σ_{ct} 为该处钢筋应力 σ_s 的 $1/a_{Es}$ 倍，换言之，钢筋的拉应力是同一水平处混凝土拉应力 σ_{ct} 的 α_{Es} 倍。

由式(10.2.4)和式(10.2.2)可得

$$A_{ct} = \alpha_{Es} A_s \qquad (10.2.5)$$

式(10.2.5)表明，截面面积为 A_s 的纵向受拉钢筋的作用相当于截面面积为 $\alpha_{Es} A_s$ 的受拉混凝土的作用，$\alpha_{Es} A_s$ 即称为钢筋 A_s 的换算截面面积。

三、换算截面的几何特性表达式

通过以上截面的换算，便可将钢筋和混凝土这两种弹性模量不同的材料，换算成为一种假想的匀质材料。在此基础上即可进一步求得换算截面的几何特性，并进而得到钢筋混凝土受弯构件单筋矩形截面正截面应力计算公式。

(一)单筋矩形截面

1. 换算截面面积 A_0：

$$A_0 = bx + a_{Es} A_s \qquad (10.2.6)$$

2. 换算截面对中性轴的静矩 S_0：

受压区：

$$S_{0p} = \frac{1}{2} bx^2 \qquad (10.2.7)$$

受拉区：

$$S_{0t} = \alpha_{Es} A_s (h_0 - x) \qquad (10.2.8)$$

157

式中:S_{0p}——受压区混凝土面积对中性轴的静矩;

S_{0t}——受拉区钢筋截面面积对中性轴的静矩。

3. 换算截面对中性轴的惯性矩 I_0:

由于 $\alpha_{Es}A_s$ 对其自身重心轴的惯性矩极小,通常略去不计,故换算截面惯性矩 I_0:

$$I_0 = \frac{bx^3}{3} + \alpha_{Es}A_s(h_0 - x)^2 \qquad (10.2.9)$$

4. 受压区高度 x:

对于受弯构件,开裂截面的中性轴通过其换算截面的形心轴,即 $S_{0p} = S_{0t}$,得到

$$\frac{1}{2}bx^2 = \alpha_{Es}A_s(h_0 - x)$$

$$x = \frac{\alpha_{Es}A_s}{b}\left[\sqrt{1 + \frac{2bh_0}{\alpha_{Es}A_s}} - 1\right] \qquad (10.2.10)$$

若将符号 $\alpha = x/h_0$(受压区相对高度)及 $\rho = A_s/(bh_0)$(配筋率)代入上式,则可得到

$$\alpha = \sqrt{(\alpha_{Es}\rho)^2 + 2\alpha_{Es}\rho} - \alpha_{Es}\rho \qquad (10.2.11)$$

$$x = \alpha h_0 = \left[\sqrt{(\alpha_{Es}\rho)^2 + 2\alpha_{Es}\rho} - \alpha_{Es}\rho\right]h_0 \qquad (10.2.12)$$

根据换算截面几何特性,即可分别求得受压区边缘混凝土及受拉钢筋的应力。

5. 受压区边缘混凝土应力 σ_c:

$$\sigma_c = \frac{M}{I_0}x \qquad (10.2.13)$$

6. 受拉钢筋应力 σ_s:

$$\sigma_s = \alpha_{Es}\frac{M}{I_0}(h_0 - x) \qquad (10.2.14)$$

(二)双筋矩形截面

对于双筋矩形截面,截面换算的方法就是将受拉钢筋的截面 A_s 和受压钢筋截面 A'_s 分别用两个虚拟的混凝土块代替,形成换算截面。它跟单筋矩形截面的不同之处,仅仅是受压区配置有受压钢筋,因此,双筋矩形截面的换算截面几何特性的表达式可在单筋矩形截面的基础上,再计入受压钢筋换算截面 $\alpha_{Es}A'_s$ 就可以了。

(三)单筋 T 形截面

钢筋混凝土受弯构件 T 形截面,计算时首先确定受压区高度 x,由于中性轴位置的不同将导致换算截面几何特性公式的不同,因此,计算时可先假定中性轴位于翼缘板内,此时截面受压区高度 x 即可按下式计算:

$$\frac{1}{2}b'_f x^2 = \alpha_{Es}A_s(h_0 - x)$$

解此一元二次方程即可求得 x。

若计算结果 $x \leqslant h'_f$,则表明中性轴在翼缘板内,因此,应按宽度为 b'_f 的矩形截面计算。

若计算结果 $x > h'_f$,则表明中性轴在梁肋部分,与原假设不符,此时换算截面的静矩应按下式计算:

$$\frac{1}{2}b'_f x^2 - \frac{1}{2}(b'_f - b)(x - h'_f)^2 = \alpha_{Es}A_s(h_0 - x) \qquad (10.2.15)$$

化简后得:

158

$$x^2 + \frac{2\left[\alpha_{Es}A_s + h'_f(b'_f - b)\right]}{b}x - \frac{h'^2_f(b'_f - b) + 2\alpha_{Es}A_s h_0}{b} = 0 \quad (10.2.16)$$

令

$$A = \frac{\alpha_{Es}A_s + h'_f(b'_f - b)}{b} \quad (10.2.17)$$

$$B = \frac{h'^2_f(b'_f - b) + 2\alpha_{Es}A_s h_0}{b} \quad (10.2.18)$$

则式(10.2.16)可以表示为:

$$x^2 + 2Ax - B = 0 \quad (10.2.19)$$

所以

$$x = -A + \sqrt{A^2 + B} \quad (10.2.20)$$

换算截面对其中性轴的惯性矩 I_0:

$$I_0 = \frac{b'_f x^3}{3} - \frac{(b'_f - b)(x - h'_f)^3}{3} + \alpha_{Es}A_s(h_0 - x)^2 \quad (10.2.21)$$

预应力混凝土受弯构件预应力损失计算,施工阶段和使用阶段的应力验算过程中,需要进行换算截面面积和换算截面惯性矩计算时,均可采用上面给出的公式。

预应力混凝土构件截面的换算系数 α_{Ep} 和 α_{Es},采用预应力钢筋的弹性模量、普通钢筋的弹性模量与混凝土弹性模量的实际比值。

第三节　受弯构件在施工阶段的应力计算

对于钢筋混凝土梁,在施工阶段,特别是在梁的运输、安装过程中,梁的支承条件、受力图式会发生变化。例如,图 10.3.1(b)所示简支梁的吊装,吊点的位置并不在梁设计的支座截面,当吊点位置 a 较大时,将会在吊点截面处引起较大的负弯矩。又如图 10.3.1(c)所示,采用"吊鱼法"架设简支梁,在安装施工中,其受力简图不再是简支体系。因此,应该根据受弯构件在施工中的实际体系进行应力计算。

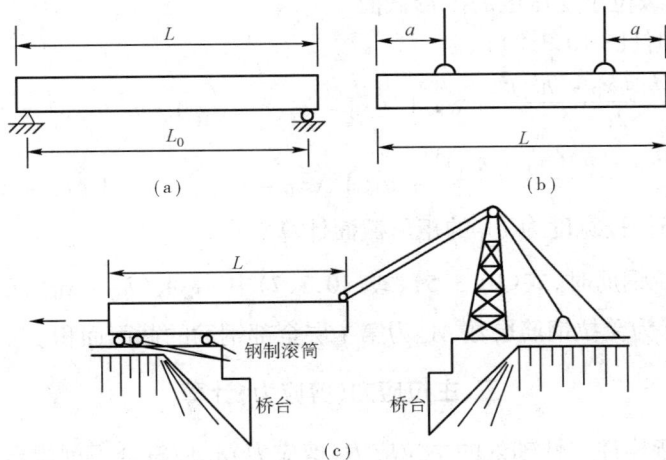

图 10.3.1　构件吊装示意图

钢筋混凝土受弯构件,在施工阶段,可以利用前述方法把构件正截面变换成换算截面,也就变成了《材料力学》所研究的匀质弹性材料,即可用《材料力学》的方法进行计算。

一、正应力计算

受弯构件

$$\sigma_{ss} = \frac{M_s}{0.87 A_s h_0} \tag{10.3.1}$$

《公桥规》规定钢筋混凝土受弯构件正截面的应力应符合下列规定:

1. 受压区混凝土边缘纤维的压应力

$$\sigma_{cc}^t = \frac{M_k^t x_0}{I_{cr}} \leqslant 0.80 f'_{ck} \tag{10.3.2}$$

2. 受拉钢筋的平均拉应力

$$\sigma_{si}^t = \alpha_{Es} \frac{M_k^t (h_{0i} - x_0)}{I_{cr}} \leqslant 0.75 f_{sk} \tag{10.3.3}$$

式中:M_k^t——由临时的施工荷载标准值产生的弯矩值;

x_0——换算截面的受压区高度;

I_{cr}——开裂截面换算截面的惯性矩;

σ_{si}^t——按短暂状况计算时受拉区第 i 层钢筋的应力;

h_{0i}——受压区边缘至受拉区第 i 层钢筋截面重心的距离;

f'_{ck}——施工阶段相应于混凝土立方体抗压强度 f'_{cu} 的混凝土轴心抗压强度标准值,以直线内插取用;

f_{sk}——普通钢筋抗拉强度标准值。

钢筋混凝土受弯构件换算截面的受压区高度和惯性矩应按下列公式计算。

1. 矩形和翼缘位于受拉区的 T 形截面

$$\frac{b x_0^2}{2} + \alpha_{Es} A'_s (x_0 - a'_s) - \alpha_{Es} A_s (h_0 - x_0) \tag{10.3.4}$$

$$I_0 = \frac{b x_0^3}{3} + \alpha_{Es} A'_s (x_0 - a'_s)^2 + \alpha_{Es} A_s (h_0 - x_0)^2 \tag{10.3.5}$$

2. 工字形和翼缘位于受压区的 T 形截面

(1)当 $x_0 > h'_f$ 时(图 10.3.2)

$$\frac{b'_f x_0^2}{2} - \frac{(b'_f - b)(x_0 - h'_f)^2}{2} + \alpha_{Es} A'_s (x_0 - a'_s) - \alpha_{Es} A_s (h_0 - x_0) = 0 \tag{10.3.6}$$

$$I_0 = \frac{b'_f x_0^3}{3} - \frac{(b'_f - b)(x_0 - h'_f)^3}{3} + \alpha_{Es} A'_s (x_0 - a'_s)^2 + \alpha_{Es} A_s (h_0 - x_0)^2 \tag{10.3.7}$$

(2)当 $x_0 \leqslant h'_f$ 时,按宽度为 b'_f 的矩形截面计算。

当配有多层受拉钢筋时,式(10.3.5)、式(10.3.7)中 $\alpha_{Es} A_s (h_0 - x_0)^2$ 项可用 $\alpha_{Es} \sum_{i=1}^{n} A_{si} (h_{0i} - x_0)^2$ 代替,此处 n 为受拉钢筋层数,A_{si} 为第 i 层全部钢筋的截面面积。

二、主拉应力(剪应力)计算

钢筋混凝土受弯构件中性轴处的主拉应力(剪应力)σ_{tp}^t 应符合下列规定:

$$\sigma_{tp}^t = \frac{V_k^t}{b Z_0} \leqslant f'_{tk} \tag{10.3.8}$$

160

式中：V_k^t——由施工荷载标准值产生的剪力值；

    b——矩形截面宽度、T形或工字形截面的腹板宽度；

    Z_0——受压区合力点至受拉钢筋合力点的距离，受压区高度 x_0 按式(10.3.4)或式(10.3.6)计算；

    f'_{tk}——施工阶段混凝土轴心抗拉强度标准值。

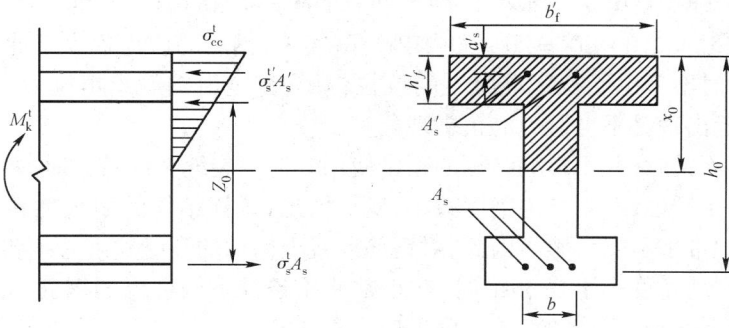

图 10.3.2　钢筋混凝土受弯构件正截面的应力计算图

钢筋混凝土受弯构件中性轴处的主拉应力,若符合下列条件：

$$\sigma_{tp}^t \leqslant 0.25 f'_{tk} \qquad (10.3.9)$$

则该区段的主拉应力全部由混凝土承受,此时,抗剪钢筋按构造要求配置。中性轴处的主拉应力不符合式(10.3.9)的区段,则主拉应力(剪应力)全部由箍筋和弯起钢筋承受。箍筋、弯起钢筋可按剪应力图分配配置(图 10.3.3),并按式(10.3.10)和式(10.3.11)计算：

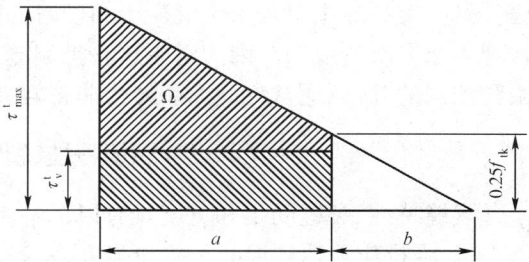

图 10.3.3　钢筋混凝土受弯构件剪应力分配图
a-箍筋、弯起钢筋承受剪应力的区段;b-混凝土承受剪应力的区段

1. 箍筋

$$\tau_v^t \leqslant \frac{nA_{sv1}[\sigma_s^t]}{bS_v} \qquad (10.3.10)$$

2. 弯起钢筋

$$A_{sb} \geqslant \frac{b\Omega}{[\sigma_s^t]\sin\theta} \qquad (10.3.11)$$

上两式中：τ_v^t——由箍筋承受的主拉应力(剪应力)值；

    n——同一截面内箍筋的肢数；

    $[\sigma_s^t]$——短期作用状况时钢筋应力的限值,取用 $0.75 f_{tk}$；

    A_{sv1}——单肢箍筋的截面面积；

    S_v——箍筋的间距；

    A_{sb}——弯起钢筋的总截面面积；

    Ω——相应于由弯起钢筋承受的剪应力图的面积；

    θ——弯起钢筋与构件轴线的夹角。

161

第四节 裂缝的特性分析

一、裂缝的种类

混凝土是一种耐久性很好的建筑材料。但是,混凝土的抗拉强度很低,其抗拉极限应变大约为 $\varepsilon_{ct} = 0.0001 \sim 0.00015$。在混凝土即将开裂的瞬间,钢筋的应力只有 $\sigma_s = \varepsilon_s E_s = \varepsilon_{ct} E_s = (0.0001 \sim 0.00015) \times 2.0 \times 10^5 = 20 \sim 30 (MPa)$,事实上,钢筋的应力远大于此值。钢筋混凝土受弯构件在设计时不考虑受拉区混凝土的抗拉作用,完全由钢筋承担拉力,因此在使用状态下,受拉区有裂缝出现是不可避免的正常现象。

当裂缝宽度不大时,并不影响结构的正常使用。但当裂缝宽度较大时,一则混凝土中的钢筋会从裂缝处开始锈蚀,二则结构刚度减小、变形增加,这样结构的耐久性和正常使用就受到影响,同时给人们带来不安全感。因此,对钢筋混凝土构件的裂缝宽度必须要加以限制。实践证明,当混凝土裂缝宽度小于 0.3mm 时,在正常使用条件下构件内的钢筋不致因混凝土开裂而锈蚀。为了确保安全,容许的裂缝宽度还应小些。

钢筋混凝土结构的裂缝,就其产生的原因,大致可以分为两类:一类是由于荷载(如恒载、活载等)所引起的裂缝。这一类裂缝是在正常使用荷载作用下产生的,所以通常称它为正常裂缝。另一类裂缝主要是由于混凝土结硬时的收缩、拆模、起吊和运输时的不当以及构造上的不合理等原因所造成的。因为对于这一类裂缝,只要采取一定的施工和构造措施,一般是可以克服和控制的,所以通常称此类裂缝为非正常裂缝。本章所讨论的裂缝验算仅指前一类裂缝。

二、裂缝特性、裂缝间距和宽度的特点

裂缝特性、裂缝间距和宽度具有以下特点。

(1)当拉应力达到混凝土抗拉强度,一般出现裂缝。因此,构件第一条裂缝一般出现在内力最大(或主拉应力最大)的截面或构件最薄弱的截面,最大裂缝宽度一般亦在该截面。

(2)裂缝宽度与裂缝间距密切相关。裂缝间距大,裂缝宽度亦大;裂缝间距小,裂缝宽度亦小。裂缝间距与钢筋表面特征有关,采用螺纹钢筋,裂缝密而窄;采用光面钢筋,裂缝疏而宽。在钢筋面积相同的情况下,钢筋直径细、根数多,则裂缝密而窄,反之裂缝疏而宽,这是因为采用螺纹钢筋和细直径钢筋可以增加握裹力。

(3)裂缝间距和宽度随受拉区混凝土有效面积增大而增大,随混凝土保护层厚度增大而增大。《公桥规》规定,在构造上要求保护层厚度不小于 30 mm,亦不大于 50 mm。

(4)裂缝宽度随受拉钢筋用量增大而减小。这是因为内力一定时,钢筋用量大,钢筋应力则小,因此裂缝宽度随之减小。

(5)裂缝宽度与荷载作用时间长短有关。在荷载长期作用下,由于受压区混凝土的徐变和受拉区裂缝间混凝土逐步退出工作,因此裂缝宽度随时间的延长而扩大。由上可知,裂缝宽度只能在实验基础上,采用近似计算方法进行验算。

第五节 最大裂缝宽度验算

我国《公桥规》所建议的裂缝宽度计算公式是一种以数理统计方法为基础的经验公式。这

类计算方法是从大量实测试验资料中分析影响裂缝的各种因素,保留其中的主要因素,舍去次要因素,而给出的简单适用又有一定可靠性的经验计算公式。

一、矩形、T 形和工字形截面受弯构件

《公桥规》给出的计算矩形、T 形和工字形截面受弯构件最大裂缝宽度的公式为

$$W_{fk} = C_1 C_2 C_3 \frac{\sigma_{ss}}{E_s} \left(\frac{30 + d}{0.28 + 10\rho} \right) \qquad (10.5.1)$$

$$\rho = \frac{A_s + A_p}{bh_0 + (b_f - b)h_f}$$

式中:W_{fk}——受弯构件的最大裂缝宽度(mm);

C_1——钢筋表面形状系数,对于光面钢筋 $C_1 = 1.4$,对于带肋钢筋 $C_1 = 1.0$;

C_2——作用(或荷载)长期效应影响系数,$C_2 = 1 + 0.5 \dfrac{N_l}{N_s}$,其中 N_l 和 N_s 分别为按作用(或荷载)长期效应组合和短期效应组合计算的内力值(弯矩或轴向力);

C_3——与构件受力性质有关的系数,钢筋混凝土板式受弯构件时,$C_3 = 1.15$,其他的受弯构件时,$C_3 = 1.0$;轴心受拉构件时,$C_3 = 1.2$;偏心受拉构件时,$C_3 = 1.1$;大偏心受压构件时,$C_3 = 0.9$;

σ_{ss}——由作用(或荷载)短期效应组合引起的开裂截面纵向受拉钢筋的应力;

d——纵向受拉钢筋 A_s 的直径(mm),当用不同直径钢筋时,d 改用换算直径 d_e:$d_e = \dfrac{\sum n_i d_i^2}{\sum n_i d_i}$;式中,对钢筋混凝土构件,$n_i$ 为受拉区第 i 种普通钢筋的根数,d_i 为受拉区第 i 种普通钢筋的公称直径;对混合配筋的预应力混凝土构件,预应力钢筋为由多根钢丝或钢绞线组成的钢丝束或钢绞线束,式中,d_i 为普通钢筋的公称直径、钢丝束或钢绞线束的等代直径 d_{pe},$d_{pe} = \sqrt{n} d$,此处,n 为钢丝束中钢丝根数或钢绞线束中钢绞线根数,d 为单根钢丝或钢绞线的公称直径。对于钢筋混凝土构件中的焊接钢筋骨架,公式中的 d 或 d_e 应乘以系数 1.3;

ρ——截面配筋率,对钢筋混凝土构件,当 $\rho > 0.02$ 时,取 $\rho = 0.02$;当 $\rho < 0.006$ 时,取 $\rho = 0.006$;对于轴心受拉构件,ρ 按全部受拉钢筋截面面积 A_s 的一半计算;

b_f——构件受拉翼缘宽度;

h_f——构件受拉翼缘厚度;

A_s——构件受拉区纵向普通钢筋的截面面积;

A_p——构件受拉区纵向预应力钢筋的截面面积。

钢筋混凝土构件和在使用阶段允许出现裂缝的预应力混凝土 B 类构件,在正常使用极限状态下的裂缝宽度,应按作用(或荷载)短期效应组合并考虑长期效应影响进行验算,且不得超过表 10.5.1 的限值。

例 10.5.1 有一矩形截面的试验梁,截面尺寸为 123 mm × 258mm,$E_s = 1.96 \times 10^5$MPa,混凝土强度等级 C25,采用 2φ16 螺纹钢筋,$A_s = 402$ mm^2,$M = 19.06$kN·m,$h_0 = 231.3$ mm。梁在荷载作用下最大裂缝宽度的测量值为 $W_f = 0.144$mm。试计算最大裂缝宽度 W_{fk},并将其与测量值进行比较。

构件类别及环境情况		裂缝宽度限值（mm）
钢筋混凝土构件	I 类和 II 类环境	0.20
	III 类和 IV 类环境	0.15
采用精轧螺纹钢筋的预应力混凝土构件	I 类和 II 类环境	0.20
	III 类和 IV 类环境	0.15
采用钢丝或钢绞线的预应力混凝土构件	I 类和 II 类环境	0.10
	III 类和 IV 类环境	不得进行带裂缝的 B 类构件设计

解：配筋率：

$$\rho = A_s/(bh_0) = 402/(123 \times 231.3) = 0.0141$$

受拉钢筋的应力：

$$\sigma_s = M_s/(0.87 A_s h_0) = 19.06 \times 10^6/(0.87 \times 402 \times 231.3) = 235.61(\text{MPa})$$
$$C_1 = 1.0, C_2 = 1.0, C_3 = 1.15$$

按式（10.5.1）求最大裂缝宽度：

$$W_{fk} = C_1 C_2 C_3 \frac{\sigma_{ss}}{E_s}\left(\frac{30+d}{0.28+10\rho}\right)$$
$$= 1.0 \times 1.0 \times 1.15 \times \frac{235.61}{1.96 \times 10^5} \times \left(\frac{30+16}{0.28+10 \times 0.0141}\right) = 0.151(\text{mm})$$

最大裂缝宽度的测量值与计算值之比为：

$$\frac{W_f}{W_{fk}} = \frac{0.144}{0.151} = 0.95$$

可见对此试验梁来说，计算值与实测值符合程度较好。

例 10.5.2 已知标准跨径为20m的公路装配式钢筋混凝土 T 梁桥，梁内纵向受拉钢筋为 4φ16 + 8φ32 螺纹钢筋，T 形梁的梁肋宽度 $b = 180\text{mm}$，受压边边缘至钢筋重心的距离 $h_0 = 1200\text{mm}$，外排钢筋的应力 $\sigma_s = 197\text{MPa}$，长期效应组合弯矩 M_L 与矩期效应组合弯矩 M_s 之比为 0.545，最大容许裂缝宽度 $[W_{fmax}] = 0.20\text{mm}$。试验算该 T 梁在短期静荷载（不计冲击力）作用和长期荷载作用时的最大裂缝宽度。

解：$A_s = 6434 + 804 = 7238(\text{mm}^2)$

$\rho = A_s/(bh_0) = 7238/(180 \times 1200) = 0.0335 > 0.02$，故计算时取 $\rho = 0.02$ 进行计算。

钢筋换算直径为：$d_e = \dfrac{\sum n_i d_i^2}{\sum n_i d_i} = \dfrac{4 \times 16^2 + 8 \times 32^2}{4 \times 16 + 8 \times 32} = 28.8(\text{mm})$。

现 $C_1 = C_3 = 1.0$，对于短期静荷载 $C_2 = 1.0$，最大裂缝宽度为：

$W_{fk} = C_1 C_2 C_3 \sigma_s (30+d)/[E_s(0.28+10\rho)]$

$\quad = 197(30+28.8)/[2 \times 10^5 \times (0.28+10 \times 0.02)]$

$\quad = 0.12(\text{mm}) < [W_{fk}] = 0.2\text{mm}$

长期荷载作用时：

$C_2 = 1 + 0.5 N_c/N_s = 1 + 0.5 N_l/N_s = 1 + 0.5 \times 0.545 = 1.2725$

最大裂缝宽度为：

$$W_{fk} = 1.2725 \times 0.12 = 0.1527(\text{mm}) < [W_{fk}] = 0.20\text{mm}$$

二、圆形截面偏心受压构件

对于圆形截面钢筋混凝土偏心受压构件,其特征裂缝宽度(保证率为95%)可按下列公式计算:

$$W_{fk} = C_1 C_2 \left[0.03 + \frac{\sigma_{ss}}{E_s} \left(0.004 \frac{d}{\rho} + 1.52c \right) \right] \text{(mm)} \qquad (10.5.2)$$

$$\sigma_{ss} = \left[59.42 \frac{N_s}{\pi r^2 f_{cu,k}} \left(2.80 \frac{\eta_s e_0}{r} - 1.0 \right) - 1.65 \right] \rho^{-\frac{2}{3}} \text{(MPa)}$$

式中:N_s——按作用(或荷载)短期效应组合计算的轴向力(N);

C_1——钢筋表面形状系数,对光面钢筋,$C_1 = 1.4$;对带肋钢筋,$C_1 = 1.0$;

C_2——作用(或荷载)长期效应影响系数,按规范第6.4.3条规定计算;

σ_{ss}——截面受拉区最外缘钢筋应力,当按公式计算的 $\sigma_{ss} \leqslant 24$MPa 时,可不必验算裂缝宽度;

d——纵向钢筋直径(mm);

ρ——截面配筋率,$\rho = A_s / \pi r^2$;

c——混凝土保护层厚度(mm);

r——构件截面半径(mm);

η_s——使用阶段的偏心矩增大系数,按公式计算,式中 h 以 $2r$ 代替;h_0 以 $(r + r_s)$ 代替;当 $l_0 / 2r \leqslant 14$ 时,可取 $\eta_s = 1.0$;

e_0——轴向力 N_s 的偏心距(mm);

$f_{cu,k}$——边长为150mm 的混凝土立方体抗压强度标准值,设计时取混凝土强度等级(MPa);

r_s——构件截面纵向钢筋所在圆周的半径(mm);

l_0——构件的计算长度,按规定及工程经验确定。

第六节　受弯构件的变形验算

一、变形验算的目的与要求

桥梁上部结构在荷载作用下将产生挠曲变形,使桥面成凹形或凸形,多孔桥梁甚至呈波浪形。因此设计钢筋混凝土受弯构件时,应使其具有足够的刚度,以避免产生过大的变形而影响结构的正常使用。过大的变形将影响车辆高速平稳的运行,并将导致桥面铺装的迅速破坏;同时,车辆行驶时引起的颠簸和冲击,会伴随有较大的噪声和对桥梁结构加载的不利影响。另外,构件变形过大,亦会给人们带来不安全感。因此,对受弯构件产生的挠度值必须加以限制,保证结构正常使用。

变形验算是指钢筋混凝土桥梁以汽车荷载(不计冲击力)计算的上部结构最大竖向挠度(deflections)不应超过规定的允许值。《公桥规》对最大竖向挠度的限值规定如表10.6.1所示。

二、变形特性

在材料力学里,对图10.6.1(a)所示的均布荷载作用下的简支梁,跨中最大挠度值为

构 件 种 类	允许的挠度值	构 件 种 类	允许的挠度值
梁式桥主梁跨中	$\dfrac{1}{600}L$	桁架、拱	$\dfrac{1}{800}L$
梁式桥主梁悬臂端	$\dfrac{1}{300}L_1$		

注:1.此处 L 为计算跨径, L_1 为悬臂长度;

  2.荷载在一个桥跨范围内移动产生正负不同的挠度时,计算挠度应为其正负挠度的最大绝对值之和。

$$f = \frac{5}{384} \cdot \frac{ql^4}{EI} = \frac{5}{48} \cdot \frac{Ml^2}{EI} = \frac{5}{48} \cdot \frac{Ml^2}{B}$$

式中,弹性模量 E、截面惯性矩 I 和跨度 l 都是常数,刚度 $B = EI$ 亦是常数。挠度与荷载 q(或弯矩 M)成正比,其变形特性呈线性关系,如图 10.6.1(b)中的线 1,这是因为材料力学公式是对理想弹性材料而言。钢筋混凝土梁变形的发展过程如图 10.6.1(b)中的线 2 所示,梁的变形一般可分为三个直线阶段,其中以裂缝出现和钢筋应力达到屈服为两个转折点。从图中可以看出,裂缝的出现和开展对构件的刚度和挠度影响很大。因此,钢筋混凝土带裂缝工作时的刚度是计算的关键。

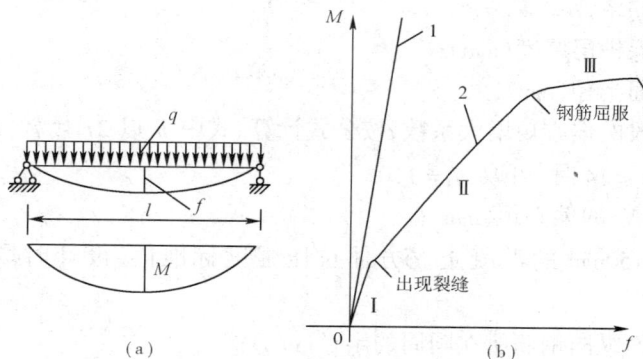

图 10.6.1   受弯构件荷载挠度曲线图
1-弹性材料;2-钢筋混凝土材料

由于混凝土的弹塑性变形,裂缝出现和展开以及钢筋混凝土各截面配筋率不一样等原因,使得钢筋混凝土受弯构件的截面刚度沿梁长是一个变量。对某一截面来说,它随截面弯矩 M 的增加而减小。弯矩小时,截面可能不出现裂缝,其刚度要较弯矩大的截面开裂时大很多。对一个构件来说,截面刚度随各截面内力不同而不同。例如,承受均布荷载 q 的简支梁,如图 10.6.2 所示,靠近支座附近的截面刚度就比中间截面的大。总之,钢筋混凝土构件在使用阶段是变刚度的受弯构件。

三、刚度和挠度计算

考虑到桥梁设计中惯用的计算方法和实践经验,钢筋混凝土受弯构件在正常使用极限状态下的挠度,可根据给定构件的刚度用结构力学的方法计算。

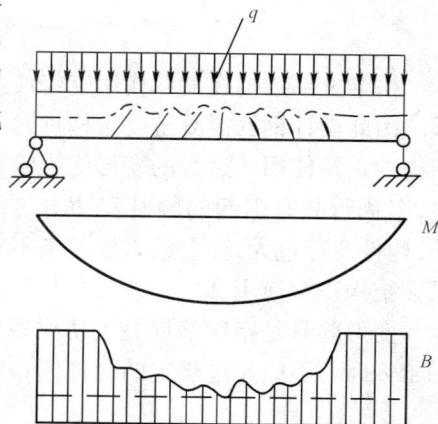

图 10.6.2   刚度变化图

1. 钢筋混凝土受弯构件的刚度可按下列公式计算:

$$B = \frac{B_0}{\left(\dfrac{M_{cr}}{M_s}\right)^2 + \left[1 - \left(\dfrac{M_{cr}}{M_s}\right)^2\right]\dfrac{B_0}{B_{cr}}} \qquad (10.6.1)$$

$$M_{cr} = \gamma f_{tk} W_0 \qquad (10.6.2)$$

$$\gamma = \frac{2S_0}{W_0} \qquad (10.6.3)$$

式中: B——开裂构件等效截面的抗弯刚度;

B_0——全截面的抗弯刚度, $B_0 = 0.95 E_c I_0$;

B_{cr}——开裂截面的抗弯刚度, $B_{cr} = E_c I_{cr}$;

M_{cr}——开裂弯矩;

γ——构件受拉区混凝土塑性影响系数;

I_0——全截面换算截面惯性矩;

I_{cr}——开裂截面换算截面惯性矩;

f_{tk}——混凝土轴心抗拉强度标准值;

S_0——全截面换算截面重心轴以上(或以下)部分面积对重心轴的静矩;

W_0——换算截面抗裂边缘的弹性抵抗矩;

M_s——短期效应组合计算弯矩值。

计算换算截面惯性矩时,构件截面的换算系数 α_{Es}(钢筋弹性模量与混凝土弹性模量的比值)可采用表 10.2.1 的规定值。

2. 钢筋混凝土受弯构件的挠度计算

确定了钢筋混凝土梁的刚度之后,就可以采用材料力学的方法进行挠度计算。实际上,各截面承受的弯矩和配筋都不相同,刚度 B 沿梁长度是变化的,但是如果严格地按变刚度来计算梁的挠度,将使计算工作复杂化。为了简化计算,可假定在弯矩符号相同的区段内,刚度是相等的。计算时取区段中弯矩最大处的刚度,然后按材料力学的方法计算,这样做是偏于安全的,这一计算原则通常称为最小刚度原则。对于连续梁的挠度计算,最小刚度原则仍然适用,因此,规范规定,在等截面构件中,可假定各同号弯矩区段内的刚度相等,并取该区段内最大弯矩处的刚度(即该区段内最小刚度)。

理论分析表明,在计算跨度内的支座截面刚度不大于跨中截面刚度的两倍或不小于跨中截面刚度二分之一的情况下,若按该跨为等刚度,且构件刚度取跨中最大弯矩截面刚度(跨中区段的最小刚度)的计算结果与上述按各同号弯矩区段内的最大弯矩处刚度的计算结果相比,其误差不会大于 5%。因此,规范具体规定,当计算跨度内的支座截面刚度不大于跨中截面刚度的两倍或不小于跨中截面刚度的二分之一时,该跨也可按等刚度构件进行计算,其构件刚度可取跨中最大弯矩截面刚度。例如,对于承受均布荷载的钢筋混凝土简支梁,其跨中挠度计算公式为:

$$f = \frac{5}{48} \frac{M l^2}{B} \qquad (10.6.4)$$

式中: M——不计冲击力的汽车荷载弯矩(包括人群荷载弯矩)。

四、长期荷载作用下受弯构件的挠度及预拱度

(一)挠度

以上主要介绍了荷载短期效应组合下的刚度和挠度计算问题。在荷载长期效应组合下,受压混凝土将发生徐变,即梁的挠度将随时间的延长而增大。在长期荷载作用下,受弯构件挠度不断增长的原因有如下几方面。

(1)受压混凝土发生徐变,使受压应变随时间而增长。同时,由于受压混凝土塑性发展,应力图形变曲,使内力臂减小从而引起受拉钢筋应力的某些增加。

(2)受拉混凝土和受拉钢筋间的粘结滑移徐变、受拉混凝土的应力松弛以及裂缝的向上发展,导致受拉混凝土不断退出工作,从而使受拉钢筋平均应变随时间增大。

(3)混凝土的收缩。

上述因素中,受压混凝土的徐变是最重要的因素。影响混凝土徐变和收缩的因素,如受压钢筋的配筋量、加荷龄期和使用环境的温湿度等,都对荷载长期效应下挠度的增长有影响。《公桥规》对长期荷载作用下的挠度验算是这样规定的,即按短期荷载效应计算的挠度值乘以挠度长期增长系数 η_θ,η_θ 可按下列规定取值:

当采用 C40 以下混凝土时,$\eta_\theta = 1.60$;

当采用 C40 ~ C80 混凝土时,$\eta_\theta = 1.45 ~ 1.35$,中间强度等级可按直线内插取用。

(二)预拱度

钢筋混凝土受弯构件预拱度可按下列规定设置:

(1)荷载短期效应组合并考虑荷载长期效应影响产生的长期挠度不超过 $l/1600$(l 为计算跨径)时,可不设预拱度;

(2)不符合上述规定则应设预拱度,预拱度值按结构自重和 1/2 可变荷载频遇值(frequent value of variable action)计算的长期挠度值之和采用。预拱度的设置应按最大的预拱值沿顺桥向做成平顺的曲线。

汽车荷载频遇值为汽车荷载标准值的0.7倍,人群荷载频遇值等于其标准值。

例 10.6.1 计算跨径 $l = 20\text{m}$ 的装配式钢筋混凝土 T 梁桥,其截面尺寸见图 10.6.3。混凝土强度等级 C25,HRB335 级钢筋焊接骨架,$E_s = 2 \times 10^5 \text{MPa}$,主筋为 8$\phi$32 + 2$\phi$16 螺纹钢筋,钢筋 8$\phi$32 的重心至梁底距离为 99 mm,

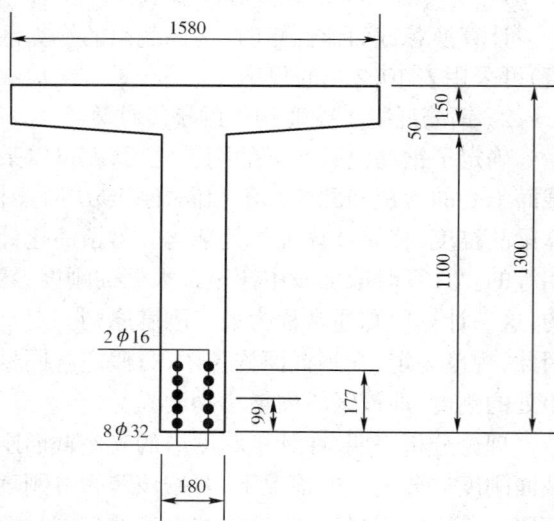

图 10.6.3 截面尺寸图(尺寸单位:mm)

钢筋 2ϕ16 重心至梁底距离为 177mm。承受的跨中弯矩为:恒载弯矩 $M_g = 750\text{kN·m}$,汽车荷载弯矩值 $M_p = 595.5\text{kN·m}$,人群荷载弯矩值 $M_人 = 55 \text{kN·m}$,冲击系数$(1 + \mu) = 1.191$,$I_{cr} = 6.435 \times 10^{10}\text{mm}^4$,$E_c = 2.8 \times 10^4\text{MPa}$,$W_0 = 7.55 \times 10^7\text{mm}^2$,$I_0 = 10.2 \times 10^{10}\text{mm}^4$,$S_0 = 1.055 \times 10^8\text{mm}^3$,试进行挠度和预拱度计算。

解:1. 刚度计算

$$B_{cr} = E_c I_{cr} = 2.8 \times 10^4 \times 6.435 \times 10^{10} = 1.8018 \times 10^{15}(\text{N·mm}^2)$$

$$B_0 = 0.95 E_c I_0 = 0.95 \times 2.8 \times 10^4 \times 10.2 \times 10^{10} = 2.7132 \times 10^{15} (\text{N} \cdot \text{mm}^2)$$

不考虑冲击力的汽车荷载标准弯矩 $M'_p = 595.5/1.191 = 500 (\text{kN} \cdot \text{m})$。

人群荷载标准弯矩：$M_人 = 55 \text{kN} \cdot \text{m}$,

$$M_s = M_g + 0.7 M'_p + M_人 = 750 + 0.7 \times 500 + 55 = 1155 (\text{kN} \cdot \text{m})$$

$$M_1 = M_g + 0.4(M'_p + M_人) = 750 + 0.4 \times (500 + 55) = 972 (\text{kN} \cdot \text{m})$$

$$\gamma = 2 S_0 / W_0 = 2 \times 1.055 \times 10^8 / 7.55 \times 10^7 = 2.795$$

$$M_{cr} = \gamma f_{tk} W_0 = 2.795 \times 1.78 \times 7.55 \times 10^7 = 375.62 \times 10^6 (\text{N} \cdot \text{mm})$$

$$\begin{aligned} B &= \frac{B_0}{\left(\dfrac{M_{cr}}{M_s}\right)^2 + \left[1 - \left(\dfrac{M_{cr}}{M_s}\right)^2\right] \dfrac{B_0}{B_{cr}}} \\ &= \frac{2.7132 \times 10^{15}}{\left(\dfrac{375.62}{1155}\right)^2 + \left[1 - \left(\dfrac{375.62}{1155}\right)^2\right] \times \dfrac{2.7132}{1.8018}} = 1.868 \times 10^{15} (\text{N} \cdot \text{mm}^2) \end{aligned}$$

2. 计算人群荷载和汽车荷载(不计冲击力)作用下梁的挠度

根据式(10.6.4)计算：

$$M_p = 0.7 M'_p + M_人 = 405 \text{kN} \cdot \text{m}$$

$$\begin{aligned} f_p &= \frac{5}{48} \frac{M_p l^2}{B} = \frac{5}{48} \times \frac{4.05 \times 10^8 \times 20000^2}{1.868 \times 10^{15}} \\ &= 9.03 (\text{mm}) < \frac{l}{600} = \frac{20000}{600} = 33.3 (\text{mm}) \end{aligned}$$

符合《公桥规》要求。

3. 计算结构恒载弯矩作用下梁的挠度

$$f_g = \frac{5}{48} \frac{M l^2}{B} = \frac{5}{48} \times \frac{7.50 \times 10^8 \times 20000^2}{1.868 \times 10^{15}} = 16.73 (\text{mm})$$

4. 荷载短期效应组合并考虑荷载长期效应影响产生的长期挠度

$$\begin{aligned} (f_g + f_p) \eta_\theta &= (16.73 + 9.03) \times 1.6 = 25.76 \times 1.6 \\ &= 41.22 (\text{mm}) > l/1600 = 20000/1600 = 12.5 (\text{mm}) \end{aligned}$$

按《公桥规》规定必须设置预拱度。

预拱度的跨中值为：

$$(f_g + f_p/2) \eta_\theta = (16.73 + 9.03/2) \times 1.6 = 33.99 (\text{mm})$$

思考题

10-1 钢筋混凝土受弯构件在使用阶段的计算有哪些特点？

10-2 什么是换算截面？在进行截面换算时有哪些基本假定？

10-3 钢筋混凝土构件中的裂缝对结构有哪些不利的影响？

10-4 钢筋混凝土结构裂缝按其产生的原因,可以分成哪几类？

10-5 钢筋混凝土结构裂缝特性、裂缝间距和宽度具有哪些特点？

10-6 结构变形验算的目的是什么？钢筋混凝土桥梁在进行变形验算时有哪些要求？

10-7 在长期的荷载作用下,受弯构件挠度不断增长的原因有哪些？

10-8 对钢筋混凝土受弯构件预拱度的设置有哪些要求和规定？

第十一章 预应力混凝土的基本概念及其材料

第一节 预应力混凝土的基本原理

一、基本原理

钢筋混凝土结构早已被广泛地应用于各类工程结构中,但它还存在不少缺点。众所周知,混凝土的抗拉强度很低,极限拉伸应变也很小。在钢筋混凝土结构中,只要混凝土所承受的拉应力达到其抗拉极限强度,或者说混凝土的拉伸应变达到其拉伸极限应变时,混凝土就要开裂。由于粘结力的作用,在混凝土开裂前,钢筋与其周围粘结的混凝土具有相同的变形。因而,混凝土即将出现裂缝时,或者说要求钢筋混凝土构件在使用时不开裂,则钢筋的拉应力仅为 $\sigma_s = \varepsilon_{ct} E_s = (0.0001 \sim 0.00015) \times 2 \times 10^5 = 20 \sim 30 (\text{MPa})$。事实上,钢筋的设计应力要远远大于此值,即在正常荷载作用下,钢筋混凝土结构的受拉区总是要出现裂缝的。

由于混凝土抗拉性能很差,使钢筋混凝土构件存在着三个问题:①需要带裂缝工作,裂缝的存在,不仅使构件刚度下降很多,而且不能应用于不允许开裂的结构中;②从保证结构耐久性出发,必须限制裂缝的宽度,这就使高强度钢筋无法在钢筋混凝土结构中充分发挥其作用,相应地也不可能充分发挥高强度等级混凝土的作用;③构件跨径受到限制,当跨径较大时,构件截面尺寸增加很大,使构件的自重比例增大,造成材料不经济和使用不合理。为了改善普通钢筋混凝土结构的受力性能,限制裂缝的出现和展开,减小构件的变形,扩大钢筋混凝土结构的应用范围,人们在长期的生产实践和科学实验中,创造了预应力混凝土结构。

所谓预应力混凝土结构,是指结构在承受外荷载以前,预先采用人为的方法在结构内部形成一种应力状态,使结构在使用阶段产生拉应力的区域先受到压应力,这项压应力将与使用阶段荷载产生的拉应力抵消一部分或全部,从而推迟裂缝的出现,限制裂缝的展开,提高结构的刚度。

例 11.1.1 图11.1.1(a)表示一纯混凝土小梁,梁上受到 15kN/m 的均布荷载作用(包括自重),已知混凝土的抗压强度设计值 $f_{cd} = 18.4\text{MPa}$,抗拉强度设计值 $f_{td} = 1.65\text{MPa}$,试计算跨中截面的应力。

解:跨中弯矩: $M = \dfrac{1}{8} ql^2 = \dfrac{1}{8} \times 15 \times 4^2 = 30 (\text{kN} \cdot \text{m})$。

跨中截面应力上缘压应力: $\sigma_s = \dfrac{M}{W} = \dfrac{30 \times 10^6}{\dfrac{1}{6} \times 200 \times 300^2} = 10 (\text{MPa}) < f_{cd}$。

下缘拉应力: $\sigma_x = -\dfrac{M}{W} = -10\text{MPa} > f_{td}$。

从上面的计算结果看出,在荷载作用下,下缘拉应力已大大超过混凝土的抗拉强度设计值,而上缘压应力却还远未达到抗压强度设计值。如果在梁的两端对中心轴加上一个集中力

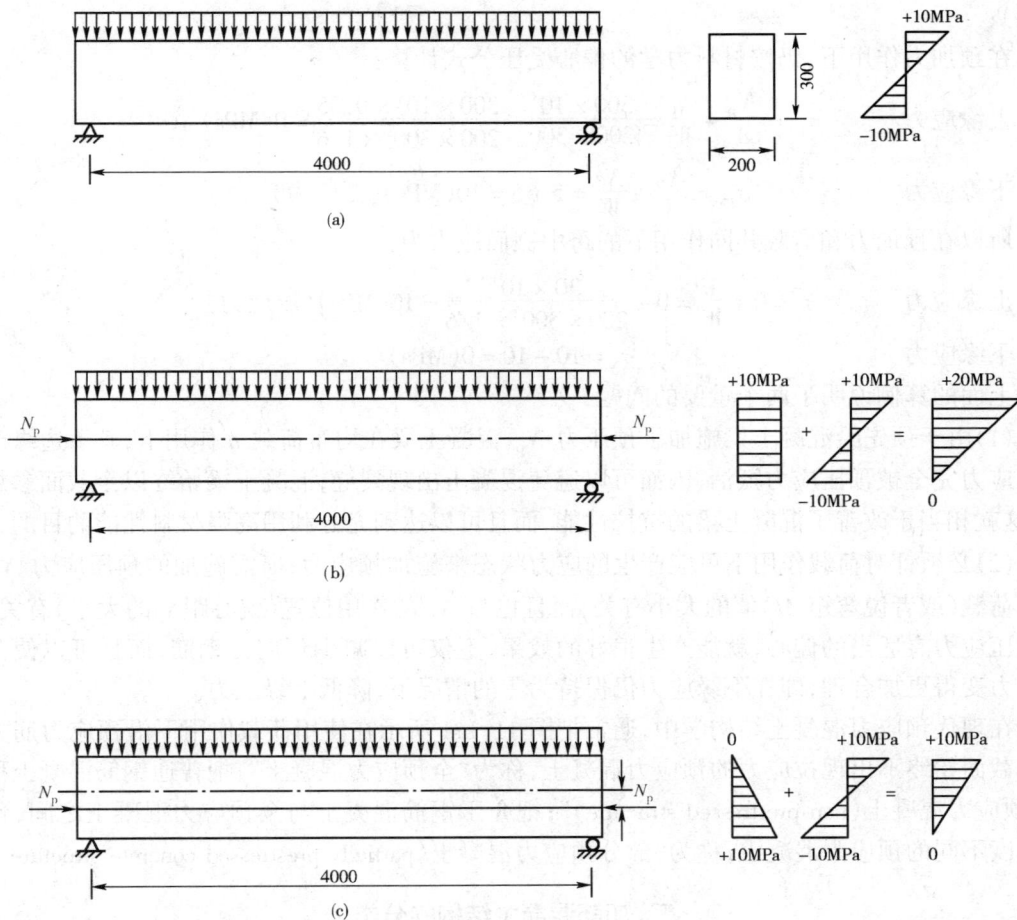

图 11.1.1　简支梁在预加应力前后截面应力变化示意图(尺寸单位:mm)

(a)混凝土梁;(b)轴向预加力的梁;(c)偏心预加力的梁

$N_p = 600$kN,见图 11.1.1(b),在截面上先产生一个均匀的压应力,这样,梁的跨中截面应力叠加后得:

上缘应力

$$\sigma_s = \frac{N_p}{A} + \frac{M}{W} = \frac{600 \times 10^3}{200 \times 300} + \frac{30 \times 10^6}{\frac{1}{6} \times 200 \times 300^2}$$

$$= 20(\text{MPa})(\text{压应力})$$

下缘应力

$$\sigma_x = \frac{N_p}{A} - \frac{M}{W} = 10 - 10 = 0(\text{MPa})$$

也就是说,下缘可以不出现拉应力,也就不会出现裂缝。现采用精轧螺纹钢筋作为预应力钢筋进行加压,钢筋的抗拉强度标准值为 540MPa,假定张拉的应力为 $\sigma' = 0.9f_{pk} = 0.9 \times 540 = 486$MPa,则

$$A_s = N_p / \sigma = 600 \times 10^3 / 486 = 1234.6(\text{mm}^2)$$

可采用 4φ20, $A_s = 1257$ mm^2。

如果将施加的集中力作用于中心轴下方 $e = 50$ mm 的位置[图 11.1.1(c)],并将 N_p 减小

为 300kN(此时只需用 2φ20 的钢筋加压),则跨中截面应力计算如下(暂不考虑钢筋换算截面的影响):

在预加力作用下,仍按材料力学的偏心受压公式计算:

上缘应力 $\quad \sigma_{ps} = \dfrac{N_p}{A} - \dfrac{Ne}{W} = \dfrac{300 \times 10^3}{200 \times 300} - \dfrac{300 \times 10^3 \times 0.05}{200 \times 300^2 \times 1/6} = 0 (\text{MPa})$

下缘应力 $\quad \sigma_{px} = \dfrac{N_p}{A} + \dfrac{Ne}{W} = 5 + 5 = 10 (\text{MPa})(\text{压应力})$

所以在预加力和荷载共同作用下的跨中截面应力为:

上缘应力 $\quad \sigma_s = 0 + \dfrac{M}{W} = 0 + \dfrac{30 \times 10^6}{200 \times 300^2 \times 1/6} = 10 (\text{MPa})(\text{压应力})$

下缘应力 $\quad \sigma_x = 10 - 10 = 0 (\text{MPa})$

上面的算例说明了两个重要的问题:

(1)由于预先给混凝土梁施加了预压力 N_p,混凝土梁在均布荷载 q 作用下,其下边缘产生的拉应力完全被预压应力抵消,因而可以避免混凝土出现裂缝,混凝土梁始终以全截面参加工作,这就相当于改善了混凝土梁的抗拉性能,而且可以达到充分利用高强材料性能的目的;

(2)必须针对荷载作用下可能产生的应力状态来施加预应力;所需施加的预压应力 N_p 不仅与荷载(或者说弯矩 M)值的大小有关,而且也与 N_p 的作用位置(偏心距 e 的大小)有关;当预加压应力有适当的偏心,就能产生很好的效果,不仅可以减少预应力钢筋,而且可以使截面的应力变得更加合理,即在下缘应力仍保持为零的情况下,降低上缘应力。

在现代预应力混凝土结构学中,通常把图 11.1.1 所示在使用荷载作用下沿预应力筋方向的正截面始终不出现拉应力的预应力混凝土,称为"全预应力混凝土";把普通钢筋混凝土称为"非预应力混凝土(non-prestressed structure)";把介于钢筋混凝土与全预应力混凝土之间,预应力程度不同的预应力混凝土,称为"部分预应力混凝土(partially prestressed concrete structure)"。

二、加筋混凝土结构的分类

国内通常把全预应力混凝土、部分预应力混凝土和钢筋混凝土结构总称为加筋混凝土结构系列。

(一)国外加筋混凝土结构的分类

1970 年国际预应力混凝土协会(FIP)、欧洲混凝土委员会(CEB)建议,将加筋混凝土按预加应力的大小划分为如下四级:

I 级:全预应力——在全部荷载最不利组合作用下,截面上混凝土不出现拉应力;

II 级:有限预应力——在全部荷载最不利组合作用下,截面上混凝土允许出现拉应力,但不超过其抗拉强度(即不出现裂缝);在长期持续荷载作用下,混凝土不出现拉应力;

III 级:部分预应力——在全部荷载最不利组合作用下,构件截面上混凝土允许出现裂缝,但裂缝宽度不超过规定容许值;

IV 级:普通钢筋混凝土结构。

这一分类方法,由于对部分预应力混凝土结构的优越性强调不够,容易给人们造成误解,认为这是质量的分等,似乎 I 级比 II 级好,II 级比 III 级好,形成盲目去追求 I 级的不正确倾向。事实上应根据结构使用的要求,区别情况选用不同的预应力度。针对这种分类方法存在的缺点,国际上已逐步改用按结构功能要求合理选用预应力度的分类方法。

(二)国内加筋混凝土结构的分类

我国根据国内工程习惯,对以钢材为配筋的加筋混凝土结构系列,采用按其预应力度分成全预应力混凝土、部分预应力混凝土和钢筋混凝土等三种结构的分类方法。

1. 预应力度(degree of prestress)的定义

《公桥规》将预应力度定义为

$$\lambda = \frac{\sigma_{pc}}{\sigma_{st}}$$

式中:σ_{pc}——扣除全部预应力损失后的预加力在构件抗裂边缘产生的预压应力;

σ_{st}——由作用(或荷载)短期效应组合产生的构件抗裂边缘的法向拉应力。

对预应力混凝土受弯构件预应力度定义也可按下式计算:

$$\lambda = \frac{M_0}{M_s}$$

$$M_0 = \sigma_{pc} W_0$$

式中:M_0——消压弯矩,即使构件抗裂边缘预压应力抵消到零时的弯矩值;

M_s——按作用(或荷载)短期效应组合计算的弯矩值。

2. 加筋混凝土结构的分类

预应力度 λ 的变化范围是从 $\lambda \geq 1$ 变化到 $\lambda = 0$,因此由预应力度 λ 值可将加筋混凝土结构系列分成全预应力、部分预应力和钢筋混凝土结构三类。

全预应力混凝土构件:全预应力混凝土构件,$\lambda \geq 1$。此类构件在作用(或荷载)短期效应组合下控制截面的受拉边缘不允许出现拉应力(不得消压)。

部分预应力混凝土构件:部分预应力混凝土构件,$1 > \lambda > 0$。此类构件在作用(或荷载)短期效应组合下控制截面受拉边缘允许出现拉应力。当对拉应力加以限制时,为部分预应力混凝土 A 类构件;当拉应力超过限值或出现不超过限值的裂缝时,为部分预应力混凝土 B 类构件。

钢筋混凝土构件:不加预应力,即 $\lambda = 0$。

通常把全预应力、部分预应力和钢筋混凝土结构总称为加筋混凝土系列。

3. 有粘结预应力与无粘结预应力

有粘结预应力混凝土结构,是指沿预应力钢筋全长,其周围均与混凝土粘结、握裹在一起的预应力混凝土结构。先张预应力结构及预留孔道穿筋压浆的后张预应力结构均属此类。

无粘结预应力混凝土结构,是指预应力钢筋伸缩、滑动自由,不与周围混凝土粘结的预应力混凝土结构。一般是在预应力钢筋外面涂防腐油脂外包塑料套管防止钢筋与混凝土粘结,按后张法制作的预应力混凝土结构。施工时,无粘结预应力钢筋可如同非预应力钢筋一样,按设计要求铺放在模板内,然后浇灌混凝土,待混凝土达到设计要求强度后,再张拉、锚固。此时,无粘结预应力钢筋与混凝土不直接接触,而成为无粘结状态。在外荷载作用下,结构中预应力钢筋束与混凝土在横截面内存在线性变形协调关系,但在纵向可以相对周围混凝土发生纵向滑移。无粘结预应力混凝土的设计理论与有粘结预应力混凝土相似,一般需增设普通受力钢筋以改善结构的性能,避免构件在极限状态下发生集中裂缝。无粘结部分预应力混凝土是继有粘结预应力混凝土和部分预应力混凝土之后一种新的预应力形式。由于无粘结预应力混凝土结构在施工时不需要事先预留孔道、穿筋和张拉后灌浆等,极大地简化了常规后张法预应力混凝土结构的施工工艺。尤其适用于多跨、连续的整体现浇结构中。

三、预应力混凝土结构主要优、缺点

(一)预应力混凝土结构具有下列主要优点

(1)提高了构件的抗裂度(crack resistance)和刚度(stiffness)。由于在构件的受拉区预加压应力,因此在使用荷载作用下,受拉区的拉应力减小,从而推迟了裂缝的出现或减小了裂缝的宽度,因而就提高了构件的刚度,增加了结构的耐久性。

(2)节约材料,减小自重。由于预加应力提高了构件的抗裂度和刚度,因此一方面可以减小构件截面尺寸,节约混凝土用量;另一方面可充分发挥钢筋的作用,使一些高强度材料得到有效的使用,同时可以减少某些构造钢筋,节约钢材。特别是一些大跨度或重荷载结构,采用预应力混凝土结构是比较经济合理的。

(3)结构质量安全可靠。在施加预应力过程中,钢筋和混凝土都经受了一次强度检验。如若结构在这阶段表现出良好的性能,那么,就有把握认为使用时也将是安全可靠的,所以有时称预应力混凝土结构是预先检验过的结构。

(4)增强结构耐久性。预应力不仅提高抗裂度,而且能增加混凝土的密实程度,因而提高了构件的抗渗和抗侵蚀能力,延长了结构的寿命。对于承受重复荷载的构件,预应力能改善构件受力状况,提高构件抗疲劳性能。

(5)能促进桥梁新体系的发展。利用预应力工艺作为连接构件的手段已经成为现代先进的施工方法,它将大跨径的结构分成节段预制,然后通过预应力筋将它连成整体,既可以把结构拼装成整体后进行架设,也可以不用脚手架,利用预应力进行悬臂拼装或悬臂浇筑,边拼装边架设。这种预应力混凝土结构现代化施工方法的不断发展,促进了新体系桥梁的出现,如预应力混凝土T形刚构桥、预应力混凝土连续梁桥、预应力混凝土桁架拱桥、预应力混凝土桁架梁桥等都相继得到发展。

(二)预应力混凝土结构也存在着一些缺点

(1)施工工艺较复杂,对施工质量要求高,因而需要配备一支技术较熟练的专业队伍。

(2)需要有一定的专门设备,如张拉机具、灌浆设备等。先张法需要有张拉台座;后张法要耗用数量较多、质量可靠的锚具等。

(3)预应力反拱不易控制。它将随着混凝土徐变的增大而加大,可能造成桥面不平顺,使得行车不够顺畅。

(4)结构设计要求高。因为预应力混凝土结构本身强度高,截面较小,又经过预加应力,因此要慎重考虑温度、材料和施工工艺等方面的影响,要求计算的内容也较多。

但是,以上缺点是可以设法克服的。例如采用计算机辅助设计,尽可能采用同类型设计,大批生产就能降低成本。总之,只要从实际出发,因地制宜地进行合理设计和妥善安排,预应力混凝土结构就能充分发挥其优越性。

(三)无粘结预应力混凝土结构的优点

(1)结构自重轻。因为不需预留孔道,可以减小构件尺寸,减轻自重,有利于减小下部支承结构的荷载和降低造价。

(2)施工简便、速度快。施工时,无粘结预应力钢筋同非预应力钢筋一样,按设计要求铺放在模板内,然后浇灌混凝土,待混凝土达到设计要求强度后,再张拉、锚固、封堵端部。无需预

留孔道、穿筋和张拉后灌浆等复杂工序,简化了施工工艺,加快了施工进度,同时,构件可以预制也可以现浇。特别适用于构造比较复杂的曲线布筋构件和运输不便、施工场地狭小的建筑。

(3)抗腐蚀能力强。涂有防腐油脂外包塑料套管的无粘结预应力筋束,具有双重防腐能力,可以避免预留孔道穿筋的后张法预应力构件因压浆不密实而发生预应力筋锈蚀以至断丝的危险。

(4)使用性能良好。在使用荷载作用下,容易使应力状态满足要求,挠度和裂缝得到控制。通过采用无粘结预应力筋束和普通钢筋的混合配筋,在满足极限承载能力的同时,可以避免较大集中裂缝的出现,使之具有与有粘结预应力混凝土相似的力学性能。

四、预应力混凝土在桥梁中的应用及其使用范围

预应力混凝土结构成功的历史,至今不到 80 年,但由于它具有许多优点,使其在国内外得到了广泛应用,尤其在大跨度或重荷载结构,以及不允许开裂的结构中应用更为普遍。

我国 20 世纪 50 年代开始试验研究预应力混凝土结构。1956 年在东陇海线成功地建成了一座 28 孔,跨径为 23.8m 跨新沂河的预应力混凝土铁路梁桥。1957 年京周公路上也修建了跨径为 20m 预应力混凝土简支 T 梁桥。此后,预应力混凝土结构在我国桥梁建筑中的应用迅速发展。

预应力混凝土空心板、槽形梁、T 形梁等早已被普遍应用,并编制了相应的标准设计图纸。近十多年来,由于交通事业的大力发展,预应力混凝土桥梁应用更为普及,跨径越来越大,连续梁桥达到 154m(如云南六库),T 形刚构桥为 174m(如重庆长江大桥),连续刚构桥 270m(如虎门大桥辅航道桥),预应力混凝土斜拉桥主跨 400m 以上的就有 6 座,其中最大跨径为 444m(如重庆长江二桥)。虎门桥的连续刚构,其悬臂浇筑长度达 134m,为世界首例。预应力混凝土结构的设计与施工也形式多样:由全预应力发展到部分预应力;从有粘结筋束扩展到无粘结筋束;从单一的预压应力混凝土结构发展到除受拉区施加预压应力外,同时在受压区施加预拉应力的双预应力混凝土结构等等。随着社会主义建设事业的不断前进,预应力混凝土结构的应用范围将更广泛,它将在公路、铁路桥梁、各种屋架、道路立体交叉建筑、塔桅结构、飞机跑道、蓄液池、压力管道、预应力混凝土船体结构、原子能反应堆容器和海洋工程结构等方面得到广泛的应用。

第二节　施加预应力的方法与设备

一、施加预应力的主要方法

在实际工作中,一般是在混凝土中配置高强度的钢筋,采用张拉钢筋的方法,对混凝土施加预应力。从施工顺序上有先张法和后张法之分。

(一)先张法

先张法(pretensioning method),即先张拉钢筋,后浇筑构件混凝土的方法(如图 11.2.1 所示)。其主要工序是:

1. 在台座(或钢模)上用张拉机具张拉预应力钢筋,待钢筋张拉到预定的张拉控制应力值后,将预应力钢筋用锚(夹)具固定在台座(或钢模)上,如图 11.2.1(a)所示;

2. 支模、绑扎非预应力钢筋(例如为局部加强锚固区设置的非预应力钢筋,抗剪需要的非

预应力钢筋等),并浇筑混凝土,如图 11.2.1(b)所示;

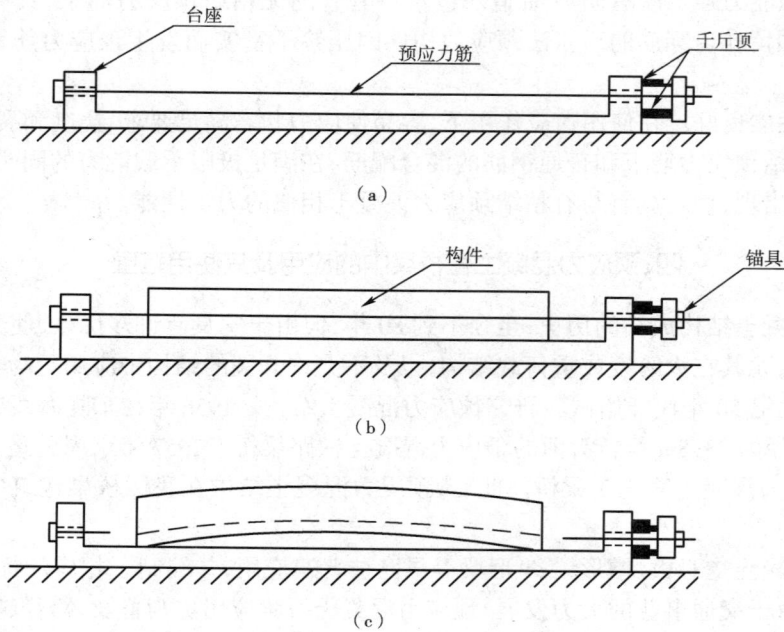

图 11.2.1 先张法工艺流程
(a)张拉钢筋;(b)构件成型;(c)放松钢筋

3. 养生混凝土,当混凝土达到一定强度后(约为设计强度 75%以上,以保证具有足够的粘结力和避免徐变值过大等)放张(即将临时锚固松开),再从台座上切断预应力筋,这时混凝土已能紧紧地握裹住预应力钢筋,除两端稍有内缩外,中部已不能自由滑动,让钢筋束的回缩力通过钢筋束与混凝土的粘结作用传递给混凝土,于是预应力钢筋使混凝土受到一个很大的预压应力,即形成预应力混凝土构件,如图 11.2.1(c)所示,故先张法预应力混凝土构件中,预应力是靠钢筋与混凝土之间的粘结力来传递的。

先张法所用的预应力钢筋,一般可用高强钢丝、直径较小的钢绞线或小直径的冷拉钢筋等,以获得较好的自锚性能。

先张法生产工艺简单、工序少、效率高、质量容易保证,钢筋束靠粘结力自锚,不必耗费特别的锚具,临时固定所用锚具都可重复使用,一般称为活锚具(活夹具),适宜工厂化大批量生产。但需要专门的张拉台座,台座必须具有足够的强度、刚度和稳定性,能承受张拉钢筋时产生的巨大张拉力,基建投资较大。先张法一般宜于生产直线配筋的中小型构件。大型构件因需要采用曲线配筋,将使先张法施工设备和工艺复杂化,且需配备庞大的张拉台座,同时构件尺寸大,起重、运输也不方便。

(二)后张法

后张法(posttensioning method),即先浇筑构件混凝土,等养护结硬并达到一定的强度后,再在构件上用张拉机具张拉预应力钢筋的方法(如图 11.2.2 所示)。其主要工序是:

1. 先浇灌混凝土构件,并在构件中配置预应力钢筋的位置上预留孔道,如图 11.2.2(a)所示;

176

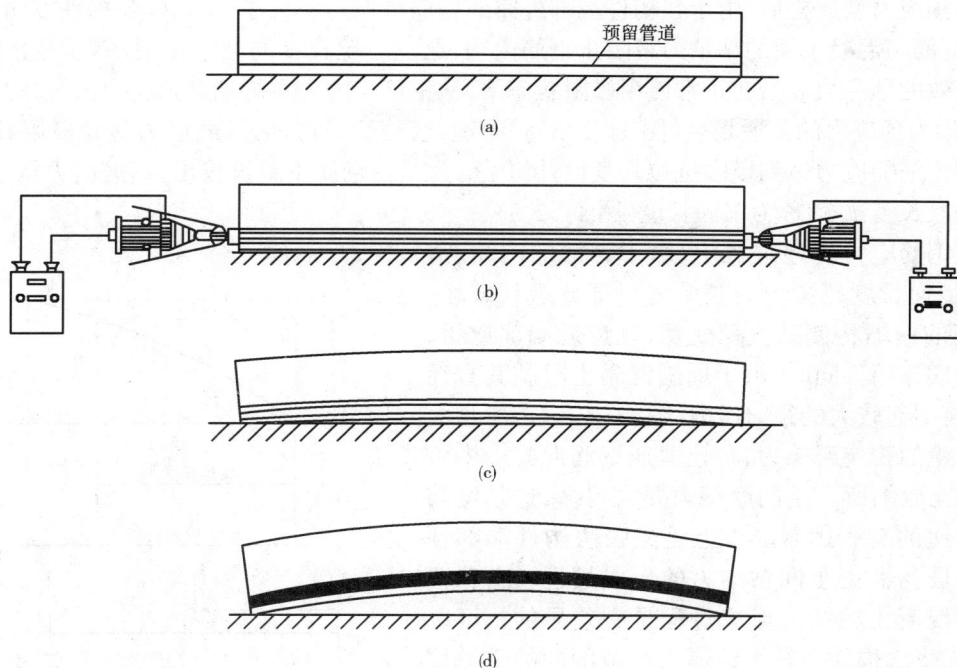

图 11.2.2 后张法工艺流程

(a)预留管道浇筑混凝土梁;(b)穿预应力筋并施加预应力;(c)张拉完毕用锚具进行锚固;(d)管道内压浆并浇注封头混凝土

2．养护混凝土,当混凝土达到规定的强度(一般不低于设计强度 75%)后,将预应力钢筋穿入孔道,利用构件本身作为台座,用张拉机具张拉钢筋至控制应力,如图 11.2.2(b)所示;

3．在张拉端用锚具将钢筋锚固在构件的两端,使构件保持预压状态,如图 11.2.2(c)所示;

4．最后在预留孔道内压力灌注水泥浆,使钢筋和混凝土粘结成整体,保护预应力钢筋不被锈蚀,增加构件的刚度,如图 11.2.2(d)所示,这种做法的预应力混凝土为有粘结预应力混凝土(bonded prestressed concrete structure);由上可知,施工工艺不同,建立预应力的方法也不同。也可不灌浆,完全通过锚具传递预压力,形成无粘结预应力混凝土构件(unbonded prestressed concrete structure)。

后张法构件是靠锚具传递和保持预加应力的;先张法则是靠粘结力来传递并保持预加应力的。后张法不需要固定台座,主要机具为锚具、千斤顶、制孔器、压浆机等,锚具不能重复使用。主要优点是张拉设备简单,便于现场施工,是生产大型预应力混凝土构件的主要方法。预应力钢筋可按照设计要求,配合荷载的弯矩和剪力变化而布置成合理的曲线形。主要缺点是工序多:预留孔道、穿筋、压力灌浆等,施工复杂,造价高。

后张法预应力混凝土构件所用的预应力钢筋主要有碳素钢丝、钢绞线等。

二、预应力钢筋的传递与锚固长度

(一)先张法预应力混凝土构件

先张法预应力混凝土构件的钢筋两端都不设置永久性锚具,而是通过钢筋与混凝土之间的粘结力作用达到锚固要求的。

当预应力筋放松后,由于在构件端部外露的钢筋拉应力变为零,钢筋则朝构件方向产生回缩,但钢筋与混凝土间的粘结力将阻止钢筋内缩,通过一定长度的粘结作用,钢筋停止内缩而保持有效的预应力 σ_{pe},在正常使用极限状态下,从钢筋应力为零的端部到应力为 σ_{pe} 的这一长度 l_{tr},称为预应力的传递长度(图 11.2.3)。同理,当外荷载增加,承载能力达到极限状态时,预应力钢筋的应力达到极限抗拉强度设计值 f_{pd},为了使钢筋不致被拔出,钢筋应力从 f_{pd} 到零的这一段长度 l_a 就称为锚固长度(图 11.2.3)。

在钢筋应力传递过程中,由于钢筋的内缩、滑动,使传递长度范围内的胶结力一部分遭到破坏。但钢筋的内缩将使其直径变粗,且愈近端部愈粗,形成锚楔作用。同时,由于周围混凝土限制其直径变粗,将引起较大的径向压力[图 11.2.3(c)],且由此所产生的相应摩擦力,将比普通钢筋混凝土中由于混凝土收缩所产生的摩擦力要大得多,这是钢筋应力传递的有利因素。以上是先张法构件端部预应力钢筋与混凝土间粘结力的形成过程。它和普通钢筋混凝土粘结力形成过程是有差异的。可以看出,先张法构件中整个传递长度范围内的受力情况是比较复杂的。为了设计计算的方便,《公桥规》考虑以上受力因素,将预应力钢筋的传递长度 l_{tr},具体规定如表 11.2.1 所示。同时建议,锚固长度范围内的预应力钢筋应力(从零至 σ_{pe}),假定按直线变化[图 11.2.3(b)]计算。因此,在对先张法构件端部锚固区进行正截面和斜截面计算时,预应力钢筋在锚固区内的抗拉计算强度(从零至 f_{pd})也考虑按直线关系变化求其实际值。另外,还须注意的是,传递长度的起点与放张的方式有关,当采用骤然放张时,由于钢筋回缩的冲击将使端部的粘结力破坏,故 l_{tr} 的起点应从离构件始端 $0.25l_{tr}$ 处起开始计算。

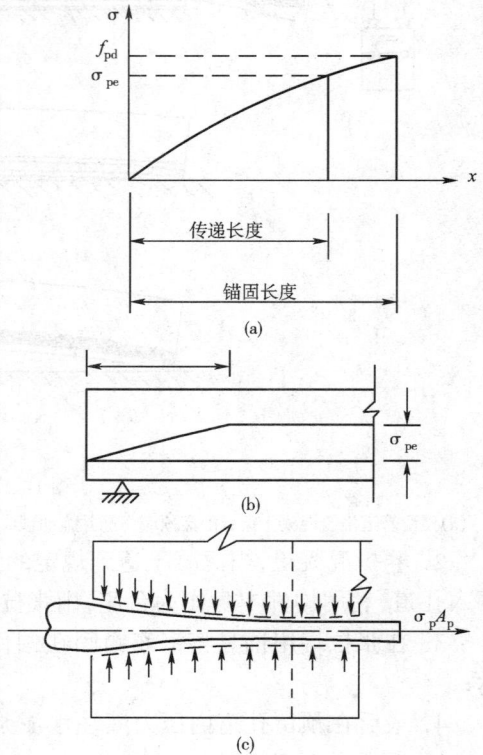

图 11.2.3　预应力钢筋的传递与锚固长度

预应力钢筋的预应力传递长度 l_{tr}(mm)　　　　　　　　　　表 11.2.1

预应力钢筋种类		混凝土强度等级					
		C30	C35	C40	C45	C50	≥C55
钢绞线	1×2、1×3, $\sigma_{pe} = 1000\text{MPa}$	$75d$	$68d$	$63d$	$60d$	$57d$	$55d$
	1×7, $\sigma_{pe} = 1000\text{MPa}$	$80d$	$73d$	$67d$	$64d$	$60d$	$58d$
螺旋肋钢丝 $\sigma_{pe} = 1000\text{MPa}$		$70d$	$64d$	$58d$	$56d$	$53d$	$51d$
刻痕钢丝, $\sigma_{pe} = 1000\text{MPa}$		$89d$	$81d$	$75d$	$71d$	$68d$	$65d$

注:1.预应力传递长度应根据预应力钢筋放松时混凝土立方体抗压强度 f'_{cu} 确定,当 f'_{cu} 在表列混凝土强度等级之间时,预应力传递长度按直线内插取用;

　　2.当预应力钢筋的有效应力值 σ_{pe} 与表值不同时,其预应力传递长度应根据表值按比例增减。

(二)后张法构件有效预应力沿构件长度的分布

后张法构件中,摩擦损失 σ_{l1} 在张拉端为零,然后逐渐增大,至锚固端达最大值;若为直线

178

预应力钢筋,则其他各项损失值沿构件长度方向不变。因此,预应力钢筋的有效应力沿构件长度方向的各截面是不同的,从而在混凝土中建立的有效预应力也是变化的(张拉端最大,锚固端最小),其分布规律同摩擦损失。所以,计算后张法构件时,必须特别注意针对的是哪个截面。

三、预应力锚固体系

所谓预应力锚固体系(亦称张拉体系)主要指预应力钢筋的张拉和锚固方法,以及一些构造和操作细节。由于采用的预应力钢筋形式和张拉方法的不同,国内外形成了上百种锚固体系,且各公司都有自己的专利。近20年随着预应力技术应用的扩大,预应力锚固体系有很多新的发展,以往采用对于钢丝和钢丝束的预应力锚固体系较多,而近年来钢绞线的应用越来越广泛,因此,对钢绞线的锚固体系种类繁多,有单根张拉的单孔锚具,有多根张拉的多孔锚具,更有数十根分单元或整束张拉的重型锚具等。以下具体介绍对锚具的要求和常用实例。

(一)对锚具的要求

锚具是在制作预应力混凝土构件时锚固预应力筋的装置。在先张法中,构件制成后锚具可取下重复使用,故又称夹具。后张法靠锚具传递预应力,锚具锚固在混凝土构件内不再取下。无论是先张法所用的临时夹具,还是后张法所用的永久性工作锚具,都是保证预应力混凝土施工安全、结构可靠的技术关键性设备。因此,在设计、制造或选择锚具时,应注意满足下列要求:

(1)锚具受力安全可靠,锚具本身具有足够的刚度和强度;

(2)预应力损失小,应使预应力钢筋在锚具内尽可能不产生滑移,以减少预应力损失;

(3)构造简单紧凑,便于机械加工,用钢量少,价格便宜;

(4)施工设备简便,张拉锚固方便迅速。

(二)锚具形式

目前国内外所用锚具、夹具种类繁多。有许多单根或多根钢丝、钢绞线及钢筋锚固系统可供选用。一些性能更优异、技术上更先进的锚具也已研制成功,例如用于高强预应力钢丝、钢绞线的 XM、QM、OVM 等锚固体系。按受力原理锚具可划分如下。

1. 靠摩擦阻力锚固的锚具。如锥形锚、波形夹具、JM – 12 锚具、XM 型锚具及 QM 锚具体系等,均是借张拉钢筋回缩带动锚楔(或夹片)将钢筋夹紧而锚固的。

2. 依靠承压锚固的锚具。如镦头锚具及夹具、钢筋螺纹锚具,就是利用钢丝(或钢筋)的镦粗头或螺纹承压而锚固的。

3. 先张法和后张法自锚构件中的预应力钢筋是利用钢筋与混凝土之间的粘结力进行锚固的。

下面简略介绍几种土木工程中常用的锚具。

1. 锥形锚

锥形锚具由锚圈和锚塞两部分组成。它的工作原理是通过顶压锥形的锚塞,将预应力的钢丝卡在锚圈与锚塞之间,当张拉千斤顶放松预应力钢丝后,钢丝向梁内回缩时带动锚塞向锚圈内楔紧,这样预应力钢丝通过摩阻力将预应力传到锚圈,然后由锚圈承压,将预加力传到混凝土构件上(见图11.2.4)。锚固时,锚圈承受着很大的径向张力(一般约等于钢丝张拉力的4倍),故对锚圈的设计、制造应有足够的重视。此外,对锚具的材质、几何尺寸、加工质量,均须作严格的检验,以保证安全。

目前在后张法预应力混凝土桥梁工程中常用的锥形锚,主要是用于锚固 18φ^{s}5 mm 钢丝束和 24φ^{s}5mm 钢丝束两种,并配以双作用千斤顶张拉。

锥形锚的优点是:锚固方便,锚具面积小,便于在梁体上进行布置。但锚固时钢丝的回缩量较大,应力损失较其它锚具大,钢丝又不能重复张拉和接长,使钢束设计长度受到千斤顶行程的限制。同时,锥形锚的锚塞受到动力作用时,有可能松动,使钢丝回缩,因此必须及时对预留孔道进行压力灌浆。

2. 镦头锚

镦头锚的工作原理如图 11.2.5 所示。先将钢丝逐一穿过锚杯的蜂窝眼,然后用专门的镦头将钢丝端头镦粗,借镦粗头直接承压将钢丝固定于锚杯上。锚杯的外圆车有螺纹,穿束后,在固定端将锚圈(螺帽)拧上,即可将钢束锚固

图 11.2.4　锥形锚具

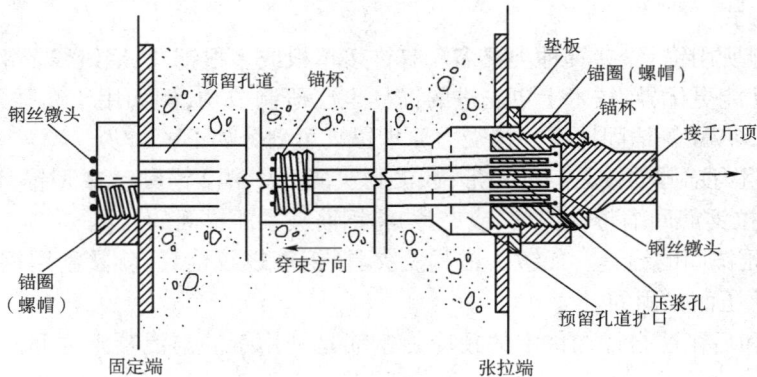

于梁端。在张拉端,先将与千斤顶连接的拉杆旋入锚杯内进行张拉,待锚杯带动钢筋或钢丝伸长到设计需要时,将锚圈沿锚杯外的螺纹旋紧顶在构件表面,再慢慢放松千斤顶,退出拉杆,于是钢丝束的回缩力就通过锚圈、垫板,传到梁体混凝土而获得锚固。

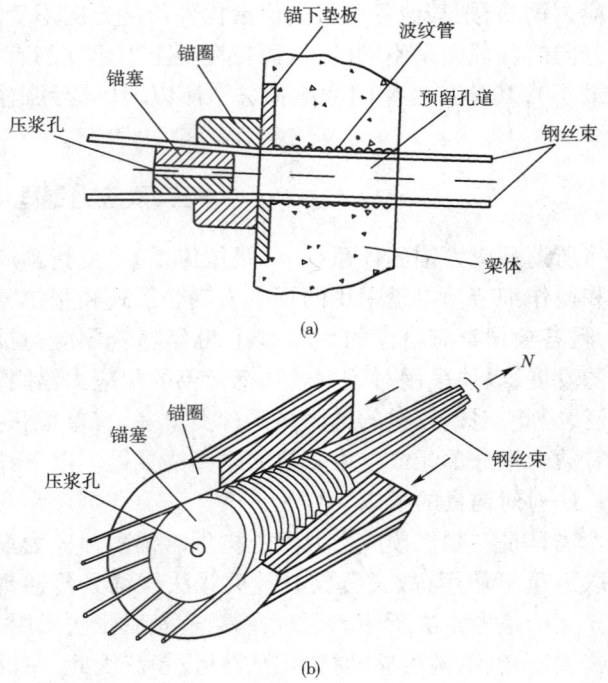

图 11.2.5　镦头锚锚具工作示意图

镦头锚不会出现锥形锚那样的"滑丝"问题,故不发生锚具应力损失。镦头工艺的操作简便迅速,但它对钢丝下料长度要求很精确,误差不得超过 1/3000。误差过大,张拉时可能由于各根钢丝受力不均匀而发生断丝现象。镦头锚适合于锚固直线式配筋束,对于比较缓和的曲线配筋也可以采用。

3. 钢筋螺纹锚具

当采用高强粗钢筋作为预应力筋束时,可采用螺纹锚具固定。即借粗钢筋两端的螺纹,在钢筋张拉后直接拧上螺帽进行锚固,钢筋的回缩力由螺帽经支承垫板承压传递给梁体而获得

180

预应力(图 11.2.6)。

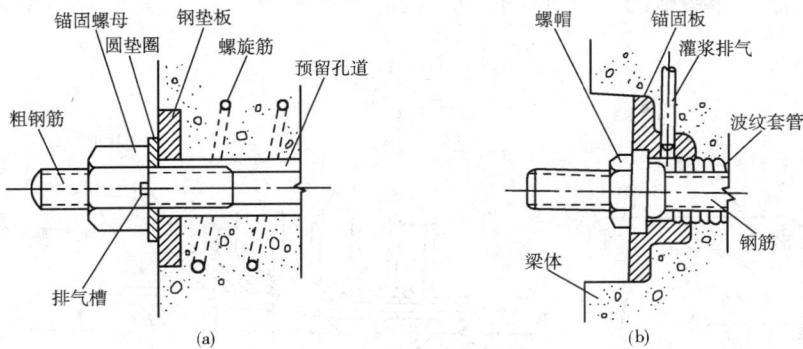

图 11.2.6 钢筋螺纹锚具
(a)轧丝锚具；(b)迪维达格锚具

螺纹锚具的制造关键在于螺纹的加工。为了避免端部螺纹削弱钢筋截面,常采用特制的钢模冷轧而成,使其阴纹压入钢筋圆周之内,而阳纹则挤到钢筋原圆周之外,这样可使平均直径与原钢筋直径相差无几(约小 2%),而且冷轧还可以提高钢筋的强度。由于螺纹系冷轧而成,故又将这种锚具称为轧丝锚[图 11.2.6(a)]。目前国内生产的轧丝锚有两种规格,可分别锚固 ϕ25mm 和 ϕ32mm 两种。

20 世纪 70 年代以来,国内外相继采用可以直接拧上螺帽和连接套筒(用于钢筋接长)的高强精轧螺纹钢筋,它沿通长都具有规则、但不连续的凸形螺纹,可在任何位置进行锚固和连接,故可不必再在施工时临时轧丝。国际上采用的迪维达格(Dywidag)锚具[图 11.2.6(b)],就是采用特殊的锥形螺帽和钟式垫板来锚固这种钢筋的螺纹锚具。

螺纹锚具具有受力明确、锚固可靠、构造简单、施工方便、预应力损失小的特点,并且在短构件中也可使用,并能重复张拉、放松或拆卸,还可简便地采用套筒接长。

4. 夹片锚具

将预应力筋用夹片楔紧在锥形锚孔中的锚具称为夹片式锚具,适用于单根或多根预应力束。

夹片锚具体系主要作为锚固钢绞线筋束用。由于钢绞线与周围接触的面积小,且强度高、硬度大,故对其锚具的锚固性能要求很高。JM 锚是我国 20 世纪 60 年代研制的钢绞线夹片锚具,随着钢绞线的大量使用和钢绞线强度的大幅度提高,仅 JM 锚具已难以满足要求。20 世纪 80 年代,除进一步改进了 JM 锚具的设计外,特别着重进行钢绞线群锚体系的研究与试制工作。中国建筑科学研究院先后研制出了 XM 锚具和 QM 锚具系列,交通部公路规划设计院研制出了 YM 锚具系列,柳州建筑机械总厂与同济大学合作,在 QM 锚具系列的基础上又研制出了 OVM 锚具系列等。这些锚具体系都经过严格检测、鉴定后定型,锚固性能均达到国际预应力混凝土协会(FIP)标准,并已广泛地应用于桥梁、水利、房屋等各种土建结构工程中。

(1)钢绞线夹片锚

夹片锚具的工作原理如图 11.2.7 所示。夹片锚具由带锥孔的锚板和夹片所组成。张拉时,每个锥孔设置 1 根钢绞线,张拉后各自用夹片将孔中的钢绞线抱夹锚固,每个锥孔各自成为一个独立的锚固单元。每个夹片锚具一般是由多个独立锚固单元所成,它能锚固由 55 根不

等的 ϕ^j15(或 16)与 ϕ^j12(或 13)钢绞线所组成的筋束,最大锚固吨位可达 11000kN,故夹片锚又称为大吨位钢绞线群锚体系。其特点是各根钢绞线均为单独工作,即 1 根钢绞线锚固失效不会影响全锚,只需对失效锥孔的钢绞线进行补拉即可。但预留孔端部,因锚板锥孔布置的需要,必须扩孔,故工作锚下的一段预留孔道一般需设置成喇叭形,或配套设置专门的铸铁喇叭形锚垫板。

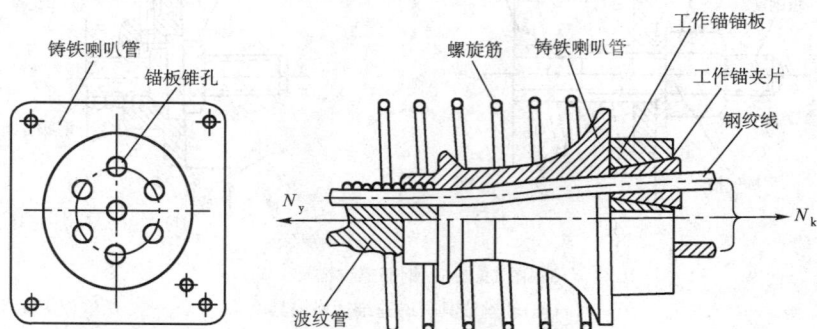

图 11.2.7　夹片锚具配套示意图

(2)XM 型预应力张拉锚固体系

XM 型预应力张拉锚固体系是一种以钢绞线为预应力筋的后张拉体系,属于有顶压器顶压的锚固装置。现在可锚固标准强度为 1860MPa 级的 $\phi^j15.2$、$\phi^j15.7$ 钢绞线和 $7\phi^s5$ 的高强钢丝束,其锚固回缩值最小可接近 4mm。XM 型锚固体系分为张拉锚具、固定锚具、连接器三类。张拉锚具是 XM 型锚固体系的主要元件,由锚杯、夹片、锚座(锚垫板加喇叭管)组成。工作原理是每组三个斜夹片放在锚杯的圆锥孔内,利用楔效应夹持一根钢绞线,形成一个锚固单元。一个锚杯上只有一个锚固单元的叫做单孔锚;一个锚杯上有多于一个锚固单元的叫做多孔锚或群锚。

(3)扁形夹片锚具

扁形夹片锚具是为适应扁薄截面构件(如空心板梁等)筋束锚固的需要而研制的,简称扁锚。其工作原理与一般夹片锚具体系相同,只是工作锚锚板、锚下钢垫板和喇叭管以及形成预留孔道的波纹管等均为扁形而已。每个扁锚一般锚固 2～5 根钢绞线,采用单根逐一张拉,施工方便。其一般符号为 BM 锚。

(4)固定端锚具

采用一端张拉时,其固定端锚具,除可采用与张拉端相同的夹片锚具外,还可采用挤压锚具和压花锚具。

①挤压式锚具

是一种固定锚具。利用压头机,将套在钢绞线端头上的软钢(一般为 45 号钢)套筒与钢绞线一起强行顶压,通过规定的模具孔挤压而成(如图 11.2.8 所示)。为增加套筒与钢绞线间的摩阻力,挤压前,在钢绞线与套筒之间衬置一硬钢丝螺旋圈,以便在挤压后使硬钢丝分别压入钢绞线与套筒内壁之内。

②压花锚具

用压花机将钢绞线端头压制成梨形花头的一种粘结型锚具(如图 11.2.9 所示),张拉前预先埋入构件混凝土中。

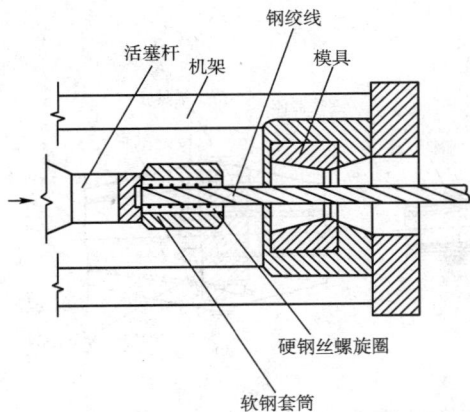

图 11.2.8 压头机工作原理

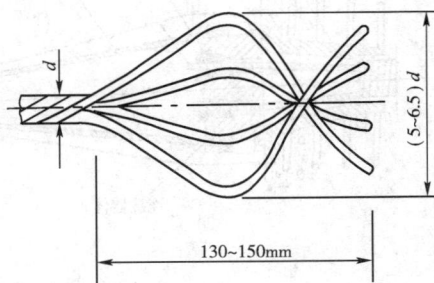

图 11.2.9 压花锚具

③轧花锚具

轧花锚具:是一种固定锚具,利用混凝土对钢绞线的握裹力将后张力传至混凝土构件。钢绞线的末端利用压花机压成圆球形花,这些球形花以正方形或长方形排列,并用网格钢筋固定位置。为了防止混凝土局部开裂,在钢绞线从波纹管出来开始散开的位置,用螺旋钢筋和约束环加强。轧花锚具的结构见图 11.2.10 所示。

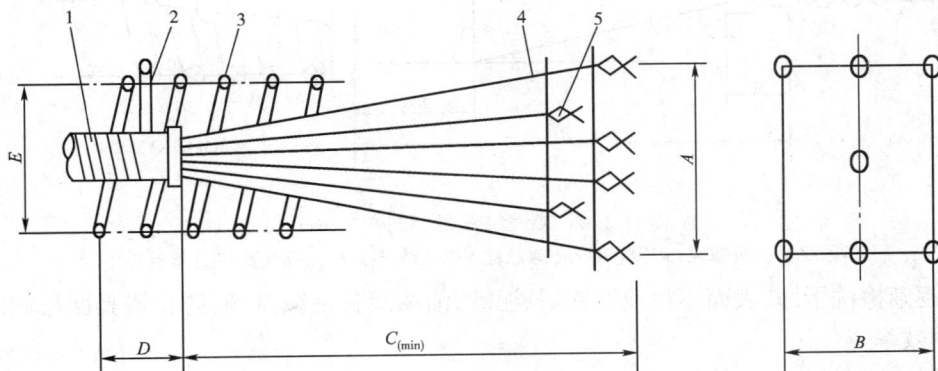

图 11.2.10 轧花锚具结构

1-波纹管;2-压浆管;3-螺旋钢筋;4-支架;5-钢绞线轧花球头图

(5)连接器

连接器有两种:钢绞线束 N_1 锚固后,需要再连接钢绞线束 N_2 的,叫锚头连接器,如图 11.2.11(a)所示。当两段未张拉的钢绞线束 N_1、N_2 需直接接长时,则可采用接长连接器,如图 11.2.11(b)所示。

例如 XM 型连接器的主要作用是将要接长的新钢束连接到已张拉锚固的钢束上。连接器的构造见图 11.2.12,新钢束末端的挤压头同挤压式锚具相同。

以上锚具的设计参数和锚具、锚垫板、波纹管及螺旋筋等的配套尺寸,可参照各生产厂家的"产品介绍"选用。

应当特别指出:为保证施工与结构的安全,锚具必须按规定程序[见国家标准《预应力筋用锚具、夹具和连接器》(GB/T 14370—93)]进行试验验收,验收合格者方可使用。工作锚具使用

183

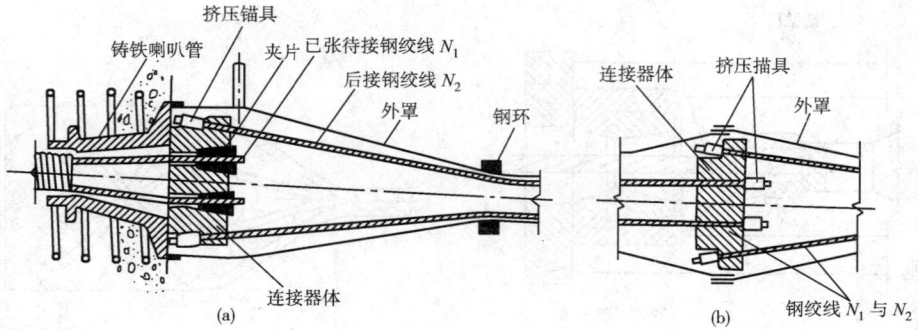

图 11.2.11 连接器构造
(a)锚头连接器;(b)接长连接器

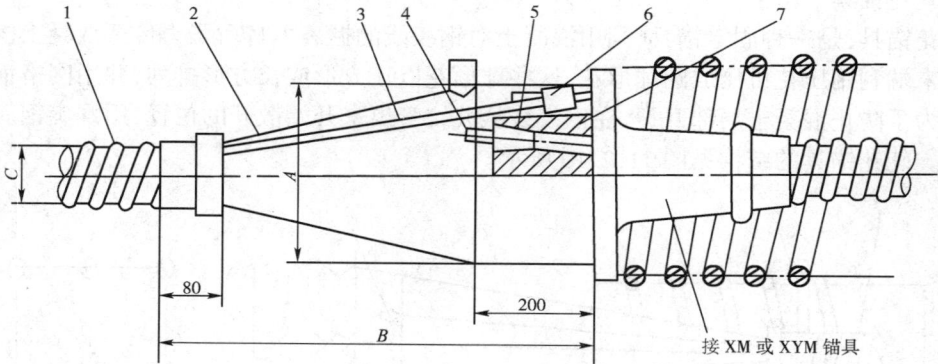

图 11.2.12 XM型连接器(尺寸单位:mm)
1-波纹管;2-外罩壳;3-连接钢绞线;4-已锚固钢绞线;5-夹片;6-挤压头;7-连接器锚杯

前,必须逐渐擦洗干净,表面不得残留铁屑、泥砂、油垢及各种减摩剂,防止锚具回松和降低锚具的锚固效率。

四、张拉千斤顶

各种锚具都必须配置相应的张拉设备,才能顺利地进行张拉、锚固。与夹片锚具配套的张拉设备,是一种大直径的穿心单作用千斤顶(图 11.2.13),它常与夹片锚具配套研制。其他各种锚具也都有各自适用的张拉千斤顶。

与 XM 型张拉锚固体系配套的千斤顶是 YDC 型系列穿心式千斤顶,千斤顶前端安有顶压器,后端装有工具锚(与工作锚通用)。图 11.2.14 为千斤顶的外形尺寸图。

YDC 型千斤顶工作时通过工具锚首先锚固钢绞线,再由活塞带动工具锚与钢绞线一起移动,在张拉完成后回油顶压锚固钢绞线。如一次千斤顶的行程不够,可多次重复操作,直至最终完成。

千斤顶在锚固时采用的顶压器有液压与弹性顶压两种。

(1)液压顶压器采用多孔式多油缸并联,顶压器的每个穿心式顶压活塞对准锚具的一组夹片,钢绞线由其穿心孔中穿过,每个活塞在顶压时的压力为 25kN,采用同步顶压。顶压器的使

184

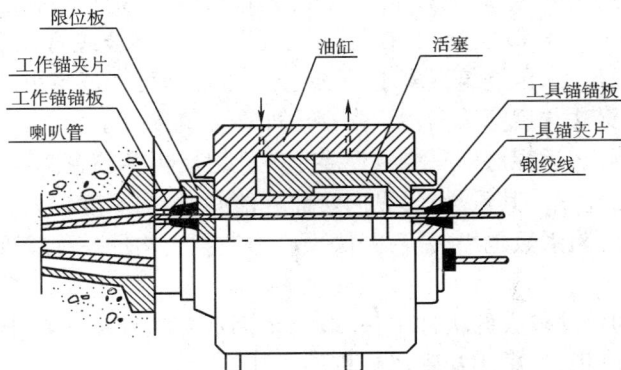

图 11.2.13　夹片锚张拉千斤顶安装示意图

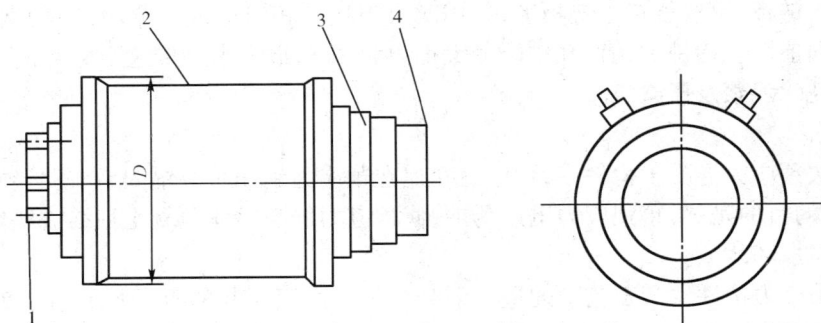

图 11.2.14　YDC 型千斤顶外形

1-工具锚;2-千斤顶;3-顶压器;4-工作锚

用增加了锚固的可靠性,并减少了锚固损失。液压顶压器的外形,如图 11.2.15 所示。

(2)弹性顶压器采用橡胶制的筒形弹性元件,每个弹性元件对准一组夹片,钢绞线从筒形弹性元件的中孔通过。张拉时,弹性顶压器的壳体把弹性元件压紧在一夹片上,由于弹性元件受夹片弹性压缩,钢绞线能正常拉出,张拉后利用钢绞线的回缩将夹片带动锚固。采用此法较为简单,但钢绞线的回缩值较采用液压顶压器要大。

图 11.2.15　液压顶压器实物图

五、预加应力的其他设备

按照施工工艺的要求,预加应力尚需有以下一些设备或配件。

(一)制孔器

预制后张法构件时,需预先留好待混凝土结硬后筋束穿入的孔道。目前,国内桥梁构件预留孔道所用的制孔器主要有两种:抽拔橡胶管与螺旋金属波纹管。

1.抽拔橡胶管。在钢丝网胶管内事先穿入钢筋(称芯棒),再将胶管(连同芯棒一起)放入

185

模板内,待浇筑混凝土达到一定强度后,抽去芯棒,再拔出胶管,则预留孔道形成。

2. 螺旋金属波纹管(简称波纹管)。在浇筑混凝土之前,将波纹管按筋束设计位置,绑扎于与箍筋焊连的钢筋托架上,再浇筑混凝土,混凝土结硬后即可形成穿束的孔道。使用波纹管制孔的穿束方法,有先穿法与后穿法两种。先穿法即在浇筑混凝土之前将筋束穿入波纹管中,绑扎就位后再浇筑混凝土;后穿法即是浇筑混凝土成孔之后再穿筋束。这种金属波纹管,是用薄钢带经卷管机压波后卷成。其重量轻,纵向弯曲性能好,径向刚度较大,连接方便,与混凝土粘结良好,与钢筋束的摩阻系数也小,是后张法预应力混凝土构件一种较理想的制孔器。

(二)穿索机

在桥梁悬臂施工和尺寸较大的构件中,一般都采用后穿法穿束。对于大跨度桥梁有的筋束很长,人工穿束十分吃力,故采用穿索(束)机。

穿索(束)机有两种类型:一是液压式,二是电动式,桥梁中多用前者。它一般采用单根钢绞线穿入,穿束时应在钢绞线前端套一子弹形帽子,以减小穿束阻力。穿索机由马达带动用四个托轮支承的链板,钢绞线置于链板上,并用四个与托轮相对应的压紧轮压紧,钢绞线就可借链板的转动向前穿入构件的预留孔中。最大推力为 3kN,最大水平传送距离可达 150m。

(三)灌孔水泥浆及压浆机

1. 水泥浆

在后张法预应力混凝土构件中,预应力孔道在预应力钢筋张拉锚固后,还必须对孔道压注水泥浆,压浆的目的是:防止预应力钢筋锈蚀,使预应力筋与梁体混凝土粘结成整体,填充孔道的空间以防积水和冰冻。

压浆是预应力构件生产工艺中的重要环节之一。由于压浆的复杂性,其质量取决于正确的操作和技巧,因此,压浆时必须严格按规程操作。

灰浆的质量也应有严格的要求,应该密实均质、有较高的抗压强度和粘度,并且应该快硬和具有较好的抗冻性。为了减少灰浆结硬时的收缩,保证孔道内密实,可在水泥浆中加入少量膨胀剂,以往多采用铝粉作膨胀剂,后发现铝粉同水泥起化学作用将释放出氢,可能引起钢筋氢脆,因此目前国际上多采用能产生氮的化学膨胀剂。加入膨胀剂的水泥浆,应控制其膨胀率在 5% ~ 10% 之内,以免引起孔道破裂。水泥浆的水灰比宜在 0.4 ~ 0.45,如加入适量的减水剂(如加入占水泥重量 0.25% 的木质素磺酸钙等),则水灰比可降低 10% ~ 15%;所用水泥不应低于 42.5 级,建议采用硅酸盐水泥或普通水泥;水泥浆强度不应低于构件混凝土的 80%,亦不低于 30 号;水泥浆的沁水率最大不得超过 3%,稠度宜控制在 14 ~ 18s 之间。

压浆之前应用水冲洗孔道,接着用压缩空气将孔道内的积水排干,然后进行压力压浆。开始用低压,然后增大压力,直到灰浆从其他孔中流出为止,压力慢慢地增加至设计压力有利于排除及减少气泡,水泥浆自拌制至压入孔道的延续时间,视气温情况而定,一般控制在 30 ~ 45min 范围内。压浆应该连续、缓慢、均匀进行,不得中断。

2. 压浆机

压浆机是孔道灌浆的主要设备。它主要由灰浆搅拌桶、贮浆桶和压送灰浆的灰浆泵以及供水系统组成。压浆机的最大工作压力可达约 1.50MPa (15 个大气压),可压送的最大水平距离为 150m,最大竖直高度为 40m。

(四)张拉台座

采用先张法生产预应力混凝土构件时,需设置用作张拉和临时锚固筋束的张拉台座。它因需要承受张拉筋束巨大的回缩力,设计时应保证具有足够的强度、刚度和稳定性。批量生产时,有条件的尽量设计成长线式台座,以提高生产效率。为了提高产品质量,张拉台座的台面,即预制构件的底模,有的构件厂已采用了预应力混凝土滑动台面,可防止在使用过程中台面开裂。

第三节 预应力混凝土结构的材料

预应力混凝土结构虽然和钢筋混凝土一样,都是由混凝土和钢筋构筑而成,但不同之处是预应力混凝土必须采用高强度的钢筋和混凝土。如果采用强度不高的预应力筋,所产生的预加应力就会由于各种原因而有全部消失的可能。只有采用高强度钢筋来预加应力,才能建立相当大的预应力,使得经过预应力损失后,还能剩余足够大的有效预应力(永存预应力)。同样,只有采用高强度混凝土,才能承受得了这么大的预压应力,充分发挥高强度钢筋的作用,有效地减小构件截面尺寸和减轻结构自重。

一、混凝土材料

(一)预应力混凝土结构中常用混凝土强度等级要求

目前,我国预应力混凝土结构采用的混凝土等级为 C40、C50 和 C60。混凝土等级的选择应根据技术和经济方面的要求,尽量采用高等级的混凝土。在先张法中,预应力钢筋一般是靠粘结力来锚固的,而粘结强度是随混凝土强度等级的增高而增加的,因此混凝土强度等级不应低于 C40。

采用高强混凝土还有很多其他的优点。诸如高强混凝土的弹性模量较高,徐变较小,能够减小由于混凝土弹性压缩和徐变引起的预应力损失;高强度混凝土有较高的粘结强度,可减少用先张法生产的构件的预应力钢筋的锚固长度;高强度混凝土具有较高的抗拉强度,使用高强度混凝土的预应力混凝土结构有较高的抗裂度。

近年来,用普通水泥砂石原材料和常规工艺配制的高强混凝土的和易性较好,强度在C50～C100 之间的高强度混凝土在许多国家得到迅速发展。一些国家在建筑工程中使用了C100 以上的混凝土。我国对高强度混凝土研究和应用的起点较高,C50～C60 高强混凝土已被用于高层建筑、桥梁与公路工程中。《公桥规》已将混凝土的强度等级拓宽到 C80。

预应力钢筋混凝土结构构件对混凝土的要求比普通钢筋混凝土要高,主要要求如下:

①强度高。高强度的混凝土可保证预应力筋强度能够充分发挥,减小构件截面尺寸,满足局部抗压强度要求。

②匀质性好。预应力混凝土结构中大都存在高应力,故要求混凝土有较高的匀质性,在施工时必须建立严格的检查制度。

③快硬、早强。以便能提前张拉锚固,从而加快施工进度,提高设备及模板的周转率。

④收缩和徐变小。以减小预应力损失。

(二)混凝土收缩与徐变的影响

预应力混凝土构件,除了混凝土在结硬过程中会产生收缩变形外,由于混凝土长期承受着预压应力,还要产生徐变变形。

混凝土的收缩和徐变,使预应力混凝土构件缩短,因而引起预应力钢筋中的预应力下降,通常称此为预应力损失。混凝土的收缩、徐变值越大,预应力损失值就越大。因此,在预应力混凝土构件的设计、施工中,应尽量设法减少混凝土的收缩和徐变,并尽量准确地确定混凝土的收缩变形和徐变变形值。

1. 混凝土的收缩

混凝土的收缩包括两部分:一部分为凝缩,系由水泥凝结硬化时所产生的收缩变形,硬化收缩变形,是随着时间的延长而增加的;初期硬化时收缩变形明显,以后逐渐变缓,其数值大小与水泥的化学成分有关,如早强水泥,矾土水泥收缩较小,同时水泥用量和养护时间对凝缩都有较大的影响;另一部分为干缩,它是由于混凝土干硬出水后产生的收缩变形,其数值大小与龄期和骨料种类有关,同时受外界湿度、温度和凝固用水量的影响。收缩应变的数值变化很大,一般为$(0.16 \sim 0.4) \times 10^{-3}$,如无实测数据,设计时可采用表 11.3.1 中的数值。

混凝土收缩应变和徐变系数终极值 表 11.3.1

混凝土收缩应变终极值 $\varepsilon_{cs}(t_u, t_0)(\times 10^{-3})$

传力锚固龄期 (d)	$40\% \leqslant RH < 70\%$				$70\% \leqslant RH < 99\%$			
	理论厚度 h(mm)				理论厚度 h(mm)			
	100	200	300	≥600	100	200	300	≥600
3~7	0.50	0.45	0.38	0.25	0.30	0.26	0.23	0.15
14	0.43	0.41	0.36	0.24	0.25	0.24	0.21	0.14
28	0.38	0.38	0.34	0.23	0.22	0.22	0.20	0.13
60	0.31	0.34	0.32	0.22	0.18	0.20	0.19	0.12
90	0.27	0.32	0.30	0.21	0.16	0.19	0.18	0.12

混凝土徐变系数终极值 $\phi(t_u, t_0)$

加载龄期(d)	$40\% \leqslant RH < 70\%$				$70\% \leqslant RH < 99\%$			
	理论厚度 h(mm)				理论厚度 h(mm)			
	100	200	300	≥600	100	200	300	≥600
3	3.78	3.36	3.14	2.79	2.73	2.52	2.39	2.20
7	3.23	2.88	2.68	2.39	2.32	2.15	2.05	1.88
14	2.83	2.51	2.35	2.09	2.04	1.89	1.79	1.65
28	2.48	2.20	2.06	1.83	1.79	1.65	1.58	1.44
60	2.14	1.91	1.78	1.58	1.55	1.43	1.36	1.25
90	1.99	1.76	1.65	1.46	1.44	1.32	1.26	1.15

注:1. 表中 RH 代表桥梁所处环境的年平均相对湿度(%);

2. 表中理论厚度 $h = 2A/\mu$,A 为构件截面面积,μ 为构件与大气接触的周边长度,当构件为变截面时,A 和 μ 均可取其平均值;

3. 本表适用于由一般的硅酸盐类水泥或快硬水泥配制而成的混凝土;对 C50 及以上混凝土,表列数值应乘以 $\sqrt{\dfrac{32.4}{f_{ck}}}$,式中,$f_{ck}$ 为混凝土轴心抗压强度标准值(MPa);

4. 本表适用于季节性变化的平均温度 $-20℃ \sim +40℃$;

5. 构件的实际传力锚固龄期、加载龄期或理论厚度为表列数值中间值时,收缩应变和徐变系数终极值可按直线内插法取值;

6. 在分阶段施工或结构体系转换中,当需计算阶段收缩应变和徐变系数时,可按《公桥规》附录 F 提供的方法进行。

2. 混凝土的徐变

188

混凝土在受力后立即产生的变形称为急变(包括弹性变形和一部分塑性变形)。在应力不变的情况下,随时间增长的塑性变形称为徐变。

影响徐变的主要因素是应力的大小和受载荷时混凝土的龄期。当应力小于 $0.5 \sim 0.55 f_{cd}$ 时,徐变变形与应力成正比,为线性徐变,徐变曲线逐渐收敛,渐近线与横坐标平行,如图 11.3.1 所示。

但当混凝土应力大于 $0.55 f_{cd}$ 时,徐变变形与应力不成正比,为非线性徐变(图 11.3.1)。非线性徐变与时间的关系曲线是发散的,在高应力作用下,还可能发生徐变造成的破坏。在实验中曾发现这样的情况,受压构件的应力 $\sigma_c \approx 0.8 f_{cd}$,加载约 6h 后,试件发生爆裂性突然破坏。这说明长期荷载应力过高时,徐变变形急剧增加不再收敛,呈现非稳定徐变现象。由此可见,预应力混凝土构件的预加压应力如果过高,对于结构的安全是很不利的。

由于在桥梁结构中,混凝土的持续应力一般都小于 $0.5 f_{cd}$,所以不会因徐变造成破坏,并可按线性关系来计算徐变变形。考虑到在露天环境下工作的桥梁结构,影响徐变的因素非常复杂,要精确地确定各项徐变因素,目前尚不易做到。因此,在实际工作中,对于用硅酸盐水泥配制的中等稠度的普通混凝土,其最终徐变系数 $\phi(t_\infty, \tau)$ 和收缩应变 $\varepsilon(t_\infty, \tau)$ 可采用表 11.3.1 的数值。

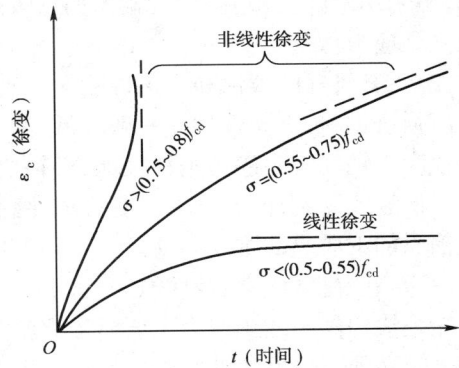

图 11.3.1　不同压力作用下的 $\varepsilon_c - t$ 曲线

二、预应力钢材

在预应力混凝土构件中,有非预应力钢筋和预应力钢筋。

(一)非预应力钢筋

在预应力混凝土结构中,除了预应力筋外还需配置非预应力筋。预应力混凝土构件中的非预应力钢筋与普通钢筋混凝土结构所用的钢筋品种和级别相同,其力学性能也与普通钢筋混凝土结构中钢筋的物理力学性能一致。非预应力钢筋在预应力混凝土结构中有着重要的作用。在构件腹板中抵抗主拉应力的钢筋可用预应力钢筋,但大多数情况下采用的是非预应力钢筋。非预应力钢筋宜采用 HRB335 级和 HRB400 级热轧钢筋。

此外,在后张拉法预应力混凝土构件的张拉端和固定端布置非预力钢筋可以防止混凝土在高应力下开裂。在 T 梁和工字形梁翼缘的横向和纵向都必须布置普通钢筋。在部分预应力混凝土构件中非预应力钢筋与预应力钢筋一同作为主筋(混合配筋),这样能显著改善梁的延性和变形性能。

(二)预应力钢筋

1. 对预应力钢材的基本要求

由于在预应力混凝土构件中,混凝土中的预压应力是通过张拉预应力钢筋来实现的。因此,预应力钢筋从构件制造开始,直至破坏,始终处于高应力状态。故使用的预应力钢筋有下述几点要求。

(1)强度高

预应力钢筋必须采用高强度钢材,这已从预应力混凝土结构本身的发展历史作了极好的说明。早在一百余年前,就有人提出了在钢筋混凝土梁中建立预应力的设想,并进行了试验。但当时采用的是普通钢筋,强度不高,经过一段时间,由于混凝土的收缩、徐变等原因,所施加的预应力丧失殆尽,使这种努力一度遭到失败。又过了约半个世纪,直到 1928 年,法国工程师 E·弗莱西奈采用高强钢丝进行试验才获得成功,并使预应力混凝土结构有了实用的可能。这说明,不采用高强度预应力筋,就无法克服由于各种因素所造成的应力损失,也就不可能有效地建立预应力。

(2)要有较好的塑性和焊接性能

高强度钢材,其塑性性能一般较低,为了保证结构物在破坏之前有较大的变形能力,必须保证预应力钢筋有足够的塑性性能;必须要求预应力钢筋在拉断时,具有一定的伸长率。当构件处于低温或受到冲击荷载时,更应该注意塑性和抗冲韧性之要求。而良好的焊接性能则是保证钢筋加工质量的重要条件。

(3)要具有良好的粘结性能

先张法构件中的预应力主要是依靠钢筋和混凝土之间的粘结强度来完成的,因此钢筋和混凝土间必须有足够的粘结强度。若采用光面高强钢丝时,必须经"刻痕"或"压波"等措施处理后方可使用。

(4)应力松弛损失要低

预应力钢材今后发展的总要求就是高强度、粗直径、低松弛和耐腐蚀。

钢材是预应力混凝土结构建立和维持预应力的主要工具。对用于预应力混凝土桥梁的钢材的基本要求是强度高,有较好的塑性和可焊性,与混凝土的粘结力强。钢材的强度愈高,则预应力的效果愈显著,只有采用高强度钢材建立足够大的初始预应力,才能保证在扣除各项预应力损失后,仍可剩余较高的有效(永存)预应力(effective prestress)。预应力钢材应具有较好的塑性和焊接性能。高强度钢材,其塑性性能一般较低,为了保证结构在破坏前有较大的变形能力,必须保证预应力钢筋有足够的塑性性能。同时,良好的焊接性能,是保证钢筋加工质量的重要条件。预应力钢材与混凝土要有较好的粘结力。先张法构件是靠钢筋与混凝土之间的粘结力来锚固钢筋、传递预应力。有些试验表明光面碳素钢丝在应力达到 1000MPa 以上时,就会发生钢丝在混凝土中滑动破坏。因此,在先张法中,预应力钢筋与混凝土之间必须有较高的粘结力,对一些高强度的光面钢丝经过加工,做成刻痕钢丝、波形钢丝和扭结钢丝,以增加其与混凝土的粘结力。

2. 常用预应力钢筋的种类

现将国内常用的几种预应力筋介绍如下。

预应力钢筋通常采用:高强钢丝,钢绞线,精轧螺纹钢筋。

(1)高强钢丝

高强钢丝是由高碳镇静钢轧制成盘圆条,热处理后,经多次冷拔后制成的,故又称碳素钢丝。高强钢丝多用于大跨度结构。

①矫直回火钢丝(ϕ^s)。冷拔后经高速旋转的矫直辊筒矫直,并经回火(350~400℃)处理的钢丝,属于普通松弛级钢丝。钢丝经矫直回火处理后,可消除钢丝冷拔过程中产生的残余应力,提高钢丝的比例极限、屈强比、弹性模量,并改善其塑性;同时可获得良好的伸直性;施工方便。这种钢丝广泛应用于房屋、桥梁、市政、水利等工程中。目前国际上已广泛采用。

②刻痕钢丝(ϕ^s)。采用冷轧方法在钢丝表面刻出周期变化的凹痕钢丝。钢丝直径为

5mm,其性能与矫直钢丝相同。表面刻痕可增加钢丝与混凝土之间的握裹力。此种钢丝可用于先张法预应力混凝土构件。

③低松弛钢丝。冷拔后钢丝在一定拉应力条件下经回火处理的钢丝。经过这种处理的钢丝,弹性极限和屈服强度提高,应力松弛率大大降低,但价格较贵;考虑到构件抗裂度提高、钢材用量减少等因素,综合经济效果好。低松弛钢丝主要用于桥梁、特种结构等重点工程。目前国际上已大量采用该种钢丝。

(2)钢绞线(ϕ^j)

钢绞线是在绞线机上以一根直径较粗的钢丝为芯丝,并用若干根钢丝为边丝围绕其进行螺旋状绞捻而成,钢绞线形状如图 11.3.2(a)所示,其规格有 2、3、7、19 股等,钢绞线的公称直径有 9.0mm、12.0mm、15.0mm 三种,其强度范围在 1470~1860N/mm²。钢绞线用得最多的是 7 股钢绞线,如 7φ5 钢绞线,亦可表示为 ϕ^j15,是由 6 根直径 5mm 的高强钢丝围绕一根直径加大为 5%~7%的钢丝扭结而成的。钢丝的扭矩一般为 $12d$~$16d$。常用的钢绞线为 7φ4 和 7φ5 两种。

为了适应无粘结预应力混凝土的需要,我国已大量生产一种涂防腐蚀油脂并套有塑料管的钢绞线无粘结筋,可直接应用,十分方便。

根据钢绞线松弛性能不同分成普通钢绞线和低松弛钢绞线两种。普通钢绞线工艺较简单,钢绞线绞捻而成后,仅需在 400℃左右的熔铅中进行回火处理;而低松弛钢绞线则需进行稳定化处理,即在 350~400℃的温度下进行热处理的同时,还给钢绞线施加一定

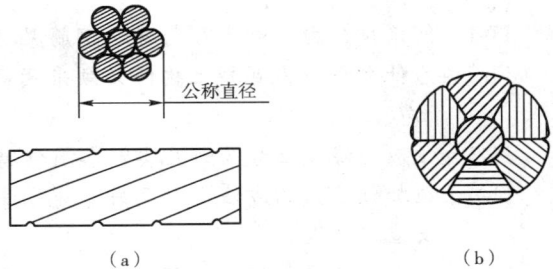

图 11.3.2 钢绞线
(a)7 股钢绞线;(b)模拔钢绞线截面

的拉力,使其达到兼有热处理与预拉处理的效果,不仅可以消除内应力,而且可以提高其强度,使结构紧密,切断后断头不松散,特别可使应力松弛损失率大大降低,伸直性好。

钢绞线具有截面集中、比较柔软、盘弯运输方便、与混凝土粘结性能良好等特点,可大大简化现场成束的工序,是一种较理想的预应力筋束。普通钢绞线的强度与弹性模量均较单根钢丝略小,但低松弛钢绞线已有改变。据国外统计,钢绞线在预应力筋中的用量约占 75%,而钢丝与粗钢筋共约占 25%。国内使用高强度、低松弛钢绞线也将成为主要趋势。

英国和日本还研究生产了一种"模拔成型钢绞线",它是在捻制成型时通过模孔拉拔而成,如图 11.3.2(b)所示。它可使钢丝互相挤紧成近于六边形,使钢绞线的内部空隙和外径大大减小,在相同预留孔道的条件下,可增加预拉力约 20%,且周边与锚具接触的面积增加,有利于锚固。

(三)预应力钢材的特性

1.应力松弛(stress relaxation)

在持续高应力下,钢的应变在常温下随时间而增加的现象称之为蠕变(又称徐变),如受力后长度保持不变;钢的应力随时间增长而降低的现象称为松弛(又叫徐舒)。由于预应力混凝土结构中预应力筋张拉完成后长度基本保持不变,钢的蠕变在预应力混凝土中影响不大,应力松弛则是对预应力筋性能的一个主要影响因素。应力松弛值的大小因钢的种类而异,并随着应力的增加和荷载持续时间的增长而增加。试验表明,在第 1 个小时中,应力松弛非常显著,

24小时内完成约50%,并将以递减速率而延续数年,持续十年才能完成。

2. 克服应力松弛的方法

(1)对钢筋进行超张拉。几乎所有高强度钢筋,均能用这种方法处理。

(2)采用低松弛钢丝或钢绞线。国外发展低松弛的高强钢材,是采用一种"稳定化"工艺,在一定的温度(如350℃)和拉应力下预先张拉钢丝,这种形变热处理的工艺能大大减少钢丝的松弛,经"稳定化"工艺处理后的钢丝松弛值仅为普通钢丝的$\frac{1}{4} \sim \frac{1}{3}$。

3. 应力腐蚀(stress corrosion)

预应力钢材在拉应力与腐蚀介质同时作用下发生的腐蚀现象称为应力腐蚀。其破坏特征是钢材在远低于破坏应力的情况下发生断裂,事先无预兆,断口与拉力垂直。高强预应力钢材强度高,变形小,直径小,对于应力腐蚀较为敏感。目前应力腐蚀已成为衡量预应力钢材性能的一项重要指标,但目前测试方法尚不统一。

思考题

11-1 何谓预应力混凝土?与普通钢筋混凝土构件相比,预应力混凝土构件有何优缺点。

11-2 为什么预应力混凝土构件必须采用高强钢材,且应尽可能采用高强度等级的混凝土?

11-3 预应力混凝土分为哪几类?各有何特点?

11-4 施加预应力的方法有哪几种?先张法和后张法的区别何在?试简述它们的优缺点及应用范围。

11-5 什么是预应力钢筋的预应力传递长度?

11-6 什么是预应力度?我国工程中按预应力度的概念对加筋混凝土是如何分类的?

11-7 预应力混凝土结构有哪些优点和缺点?

11-8 什么是无粘结预应力混凝土?无粘结预应力混凝土结构有哪些优点?

11-9 预应力混凝土结构对锚具有哪些要求?在设计、制造或选择锚具时,应注意什么?

11-10 按锚具的受力原理可以把锚具划分为哪几类?

11-11 孔道压浆的目的是什么?在施工中为了保证施工的质量,孔道压浆时应该注意哪些问题?

11-12 预应力混凝土结构构件对混凝土材料有哪些要求?混凝土的收缩和徐变对结构有哪些影响?在设计计算时应该怎样考虑?

11-13 预应力混凝土结构对预应力钢筋有哪些要求?工程中常用的预应力钢筋有哪些?

11-14 预应力混凝土结构中非预应力钢筋有哪些作用?

11-15 预应力钢材有哪些特性?什么是徐变和松弛?克服钢材的应力松弛有哪些方法?

第十二章 预应力混凝土受弯构件的应力损失

第一节 预应力混凝土梁各工作阶段的受力分析

预应力混凝土结构从张拉预应力筋开始,到承受外荷载,直至最后破坏,大致可分为两个受力阶段:施工阶段和使用阶段。每个阶段又包括若干个特征受力过程,下面将以后张法预应力混凝土梁(图 12.1.1)为例,说明各个阶段所承受的荷载、预加力大小和跨中截面的受力情况。

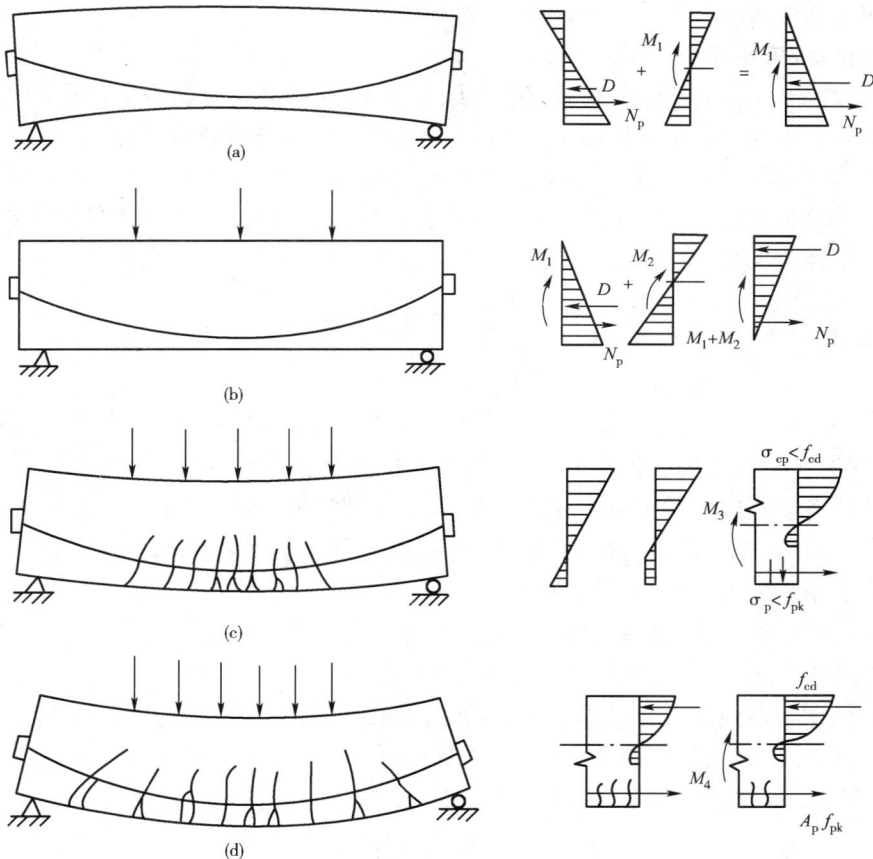

图 12.1.1 预应力混凝土梁各工作阶段的受力情况

一、施 工 阶 段

预应力混凝土构件在制作、运输和安装过程中,将承受不同的荷载。本阶段构件在预应力作用下,全截面参与工作,一般处于弹性工作阶段,可采用材料力学的方法,并根据《公桥规》的要求进行设计计算,但计算中应注意采用相应阶段的混凝土实际强度和相应的截面特性。如后张法构件,在灌浆前应按混凝土净截面计算,孔道灌浆并结硬后,则可按换算截面计算。该阶段又依构件受力条件不同,可分为预加应力阶段和运输、安装阶段两个阶段。

(一)预加应力阶段

此阶段是指从预加应力开始,至预加应力结束(传力锚固)为止。它所承受的荷载主要是偏心预压力(预加应力的合力)N_p。对于简支梁,由于 N_p 的偏心作用,构件将产生向上的反拱,形成以梁两端为支点的简支梁,因此梁的自身恒载 g_1 也在施加预加力 N_p 的同时一起参加作用[图 12.1.1(a)]。

本阶段的设计计算要求是:①控制受弯构件上、下缘混凝土的最大拉应力和压应力以及梁腹的主应力都不应超出《公桥规》的规定值;②控制预应力筋的最大张拉应力;③保证锚具下混凝土局部承压的容许承载能力大于实际承受的压力,并有足够的安全度,以保证梁体不出现水平纵向裂缝。

本阶段由于各因素影响,使预应力筋中的预拉应力将产生部分损失,通常把扣除应力损失后的预应力筋中实际存余的应力,称为有效预应力。

(二)运输、安装阶段

此阶段混凝土梁所承受的荷载,仍是预加力 N_p 和梁的自身恒载。但由于引起预应力损失的因素相继增加,N_p 要比预加应力阶段小;同时梁的自身恒载应根据《公桥规》的规定计入 1.20 或 0.85 的动力系数。构件在运输中的支点或安装时的吊点位置常与正常支承点不同,故应按梁起吊时自身恒载作用下的计算图式进行验算,特别需注意验算构件支点或吊点处上缘混凝土的拉应力。

二、使 用 阶 段

该阶段是指桥梁建成通车后整个使用阶段。构件除承受偏心预加力 N_p 和梁的自身恒载 g_1 外,还要承受桥面铺装、人行道、栏杆等后加二期恒载 g_2 和车辆、人群等活荷载。此时,梁截面产生的正应力,为偏心预加力 N_p 和以上各项荷载所产生的应力之和[图 12.1.1(b)]。

本阶段各项预应力损失将相继全部发生,并全部完成,最后在预应力筋中建立相对不变的预拉应力(即扣除全部预应力损失后所存余的预应力)σ_{pe},并将此称为永存预应力。显然,永存预应力要小于施工阶段的有效预应力值。

本阶段根据构件受力后的特征,又可分为如下几个受力状态。

1. 加载至受拉边缘混凝土预压应力为零

构件仅在永存预加力 N_{pe}(永存预应力 σ_{pe} 的合力)作用下,其下边缘混凝土的有效预压力为 σ_{pc}。当构件加载至某一特定荷载,在控制截面上所产生的弯矩为 M_0 时,其下边缘混凝土的预压应力 σ_{pc} 恰被抵消为零,则下式成立,即

$$M_0 = \sigma_{pc} W_0$$

式中:M_0——由外荷载(恒载和活载)引起、恰好使受拉边缘混凝土应力为零的弯矩;

σ_{pc}——由永存预加力 N_{pe} 在梁下边缘产生的混凝土有效预压应力;

W_0——换算截面对受拉边的弹性抵抗矩。

一般把在 M_0 作用下控制截面上的应力状态,称为消压状态,而把 M_0 称为消压弯矩(decompression moment)。应当注意,受弯构件在消压弯矩 M_0 和预加力 N_{pe} 的共同作用下,只有

下边缘纤维的混凝土应力为零(消压),而截面上其他点的应力都不为零(都不消压),如图 12.1.1(b)所示。

2. 加载至受拉区裂缝即将出现

当构件在消压状态后继续加载,并使受拉区混凝土应力达到抗拉极限强度 f_{tk} 时的应力状态,称为裂缝即将出现状态,此时荷载产生的弯矩就称为裂缝弯矩 M_{cr}。

如果把受拉区边缘混凝土应力从零增加到应力为 f_{tk} 所需的外弯矩用 M_f 表示,则 M_{cr} 为 M_0 与 M_f 之和,即

$$M_{cr} = M_0 + M_f$$

式中:M_f——相当于同截面钢筋混凝土梁的抗裂弯矩。

可以看出:在消压状态出现后,预应力混凝土梁的受力情况,就如同普通钢筋混凝土梁一样了。但是由于预应力混凝土梁的抗裂弯矩 M_{cr} 要比同截面、同材料的普通钢筋混凝土梁的抗裂弯矩多一个消压弯矩 M_0。因而,这说明了预应力混凝土梁的优越性在外荷载作用下可以大大推迟裂缝的出现。

3. 加载至构件破坏

预应力混凝土受弯构件在破坏时预加应力损失殆尽,故其应力状态和普通混凝土构件相类似,其计算方法也基本相同。

试验表明:在正常配筋的范围内,预应力混凝土梁的破坏弯矩 M,主要与构件的组成材料和受力性能有关,而与是否在受拉区钢筋中施加预拉应力的关系不大。其破坏弯矩值与同条件普通钢筋混凝土梁的破坏弯矩值几乎相同。这说明预应力混凝土结构并不能创造出超越其本身材料强度能力之外的奇迹,而只是大大改善了结构在正常使用阶段的工作性能。

第二节　预加力的计算与预应力损失的估算

在预应力混凝土构件内,施加于构件的预应力一般通过张拉预应力钢筋来获得,预应力钢筋中的初始张拉应力,称为张拉控制应力。因预应力筋中的预拉应力在张拉施工和使用过程中往往会逐渐减少,从而使混凝土中的预压应力也相应减少。预应力筋中这种应力减少的现象称为预应力损失。因此,根据荷载大小需要而设计的预拉应力,应该为扣除预应力损失后的永存预应力。为了确定永存预应力 σ_{pe},一是要确定张拉时钢筋的初始应力(一般称为张拉控制应力)σ_{con},二是要正确估算各项预应力损失值 σ_l。三者之间的关系为 $\sigma_{pe} = \sigma_{con} - \sigma_l$,对预应力损失必须做出与结构相称的尽可能合理地估计。

一、钢筋的张拉控制应力

张拉控制应力(σ_{con}),是指预应力钢筋锚固前,张拉钢筋的千斤顶所显示的总拉力除以预应力钢筋截面积所求得的钢筋应力值。对于有锚圈口摩阻损失的锚具,σ_{con} 应为扣除锚圈口摩阻损失后的锚下拉应力值,故《公桥规》特别指出 σ_{con} 为张拉钢筋的锚下控制应力。

从经济角度出发,钢筋的张拉控制应力愈大愈好。如能采用较大的 σ_{con} 值,则同样截面的预应力钢筋,使混凝土中建立的预压应力就愈大,构件的抗裂性就愈好。但是,σ_{con} 值亦不能定得过高,否则可能引起施工时个别预应力钢丝的断裂和增大应力松弛的损失,并且没有足够的安全系数来防止预应力混凝土的脆断。

钢筋张拉应力与所采用的钢筋品种有关。钢丝与钢绞线的塑性较差,没有明显的屈服台

阶,其 σ_{con} 与标准强度 f_{pk} 的比值应相应地定得低些;而精轧螺纹钢筋的塑性较好,具有较明显的屈服台阶,故可以相应地定得高些。《公桥规》考虑上述因素后规定,构件预加应力时,预应力钢筋在构造端部(锚下)的控制应力 σ_{con} 应符合下列规定:

对于钢丝、钢绞线 $\sigma_{con} \leqslant 0.75 f_{pk}$ (12.2.1)

对于精轧螺纹钢筋 $\sigma_{con} \leqslant 0.90 f_{pk}$ (12.2.2)

式中: f_{pk} ——预应力钢筋的标准强度(characteristic value of strength of prestressed tendon)。

上述张拉控制应力,对后张法构件系指体内锚下钢筋应力,对先张法构件系指体外钢筋应力。在进行超张拉或计入锚圈摩擦损失等情况下,体外张拉控制应力对于钢丝、钢绞线, $\sigma_{con} \leqslant 0.8 f_{pk}$;对于精轧螺纹, $\sigma_{con} \leqslant 0.95 f_{pk}$ 。具体设计时 σ_{con} 可小于 $0.75 f_{pk}$ (或 $0.9 f_{pk}$),但不应小于 $0.4 f_{pk}$ 。

在实际设计中,可根据具体情况和施工经验对以上控制应力值作适当的调整,例如为了抵消部分预应力损失(应力松弛、摩擦、钢筋分批张拉及预应力钢筋与张拉台座之间的温差等),为了提高构件在制作和吊运中的抗裂性,在使用阶段的受压区布置预应力钢筋,可以适当提高张拉应力。但在任何情况下,预应力钢筋中的最大控制应力,对于钢丝、钢绞线不应超过 $0.8 f_{pk}$,对于冷拉粗钢筋不超过 $0.95 f_{pk}$ 。

二、钢筋预应力损失(loss of prestress)值的计算

《公桥规》规定,在计算构件截面应力和确定钢筋的控制应力时,一般应考虑由下列因素引起的六种预应力损失,即:

预应力钢筋与管道壁之间的摩擦产生的损失 σ_{l1} ;

锚具变形、钢筋回缩和接缝压缩产生的损失 σ_{l2} ;

混凝土加热养护时,预应力钢筋与台座之间的温差产生的损失 σ_{l3} ;

混凝土的弹性压缩产生的损失 σ_{l4} ;

预应力钢筋的应力松弛产生的损失 σ_{l5} ;

混凝土的收缩和徐变产生的损失 σ_{l6} ;

此外,还需根据实际情况考虑可能出现的预应力钢筋与锚具口之间的摩擦,先张法台座的弹性变形等因素引起的其他预应力损失。

上列六项应力损失是常见的,应力损失的编号,大致根据预应力损失出现的先后为序,计算时必须根据所采用的工艺(后张法或先张法)来选择有关的损失项目。各种预应力损失值最好是根据试验数据确定,不过这一点往往不易做到。如无可靠的试验资料,则可按下述方法计算。

(一)钢筋与管道壁之间的摩擦引起的应力损失(losses of friction) σ_{l1}

这种预应力损失出现在后张法构件中。在后张法预应力梁中,预应力钢筋线形一般是由直线和曲线两部分组成[图 12.2.1(a)]。张拉时,预应力钢筋将沿管道(ducts)壁滑移而产生摩擦力,形成钢筋在张拉端的应力高,而在远离张拉端的截面,由于摩擦力的影响使钢筋预拉应力逐渐减小。因控制应力是在张拉端测定的,钢筋任意两截面间的应力差值,就是此两截面间由摩擦引起的预应力损失值。所以,在计算除张拉端外的所有其他截面的预应力值时,必须扣除由摩擦引起的应力损失。从张拉端至计算截面间的摩擦损失值,以符号 σ_{l1} 表示。引起预应力损失的摩擦阻力由两部分组成:一是曲线布置的预应力钢筋,张拉时钢筋对管道内壁的垂直挤压力,导致产生摩阻力,其值随钢筋弯曲角度总和的增加而增加,这部分阻力较大;二是由于

管道位置的偏差和不光滑所造成的,这不仅在曲线管道中发生,直线管道中亦会发生,例如制孔的套管是支承在有一定间距的定位钢筋网上的,制成的管道不可能完全平直,因此,直线段的预应力钢筋仍会与孔壁接触而引起摩擦损失,这部分阻力相对小些,取决于钢筋的长度、钢筋与孔道之间的摩擦系数(friction factor)以及孔道成型的施工质量等。钢筋在曲线段内的预应力损失分析情况,如图 12.2.1 所示。

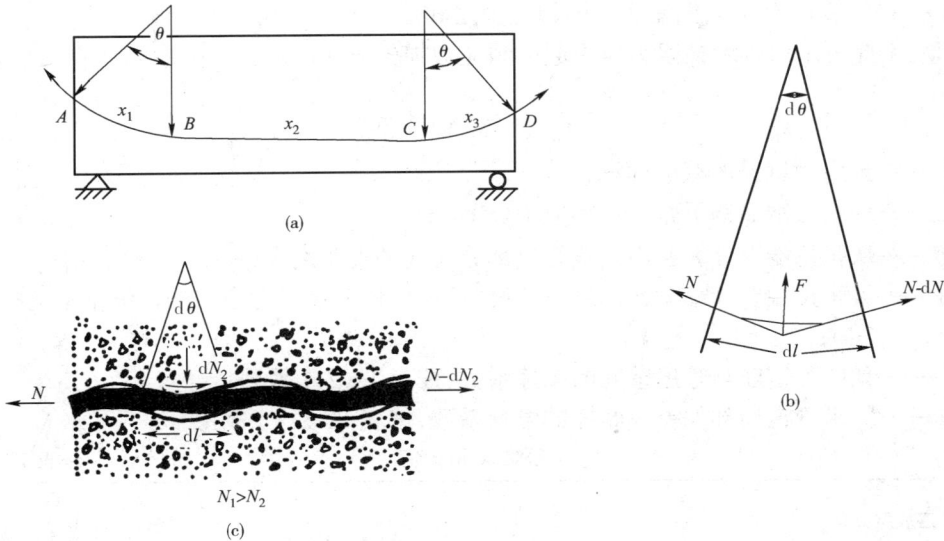

图 12.2.1 摩擦阻力损失计算简图

1. 弯道影响引起的摩擦力损失

在图 12.2.1(a)所示曲线段 AB 上取出微段钢筋 dl 为脱离体,如图 12.2.1(b)所示,其相应的弯曲角为 $d\theta$,假定其左端沿切线方向作用的拉力为 N,则右端沿切线方向作用的拉力为 $N-dN$,这两个力将产生一个指向弯曲中心的法向压力 F。若忽略 dl 范围内张拉力的微小变化,则法向压力 F 为

$$F = 2N\sin\frac{d\theta}{2} \approx 2N\frac{d\theta}{2} = Nd\theta \tag{12.2.3}$$

摩擦阻力 dN_1 等于法向压力乘以钢筋与管道壁间摩擦系数 μ,其方向与拉力方向相反。

$$dN_1 = -\mu Nd\theta \tag{12.2.4}$$

2. 管道偏差影响引起的摩擦力

钢筋在曲线段的第二部分摩擦阻力损失是由管道的位置偏差和不光滑所造成的,假设每米长度管道局部偏差对摩擦的影响系数为 k,则在 dl 范围内,由钢筋张拉时钢筋与管道相对运动而产生的摩擦阻力为:

$$dN_2 = -kNdl \tag{12.2.5}$$

3. 弯道部分的总摩擦力

预应力钢筋在管道弯曲部分微段 dl 内的摩擦力为上述两部分之和,即

$$dN = dN_1 + dN_2 = -\mu Nd\theta - kNdl$$

移项后得

$$\frac{dN}{N} = -(\mu d\theta + kdl) \tag{12.2.6}$$

197

两端同时积分得:$\ln N = -(\mu\theta + kl) + C$,由张拉端边界条件可知:当 $\theta = \theta_0 = 0, l = l_0 = 0$ 时,则 $N = N_k$,代入上式可得 $C = \ln N_k$,将 C 值回代上式,并加整理后可得:

$$N = N_k e^{-(\mu\theta + kl)} \tag{12.2.7}$$

为了计算方便,式中 l 近似地用其在构件纵轴上的投影长度 x 代替,则上式为:

$$N_x = N_k e^{-(\mu\theta + kx)} \tag{12.2.8}$$

式中:N_x——计算截面 x 处钢筋实际的预应力之和。

于是,由此可求得因摩擦阻力所引起的预应力损失 σ_{l1}:

$$\sigma_{l1} = \frac{N_k - N_x}{A_p} = \sigma_{con}\left[1 - e^{-(\mu\theta + kx)}\right] \tag{12.2.9}$$

式中:A_p——预应力钢筋的截面面积;

σ_{con}——预应力钢筋锚下张拉控制应力(MPa);

θ——从张拉端至计算截面曲线管道部分切线的夹角之和(rad);

x——从张拉端至计算截面的管道长度,可近似地取该段管道在构件纵轴上的投影长度(m);

μ——预应力钢筋与管道壁间的摩擦系数,按表 12.2.1 采用;

k——每米管道局部偏差对摩擦的影响系数,按表 12.2.1 采用。

系数 k 和 μ 值　　　　　　　　　　　　　　　　表 12.2.1

管道成型方式	k	μ	
		钢绞线、钢丝束	精轧螺纹钢筋
预埋金属波纹管	0.0015	0.20 ~ 0.25	0.50
预埋塑料波纹管	0.0015	0.14 ~ 0.17	—
预埋铁皮管	0.0030	0.35	0.40
预埋钢管	0.0010	0.25	—
抽心成型	0.0015	0.55	0.60

为了减小摩擦阻力损失,一般可采用如下措施。

(1)采用两端同时张拉。这时最大应力损失发生在中间截面,管道长度 x 和夹角 θ 减小一半。

(2)进行超张拉。一般采用的超张拉程序是:$0 \rightarrow$ 初应力$(0.1\sigma_{con}) \rightarrow 1.05\sigma_{con} \xrightarrow{\text{持荷 2min}} 0.85\sigma_{con} \rightarrow \sigma_{con}$(锚固)。这样,张拉端首先超张拉5%,因此跨中截面处的钢筋预拉应力也相应较张拉应力为 σ_{con} 时大,但当张拉端回到控制应力时,由于钢筋要向跨中方向回缩,因而将受到反向摩擦力的作用,对于简支梁来说,这个回缩影响并不能传递到跨中截面(或者影响很小)。这样,钢筋在受力最大的跨中截面处的应力,也就因采用超张拉而获得了稳定的提高。

应当注意,对于一般夹片锚具,不宜采用超张拉工艺。因为超张拉后的钢筋拉应力无法在锚固前回降至 σ_{con},一回降,钢筋就回缩,同时也会带动夹片进行锚固。这样就相当于提高了 σ_{con} 值,而与超张拉的意义不符。

(二)锚具变形、钢筋回缩和接缝压缩引起的应力损失 σ_{l2}

在后张法构件中,当张拉结束并开始锚固时,锚具开始受力,这时,锚具本身及锚下垫板由于压密而变形,钢丝的滑动、垫板缝隙压密以及分块拼装时的接缝压缩,均会使已张拉好的钢筋略有松动,造成应力损失。由以上因素引起的应力损失可按下式计算:

$$\sigma_{l2} = \frac{\sum \Delta l}{l} E_p \qquad (12.2.10)$$

式中：Δl——锚具变形、钢筋回缩和接缝压缩值(以 mm 计)，应根据试验确定；当无可靠资料时，可根据《公桥规》规定取值，每一个锚具变形、钢筋回缩和一条接缝的压缩变形值，可按表 12.2.2 采用；

$\quad\quad l$——预应力钢筋张拉端至锚固端距离(mm)；

$\quad\quad E_p$——预应力钢筋的弹性模量。

锚具变形、钢筋回缩和接缝压缩值(mm) 表 12.2.2

锚具、接缝类型		Δl
钢丝束的钢制锥形锚具		6
夹片式锚具	有顶压时	4
	无顶压时	6
带螺帽锚具的螺帽缝隙		1
镦头锚具		1
每块后加垫板的缝隙		1
水泥砂浆接缝		1
环氧树脂砂浆接缝		1

从上式可以看出，此项损失与钢筋长度成反比，对短钢筋影响较大。按上式计算的锚具变形、钢筋回缩等引起的应力损失是力筋全长的平均损失，在整个力筋长度范围内为常数，并且与力筋的长度成反比，力筋越短，该项数值越大。所以，在短小的力筋中，应注意选择变形小的锚具。计算锚具变形等引起的应力损失值 σ_{l2} 时仅需考虑张拉端，而不必考虑固定端，因为固定端的锚具在张拉钢筋的过程中已被压紧，不再考虑引起应力损失。

在按上式计算的锚具变形、钢筋回缩等引起的应力损失时，对于先张梁是比较符合实际情况的。但对于后张法特别是预应力钢筋张拉端为曲线布置时，应考虑与张拉力筋时的摩阻力方向相反的反摩阻作用对该项损失沿力筋的分布所产生的影响。即锚具变形、钢筋回缩值在张拉端为最大值，力筋的损失也最大，而在远离张拉端的力筋截面，由于钢筋回缩受到管道反向摩擦的阻止，回缩值逐渐减小，损失也相应减小。当计算损失的力筋截面与张拉端距离达到或超过某一数值后，该项损失为零。所以，锚具变形等引起的应力损失沿力筋是逐渐变化的，力筋在不同截面具有不同的应力损失 σ_{l2} 值。

为考虑钢筋回缩时的摩擦影响，假定 σ_{l2} 沿钢筋全长不变，这种计算方法只能近似适用于直线管道情况，而对于曲线管道则与实际情况不符，应考虑摩擦影响。

《公桥规》还指出，在计算锚具变形、钢筋回缩等引起的应力损失时，应考虑与张拉钢筋的摩擦阻力相反的摩阻作用。这样可以更好地反映由锚具变形等引起的应力损失 σ_{l2} 在反摩阻影响范围内逐渐变化的情况。显然考虑反摩阻作用的筋束由于张拉端截面处的反摩阻力为零，将使筋束回缩的应变最大，σ_{l2} 值也最大；离张拉端距离逐渐增大，筋束回缩应变则变小，σ_{l2} 值也变小。可以想象，当筋束自张拉端向跨中方向回缩到某一长度 l_f 后，筋束的回缩力将与反摩阻力达到平衡，筋束的回缩应变为零，其 σ_{l2} 值亦变为零。这个长度 l_f，一般就称为筋束回缩影响长度。

后张法预应力混凝土受弯构件应计算由锚具变形、钢筋回缩等引起反摩擦后的预应力损失。反向摩擦的管道摩擦系数可假定与正向摩擦的相同。

反摩擦影响长度 l_f(图 12.2.2)可按下列公式计算:

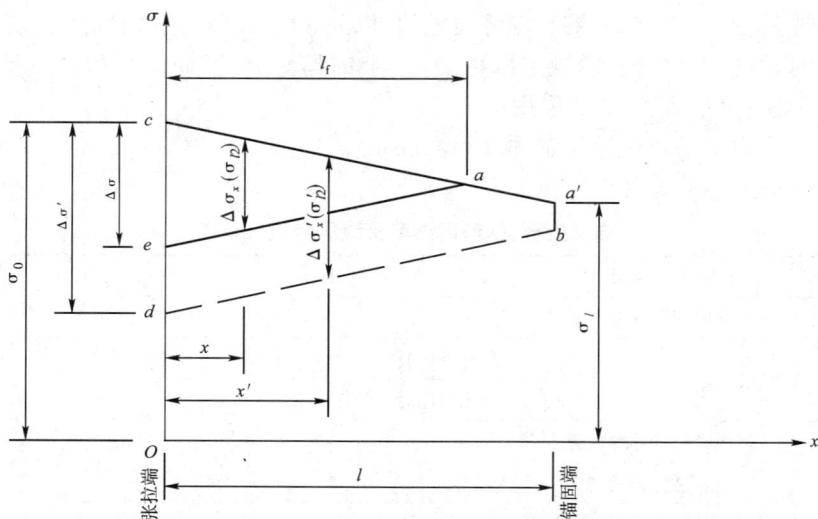

图 12.2.2　考虑反摩擦后钢筋预应力损失计算简图

$$l_f = \sqrt{\frac{\sum \Delta l \cdot E_p}{\Delta \sigma_d}} \, (mm) \tag{12.2.11}$$

式中:$\Delta \sigma_d$——单位长度内由管道摩擦引起的预应力损失,按下列公式计算:

$$\Delta \sigma_d = \frac{\sigma_0 - \sigma_l}{l} \tag{12.2.12}$$

其中 σ_0——张拉端锚下控制应力,

σ_l——预应力钢筋扣除沿途摩擦损失后锚固端应力,

l——张拉端至锚固端的距离。

当 $l_f \leqslant l$ 时,预应力钢筋离张拉端 x 处考虑反摩擦后的预拉力损失 $\Delta \sigma_x(\sigma_{l2})$,可按下列公式计算:

$$\Delta \sigma_x(\sigma_{l2}) = \Delta \sigma \frac{l_f - x}{l_f} \tag{12.2.13}$$

$$\Delta \sigma = 2 \Delta \sigma_d l_f \tag{12.2.14}$$

式中,$\Delta \sigma$ 为在 l_f 影响范围内,预应力钢筋考虑反摩擦后在张拉端锚下的预应力损失值。如 $x \geqslant l_f$,表示 x 处预应力钢筋不受反摩擦的影响。

当 $l_f > l$ 时,预应力钢筋离张拉端 x' 处考虑反摩擦后的预拉力损失 $\Delta \sigma'_x(\sigma'_{l2})$,可按下列公式计算:

$$\Delta \sigma'_x(\sigma'_{l2}) = \Delta \sigma' - 2x' \Delta \sigma_d \tag{12.2.15}$$

式中:$\Delta \sigma'$ 为在 l 范围内,预应力钢筋考虑反摩擦后在张拉端锚下的预应力损失值,可按以下方法求得:令图 12.2.2 中"$ca'bd$"等腰梯形面积 $A = \sum \Delta l \cdot E_p$,试算得到 $\overline{cd}$,则 $\Delta \sigma' = \overline{cd}$。

两端张拉(分次张拉或同时张拉)且反摩擦损失影响长度有重叠时,在重叠范围内同一截面预应力钢筋的应力取值为:两端分别张拉、锚固,分别计算正摩擦和回缩反摩擦损失,分别将张拉端锚下控制应力减去上述应力,取计算结果所得较大值。

为了减小锚具变形等引起的应力损失,可采用以下措施:

(1)采用超张拉的办法;

(2)注意选用变形值较小的锚具,应尽量减少接缝数量。

(三)钢筋与台座之间温差引起的应力损失 σ_{l3}

这项损失仅当在先张法预应力混凝土构件采用。采用蒸汽或其他加热方法养护混凝土时,才予以计算。先张法中,张拉钢筋是在常温下进行的,为了缩短先张法构件的生产周期,常采用蒸汽和其他方法加热养护混凝土,即形成了钢筋与台座之间的温度差。钢筋将因温度升高而伸长,而台座埋在地下,温度基本上不发生变化,仍维持原来的相对距离。由于养护时混凝土尚未结硬,钢筋受热后可在混凝土中自由伸长,这样,预应力钢筋就被放松而产生应力下降,等到降温时,钢筋已与混凝土结成整体,无法恢复到原来的应力状态,于是产生了应力损失 σ_{l3}。

如果张拉钢筋时制造场地的自然温度为 t_1,混凝土加热养护时钢筋的最高温度为 t_2,温度差为 $\Delta t = t_2 - t_1$,钢筋因温度升高 Δt 而产生的变形为:

$$\Delta l = \alpha \Delta t l \tag{12.2.16}$$

式中: α ——钢筋的线膨胀系数(linear expansion coeffcient of steel bar),一般可取 $\alpha = 1 \times 10^{-5}/\text{℃}$;

l ——钢筋的有效长度。

预应力筋的应力损失 σ_{l3} 为:

$$\sigma_{l3} = \frac{\Delta l}{L} E_{\text{p}} = \alpha \Delta t E_{\text{p}} \tag{12.2.17}$$

式中: E_{p} ——预应力钢筋的弹性模量,为简化计算,取 $E_{\text{p}} = 2 \times 10^5 \text{MPa}$。

则应力损失计算公式为:

$$\sigma_{l3} = 2\Delta t = 2(t_2 - t_1) \tag{12.2.18}$$

为了减少温差引起的应力损失,可采用二次升温分阶段养护的措施。其中初次升温应在混凝土尚未结硬,还未与钢筋粘结时进行。初次升温的温差一般可控制在20℃以内。第二次升温则在混凝土凝结硬化具有一定的强度(7.5~10MPa),就是混凝土与钢筋的粘结力足以抵抗温差变形后,再升温到 t_2 进行养护,此时,钢筋将和混凝土一起变形,这样就不再引起钢筋中的应力损失。因而,在采用两次升温的措施后,计算 σ_{l3} 时,式(12.2.17)中的 Δt 是指混凝土构件尚无强度,预应力钢筋未与混凝土粘结时的初次升温与自然温度的温差。

如果台座是与预应力混凝土构件共同受热一起变形的,则不须计算此项损失。

(四)混凝土弹性压缩所引起的应力损失 σ_{l4}

当预应力混凝土构件受到预压应力而产生压缩应变 ε_c 时,则对于已经张拉并锚固于混凝土构件上的预应力钢筋来说,亦将产生与该钢筋重心水平处混凝土同样的压缩应变 $\varepsilon_p = \varepsilon_c$,因而产生一个预拉应力损失,并称为混凝土弹性压缩损失,以 σ_{l4} 表示。引起应力损失的混凝土弹性压缩量,与预加应力的方式有关。

1. 先张法构件

先张法中,构件受压时钢筋已与混凝土粘结,两者共同变形,由混凝土弹性压缩引起钢筋中的应力损失为:

$$\sigma_{l4} = \varepsilon_p E_p = \varepsilon_c E_p = \frac{\sigma_{\text{pc}}}{E_c} E_p = \alpha_{\text{Ep}} \sigma_{\text{pc}}$$

$$\sigma_{l4} = \sigma_{\text{Ep}} \sigma_{\text{pc}} \tag{12.2.19}$$

式中: σ_{pc} ——在计算截面的钢筋重心处,由全部钢筋预加力产生的混凝土法向应力(MPa)。

201

可按下式计算:

$$\sigma_{pc} = \frac{N_{p0}}{A_0} + \frac{N_{p0}e_{p0}^2}{I_0}; N_{p0} = A_p\sigma_p^*$$

式中:N_{p0}——混凝土应力为零时的预应力钢筋的预加力(扣除相应阶段的预应力损失);

A_0, I_0——预应力混凝土受弯构件的换算截面面积和换算截面惯性矩;

e_{p0}——预应力钢筋重心至换算截面重心轴的距离;

σ_p^*——张拉锚固前力筋中的预应力,$\sigma_p^* = \sigma_{con} - \sigma_{l2} - \sigma_{l3} - 0.5\sigma_{l5}$;

α_{Ep}——预应力钢筋弹性模量与混凝土弹性模量之比。

2.后张法构件

在后张法预应力混凝土构件中,混凝土的弹性压缩发生在张拉过程中,张拉完毕后,混凝土的弹性压缩也随即完成。故对于一次张拉完成的后张法构件,无须考虑混凝土弹性压缩引起的应力损失,因为此时混凝土的全部弹性压缩是和钢筋的伸长同时发生的。但是,事实上由于受张拉设备的限制,钢筋往往分批进行张拉锚固,并且在多数情况下是采用逐束(根)进行张拉锚固的。这样,当张拉第二批钢筋时,混凝土所产生的弹性压缩会使第一批已张拉锚固的钢筋产生预应力损失。同理,当张拉第三批时,又会使第一、第二批已张拉锚固的钢筋都产生预应力损失,以此类推。故这种在后张法中的弹性压缩损失又称为分批张拉预应力损失 σ_{l4}。

《公桥规》规定,分批张拉时,先张拉的钢筋由张拉后批钢筋所引起的混凝土弹性压缩预应力损失可按下列公式计算:

$$\sigma_{l4} = \sigma_{Ep}\sum\Delta\sigma_{pc} \tag{12.2.20}$$

式中:$\sum\Delta\sigma_{pc}$——在计算截面钢筋重心,由后张拉各批钢筋产生的混凝土法向应力(MPa)。由于后张法构件,多为曲线配筋,所以钢筋在各截面的相对位置并不相同,因而使各截面的"$\sum\Delta\sigma_{pc}$"也不相同。为了简化计算,在实践中可采用下面的假设进行近似计算。

(1)对于简支梁,可假定以 $L/4$ 截面作为全梁的平均截面,计算 $L/4$ 截面的 σ_{l4} 作为全梁各截面的损失值。

(2)假定同一截面(如 $L/4$ 截面)内的所有预应力钢筋,都集中布置于其合力作用点(一般可视为所有预应力钢筋的重心点),并假定各批钢筋的张拉力都相等,其值等于各批钢筋张拉力的平均值,这样,可以很方便地求得每一批张拉钢筋所产生的混凝土正应力 $\Delta\sigma_{pc}$ 为

$$\Delta\sigma_{pc} = \frac{N_p}{m}\left(\frac{1}{A_n} + \frac{e_{pn}^2}{I_n}\right) \tag{12.2.21}$$

式中:N_p——所有钢筋预加应力(扣除相应阶段的应力损失和后)的合力;

m——张拉钢筋的总批数;

e_{pn}——钢筋预加应力的合力 N_p 至净截面重心轴的距离;

A_n, I_n——混凝土梁的净截面面积与净截面惯性矩。

因为在张拉第 i 批钢筋之后,又张拉了 $(m-i)$ 批钢筋,所以第 i 批钢筋的应力损失 σ_{l4}^i 应为:

$$\sigma_{l4}^i = (m-i)\alpha_{Ep}\Delta\sigma_{pc} \tag{12.2.22}$$

式中:m——预应力钢筋的束数,每束钢筋根数和预应力应相同;

$\Delta\sigma_{pc}$——在计算截面的全部钢筋重心处,由张拉一束预应力钢筋产生的混凝土法向压应力

（MPa）。

（3）为了便于进行各项验算，还可以进一步假定以 $L/4$ 截面上全部预应力钢筋重心处弹性压缩应力损失的平均值，作为各批（束）钢筋由混凝土弹性压缩引起的应力损失计算值。第一批张拉的钢筋，其弹性压缩损失值最大，为 $\sigma_{l4}^1 = (m-1)\alpha_{Ep}\Delta\sigma_{pc}$；而第 m 批（最后一批）张拉的筋束无弹性压缩应力损失，其值为 $\sigma_{l4}^m = 0$。因此计算截面上各批筋束弹性压缩损失平均值可按下式求得：

$$
\begin{aligned}
\sigma_{l4} &= \frac{\sigma_{l4}^1 + \sigma_{l4}^m}{2} \\
&= \sum_{i=1}^{m}(m-i)\alpha_{Ep}\Delta\sigma_{pc} \\
&= \frac{m-1}{2}\alpha_{Ep}\Delta\sigma_{pc}
\end{aligned}
\tag{12.2.23}
$$

分批张拉时，由于每批钢筋的应力损失不同，则实际有效应力不等，补救方法如下：

（1）重复张拉先张拉过的预应力钢筋；

（2）超张拉先张拉的预应力钢筋。

（五）钢筋松弛引起的应力损失 σ_{l5}

同混凝土一样，钢筋在持久不变的应力作用下，也会产生随持续加荷时间延长而增加的徐变变形（又称蠕变）；如筋束在一定应力值下，将其长度固定不变，则筋束中的应力随时间延长而降低，一般称这种现象为钢筋的松弛或应力松弛（又叫徐舒）。钢筋松弛一般有如下特点。

（1）钢筋初拉应力越高，其应力松弛越大。

（2）钢筋松弛量的大小主要与钢筋的品质有关。例如我国的预应力钢丝与钢绞线，依其加工工艺不同分为普通松弛级和低松弛级两种，低松弛筋的松弛值，一般不到前者的 1/3。热轧钢筋的松弛较普通松弛级碳素钢丝的松弛要小。

（3）钢筋松弛与时间的关系是，初期发展最快，第一小时内松弛最大，24h 内可完成 50%，以后渐趋稳定，但在持续 5~8 年的试验中，仍可测到其影响。

（4）采用超张拉，即用超过设计拉应力 5%~10% 的应力张拉，并保持数分钟后，再回降至设计拉应力值。这样可使钢筋应力松弛减少 40%~60%。

（5）钢筋松弛与温度变化有关，它随温度升高而增加。这对采用蒸汽养护的预应力混凝土构件会有所影响。

试验指出，钢筋的应力松弛与钢筋的成分、加工方式、张拉钢筋应力大小及其延续时间有关。一般热轧钢筋的松弛较碳素钢丝小，而钢绞线的松弛则比其原单根钢丝大。若在短时间内，用超过设计初拉应力 5%~10% 的应力张拉（简称超张拉），并保持数分钟，然后降回到设计拉应力，这样可使构件中钢筋松弛而引起的应力损失减少约 40%~50%。试验还指出，当初始拉应力值小于钢筋极限强度的 50% 时，其松弛量很小，可以略去不计。但是，一般预应力钢筋实际的初拉应力多为钢筋极限强度的 65%~70%，如以此应力持续 1000h，其应力松弛约为 4.5%~6.5%。

因此，《公桥规》规定：由钢筋松弛引起的应力损失的终极值，按下式计算：

（1）对于精轧螺纹钢筋

$$\text{一次张拉} \quad \sigma_{l5} = 0.05\sigma_{con} \tag{12.2.24}$$

$$\text{超张拉} \quad \sigma_{l5} = 0.035\sigma_{con} \tag{12.2.25}$$

（2）对于预应力钢丝、钢绞线

$$\sigma_{l5} = \Psi\zeta\left(0.52\frac{\sigma_{pe}}{f_{pk}} - 0.26\right)\sigma_{pe} \qquad (12.2.26)$$

式中：Ψ——张拉系数，一次张拉时，$\Psi = 1.0$；超张拉时，$\Psi = 0.9$；

ζ——钢筋松弛系数，Ⅰ级松弛（普通松弛），$\zeta = 1.0$；Ⅱ级松弛（低松弛），$\zeta = 0.3$；

σ_{pe}——传力锚固时的钢筋应力，对后张法构件 $\sigma_{pe} = \sigma_{con} - \sigma_{l1} - \sigma_{l2} - \sigma_{l4}$；对先张法构件

$\sigma_{pe} = \sigma_{con} - \sigma_{l2}$。

对于碳素钢丝、钢绞线，当 $\sigma_{pe}/f_{pk} \leqslant 0.5$ 时，预应力钢筋的应力松弛值可取零。

前面已经指出，钢筋的应力松弛与荷载持续时间有关，在受力后第一个小时内最大。故先张法构件在预加应力阶段要考虑应力松弛损失，当需分阶段计算钢筋松弛损失时，其中间值应根据建立预应力的时间按表 12.2.3 确定。

钢筋松弛损失中间值与终极值的比值　　　　　　　　表 12.2.3

时间(d)	2	10	20	30	40
比值	0.5	0.61	0.74	0.87	1.00

（六）混凝土收缩和徐变引起的应力损失 σ_{l6}

收缩变形和徐变变形是混凝土所固有的特性。由于混凝土的收缩和徐变，预应力混凝土构件缩短，预应力钢筋也随之回缩，因而引起预应力损失。由于收缩与徐变有着密切的联系，许多影响收缩的因素，也同样影响徐变的变形值，故将混凝土的收缩与徐变值的影响综合在一起进行计算。此外，在预应力梁中所配制的非预应力筋对混凝土的收缩、徐变变形也有一定的影响，计算时应予以考虑。

《公桥规》推荐的收缩、徐变应力损失计算，可按下式计算：

$$\sigma_{l6}(t) = \frac{0.9[E_p\varepsilon_{cs}(t,t_0) + \alpha_{Ep}\sigma_{pc}\phi(t,t_0)]}{1 + 15\rho\rho_{ps}} \qquad (12.2.27)$$

$$\sigma'_{l6}(t) = \frac{0.9[E_p\varepsilon_{cs}(t,t_0) + \alpha_{Ep}\sigma'_{pc}\phi(t,t_0)]}{1 + 15\rho'\rho'_{ps}} \qquad (12.2.28)$$

$$\rho = \frac{A_p + A_s}{A}, \rho' = \frac{A'_p + A'_s}{A}$$

$$\rho_{ps} = 1 + \frac{e_{ps}^2}{i^2}, \rho'_{ps} = 1 + \frac{e'^2_{ps}}{i^2}$$

$$e_{ps} = \frac{A_p e_p + A_s e_s}{A_p + A_s}, e'_{ps} = \frac{A'_p e'_p + A'_s e'_s}{A'_p + A'_s}$$

式中：$\sigma_{l6}(t)$，$\sigma'_{l6}(t)$——构件受拉区、受压区全部纵向钢筋截面重心处由混凝土收缩、徐变引起的预应力损失；

σ_{pc}，σ'_{pc}——构件受拉区、受压区全部纵向钢筋截面重心处由预应力（扣除相应阶段的预应力损失）和结构自重产生的混凝土法向应力（MPa）；

E_p——预应力钢筋的弹性模量；

α_{Ep}——预应力钢筋弹性模量与混凝土弹性模量的比值；

ρ，ρ'——构件受拉区、受压区全部纵向钢筋配筋率；

A——构件毛截面面积；

i——截面回转半径，$i^2 = I/A$，先张法构件取 $I = I_0$，$A = A_0$；后张法构件取

$I = I_n, A = A_n; I_0, I_n$ 分别为换算截面惯性矩和净截面惯性矩，A_0 和

A_n 分别为换算截面面积和净截面面积；

e_p, e'_p——构件受拉区、受压区预应力钢筋截面重心至构件截面重心的距离；

e_s, e'_s——构件受拉区、受压区纵向普通钢筋截面重心至构件截面重心的距离；

e_{ps}, e'_{ps}——构件受拉区、受压区预应力钢筋和普通钢筋截面重心至构件截面重心轴的距离；

$\varepsilon_{cs}(t, t_0)$——预应力钢筋传力锚固龄期为 t_0，计算龄期为 t 时的混凝土收缩应变，其终极值可按表 11.3.1 取用；

$\phi(t, t_0)$——加载龄期为 t_0，计算龄期为 t 时的徐变系数，其终极值 $\phi(t_u, t_0)$ 可按表 11.3.1 取用。

在使用式(12.2.27)和式(12.2.28)时应注意以下几个问题：

(1)式(12.2.27)和式(12.2.28)中的 σ_{pc}、σ'_{pc} 不得大于 $0.5f'_{cu}$，f'_{cu} 为预应力钢筋传力锚固时混凝土立方体抗压强度；

(2)当式(12.2.28)中的 σ'_{pc} 为拉应力时，应取其为零；

(3)对受压区配置预应力钢筋 A'_p 和普通钢筋 A'_s 的构件，其混凝土收缩、徐变的预应力损失，也可取 $A'_p = A'_s = 0$，近似地按式(12.2.27)计算；

(4)在计算式(12.2.27)中的 σ_{pc} 时仍需考虑全部预应力值和普通钢筋应力值；

(5)式(12.2.27)不仅考虑了预加力随混凝土收缩、徐变逐渐产生而变化的因素，而且考虑了非预应力钢筋对混凝土收缩、徐变起着阻碍作用的影响，因此该式既适应于全预应力混凝土构件，也适应于部分预应力混凝土构件。

式(12.2.28)计算的收缩、徐变应力损失是其终值，其中间值可根据混凝土收缩应变与徐变系数中间值 $\varepsilon(t, \tau)$、$\phi(t, \tau)$ 计算。

以上预应力损失的计算值，仅仅只能作为设计的一般依据，随着施工条件的变化，实际损失会有所不同，因此实际的损失值和计算值会有差距，除加强施工工艺的管理外，还应作好损失值的实测试验工作，根据实测损失值来随时调整损失值与张拉力之间的关系。

上述六种预应力损失，有些出现在混凝土预压之前，有些出现在混凝土预压之后，有些很快即完成，有些则需要延续很长时间。通常按损失完成的时间将其分为两阶段，第一阶段为预加应力阶段发生的应力损失 σ_l^I，第二阶段为使用荷载阶段发生的应力损失 σ_l^{II}。各阶段预应力损失值的组合情况列于表 12.2.4 中。

各阶段预应力损失值的组合　　　　　　　　表 12.2.4

预应力损失值的组合	先张法构件	后张法构件
传力锚固时的损失(第一批)σ_l^I	$\sigma_{l2} + \sigma_{l3} + \sigma_{l4} + 0.5\sigma_{l5}$	$\sigma_{l1} + \sigma_{l2} + \sigma_{l4}$
传力锚固后的损失(第二批)σ_l^{II}	$0.5\sigma_{l5} + \sigma_{l6}$	$\sigma_{l5} + \sigma_{l6}$

在预加应力阶段，钢筋的有效预应力为：

$$\sigma_{p0} = \sigma_{con} - \sigma_l^I \tag{12.2.29}$$

在使用阶段，钢筋中的永存预应力为：

$$\sigma_{pc} = \sigma_{con} - (\sigma_l^I + \sigma_l^{II}) \tag{12.2.30}$$

以上的各项损失中，一般来说，混凝土的收缩和徐变所引起的应力损失最大，此外，在后张法中管道摩阻损失的数值也较大；预应力钢筋长度较短时，锚具变形引起的应力损失也较大。

例 12.2.1 已知后张法预应力工字形截面梁,截面尺寸及配筋如图 12.2.3 所示。混凝土等级 C55 级,预应力钢筋为 φ5 的光面消除应力钢丝(普通松弛),上部配 2 束 12φ5 的钢筋束 $[A'_p = 2 \times 12 \times 19.6 = 470.4 (\text{mm}^2)]$,下部配 9 束 18φ5 的钢丝束 $[A_p = 9 \times 18 \times 19.6 = 3175 (\text{mm}^2)]$,采用钢质锥形锚具。钢丝束孔道直径 $D = 50\text{mm}$,采用预埋金属波纹管。混凝土达到设计强度等级后张拉钢筋,直线筋一端张拉,曲线筋两端张拉。试求跨中截面的预应力损失值。

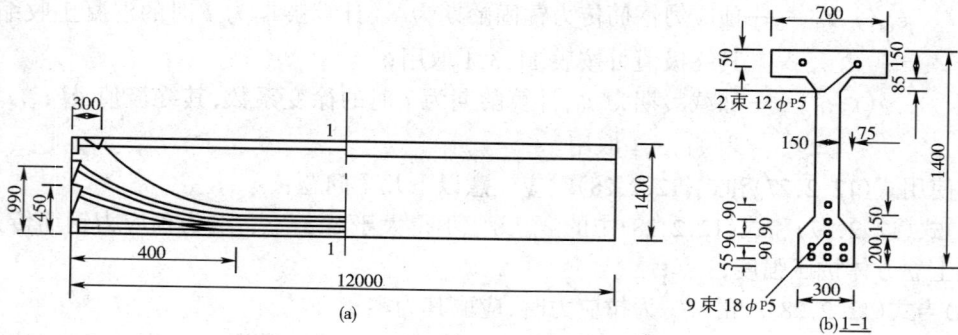

图 12.2.3 工字形截面梁结构尺寸及配筋图(尺寸单位:mm)

解:

(1)截面特性

$$\alpha_{Es} = \frac{E_s}{E_c} = \frac{2.05 \times 10^5}{3.55 \times 10^4} = 5.77$$

为计算方便,将图 12.2.4 中的截面编号列表计(表 12.2.5)。其中 6、7 为钢筋截面积,8、9 为孔道面积。

净截面特性值分别为:

$A_n = 3184.7 \times 10^2 (\text{mm}^2)$

$y_n = \dfrac{\sum s_i}{A_n} = \dfrac{261490.5 \times 10^3}{3184.7 \times 10^2} = 821.1 (\text{mm})$

$I_n = \sum I_{i0} + \sum I_{ia} - y_n \sum S_i$

$= 1488380 \times 10^4 + 27024442 \times 10^4 - 821.1 \times 261490.5 \times 10^3$

$= 7041757 \times 10^4 (\text{mm}^2)$

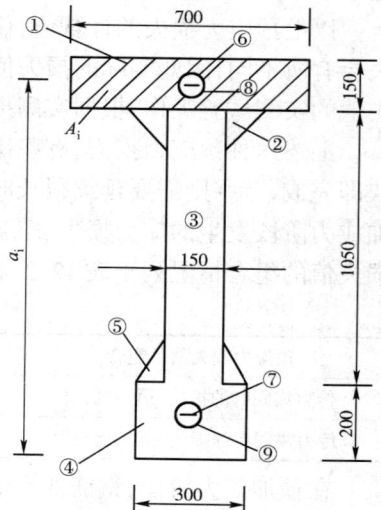

图 12.2.4 截面分块示意图

(2)预应力张拉控制应力

σ_{con}、σ'_{con} 均可取为 $0.75 f_{pk}$,f_{pk} 取为 1570N/mm²,

$\sigma_{con} = \sigma'_{con} = 0.75 \times 1570 = 1177.5 (\text{N/mm}^2)$

(3)预应力损失值

为计算清楚起见,将图 12.2.5 中的钢丝束编号,图中 1 到 5 为弯起钢丝束,6 至 11 为直线钢丝束。

①钢筋与管道之间的摩擦引起的预应力损失 σ_{l1}

后张法构件张拉时,预应力钢筋与管道壁之间摩擦引起的应力损失,可按下列公式计算

$$\sigma_{l1} = \sigma_{con}[1 - e^{-(\mu\theta + kx)}]$$

采用预埋金属波纹管,$k = 0.0015$,$\mu = 0.25$。

206

截面编号	A_i ($\times 10^2 mm^2$)	a_i ($\times 10 mm$)	$s_i = A_i a_i$ ($\times 10^3 mm^3$)	$I_{ia} = A_i a_i^2$ ($\times 10^4 mm^4$)	I_{i0} ($\times 10^4 mm^4$)
(1)	$150 \times 700 = 1050$	132.5	139125	18434062	$150^3 \times 700/12 = 19688$
(2)	$75 \times 85 = 63.8$	122.2	7796	952715	$2 \times 75 \times 85^3/36 = 256$
(3)	$150 \times 1050 = 1575$	72.5	114187	8278594	$150 \times 1050^3/12 = 1447030$
(4)	$300 \times 200 = 600$	10	6000	60000	$300 \times 200^3/12 = 20000$
(5)	$75 \times 150 = 112$	25	2800	70000	$2 \times 75 \times 150^3/36 = 1406$
(6)	$470.4 \times 5.77 = 27$	135	3645	492075	—
(7)	$3175 \times 5.77 = 183$	17.6	3220.8	56686	—
(8)	$2 \times \pi \times 50^2/4 = 39.3$	135	5305.5	716243	—
(9)	$9 \times \pi \times 50^2/4 = 176.8$	17.6	3112	54766	—
$\sum_1^5 - \sum_8^9$	$A_n = 3184.7$	—	261490.5	27024362	1488380
$\sum_1^7 - \sum_8^9$	$A_0 = 3394.7$	—	268358	27573123	1488380

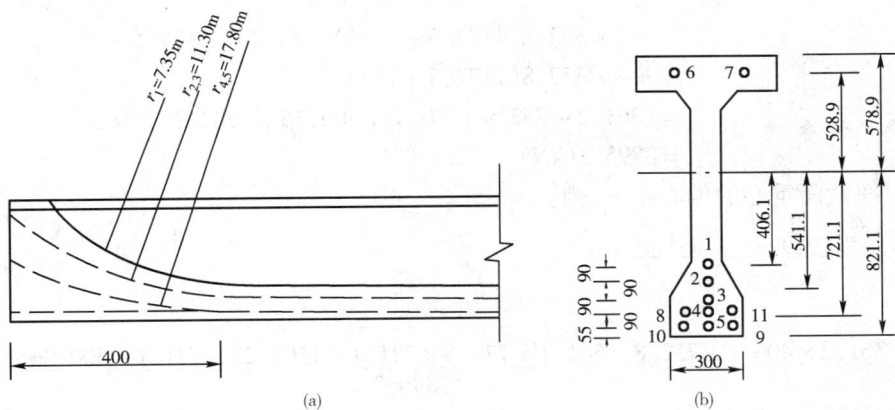

图 12.2.5　钢丝编号(尺寸单位:mm)

对采用两端张拉的曲线钢筋和一端张拉的直线预应力筋,计算截面到张拉端的距离都近似取 $x = 6m$,从张拉端至孔道曲线部分切线的夹角分别为 $\theta_1 = 30°$,$\theta_{2,3} = 20°30'$,$\theta_{4,5} = 12°50'$。

将角度化为弧度,$\theta_1 = \dfrac{30}{57.3} = 0.523(rad)$,$\theta_{2,3} = 0.358(rad)$,$\theta_{4,5} = 0.224(rad)$。代入公式得

钢丝束 1:
$$\sigma_{l1} = \sigma_{con}[1 - e^{-(\mu\theta + kx)}]$$
$$= 1177.5[1 - e^{-(0.0015 \times 6 + 0.25 \times 0.523)}]$$
$$= 153.6(N/mm^2)$$

钢丝束 2,3:　　　　　$\sigma_{l1} = 1177.5[1 - e^{-(0.0015 \times 6 + 0.25 \times 0.358)}] = 110.5N/mm^2$

钢丝束 4,5:　　　　　$\sigma_{l1} = 1177.5[1 - e^{-(0.0015 \times 6 + 0.25 \times 0.224)}] = 74.1N/mm^2$

207

钢丝束 6~11：
$$\sigma_{l1} = 1177.5[1 - e^{-(0.0015 \times 6)}] = 10.5 \text{N/mm}^2$$

②锚具变形、钢筋回缩和接缝压缩引起的预应力损失 σ_{l2}

锚具变形、钢筋回缩和接缝压缩引起的应力损失为：

$$\sigma_{l2} = \frac{\sum \Delta L}{L} E_p$$

对直线钢丝束(6、7、8、9、10、11)，采用钢质锥形锚具，锚具变形和钢筋压缩值 $\Delta l = 6\text{mm}$，直线筋为一端张拉，故 $l = 12\text{m}$。$E_s = 2.05 \times 10^5 \text{N/mm}^2$，代入式中得：

$$\sigma_{l2} = \sigma'_{l2} = \frac{\sum \Delta l}{l} E_p = \frac{6}{12000} \times 2.05 \times 10^5 = 102.5 (\text{N/mm}^2)$$

对直线弯起钢丝束 1~5，由于反摩擦影响，σ_{l2} 影响不到跨中截面，故这些预应力筋的 $\sigma_{l2} = 0$，预应力损失 $\sigma_{l1} + \sigma_{l2}$：

钢丝束 1 $\qquad \sigma_{l1} + \sigma_{l2} = 0 + 153.6 = 153.6 (\text{N/mm}^2)$

钢丝束 2,3 $\qquad \sigma_{l1} + \sigma_{l2} = 0 + 110.5 = 110.5 (\text{N/mm}^2)$

钢丝束 4,5 $\qquad \sigma_{l1} + \sigma_{l2} = 0 + 74.1 = 74.1 (\text{N/mm}^2)$

钢丝束 6~11 $\qquad \sigma_{l1} + \sigma_{l2} = 102.5 + 10.5 = 113.0 (\text{N/mm}^2)$

扣除预应力损失 $\sigma_{l1} + \sigma_{l2}$ 后，预应力钢筋的合力 N_p 为：

$$(N_p = \sigma_{pe} A_p, \sigma_{pe} = \sigma_{con} - \sigma_{l1} - \sigma_{l2})$$

$$N_p = N_{p1} + N_{p2,3} + N_{p4,5} + N_{p6,7} + N_{p8 \sim 11}$$

$$= 352.8 \times (1177.5 - 153.6) + 2 \times 352.8(1177.5 - 110.5)$$

$$+ 2 \times 352.8(1177.5 - 74.1) + 2 \times 235(1177.5 - 113)$$

$$+ 4 \times 352.8(1177.5 - 113)$$

$$= (361.2 + 752.9 + 778.6 + 500.36 + 1502.220) \times 10^3$$

$$= 3895.3 (\text{kN})$$

N_p 对净截面重心的偏心距 e_{pn} 为：

$$e_{pn} = \frac{\sum \sigma_{pe} A_p y_{pn} - \sigma'_{pe} A'_p y'_{pn}}{\sigma_{pe} A_p + \sigma'_{pe} A'_p}$$

$$= \frac{361.2 \times 406.1 + 752.8 \times 541.1 + 778.6 \times 721.1 + 1502.22 \times 721.1 - 500.36 \times 528.9}{3895.3}$$

$$= 496.5 (\text{mm})$$

③混凝土弹性压缩所引起的预应力损失 σ_{l4}

后张法预应力构件，由混凝土弹性压缩引起的预应力损失的简化算法公式为：

$$\sigma_{l4} = \frac{m-1}{2} \alpha_{Ep} \Delta \sigma_{pc}$$

$$\Delta \sigma_{pc} = \frac{N_p}{m} \left(\frac{1}{A_n} + \frac{e_{pn} \cdot e_{pn}}{I_n} \right)$$

$$= \frac{3895.3 \times 10^3}{11} \times \left(\frac{1}{3184.7 \times 10^2} + \frac{496.5^2}{7041757 \times 10^4} \right)$$

$$= 2.35 (\text{N/mm}^2)$$

故 $\qquad\qquad \sigma_{l4} = \frac{m-1}{2} \alpha_{Ep} \Delta \sigma_{pc}$

$$= \frac{10}{2} \times 5.77 \times 2.35 = 67.80 \, (\text{N/mm}^2)$$

④钢筋松弛引起的预应力损失 σ_{l5}

$$\sigma_{l5} = \Psi \zeta \left(0.52 \frac{\sigma_{pe}}{f_{pk}} - 0.26 \right) \sigma_{pe}$$

$$\sigma_{pe} = \sigma_{con} - \sigma_{l1} - \sigma_{l2} - \sigma_{l4}$$

一次张拉, $\Psi = 1.0$, 采用普通松弛钢筋, $\zeta = 1.0$,

钢丝束 1 $\sigma_{pe} = 1177.5 - 153.6 - 67.80 = 956.10 (\text{N/mm}^2)$

钢丝束 2,3 $\sigma_{pe} = 1177.5 - 110.5 - 67.80 = 999.20 (\text{N/mm}^2)$

钢丝束 4,5 $\sigma_{pe} = 1177.5 - 74.1 - 67.80 = 1035.60 (\text{N/mm}^2)$

钢丝束 6 ~ 11 $\sigma_{pe} = 1177.5 - 113.0 - 67.80 = 996.7 (\text{N/mm}^2)$

钢丝束 1 $\sigma_{l5} = 0.52 \times \dfrac{956.10^2}{1570} - 0.26 \times 956.10 = 54.18 (\text{N/mm}^2)$

钢丝束 2,3 $\sigma_{l5} = 0.52 \times \dfrac{999.20^2}{1570} - 0.26 \times 999.20 = 70.89 (\text{N/mm}^2)$

钢丝束 4,5 $\sigma_{l5} = 0.52 \times \dfrac{1035.60^2}{1570} - 0.26 \times 1035.60 = 85.96 (\text{N/mm}^2)$

钢丝束 6 ~ 11 $\sigma_{l5} = 0.52 \times \dfrac{996.7^2}{1570} - 0.26 \times 996.7 = 69.89 (\text{N/mm}^2)$

⑤混凝土收缩和徐变引起的预应力损失 σ_{l6}

$$\rho = \frac{A_p + A_s}{A_n} = \frac{3175}{3184.7 \times 10^2} = 0.009970$$

$$\rho' = \frac{A'_p + A'_s}{A_n} = \frac{470.4}{3184.7 \times 10^2} = 0.001477$$

$$e_{ps} = \frac{A_p e_p + A_s e_s}{A_p + A_s} = \frac{352.8 \times 406.1 + 2 \times 352.8 \times 541.1 + 2 \times 352.8 \times 721.1 + 4 \times 352.8 \times 721.1}{9 \times 352.8} = 646.1 (\text{mm})$$

$$i^2 = I_n / A_n = 7041757 \times 10^4 / 3184.7 \times 10^2 = 221112.10 (\text{mm}^2)$$

$$\rho_{ps} = 1 + \frac{e_{ps}^2}{i^2} = 1 + \frac{646.1^2}{221112.10} = 2.888$$

$$\rho'_{ps} = 1 + \frac{e'^2_{ps}}{i^2} = 1 + \frac{528.9^2}{221112.10} = 2.265$$

$$\mu = 700 + (1400 - 200 - 2 \times 150 - 85) \times 2 + 2 \times \sqrt{75^2 + 85^2} + \sqrt{75^2 + 150^2} + 150 \times 2 + 200 \times 2$$
$$+ 300$$
$$= 3892.13$$

$$h = 2A / \mu = 2 \times 3400.8 / 3892.13 = 174.75$$

t 为混凝土达到设计强度 80% 的龄期, $t = 14\text{d}$, 查得:

$$\varepsilon_{cs}(t_u, t_0) = 0.245 \times 10^{-3} \qquad \phi(t_u, t_0) = 1.965$$

对高强混凝土应乘以 $\sqrt{\dfrac{32.4}{f_{ck}}}$, 得 $\varepsilon_{cs}(t, t_0) = 0.234 \times 10^{-3}$, $\phi(t, t_0) = 1.87$。

$$N_p = (\sigma_{con} - \sigma_{l1} - \sigma_{l2} - \sigma_{l4}) A_p = \sigma_{pe} A_p$$

$$N_p = N_{p1} + N_{p2,3} + N_{p4,5} + N_{p6,7} + N_{p8 \sim 11}$$

$= 352.8 \times 956.10 + 2 \times 352.8 \times 999.20 + 2 \times 352.8 \times 1035.60 + 2 \times 235 \times 996.70 + 4 \times 352.8$
$\times 996.70$

$= 3648.059(\text{kN})$

$$e_{pn} = \frac{\sum \sigma_{pe}A_p y_{pn} - \sum \sigma'_{pe}A'_p y'_{pn}}{N_p}$$

$$= \frac{337.312 \times 406.1 + 705.035 \times 541.1 + 730.719 \times 721.1 + 1391.867 \times 721.1 - 468.449 \times 528.9}{3648.059}$$

$$= 493.77(\text{mm})$$

结构自重产生的跨中截面弯矩 $M_{gk} = \dfrac{1}{8} \times gl^2 = \dfrac{1}{8} \times 8.85 \times 12^2 = 159.16(\text{kN}\cdot\text{m})$。

$$\sigma_{pc} = \frac{N_p}{A_n} + \frac{N_p e_{pn}^2}{I_n} - \frac{M_{gk}}{I_n}e_{pn}$$

$$= \frac{3648.059 \times 10^3}{3184.7 \times 10^2} + \frac{3648.059 \times 10^3 \times 493.77^2}{7041757 \times 10^4} - \frac{159.16 \times 10^6 \times 493.77}{7041757 \times 10^4}$$

$$= 22.97(\text{N/mm}^2)$$

$$\sigma'_{pc} = \frac{N_p}{A_n} - \frac{N_p e_{pn}}{I_n}y'_n + \frac{M_1}{I_n}y'_n$$

$$= \frac{3648.059 \times 10^3}{3184.7 \times 10^2} - \frac{3648.059 \times 10^3 \times 493.77}{7041757 \times 10^4} \times 528.9 + \frac{159.16 \times 10^6}{7041757 \times 10^4} \times 528.9$$

$$= -0.88(\text{N/mm}^2)$$

受拉,故取 $\sigma'_{pc} = 0$。

$$\sigma_{l6}(t) = \frac{0.9[E_p \varepsilon_{cs}(t, t_0) + \alpha_{Ep}\sigma_{pc}\phi(t, t_0)]}{1 + 15\rho\rho_{ps}}$$

$$= \frac{0.9 \times (2.05 \times 10^5 \times 0.234 \times 10^{-3} + 5.77 \times 22.97 \times 1.87)}{1 + 15 \times 0.009970 \times 2.888}$$

$$= 185.93(\text{N/mm}^2)$$

$$\sigma'_{l6}(t) = \frac{0.9[E_p \varepsilon_{cs}(t, t_0) + \alpha_{Ep}\sigma'_{pc}\phi(t, t_0)]}{1 + 15\rho'\rho'_{ps}} = \frac{0.9(2.05 \times 10^5 \times 0.234 \times 10^{-3} + 5.77 \times 0 \times 1.87)}{1 + 15 \times 0.001477 \times 2.265}$$

$$= 41.11(\text{N/mm}^2)$$

第一批预应力损失:

$$\sigma_l^{\text{I}} = \sigma_{l1} + \sigma_{l2} + \sigma_{l4}$$

钢丝束 1 $\qquad \sigma_l^{\text{I}} = 153.6 + 0 + 67.80 = 221.40(\text{N/mm}^2)$

钢丝束 2,3 $\qquad \sigma_l^{\text{I}} = 110.5 + 0 + 67.80 = 178.30(\text{N/mm}^2)$

钢丝束 4,5 $\qquad \sigma_l^{\text{I}} = 74.1 + 0 + 67.80 = 141.90(\text{N/mm}^2)$

钢丝束 6~11 $\qquad \sigma_l^{\text{I}} = 10.5 + 102.5 + 67.80 = 180.80(\text{N/mm}^2)$

第二批应力损失

$$\sigma_l^{\text{II}} = \sigma_{l5} + \sigma_{l6}$$

钢丝束 1 $\qquad \sigma_l^{\text{II}} = 54.18 + 185.93 = 240.11(\text{N/mm}^2)$

钢丝束 2,3 $\qquad \sigma_l^{\text{II}} = 70.89 + 185.93 = 256.82(\text{N/mm}^2)$

钢丝束 4,5 $\qquad \sigma_l^{\text{II}} = 85.96 + 185.93 = 271.89(\text{N/mm}^2)$

钢丝束 6,7 $\qquad \sigma_l^{\text{II}} = 69.89 + 41.11 = 111.00(\text{N/mm}^2)$

钢丝束 8~11 $\qquad \sigma_l^{\text{II}} = 69.89 + 185.93 = 255.82(\text{N/mm}^2)$

思考题

12-1 预应力混凝土结构从张拉预应力筋开始直至最后破坏,可分为几个受力阶段? 各个阶段所承受的荷载、预加力大小和跨中截面的受力情况如何?

12-2 什么是张拉控制应力 σ_{con}? 为什么张拉控制应力取值不能过高也不能过低?

12-3 引起预应力损失的摩擦阻力由哪几部分组成? 直线管道内的预应力钢筋与孔道接触引起的摩擦损失与哪些因素有关?

12-4 预应力损失有哪几种? 各种损失产生的原因是什么? 计算方法及减小措施如何?

12-5 先张法、后张法各有哪几种损失? 哪些属于第一批,哪些属于第二批?

12-6 什么是预应力钢筋松弛? 钢筋松弛有哪些特点? 为什么超张拉可以减小松弛损失?

12-7 为什么混凝土的收缩和徐变引起的预应力损失要一起考虑? 在计算时是否考虑预应力构件中的非预应力钢筋的影响? 为什么?

12-8 在预应力混凝土构件中的各项预应力的损失中,哪项引起的预应力损失最大,为什么?

第十三章 预应力混凝土受弯构件的承载能力计算

第一节 预应力混凝土受弯构件的承载能力计算

预应力混凝土受弯构件破坏的可能性有两个:一是沿垂直于梁轴的正截面破坏,二是沿与梁轴斜交的斜截面破坏。正截面破坏由弯矩引起,斜截面的破坏则是由剪力与弯矩共同作用所造成的。

一、正截面抗弯承载力计算

(一)基本假定及计算简图

预应力混凝土构件极限破坏时的正截面承载能力,取决于梁的最后破坏状态。通过对预应力混凝土构件各工作阶段进行受力分析,发现预应力混凝土受弯构件正截面破坏时的应力状态和普通钢筋混凝土受弯构件基本相同,依据截面配筋率的大小可划分为:正常配筋的适筋梁的塑性破坏、配筋过多的超筋梁的脆性破坏和配筋过少的少筋梁的脆性破坏等三种情况。预应力混凝土梁的设计亦应控制在适筋梁范围之内。设计时也是采用控制混凝土受压区高度 $x \leqslant \xi_b h_0$ 的办法,控制构件的最大配筋率,以保证构件破坏时的塑性破坏特征。

当预应力钢筋的含筋量配置适当时,受拉区混凝土开裂后将退出工作,预应力钢筋及非预应力钢筋分别达到其抗拉强度设计值 f_{pd} 和 f_{sd};受压区混凝土应力达到抗压强度设计值 f_{cd},非预应力钢筋达到抗压强度设计值 f'_{sd},预应力钢筋由于在施工阶段预先承受了预拉应力,进入使用阶段后,外弯矩增加,其预拉应力将逐渐减小,至构件破坏时,其计算应力 σ'_{pc} 可能仍然为拉应力,也可能为压应力,但其值一般都达不到预应力钢筋 A'_p 的抗压强度设计值 f'_{pd}。

为简化计算,和钢筋混凝土梁一样,假定截面变形以后仍保持平面,不考虑混凝土的抗拉强度,受压区混凝土应力图形采用等效矩形代替实际曲线分布,可根据基本假定绘出计算应力图形(图 13.1.1),并仿照普通钢筋混凝土受弯构件,按静力平衡条件,计算预应力混凝土受弯构件正截面承载能力。

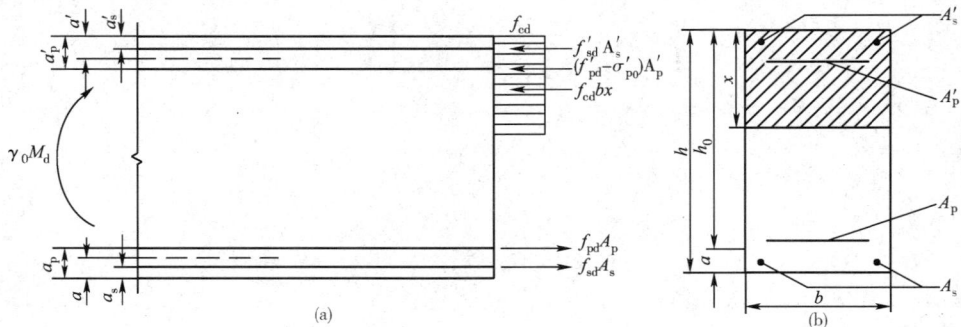

图 13.1.1 矩形截面受弯构件正截面承载力计算简图

（二）基本公式

1．矩形截面构件

配有预应力钢筋和普通钢筋的矩形截面（包括翼缘位于受拉边的 T 形截面）受弯构件，由图 13.1.1，根据力的平衡条件可得正截面承载力计算公式如下：

$$\gamma_0 M_{\mathrm{d}} \leqslant f_{\mathrm{cd}} bx\left(h_0 - \frac{x}{2}\right) + f'_{\mathrm{sd}} A'_{\mathrm{s}}(h_0 - a'_{\mathrm{s}}) + (f'_{\mathrm{pd}} - \sigma'_{\mathrm{p0}})A'_{\mathrm{p}}(h_0 - a'_{\mathrm{p}}) \quad (13.1.1)$$

$$f_{\mathrm{sd}} A_{\mathrm{s}} + f_{\mathrm{pd}} A_{\mathrm{p}} = f_{\mathrm{cd}} bx + f'_{\mathrm{sd}} A'_{\mathrm{s}} + (f'_{\mathrm{pd}} - \sigma'_{\mathrm{p0}})A'_{\mathrm{p}} \quad (13.1.2)$$

2．T 形截面

T 形截面计算简图如图 13.1.2 所示，对于翼缘位于受压区的 T 形截面受弯构件，同钢筋混凝土 T 梁一样，首先按下列条件判别 T 梁形属于哪一类。

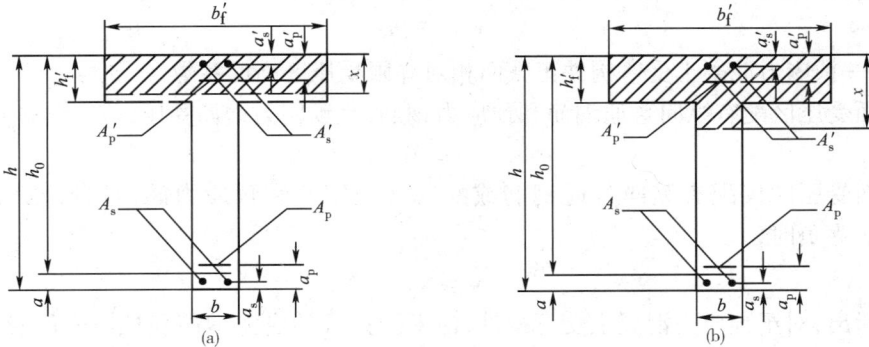

图 13.1.2　T 形截面受弯构件正截面承载力计算

(a) $x \leqslant h'_{\mathrm{f}}$ 按矩形截面计算；(b) $x > h'_{\mathrm{f}}$ 按 T 形截面计算

当满足条件

$$f_{\mathrm{sd}} A_{\mathrm{s}} + f_{\mathrm{pd}} A_{\mathrm{p}} \leqslant f_{\mathrm{cd}} b'_{\mathrm{f}} h'_{\mathrm{f}} + f'_{\mathrm{sd}} A'_{\mathrm{s}} + (f'_{\mathrm{pd}} - \sigma'_{\mathrm{p0}})A'_{\mathrm{p}} \quad (13.1.3)$$

称为第一类 T 形截面，如图 13.1.2(a) 所示，构件可按宽度为 b'_{f} 的矩形截面计算。当不符合式(13.1.3)时，表明截面中性轴通过肋部，即为第二类 T 形截面，如图 13.1.2(b) 所示，计算时应考虑截面腹板受压混凝土的作用，其正截面抗弯承载能力应按下列公式计算。

由受拉区预应力钢筋和非预应力钢筋合力点的力矩平衡条件，可得：

$$\gamma_0 M_{\mathrm{d}} \leqslant f_{\mathrm{cd}}\left[bx\left(h_0 - \frac{x}{2}\right) + (b'_{\mathrm{f}} - b)h'_{\mathrm{f}}\left(h_0 - \frac{h'_{\mathrm{f}}}{2}\right)\right] + f'_{\mathrm{sd}} A'_{\mathrm{s}}(h_0 - a'_{\mathrm{s}}) + (f'_{\mathrm{pd}} - \sigma'_{\mathrm{p0}})A'_{\mathrm{p}}$$

$$(h_0 - a'_{\mathrm{p}}) \quad (13.1.4)$$

由水平方向的平衡条件，得：

$$f_{\mathrm{sd}} A_{\mathrm{s}} + f_{\mathrm{pd}} A_{\mathrm{p}} = f_{\mathrm{cd}}\left[bx + (b'_{\mathrm{f}} - b)h'_{\mathrm{f}}\right] + f'_{\mathrm{sd}} A'_{\mathrm{s}} + (f'_{\mathrm{pd}} - \sigma'_{\mathrm{p0}})A'_{\mathrm{p}} \quad (13.1.5)$$

式中：γ_0——桥梁结构的重要性系数；

　　　M_{d}——弯矩组合设计值；

　　　f_{cd}——混凝土轴心抗压强度设计值；

　$f_{\mathrm{sd}}, f'_{\mathrm{sd}}$——纵向普通钢筋的抗拉强度设计值和抗压强度设计值；

　　　h_0——截面有效高度，$h_0 = h - a$；

　a, a'——受拉区、受压区普通钢筋和预应力钢筋的合力点至受拉区边缘、受压区边缘的距离；

　$a'_{\mathrm{s}}, a'_{\mathrm{p}}$——受压区普通钢筋合力点、预应力钢筋合力点至受压区边缘的距离；

σ'_{p0}——受压区预应力钢筋的合力点处混凝土法向应力等于零时预应力钢筋的应力,对先张法构件,$\sigma'_{p0} = \sigma'_{con} - \sigma'_l + \sigma'_{l4}$;对后张法构件,$\sigma'_{p0} = \sigma'_{con} - \sigma'_l + \alpha_{Ep}\sigma'_{pc}$;其中,$\sigma'_{con}$为受压区预应力钢筋的控制应力,$\sigma'_l$为受压区预应力钢筋的全部预应力损失,$\sigma'_{l4}$为先张法构件受压区弹性压缩损失,$\sigma'_{pc}$为受压区预应力钢筋重心处由预加力产生的混凝土法向压应力,α_{Ep}为受压区预应力钢筋弹性模量与混凝土弹性模量的比值;

h'_f——T形或工字形截面受压翼缘高度;

b'_f——T形或工字形截面受压翼缘的有效宽度。

(三)公式适用条件

混凝土受压区高度应符合下列条件:

$$x \leqslant \xi_b h_0 \tag{13.1.6}$$

式中:ξ_b——预应力混凝土受弯构件正截面相对界限受压区高度系数。

当截面受压区配有纵向普通钢筋和预应力钢筋,且预应力钢筋受压,$(f'_{pd} - \sigma'_{p0})$为正时,

$$x \geqslant 2a' \tag{13.1.7}$$

当截面受压区仅配有纵向普通钢筋或配有普通钢筋和预应力筋,且预应力钢筋受拉,$(f'_{pd} - \sigma'_{p0})$为负时,

$$x \geqslant 2a'_s \tag{13.1.8}$$

必须指出,对于预应力混凝土受弯构件,由于受拉区预应力钢筋预拉应变的影响,其界限破坏截面受压区高度界限系数 ξ_b 与钢筋混凝土受弯构件不同。

在应用受弯构件受压高度满足 $x \leqslant \xi_b h_0$ 的条件时,可不考虑按正常使用极限状态计算可能增加的纵向受拉钢筋截面面积和按构造要求配置的纵向钢筋截面面积。

若 $x < 2a'_s$,因受压钢筋离中性轴太近,变形不能充分发挥,受压钢筋的应力达不到抗压强度设计值。这时,截面所承受的计算弯矩,可由下列近似公式求得:

(1)当受压区配有纵向普通钢筋和预应力钢筋,且预应力钢筋受压时,

$$\gamma_0 M_d \leqslant f_{pd}A_p(h - a_p - a') + f_{sd}A_s(h - a_s - a') \tag{13.1.9}$$

(2)当受压区配有纵向普通钢筋或配有普通钢筋和预应力钢筋,且预应力钢筋受拉时,

$$\gamma_0 M_d \leqslant f_{pd}A_p(h - a_p - a'_s) + f_{sd}A_s(h - a_s - a'_s) - (f'_{pd} - \sigma'_{p0})A'_p(a'_p - a'_s) \tag{13.1.10}$$

式中:a_s,a_p——受拉区普通钢筋合力点、预应力钢筋合力点至受拉区边缘的距离。

如按式(13.1.9)或式(13.1.10)算得的正截面承载力比不考虑非预应力受压钢筋 A'_s 还小时,则应按不考虑非预应力受压钢筋计算。

承载力校核与截面选择的步骤与普通钢筋混凝土梁类似。

由上述承载力计算公式可以看出:构件的承载能力 M_d 与受拉区钢筋是否施加预应力无关,但对受压区钢筋 A'_p 施加预应力后,钢筋 A'_p 的应力由 f'_{pd} 下降为 $(f'_{pd} - \sigma'_{p0})$ 或者变为负值(拉应力),因而降低了受弯构件的承载能力和使用阶段的抗裂度。因此,只有在受压区确实需设置预应力钢筋 A'_p 时,才予以设置。

二、斜截面承载力计算

与钢筋混凝土构件一样,当受弯构件正截面承载力有足够保证时,仍有可能沿斜截面破

坏。根据试验研究分析,沿斜截面破坏(如图 13.1.3)的原因有两个:

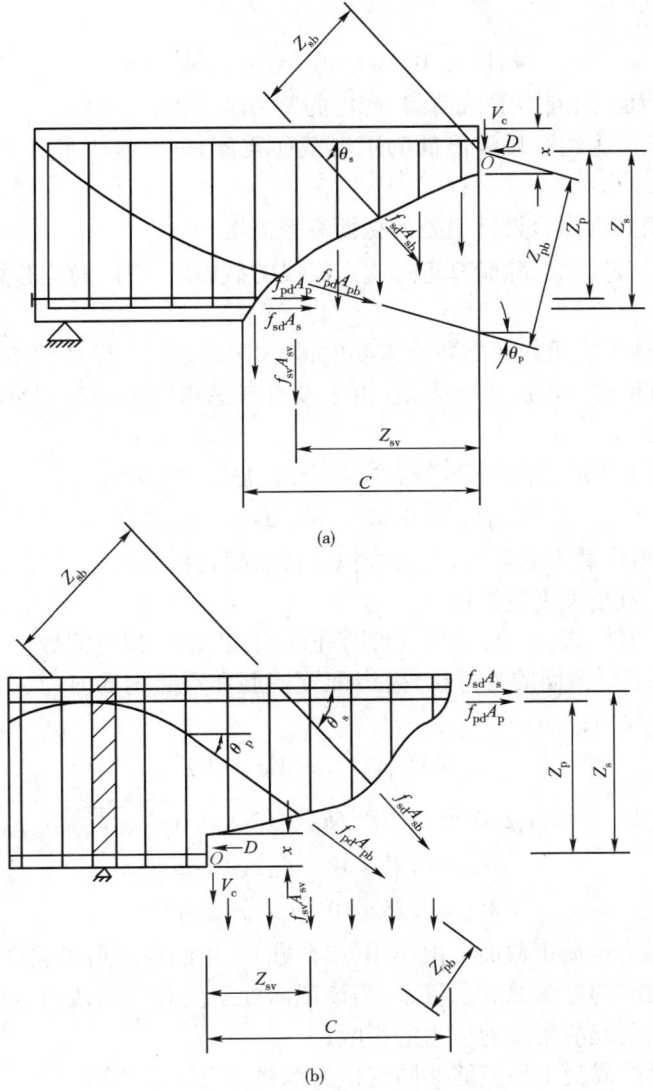

(a)

(b)

图 13.1.3　斜截面抗剪承载力计算示意图

(a)简支梁和连续梁近边支点梁段;(b)连续梁和悬臂梁近中间支点梁段

(1)弯矩破坏——当梁内纵向钢筋配置不足,钢筋屈服后,斜裂缝分开两个部分将围绕其公共铰(受压区 O 点)转动,此时斜裂缝扩张,受压区减少,最后混凝土产生法向裂缝而破坏;

(2)剪力破坏——常见的情况是,当梁内纵向钢筋配置较多,且锚固可靠时,则阻碍着斜裂缝两侧部分的相对转动,受压区混凝土在压力与剪力的共同作用下被剪断或压碎,此时,距受压区较远的钢筋达到屈服强度,而另一部分尚未达到,钢筋受力是不均匀的。

研究表明,有足够钢筋通过支点截面且截面无变化的受弯构件,斜截面抗剪承载能力不是控制因素,抗剪承载能力才是主要的控制因素。

(一)斜截面抗剪承载力计算

预应力混凝土受弯构件的斜截面抗剪承载力计算,其计算截面位置可参照钢筋混凝土受

弯构件中有关规定处理。对于矩形、T形和工字形截面的受弯构件,其抗剪截面应符合式(13.1.11)要求:

$$\gamma_0 V_d \leqslant 0.51 \times 10^{-3} \sqrt{f_{cu,k}} bh_0 (kN) \tag{13.1.11}$$

式中:V_d——验算截面处由作用(或荷载)产生的剪力组合设计值(kN);

b——相应于剪力组合设计值处的矩形截面宽度(mm)或T形和工字形截面腹板宽度(mm);

h_0——相应于剪力组合设计值处的截面有效高度(mm)。

对变高度(承托)连续梁,除验算近边支点梁段的截面尺寸外,尚应验算截面急剧变化处的截面尺寸。

这就是保证构件不发生斜压破坏所需的最小混凝土截面尺寸的条件。但是应当指出,条件式(13.1.11)对预应力混凝土梁来说,由于没有考虑预应力的有利影响,因此可以认为不够合理。

当矩形、T形和工字形截面的受弯构件,符合式(13.1.12)时

$$\gamma_0 V_d \leqslant 0.50 \times 10^{-3} \alpha_2 f_{td} bh_0 (kN) \tag{13.1.12}$$

可不进行斜截面抗剪承载力的验算,仅需按构造要求配置箍筋。

式中:f_{td}——混凝土抗拉强度设计值。

对于板式受弯构件,式(13.1.12)右边计算值可乘以1.25提高系数。

矩形、T形和工字形截面的受弯构件,当配置箍筋和弯起钢筋时,其斜截面抗剪承载力应按式(13.1.13)进行验算:

$$\gamma_0 V_d \leqslant V_{cs} + V_{sb} + V_{pb} \tag{13.1.13}$$

$$V_{cs} = \alpha_1 \alpha_2 \alpha_3 0.45 \times 10^{-3} bh_0 \sqrt{(2 + 0.6p)\sqrt{f_{cu,k}} \rho_{sv} f_{sv}} \tag{13.1.14}$$

$$V_{sb} = 0.75 \times 10^{-3} f_{sd} \sum A_{sb} \sin\theta_s \tag{13.1.15}$$

$$V_{pb} = 0.75 \times 10^{-3} f_{pd} \sum A_{pb} \sin\theta_p \tag{13.1.16}$$

式中:V_d——斜截面受压端正截面上由作用(或荷载)产生的最大剪力组合设计值(kN),对变高度(承托)的连续梁和悬臂梁,当该截面处于变高度梁段时,则应考虑作用于截面的弯矩引起的附加剪应力的影响;

V_{cs}——斜截面内混凝土和箍筋共同的抗剪承载力设计值(kN);

V_{sb}——与斜截面相交的普通弯起钢筋抗剪承载力设计值(kN);

V_{pb}——与斜截面相交的预应力弯起钢筋抗剪承载力设计值(kN);

α_1——异号弯矩影响系数,计算简支梁和连续梁近边支点梁段的抗剪承载力时,$\alpha_1 = 1.0$,计算连续梁和悬臂梁近中间支点梁段的抗剪承载力时,$\alpha_1 = 0.9$;

α_2——预应力提高系数,对钢筋混凝土受弯构件,$\alpha_2 = 1.0$;对预应力混凝土受弯构件,$\alpha_2 = 1.25$,但当由钢筋合力引起的截面弯矩与外弯矩的方向相同,或对于允许出现裂缝的预应力混凝土受弯构件,取 $\alpha_2 = 1.0$;

α_3——受压翼缘的影响系数,取 $\alpha_3 = 1.1$;

b——斜截面受压端正截面处矩形截面宽度或T形和工字形截面腹板宽度(mm);

h_0——斜截面受压端正截面的有效高度,自纵向受拉钢筋合力点至受压边缘的距离(mm);

p——斜截面内纵向受拉钢筋的配筋百分率，$p = 100\rho$，$\rho = (A_p + A_{pb} + A_s)/bh_0$，当 $p > 2.5$ 时，取 $p = 2.5$；

$f_{cu,k}$——混凝土立方体抗压强度标准值(MPa)，即为混凝土强度等级；

ρ_{sv}——斜截面内箍筋配筋率，$\rho_{sv} = A_{sv}/(S_v b)$；

f_{sv}——箍筋抗拉强度设计值，但取值不宜大于 280MPa；

A_{sv}——斜截面内配置在同一截面的箍筋各肢总截面面积(mm^2)；

S_v——斜截面内箍筋的间距(mm)；

A_{sb},A_{pb}——斜截面内在同一弯起平面的普通弯起钢筋、预应力弯起钢筋的截面面积(mm^2)；

θ_s,θ_p——普通弯起钢筋、预应力弯起钢筋(在斜截面受压端正截面处)的切线与水平线的夹角。

当采用竖向预应力钢筋(箍筋)时，式(13.1.14)中的 ρ_{sv} 和 f_{sv}，应换以 ρ_{pv} 和 f_{pd}，ρ_{pv} 和 f_{pd} 分别为竖向预应力钢筋(箍筋)的配筋率和抗拉强度设计值；

在计算斜截面抗剪承载力时，其计算截面位置的确定方法与普通钢筋混凝土受弯构件在计算斜截面抗剪承载力时确定计算截面位置的方法相同。以上斜截面抗剪承载力计算公式仅适用于等高度的简支梁。

变高度(承托)的钢筋混凝土连续梁和悬臂梁，在变高度梁段内当考虑附加剪应力影响时，其换算剪力设计值按下列公式计算：

$$V_d = V_{cd} - \frac{M_d}{h_0}\tan\alpha \qquad (13.1.17)$$

式中：V_{cd}——按等高度梁计算的计算截面的剪力组合设计值；

M_d——相应于剪力组合设计值的弯矩组合设计值；

h_0——计算截面的有效高度；

α——计算截面处梁下缘切线与水平线的夹角。

当弯矩绝对值增加而梁高减小时，公式中的"－"改为"＋"。

(二)斜截面抗弯承载力计算

当纵向钢筋较少时，预应力混凝土受弯构件也有可能发生斜截面的弯曲破坏。预应力混凝土受弯构件斜截面抗弯承载力一般同普通混凝土受弯构件一样，可以通过构造措施来加以保证，如果要计算，计算的方法和步骤与钢筋混凝土受弯构件相同，只需要加入预应力钢筋的各项抗弯能力即可。矩形、T 形和工字形截面的受弯构件，其斜截面抗弯承载力应按下列规定进行验算(图 13.1.3)：

$$\gamma_0 M_d \leqslant f_{sd} A_s Z_s + f_{pd} A_p Z_p + \sum f_{sd} A_{sb} Z_{sb} + \sum f_{pd} A_{pb} Z_{pb} + \sum f_{sv} A_{sv} Z_{sv} \qquad (13.1.18)$$

最不利的斜截面水平投影长度按下列公式试算确定：

$$\gamma_0 V_d = \sum f_{sd} A_{sb}\sin\theta_s + \sum f_{pd} A_{pb}\sin\theta_p + \sum f_{sv} A_{sv} \qquad (13.1.19)$$

式中：M_d——斜截面受压端正截面的最大弯矩组合设计值；

V_d——斜截面受压端正截面相应于最大弯矩组合设计值的剪力组合设计值；

Z_s,Z_p——纵向预应力受拉钢筋合力点至受压区中心点 O 的距离；

Z_{sb},Z_{pb}——与斜截面相交的同一弯起平面内普通弯起钢筋合力点、预应力弯起钢筋合力点至受压区中心点 O 的距离；

Z_{sv}——与斜截面相交的同一平面内箍筋合力点至斜截面受压端的水平距离。

斜截面受压端受压区高度 x，按斜截面内所有力对构件纵向轴投影之和为零的平衡条件求得。

预应力混凝土受弯构件斜截面抗弯承载力计算的方法和步骤与钢筋混凝土完全一样,比较麻烦,因此,同普通混凝土受弯构件一样,一般是用构造措施来加以保证,具体可参照钢筋混凝土梁的有关规定(见第四章)。

第二节 预应力混凝土受弯构件的正应力验算

预应力混凝土构件自预加应力至使用荷载作用需要经历几个不同的受力阶段,各受力阶段均有其不同的受力特点。如预加应力阶段(制造阶段)构件截面受到最大预加力作用,从一开始施加预应力起,其预应力钢筋和混凝土就已处于高应力状态,构件截面是否能经受高应力状态下的考验;构件制造好后在运输和安装过程中能否经受动载的冲击作用;构件安装就位后承受二期恒载及使用荷载的作用,是否满足正常作用时的应力要求,尤其是活荷载作用下的疲劳性能要求。因此,为了保证构件在各个阶段的工作安全可靠,除了对其破坏阶段进行承载能力计算外,还必须对使用阶段和施工阶段按正常使用极限状态分别进行正截面和斜截面应力计算。

《公桥规》规定按持久状况设计的预应力混凝土受弯构件,应计算其使用阶段正截面混凝土的法向压应力、受拉区钢筋的拉应力和斜截面混凝土的主压应力,并不得超过规定的限值。

计算时作用(或荷载)取其标准值,汽车荷载应考虑冲击系数。并应考虑预加应力效应,预应力的荷载分项系数取为 1.0;对于预应力混凝土连续梁等超静定结构(statically indeterminated structure),尚应计入预加应力引起的次效应。

由于预应力混凝土构件在上述各受力阶段截面不允许开裂,构件材料基本上是处于弹性阶段工作。因此,上述各阶段的应力计算中仍可应用弹性材料的力学公式进行,故也可将上述三个阶段的应力计算统称为弹性阶段的应力计算。

值得注意的是由于预应力混凝土构件中的制造方法不同,构件截面所受预应力的传递方式不同,计算中所采用的截面特性和相应的应力损失也不相同,先张法预制预应力构件,其应力的传递主要是靠粘结力传递,无孔道削弱,因此在计算中采用换算截面特性。而对后张法预制预应力构件,在预加应力过程中,由于预应力筋孔道尚未压浆,两者未粘结成整体,所以采用净截面计算。

一、施工阶段的应力计算

《公桥规》规定,桥梁构件按短暂状况设计时,应计算其在制作、运输及安装等施工阶段,由自重、施工荷载等引起的正截面和斜截面的应力。施工荷载采用标准值,当有组合时不考虑荷载组合系数(coefficient for combination of load)。

对构件施加预应力时,混凝土的立方体强度应经计算确定,但不得低于设计混凝土强度等级的 70%。构件截面的换算系数取用预应力钢筋弹性模量、普通钢筋的弹性模量与混凝土弹性模量的实际比值。

(一)预加力产生的混凝土法向压应力及预应力钢筋应力

预应力混凝土构件由预加力产生的混凝土法向压应力 σ_{pc}、法向拉应力 σ_{pt} 及预应力钢筋应力应按下列公式计算。

1. 先张法构件

先张法构件预应力钢筋放张瞬间混凝土受到的压应力最大。由于先张法构件放张时预应力钢筋、普通钢筋、混凝土同步变形,所以应该采用换算截面几何特性。考虑该阶段的预应力损失以后,按材料力学的方法可以求得有效偏心预加力产生的混凝土法向压应力和法向拉应力:

$$\sigma_{pc} \text{ 或 } \sigma_{pt} = \frac{N_{p0}}{A_0} \pm \frac{N_{p0} e_{p0}}{I_0} y_0 \tag{13.2.1}$$

预应力钢筋合力点处混凝土法向应力等于零时的预应力钢筋应力:

$$\left.\begin{array}{l} \sigma_{p0} = \sigma_{con} - \sigma_l + \sigma_{l4} \\ \sigma'_{p0} = \sigma'_{con} - \sigma'_l + \sigma'_{l4} \end{array}\right\} \tag{13.2.2}$$

相应阶段预应力钢筋的有效预应力

$$\left.\begin{array}{l} \sigma_{pe} = \sigma_{con} - \sigma_l \\ \sigma'_{pe} = \sigma'_{con} - \sigma'_l \end{array}\right\} \tag{13.2.3}$$

$$N_{p0} = \sigma_{p0} A_p + \sigma'_{p0} A'_p - \sigma_{l6} A_s - \sigma'_{l6} A'_s \tag{13.2.4}$$

$$e_{p0} = \frac{\sigma_{p0} A_p y_p - \sigma'_{p0} A'_p y'_p - \sigma_{l6} A_s y_s + \sigma'_{l6} A'_s y'_s}{N_{p0}} \tag{13.2.5}$$

2. 后张法构件

后张法构件在施加预应力时,预应力钢筋未与构件结成整体,预应力钢筋的变形与混凝土和普通钢筋的变形步调不一致,因此后张法构件在此阶段应该采用净截面几何特性。考虑该阶段的预应力损失以后,按材料力学的方法可以求得有效偏心预加力产生的混凝土法向压应力和法向拉应力:

$$\sigma_{pc} \text{ 或 } \sigma_{pt} = \frac{N_p}{A_n} \pm \frac{N_p e_{pn}}{I_n} y_n \tag{13.2.6}$$

预应力钢筋合力点处混凝土法向应力等于零时的预应力钢筋应力:

$$\left.\begin{array}{l} \sigma_{p0} = \sigma_{con} - \sigma_l + \alpha_{Ep} \sigma_{pc} \\ \sigma'_{p0} = \sigma'_{con} - \sigma'_l + \alpha'_{Ep} \sigma'_{pc} \end{array}\right\} \tag{13.2.7}$$

相应阶段预应力钢筋的有效预应力:

$$\left.\begin{array}{l} \sigma_{pe} = \sigma_{con} - \sigma_l \\ \sigma'_{pe} = \sigma'_{con} - \sigma'_l \end{array}\right\} \tag{13.2.8}$$

$$N_p = \sigma_{pe} A_p + \sigma'_{p0} A'_p - \sigma_{l6} A_s - \sigma'_{l6} A'_s \tag{13.2.9}$$

$$e_{p0} = \frac{\sigma_{p0} A_p y_p - \sigma'_{p0} A'_p y'_p - \sigma_{l6} A_s y_s + \sigma'_{l6} A'_s y'_s}{N_p} \tag{13.2.10}$$

上述式中:y_0, y_n——构件换算截面重心、净截面重心至截面计算纤维处的距离;

$\quad\quad\quad I_0, I_n$——构件换算截面惯性矩、净截面惯性矩;

$\quad\quad\quad A_n$——净截面面积,即为扣除管道等削弱部分后的混凝土全部截面面积与纵向普通钢筋截面面积换算成混凝土的截面面积之和;对由不同混凝土强度等级组成的截面,应按混凝土弹性模量比值换算成同一混凝土强度等级的截面面积;

$\quad\quad\quad A_0$——换算截面面积,包括净截面面积 A_n 和全部纵向预应力钢筋截面面积换算成混凝土的截面面积;

N_{p0}，N_p——先张法构件、后张法构件的预应力钢筋和普通钢筋的合力；

e_{p0}，e_{pn}——换算截面重心、净截面重心至预应力钢筋和普通钢筋合力点的距离；

σ_{con}，σ'_{con}——受拉区、受压区预应力钢筋的张拉控制应力；

σ_l，σ'_l——受拉区、受压区相应阶段的预应力损失值，使用阶段时为全部预应力损失值；

σ_{l4}，σ'_{l4}——受拉区、受压区由混凝土弹性压缩引起的预应力损失值；

α_{Ep}——预应力钢筋弹性模量 E_p 与混凝土弹性模量 E_c 的比值。

(二)由构件自重和施工荷载产生的法向应力

先张法简支梁放张、后张法简支梁张拉钢筋时由于偏心预加力使构件产生反拱，其受力简图成为以梁端为支点的简支梁。由构件自重和施工荷载产生的法向应力，仍按材料力学的方法进行计算。

1. 先张法

$$\sigma_{kc} \text{ 或 } \sigma_{kt} = \frac{M_k}{I_0} y_0 \qquad (13.2.11)$$

2. 后张法

$$\sigma_{kc} \text{ 或 } \sigma_{kt} = \frac{M_k}{I_n} y_n \qquad (13.2.12)$$

式中：M_k——由构件自重和施工荷载的标准值组合计算的弯矩。

I_0，I_n——换算截面惯性矩、净截面惯性矩；

y_0，y_n——构件换算截面重心、净截面重心至截面计算纤维处的距离。

(三)运输吊装阶段

当用吊机(车)行驶于桥梁进行安装时，应对已安装就位的构件进行验算，吊机(车)应乘以 1.15 的荷载系数，但当由吊机(车)产生的效应设计值小于按持久状况承载能力极限状态计算的荷载效应组合设计值时(design value of combination for load action effects)，则可不必验算。当进行构件运输和安装计算时，构件自重应乘以动力系数，构件动力系数为 1.2 或 0.85，可视具体情况作适当增减。

(四)施工阶段混凝土应力控制

实际工程和实验研究都证明，如果预压区外边缘压应力过大，可能在预压区内产生沿钢筋方向的纵向裂缝，或使受压区混凝土进入非线性徐变阶段，因此必须控制外边缘混凝土的压应力；另外，工程要求预应力构件预拉区(指施加预应力时形成的截面拉应力区)在施工阶段不允许出现拉应力，即使对部分预应力混凝土结构，预拉区的拉应力也不允许过大，因此要控制预拉区外边缘混凝土的拉应力。对预拉区不允许出现裂缝的构件或预压时全截面受压的构件，在预加力、自重及施工荷载(必要时应考虑动力系数)作用下，其截面边缘的混凝土法向应力应符合下列规定。

1. 混凝土压应力

$$\sigma_{cc}^t \leqslant 0.70 f'_{ck} \qquad (13.2.13)$$

2. 混凝土拉应力

(1)当 $\sigma_{ct}^t \leqslant 0.70 f'_{tk}$ 时，预拉区应配置其配筋率不小于 0.2% 的纵向钢筋；

(2)当 $\sigma_{ct}^t = 1.15 f'_{tk}$ 时，预拉区应配置其配筋率不小于 0.4% 的纵向钢筋；

(3)当

$$0.70f'_{tk} < \sigma^t_{ct} < 1.15f'_{tk} \tag{13.2.14}$$

时,预拉区应配置的纵向钢筋配筋率按以上两者直线内插取用,拉应力 σ^t_{ct} 不应超过 $1.15f'_{tk}$。

式中:$\sigma^t_{cc},\sigma^t_{ct}$——按短暂状况计算时截面预压区、预拉区边缘混凝土的压应力、拉应力;

f'_{ck},f'_{tk}——与制作、运输、安装各施工阶段混凝土立方体抗压强度 f'_{cu} 相应的抗压强度、抗拉强度标准值,可按表 2.4.5 直线插入取用。

上述配筋率为 $\dfrac{A'_s + A'_p}{A}$,先张法构件计入 A'_p,后张法构件不计 A'_p,其中 A'_p 为预拉区预应力钢筋截面面积,A'_s 为预拉区普通钢筋截面面积,A 为构件毛截面面积。

对预应力混凝土受弯构件的预拉区,除限制其边缘拉应力值[即按式(13.2.13)和式(13.2.14)验算]外,还需规定预拉区纵筋的最小配筋率,以防止发生类似于少筋梁的破坏。预应力混凝土结构构件预拉区纵向钢筋的配筋应符合下列要求:

(1)施工阶段预拉区不允许出现裂缝的构件,预拉区纵向钢筋的配筋率 $(A'_s + A'_p)/A$ 不应小于 0.2%;

(2)施工阶段预拉区允许出现裂缝而在预拉区不配置纵向预应力钢筋的构件,当 $\sigma^t_{ct} = 1.15f'_{tk}$ 时,预拉区纵向钢筋的配筋率 A'_s/A 不应小于 0.4%;当 $f'_{tk} < \sigma^t_{ct} < 2f'_{tk}$ 时,则在 0.2% 和 0.4% 之间按线性内插法确定;

(3)预拉区的纵向非预应力钢筋的直径不宜大于 14 mm,并应沿构件预拉区的外边缘均匀配置。

施工阶段预拉区不允许出现裂缝的板类构件,预拉区纵向钢筋的配筋可根据具体情况按实践经验确定。

二、使用阶段的应力计算

(一)全预应力混凝土和部分预应力混凝土 A 类受弯构件

全预应力混凝土和部分预应力混凝土 A 类受弯构件,由作用(或荷载)标准值产生的混凝土法向应力和预应力钢筋的应力应按下列公式计算:

1. 混凝土法向压应力 σ_{kc} 和拉应力 σ_{kt}

$$\sigma_{kc} \text{ 或 } \sigma_{kt} = \frac{M_k}{I_0}y_0 \tag{13.2.15}$$

2. 预应力钢筋应力

$$\sigma_p = \alpha_{Ep}\sigma_{kt} \tag{13.2.16}$$

式中:M_k——按作用(或荷载)标准组合计算的弯矩值;

y_0——构件换算截面重心至受压区或受拉区计算纤维处的距离。

计算预应力钢筋的应力时,式(13.2.15)中的 σ_{kt} 应为最外层钢筋重心处的混凝土拉应力。

(二)部分预应力混凝土 B 类受弯构件

允许开裂的部分预应力混凝土 B 类受弯构件,如图 13.2.1 所示,由作用(或荷载)标准值产生的混凝土法向压应力和预应力钢筋的应力增量,可按下列公式计算:

1. 开裂截面混凝土压应力

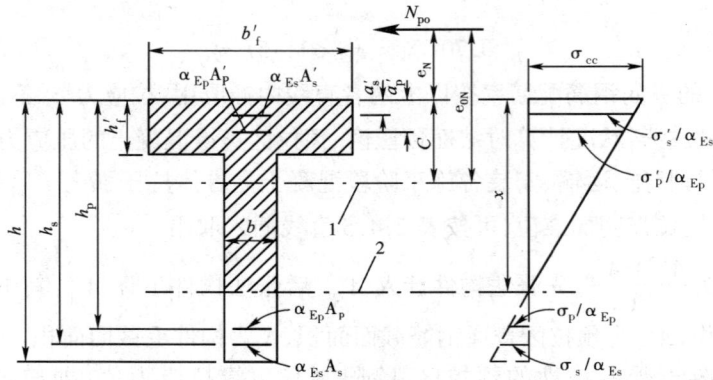

图 13.2.1　开裂截面及应力图
1-开裂截面重心轴；2-开裂截面中性轴

$$\sigma_{cc} = \frac{N_{p0}}{A_{cr}} + \frac{N_{p0}e_{0N}C}{I_{cr}} \tag{13.2.17}$$

$$e_{0N} = e_N + C \tag{13.2.18}$$

$$e_N = (M_k/N_{p0}) - h_{ps} \tag{13.2.19}$$

$$N_{p0} = \sigma_{p0}A_p - \sigma_{l6}A_s + \sigma'_{p0}A'_p - \sigma_{l6}A'_s \tag{13.2.20}$$

$$h_{ps} = \frac{\sigma_{p0}A_p h_p - \sigma_{l6}A_s h_s + \sigma'_{p0}A'_p h'_p - \sigma'_{l6}A'_s h'_s}{N_{p0}} \tag{13.2.21}$$

2. 开裂截面预应力钢筋的应力增量

$$\sigma_p = \alpha_{Ep}\left[\frac{N_{p0}}{A_{cr}} - \frac{N_{p0}e_{0N}(h_p - C)}{I_{cr}}\right] \tag{13.2.22}$$

上述式中：N_{p0}——混凝土法向预应力等于零时预应力钢筋和普通钢筋的合力，先张法构件和后张法构件均按式(13.2.20)计算；

$\sigma_{p0}, \sigma'_{p0}$——构件受拉区、受压区预应力钢筋合力点处混凝土法向应力等于零时预应力钢筋的应力；

先张法：$\sigma_{p0} = \sigma_{con} - \sigma_l + \sigma_{l4}$

$\sigma'_{p0} = \sigma'_{con} - \sigma'_l + \sigma'_{l4}$

后张法：$\sigma_{p0} = \sigma_{con} - \sigma_l + \alpha_{Ep}\sigma_{pc}$

$\sigma'_{p0} = \sigma'_{con} - \sigma'_l + \alpha_{Ep}\sigma'_{pc}$

e_{0N}——N_{p0}作用点至开裂截面重心轴的距离；

e_N——N_{p0}作用点至截面受压区边缘的距离，N_{p0}位于截面之外为正，N_{p0}位于截面之内为负；

C——截面受压区边缘至开裂换算截面重心轴的距离；

h_{ps}——预应力钢筋与普通钢筋合力点至截面受压区边缘的距离；

h_p, h'_p——截面受拉区、受压区预应力钢筋合力点至截面受压区边缘的距离；

h_s, h'_s——截面受拉区、受压区普通钢筋合力点至截面受压区边缘的距离；

A_{cr}——开裂截面换算截面面积；

I_{cr}——开裂截面换算截面惯性矩。

在使用以上公式时应注意以下问题：

(1)式(13.2.20)和式(13.2.21)中,当 $A'_p = 0$ 时,式中的 σ'_{l6} 应取为零;

(2)对预应力混凝土连续梁等超静定结构,式(13.2.19)中的 M_k 应计入由预加应力引起的次弯矩;

(3)按式(13.2.21)计算的值为负值,表示钢筋为拉应力;

(4)当截面受拉区设置多层预应力钢筋时,可仅计算最外层钢筋的拉应力增量,此时式(13.2.22)中的 h_p 应为最外层钢筋重心至截面受压区边缘的距离;

(5)预应力混凝土受弯构件开裂截面的中性轴位置(受压区高度)可按《公桥规》附录 K 的公式求得。

(三)使用阶段的预应力钢筋和混凝土的应力控制

构件在使用阶段经常承受的主要活荷载是车辆荷载,车辆荷载是反复作用的移动荷载,并且可能产生振动。结构在这种反复移动荷载作用下,材料强度逐渐降低,可能发生疲劳破坏,因此需要考虑结构的疲劳问题。研究表明,在反复移动的、具有冲击作用的车辆荷载作用下,公路桥梁钢筋混凝土结构的钢筋的最小应力与最大应力的比值均在 0.85 以上,所以可以不进行疲劳验算,但是应当控制混凝土和钢筋的工作应力,避免工作应力过大。

对全预应力混凝土构件,在使用阶段的作用(荷载)标准值组合下,受压区外边缘混凝土的最大压应力为 σ_{kc},预应力在此处产生的预拉应力为 σ_{pt},该处的总法向(压)应力为 $\sigma_{kc} + \sigma_{pt}$;对于不允许开裂的该类构件,受压区的总法向应力为 $\sigma_{kc} + \sigma_{pt}$,允许开裂的构件法向压应力 σ_{cc} 及预应力钢筋的拉应力应符合下列规定:

(1)受压区混凝土的最大压应力

$$\left.\begin{array}{ll} \text{未开裂构件} & \sigma_{kc} + \sigma_{pt} \\ \text{允许开裂构件} & \sigma_{cc} \end{array}\right\} \leqslant 0.5f_{ck} \qquad (13.2.23)$$

(2)受拉区预应力钢筋的最大拉应力

对钢绞线、钢丝:

$$\left.\begin{array}{ll} \text{未开裂构件} & \sigma_{pe} + \sigma_p \\ \text{允许开裂构件} & \sigma_{p0} + \sigma_p \end{array}\right\} \leqslant 0.65f_{pk} \qquad (13.2.24)$$

对精轧螺纹钢筋:

$$\left.\begin{array}{ll} \text{未开裂构件} & \sigma_{pe} + \sigma_p \\ \text{允许开裂构件} & \sigma_{p0} + \sigma_p \end{array}\right\} \leqslant 0.80f_{pk} \qquad (13.2.25)$$

式中: σ_{pe}——全预应力混凝土和部分预应力混凝土 A 类受弯构件,受拉区预应力钢筋扣除全部预应力损失后的有效预应力。

预应力混凝土受弯构件受拉区的普通钢筋,其使用阶段的应力很小,可不必验算。

三、后张构件锚下局部承压验算

(一)端部锚固区的受力分析

在构件端部或其他布置锚具的地方,巨大的预加压力 N_p,将通过锚具及其下面不大的垫板面积传递给混凝土。要将这个集中预加力均匀地传递到梁体的整个截面,需要一个过渡区段才能完成。实验和理论研究表明,这个过渡区段长度约等于构件的高度 H。因此又常把等于构件高度 H 的这一过渡区段称为端块。端块的受力情况比较复杂,它不仅存在着不均匀的纵向应力,而且存在着剪应力和由力矩引起的横向拉、压应力。因此,后张法预应力混凝土构件,需计算锚下局部承压承载力和局部承压区的抗裂计算,以防止在横向拉应力的作用下出现裂缝。

(二)后张法预应力混凝土构件锚下承压验算

锚下局部承压验算方法可参阅第九章。此时,$N_d = N_p$,N_p 取用传力锚固时的预加力,局部受压面积取用锚具垫圈面积。

第三节 预应力混凝土受弯构件混凝土的主压应力和主拉应力计算

(一)施工阶段

预应力混凝土受弯构件由作用(或荷载)短期效应组合和预加力产生的混凝土主拉应力 σ_{tp} 和主压应力 σ_{cp} 应按下列公式计算:

$$\left.\begin{array}{c}\sigma_{tp}\\\sigma_{cp}\end{array}\right\} = \frac{\sigma_{cx} + \sigma_{cy}}{2} \mp \sqrt{\left(\frac{\sigma_{cx} - \sigma_{cy}}{2}\right)^2 + \tau^2} \tag{13.3.1}$$

$$\sigma_{cx} = \sigma_{pc} + \frac{M_s y_0}{I_0} \tag{13.3.2}$$

$$\sigma_{cy} = 0.6 \frac{n\sigma'_{pe} A_{pv}}{b S_v} \tag{13.3.3}$$

$$\tau = \frac{V_s S_0}{b I_0} - \frac{\sum \sigma''_{pe} A_{pb} \sin\theta_p \cdot S_n}{b I_n} \tag{13.3.4}$$

式中:σ_{cx}——在计算主应力点,由预加力和按作用(或荷载)短期效应组合计算的弯矩 M_s 产生的混凝土法向应力;

σ_{cy}——由竖向预应力钢筋的预加力产生的混凝土竖向压应力;

τ——在计算主应力点,由预应力弯起钢筋的预加力和按作用(或荷载)短期效应组合计算的剪力 V_s 产生的混凝土剪应力;当计算截面作用有扭矩时,尚应计入由扭矩引起的剪应力;对后张预应力混凝土超静定结构,在计算剪应力时,尚宜考虑预加力引起的次剪力;

σ_{pc}——在计算主应力点,由扣除全部预应力损失后的纵向预加力产生的混凝土法向预压应力;

y_0——换算截面重心轴至计算主应力点的距离;

n——在同一截面上竖向预应力钢筋的肢数;

$\sigma'_{pe}, \sigma''_{pe}$——竖向预应力钢筋、纵向预应力弯起钢筋扣除全部预应力损失后的有效预应力;

A_{pv}——单肢竖向预应力钢筋的截面面积;

S_v——竖向预应力钢筋的间距;

b——计算主应力点处构件腹板的宽度;

A_{pb}——计算截面上同一弯起平面内预应力弯起钢筋的截面面积;

S_0, S_n——计算主应力点以上(或以下)部分换算截面面积对换算截面重心轴、净截面面积对净截面重心轴的面积矩;

θ_p——计算截面上预应力弯起钢筋的切线与构件纵轴线的夹角。

式(13.3.1)~(13.3.3)中的 σ_{cx}、σ_{cy}、σ_{pc} 和 $\dfrac{M_s y_0}{I_0}$,当为压应力时以正号代入,当为拉应力时以负号代入;对变高度预应力混凝土梁,当计算由作用(或荷载)引起的剪应力时,应计算截面上弯矩和轴向力产生的附加剪应力。

(二)使用阶段

预应力混凝土受弯构件由作用(或荷载)标准值和预加力产生的混凝土主压应力 σ_{cp} 和主拉应力 σ_{tp} 应按式(13.3.1)~式(13.3.4)计算,但式(13.3.2)、式(13.3.4)中的 M_s 和 V_s 应分别以 M_k、V_k 代替。此处,M_k 和 V_k 为按作用(或荷载)标准值组合计算的弯矩值和剪力值。

混凝土的主压应力应符合下式规定:

$$\sigma_{cp} \leqslant 0.6 f_{ck} \tag{13.3.5}$$

主拉应力在混凝土内不会产生裂缝,因此需要根据所求得的主拉应力配置箍筋。在 $\sigma_{tp} \leqslant 0.5 f_{tk}$ 的区段,按构造配置箍筋;在 $\sigma_{tp} > 0.5 f_{tk}$ 的区段,箍筋的间距 S_v 可按下列公式计算:

$$S_v = \frac{f_{sk} A_{sv}}{\sigma_{tp} b} \tag{13.3.6}$$

式中:f_{sk}——箍筋的抗拉强度标准值;

A_{sv}——同一截面内箍筋的总截面面积;

b——矩形截面宽度、T形或工字形截面的腹板宽度。

当按本条计算的箍筋用量少于按斜截面抗剪承载力计算的箍筋用量时,构件箍筋采用后者。

第四节　使用阶段正截面抗裂验算

一、概　　述

抗裂验算的目的是,通过控制界面的拉应力,使全预应力混凝土构件和部分预应力混凝土A类构件不出现裂缝。

预应力混凝土受弯构件,应按所处环境类别和构件类别选用相应的裂缝控制等级,并按下列规定进行混凝土拉应力或正截面裂缝宽度验算。由于属正常使用极限状态的验算,因而需采用作用(荷载)效应的标准组合或准永久组合,且材料强度采用标准值。

二、正截面抗裂验算

预应力混凝土受弯构件应按下列规定进行正截面抗裂验算。

(一)全预应力混凝土构件

对于严格要求不出现裂缝的构件,应当采用全预应力混凝土构件。《公桥规》规定:这类构件在作用(或荷载)短期效应组合下,控制截面的受拉边缘不允许出现拉应力。

正截面抗裂应对构件正截面混凝土的拉应力进行验算,并应符合下列要求:

预制构件 $\qquad\qquad\qquad\qquad\qquad\qquad\qquad\quad \sigma_{st} - 0.85 \sigma_{pc} \leqslant 0 \qquad\qquad (13.4.1)$

分段浇筑或砂浆接缝的纵向分块构件 $\qquad\qquad \sigma_{st} - 0.80 \sigma_{pc} \leqslant 0 \qquad\qquad (13.4.2)$

σ_{st}为在作用(或荷载)短期效应组合下构件抗裂验算边缘混凝土的法向拉应力,按下列公式计算:

$$\sigma_{st} = \frac{M_s}{W_0} \qquad (13.4.3)$$

式中:M_s——按作用(或荷载)短期效应组合计算的弯矩值;

$\quad\sigma_{pc}$——扣除全部预应力损失后的预加力在构件抗裂验算边缘产生的混凝土预压应力;

$\quad W_0$——构件换算截面的抵抗矩,后张法构件在计算预施应力阶段由构件自重产生的拉应力时,W_0可改用W_n,W_n为构件净截面抗裂验算边缘的弹性抵抗矩。

即要求在作用(或荷载)短期效应组合下,产生的构件截面混凝土的拉应力不能大于有效预压应力的85%(预制构件)或80%(分段浇筑或砂浆接缝的纵向分块构件)。

(二)部分预应力混凝土 A 类构件

部分预应力混凝土 A 类构件,在作用(或荷载)短期效应组合下应符合:

$$\sigma_{st} - \sigma_{pc} \leqslant 0.7f_{tk} \qquad (13.4.4)$$

但在作用长期效应组合下应符合:

$$\sigma_{lt} - \sigma_{pc} \leqslant 0 \qquad (13.4.5)$$

$$\sigma_{lt} = \frac{M_l}{W_0} \qquad (13.4.6)$$

式中:M_l——按荷载长期效应组合计算的弯矩值,在组合的活荷载弯矩中,仅考虑汽车、人群等直接作用于构件的荷载产生的弯矩值;

$\quad\sigma_{lt}$——在荷载长期效应组合下构件抗裂验算边缘混凝土的法向拉应力;

其余符号意义同前。

在作用(或荷载)短期效应组合下,克服了混凝土的有效预压应力后,构件截面混凝土可以出现拉应力但应小于混凝土抗拉标准强度的70%。在荷载长期效应组合下构件截面混凝土不允许出现拉应力。

此处荷载长期效应组合系指结构自重和直接施加于桥上的活荷载产生的效应组合,不考虑间接施加于桥上的其他作用效应。

(三)部分预应力混凝土 B 类构件

部分预应力混凝土 B 类受弯构件,在结构自重作用下控制截面受拉边缘不得消压。短期效应组合时,允许出现裂缝,但裂缝宽度不能超过规范规定值。预应力混凝土受弯构件,在作用(或荷载)短期效应组合并考虑长期作用影响的最大裂缝宽度应按公式(10.5.1)计算,但配筋率及钢筋应力需按下列公式计算:

$$\rho = \frac{A_s + A_p}{bh_0 + (b_f - b)h_f} \qquad (13.4.7)$$

$$\sigma_{ss} = \frac{M_s \pm M_{p2} - N_{p0}(Z - e_p)}{(A_p + A_s)Z} \qquad (13.4.8)$$

$$e = e_p + \frac{M_s \pm M_{p2}}{N_{p0}} \qquad (13.4.9)$$

式中:Z——受拉区纵向普通钢筋和预应力钢筋合力点至截面受压区合力点的距离,按公式

$\quad Z = \left[0.87 - 0.12(1 - \gamma'_f)\left(\dfrac{h_0}{e}\right)^2\right]h_0$ 计算,$e = e_p + \dfrac{M_s \pm M_{p2}}{N_{p0}}$;

e_p——混凝土法向应力等于零时纵向预应力钢筋和普通钢筋合力 N_{p0} 的作用点至受拉区纵向预应力钢筋和普通钢筋合力点的距离；

N_{p0}——混凝土法向应力等于零时预应力钢筋和普通钢筋的合力；

M_{p2}——由预加力 N_p 在后张法预应力混凝土连续梁等超静定结构中产生的次弯矩；式（13.4.8）、式（13.4.9）中，当 M_{p2} 与 M_s 的作用方向相同时，取正号；相反时，取负号；

σ_{ss}——钢筋应力；

b_f——构件受拉翼缘宽度；

h_f——构件受拉翼缘厚度。

箱形截面受弯构件的特征裂缝宽度可参照本条的规定计算。

三、斜截面抗裂验算

当预应力混凝土受弯构件内的主拉应力过大时，会产生与主拉应力方向垂直的斜裂缝，因此为了避免斜裂缝的出现，应对斜截面上的主拉应力进行验算，同时按构件类型的不同予以区别对待。主压应力过大，将使混凝土抗拉强度降低过大和裂缝出现过早，因而应限制主压应力值。

预应力混凝土构件的主拉应力和主压应力应符合下列要求：

1. 全预应力混凝土构件，在作用（或荷载）短期效应组合下：

预制构件 $\qquad\qquad\qquad \sigma_{tp} \leqslant 0.6 f_{tk}$ (13.4.10)

现场现浇（包括预制拼装）构件 $\quad \sigma_{tp} \leqslant 0.4 f_{tk}$ (13.4.11)

2. 预应力混凝土 A 类构件和允许开裂的 B 类构件，在作用（或荷载）短期效应组合下

预制构件 $\qquad\qquad\qquad \sigma_{tp} \leqslant 0.7 f_{tk}$ (13.4.12)

现场现浇（包括预制拼装）构件 $\quad \sigma_{tp} \leqslant 0.5 f_{tk}$ (13.4.13)

式中：σ_{tp}——由作用（或荷载）短期效应组合和预加力产生的混凝土主拉应力；

f_{tk}——混凝土的抗拉强度标准值。

第五节　受弯构件挠度验算

一、计 算 规 定

预应力混凝土构件所使用的材料一般都是高强度材料，其截面尺寸较普通钢筋混凝土构件小，同时预应力混凝土结构所适用的跨径范围一般也较大。因此，设计中应注意预应力混凝土梁的挠度验算，避免因产生过大的挠度而影响使用，或使栏杆等部件遭受局部损坏。

预应力混凝土受弯构件在正常使用极限状态下的挠度，可根据给定的构件刚度用结构力学的方法计算。

在等截面构件中，可假定各同号区段内的刚度相等，并取用该区段内最大弯矩处的刚度。对变截面连续梁，当计算跨度内的支座截面刚度不大于跨中刚度的两倍时，该跨也可按等刚度构件计算，构件刚度可采用跨中最大弯矩截面刚度。

在作用(或荷载)短期效应组合下的构件抗弯刚度可按下式计算：

(1)对于全预应力混凝土构件和部分预应力混凝土 A 类构件

$$B_0 = 0.95E_cI_0 \tag{13.5.1}$$

(2)允许开裂的 B 类预应力混凝土构件

在开裂弯矩 M_{cr} 作用下　　$B_0 = 0.95E_cI_0 \tag{13.5.2}$

在$(M_s - M_{cr})$作用下　　　$B_{cr} = E_cI_{cr} \tag{13.5.3}$

开裂弯矩 M_{cr} 按下列公式计算：$M_{cr} = (\sigma_{pc} + \gamma f_{tk})W_0 \tag{13.5.4}$

$$\gamma = \frac{2S_0}{W_0} \tag{13.5.5}$$

式中：S_0——全截面换算截面重心轴以上(或以下)部分面积对重心轴的面积矩；

σ_{pc}——扣除全部预应力损失后的预加力在构件抗裂边缘产生的混凝土预压应力；

W_0——换算截面抗裂边缘的弹性抵抗矩；

γ——受拉区混凝土塑性系数。

二、预加力引起的上挠度

预应力混凝土受弯构件的向上反拱，是由于加应力作用引起的。它与外荷载引起的挠度方向相反，故又称为反挠度或反拱度。预应力反拱度的计算，是将预应力混凝土截面换算成纯混凝土截面，将预应力钢筋的合力当作外力，按材料力学的方法计算。预应力混凝土简支梁跨中最大的向上挠度，可用结构力学的方法按刚度 E_cI_0 进行计算，并乘以长期增长系数。

计算使用阶段预加力反拱值时，预应力钢筋的预加力应扣除全部预应力损失，长期增长系数取用 2.0。以后张法梁为例，其值为

$$f_p = -2\int_0^1 \frac{M_{pl}\overline{M}_x}{0.95E_cI_0}\mathrm{d}x \tag{13.5.6}$$

式中：M_{pl}——传力锚固时的预加力 N_{pl}(扣除相应的预应力损失)在任意截面处所引起的弯矩值；

$\overline{M}_x$——跨中作用单位力时在任意截面 x 处所产生的弯矩值；

E_c——施加预应力时的混凝土弹性模量，可由试验确定；

I_0——构件的换算截面惯性矩。

三、使用荷载作用下的挠度

在使用荷载作用下，预应力混凝土受弯构件的挠度，同样可近似地按材料力学的方法进行计算。构件刚度取值分开裂前与开裂后两种情况考虑。

全预应力混凝土构件，部分预应力混凝土 A 类构件，及 $M_s < M_{cr}$ 时的部分预应力混凝土 B 类构件，$B_0 = 0.95E_cI_0$。

允许开裂的部分预应力混凝土 B 类构件在开裂弯矩 M_{cr} 作用下，$B_0 = 0.95E_cI_0$，在$(M_s - M_{cr})$作用下，取 $B_{cr} = E_cI_{cr}$。由此可写出构件在短期使用荷载作用下，其挠度计算的一般公式为：

$$f_M = \frac{\alpha l^2}{E_c}\left(\frac{M_{cr}}{0.95I_0} + \frac{M_s - M_{cr}}{I_{cr}}\right) \tag{13.5.7}$$

式中：l——梁的计算跨径；

α——挠度系数，与弯矩图的形状、支座的约束条件有关；

M_{cr}——构件截面开裂弯矩;

M_s——按作用短期效应组合计算的弯矩;对于全预应力混凝土结构和在使用荷载作用下允许受拉区混凝土出现拉应力,但不允许出现裂缝的 A 类部分预应力混凝土结构:$M_s \leqslant M_{cr}$;对于使用荷载作用下,允许出现裂缝的 B 类部分预应力混凝土结构:$M_s > M_{cr}$;

I_0——全截面换算截面惯性矩;

I_{cr}——开裂截面换算截面惯性矩。

四、预应力混凝土受弯构件的总挠度 f

(一)构件在短期荷载作用下的总挠度

$$f_s = f_p + f_m \tag{13.5.8}$$

式中:f_p——扣除预加应力损失后的预加力 N_{pI} 所产生的上挠度;

f_m——由自重弯矩、后加恒载弯矩与活载弯矩(不计冲击影响)之和所引起的挠度值。

(二)长期荷载作用下的挠度值

在长期持续荷载(如自重、后加恒载、预加力等)作用下,由于混凝土徐变要增大结构的挠度,所以受弯构件在使用阶段的挠度应考虑荷载长期效应的影响,计算中必须引入挠度长期增长系数 η_θ,从而长期荷载作用下的挠度值可按式(13.5.9)计算:

$$f_l = (f_s - f_{ml})\eta_\theta \tag{13.5.9}$$

式中:f_{ml}——汽车荷载作用下产生的变形(不计冲击力);

f_s——短期荷载作用下产生的变形;

η_θ——挠度长期增长系数,采用 C40 以下混凝土时,$\eta_\theta = 1.5$,采用 C40～C80 混凝土时,$\eta_\theta = 1.5～1.4$,中间强度等级可适当插入取用。

(三)挠度的限值

预应力混凝土受弯构件按上述计算的长期挠度值,在消除结构自重产生的长期挠度后,梁式桥主梁的最大挠度处不应超过计算跨径的 1/600,梁式桥主梁的悬臂端不应超过悬臂长度的 1/300。

五、预拱度的设置

预应力混凝土简支梁由于存在向上的反拱度 f_p,通常可不设置预拱度。但在梁的跨径较大或张拉后下缘的预压应力不是很大的构件,有时会因恒载的长期作用产生过大的挠度。因此,《公桥规》规定,预应力混凝土受弯构件,产生的长期反拱值大于按荷载短期效应组合计算的长期挠度时,可不设预拱度;当预加应力的长期反拱值小于按荷载短期效应组合计算的长期挠度时应设预拱度,预拱度值按该项荷载的挠度值与预加应力长期反拱值之差采用。预拱的设置应按最大的预拱值沿顺桥向做成平顺的曲线。

对于自重相对于活载较小的预应力混凝土受弯构件,应考虑预加应力反拱值过大而造成的不利影响,必要时采取倒预拱或设计和施工上的措施,为避免桥面隆起直至开裂破坏,应做成平顺的曲线。

预应力混凝土受弯构件当需计算施工阶段的挠度时,可按构件自重和预加力产生的初始弹性变形乘以 $[1 + \phi(t, t_0)]$ 求得。此处 $\phi(t, t_0)$ 为混凝土徐变系数,可根据加载龄期 t_0 和计

算所需龄期 t 按《公桥规》规范附录 F 方法计算。

思考题

13-1 预应力混凝土构件各阶段应力状态如何？先、后张法构件的应力计算公式有何异同之处？研究各特定时刻的应力状态有何意义？比较先、后张法应力状态的异同。

13-2 在计算施工阶段混凝土预应力时，为什么先张法用构件的换算截面 A_0，而后张法却用构件的净截面 A_n？在使用阶段为何二者都用 A_0？

13-3 施加预应力对受弯构件的承载力有何影响？为什么？

13-4 预应力混凝土构件中的非预应力钢筋有何作用？

13-5 预应力混凝土受弯构件的受压区有时也配置预应力钢筋，有什么作用？这种钢筋对构件的承载能力有无影响？为什么？

13-6 预应力混凝土受弯构件的正截面、斜截面承载力计算与普通钢筋混凝土构件有何异同之处？

13-7 预应力混凝土构件的正截面抗裂验算应满足什么要求？不满足时怎么办？

13-8 预应力混凝土构件的刚度计算与普通钢筋混凝土构件有何不同？挠度计算有何特点？

13-9 预应力混凝土构件为何还应进行施工阶段验算？需验算哪些项目？

13-10 预应力钢筋传递长度内的抗裂能力与其他部位有何不同？何时考虑其影响？

13-11 为什么要对后张法构件端部进行局部承压承载力验算？应进行哪些方面的计算？

第十四章 预应力混凝土简支梁设计

第一节 预应力混凝土受弯构件设计规定

预应力混凝土结构构件的构造规定,除应满足普通钢筋混凝土结构的有关规定外,因其自身特点,尚应根据预应力钢筋张拉工艺、锚固措施、预应力钢筋种类的不同,相应的构造要求也有所不同。混凝土结构的构造问题关系到构件设计能否实现,所以必须高度重视。

预应力混凝土梁的形式有很多种,它们的具体构造在桥梁工程中详细介绍,在此仅对其常用的形式及钢筋布置作简要介绍。

(一)常用截面形式

预应力混凝土受弯构件,通常选用的截面形式如图 14.1.1 所示。

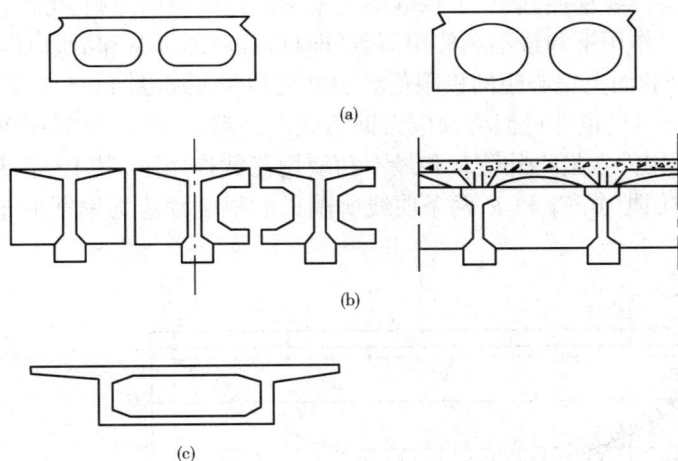

图 14.1.1 预应力钢筋混凝土简支梁的截面形式

1. 预应力空心板

预应力空心板如图 14.1.1(a)所示,空心板的空心可以是圆形、端部圆形、矩形、侧面和底面直线而顶部拱形等。构件重量较轻,跨径 8~20 m 的空心板多采用直线配筋长线台先张法施工,多用于公路中小跨径简支桥梁,大跨空心板也有采用后张法施工的,并且筋束从有粘接预应力向无粘接预应力发展。简支预应力混凝土空心板桥标准跨径不宜大于 25m,连续板桥的标准跨径不宜大于 30m。

2. 预应力混凝土 T 形和工字形截面梁

预应力混凝土 T 形和工字形梁如图 14.1.1(b)所示。这是我国桥梁工程最常用的预应力混凝土简支梁的截面形式。标准设计跨径一般为 25~40 m,标准跨径不宜大于 50m,一般采用后张法施工。高跨比(h/l)一般为 1/15~1/25,上翼缘宽度一般为 1.6~2.4m 或更宽。T 形梁腹板主要是承受剪应力和主应力,由于预应力混凝土梁中剪力很小,故腹板都做得较薄,但从构造方面来说,必须满足布置预留孔道的要求,故一般采用 160～200mm。在梁下缘的布筋区,为了布置钢筋的需要,常将腹板厚度加厚而成为"马蹄"形,利于布置预应力钢筋和承受巨大的预压力。梁的两端长度各约等于梁高的范围内,腹板加厚为与"马蹄"同宽,以满足布置锚具和局部承压的要求。

3. 预应力混凝土箱形截面梁

预应力混凝土箱形截面梁如图 14.1.1(c)所示。其抗扭刚度比一般开口截面大得多,梁上的荷载分布比较均匀,箱壁一般做得较薄,材料利用合理,自重较轻,跨越能力大,适用于大跨径桥梁。

(二)预应力钢筋的布置

1. 束界

因为荷载在简支梁跨中截面产生的弯矩最大,为了抵抗该弯矩,应使预应力筋合力点距该截面重心尽可能远(即使筋束合力的偏心距尽可能大)。但在其他截面荷载弯矩较小,如果预应力筋束合力大小和作用点位置不变,则可能在混凝土下缘产生拉应力。全预应力混凝土受弯构件的上、下缘是不允许出现拉应力的。

合理的确定预加力 N_p 的位置(一般即近似为预应力钢束截面重心位置)是很重要的。根据全预应力混凝土构件要求使其上、下缘混凝土不出现拉应力的原则,可以按照在最小外荷载(例如只有构件自重)作用下和最不利使用荷载(即自重、后加恒载和活载)作用下的两种情况,分别确定 N_p 在各个截面上偏心距的极限值。由此可以绘出如图 14.1.2 所示的两条 e_p 的限值线 E_1 和 E_2。只要 N_p(也即近似为预应力钢筋截面的重心)的位置落在由 E_1 和 E_2 所围成的区域内,就能保证构件在最小外荷载和最不利使用荷载作用下,其上、下缘混凝土均不会出现拉应力。因此,我们把由 E_1 和 E_2 两条曲线所围成的限制预应力钢筋的布置范围称之为束界(或索界)。

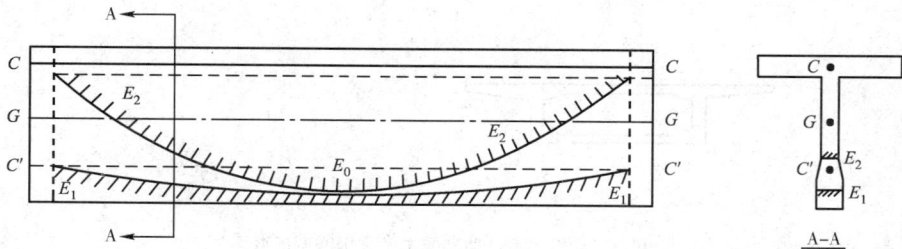

图 14.1.2　预应力钢筋的合理位置

根据上述原则,可以容易的按下列方法绘制全预应力混凝土等截面简支梁的束界。在预加应力阶段,保证梁的上缘混凝土不出现拉应力的条件是:

$$\sigma_c = \frac{N_{pi}}{A_c} - \frac{N_{pi}e_{pl}}{W'_c} + \frac{M_g}{W'_c} \geq 0$$

当截面尺寸和钢筋面积已知时,可得出:

$$e_{pl} \leqslant E_1 = K_{co} + \frac{M_g}{N_{pi}} \tag{14.1.1}$$

式中: e_{pl} ——预加力的合力偏心距,设在构件截面重心轴以下为正,反之为负;

232

K_{co}——混凝土截面下核心距,其值为 $K_{co} = \dfrac{W'_c}{A_c}$;

W'_c——净截面上边缘的弹性抵抗矩;

W'_g——构件自重弯矩;

N_{pi}——传力锚固时的预加力。

同理,在使用荷载作用下,根据保证构件下缘不出现拉应力的条件,同样可以求得预加力合力偏心距 e_{p2} 为:

$$e_{p2} \geqslant E_2 = \frac{M_g + M_d + M_L}{\alpha N_{pi}} - K'_{co} \tag{14.1.2}$$

式中:M_d——后加恒载引起的弯矩;

M_L——活载引起的弯矩;

α——使用阶段的永存预加力 N_{pe} 和传力锚固时的有效预加力 N_{pi} 之比值,可近似取 $\alpha = 0.8$;

K_{co}——混凝土截面上核心距,其值为 $K_{co} = \dfrac{W_c}{A_c}$;

其中 W_c——混凝土截面下边缘的弹性抵抗矩。

由式(14.1.1)和式(14.1.2)可以看出:e_{p1}、e_{p2} 分别具有与弯矩 M_g 和弯矩($M_g + M_d + M_L$)相似的变化规律,都可视为沿跨径变化的抛物线,其限值 E_1 和 E_2 分别称为束界的上限和下限,曲线 E_1、E_2 之间的区域就是束界范围。由此可知,钢束重心位置(即 e_p)所应遵循的条件为

$$\frac{M_g + M_d + M_L}{\alpha N_{pi}} - K'_{co} \leqslant e_p \leqslant K_{co} + \frac{M_g}{N_{pi}} \tag{14.1.3}$$

只要预应力钢筋重心线的偏心距 e_p 满足式(14.1.3)的要求,就可以保证构件在预加应力和使用阶段其上、下缘混凝土都不会出现拉应力。这对于检验钢束是否配置得当,无疑是一个简便而直观的方法。

显然,对于允许出现拉应力或允许出现裂缝的部分预应力混凝土构件,只要根据构件上、下缘混凝土拉应力(包括名义拉应力)的不同限制值进行相应的验算,则其束界同样不难确定。其图与图 14.1.2 相似,不过束界范围要大些。

2. 预应力钢筋的布置原则

预应力钢筋布置,应使其重心线不超出束界范围。因此,大部分预应力钢筋将在趋向支点时须逐步弯起,只有这样,才能保证构件无论是在施工阶段,还是在使用阶段,其任意截面上、下缘混凝土的法向应力都不致超过规定的限制值。同时,构件端部范围逐步弯起的预应力钢筋将产生预剪力,这对抵消支点附近较大的外荷载剪力也是非常有利的。而且从构造上说,预应力钢筋束的弯起,可使锚固点分散,使梁端部承受的集中力也相应分散,这对改善锚固区的局部承压条件是有利的。

3. 钢束弯起角度,应与所承受的剪力变化规律相配合。根据受力要求,预应力钢筋束弯起后所产生的预剪力,应能抵消全部恒载剪力和部分活载剪力,以使构件在无活载时,钢筋束中所剩余的预剪力绝对值不致过大。弯起角 α 不宜大于 20°;对于弯出梁顶锚固的钢束,α 值往往超出此值,常常在 20°～30°之间。

4. 弯起钢丝束的形式,原则上宜为抛物线,为施工方便可采用悬链线,或采用圆弧弯起并

以切线伸出梁端或梁面。后张法预应力混凝土构件的曲线形预应力钢筋,其曲线半径应符合下列规定:

(1)钢丝束、钢绞线束的钢丝直径等于或小于 5mm 时,不宜小于 4m;钢丝直径大于 5mm 时,不宜小于 6m;

(2)精轧螺纹钢筋的直径等于或小于 25mm 时,不宜小于 12m;直径大于 25mm 时,不宜小于 15m。

对于具有特殊用途的预应力钢筋,应采取相应的特殊措施,不受此限。

5. 预应力钢筋弯起点的确定

预应力钢筋的弯起点,应从兼顾剪力与弯矩两方面的受力要求来考虑。

(1)从受剪考虑,应提供一部分抵抗外荷载剪力的预剪力 V_p。但实际上,受弯构件跨中部分的肋部混凝土已足够承受荷载剪力,因此一般是根据经验,在跨径的三分点到四分点之间开始弯起。

(2)从受弯考虑,由于预应力钢筋弯起后,其重心线将往上移,使偏心距 e_p 变小,即预加力弯矩 M_p 将变小。因此,应满足预应力钢筋弯起后的正截面的抗弯承载力要求。预应力钢筋束的弯起点尚应考虑斜截面抗弯承载力要求,即保证钢筋束弯起后斜截面上的抗弯承载力,不低于斜截面顶端所在的正截面抗弯承载力。

(三)预应力钢筋布置的具体规定

预应力混凝土构件中,宜以钢绞线、螺旋肋钢丝或刻痕钢丝用作预应力钢筋,以保证钢筋与混凝土之间有可靠的粘结力。当采用光面钢丝作预应力钢筋时,应采取适当措施,保证钢丝在混凝土中可靠地锚固。

1. 先张法构件

先张法构件中,预应力钢筋或锚具之间的净距与保护层厚度,应根据浇筑混凝土、施加预应力及钢筋锚固等要求确定,并应符合下列规定。

(1)预应力钢绞线之间的净距不应小于其直径的 1.5 倍,且对 1×2(二股)、1×3(三股)钢绞线不应小于 20mm,对 1×7(七股)钢绞线不应小于 25mm;预应力钢丝间净距不应小于 15mm。

(2)先张法预应力混凝土构件中,对于单根预应力钢筋,其端部应设置长度不小于 150mm 的螺旋筋;对于多根预应力钢筋,在构件端部 10 倍预应力钢筋直径范围内,应设置 3～5 片钢筋网。

(3)预应力钢丝束埋入式锚具之间的净距不应小于钢丝束直径,且不应小于 60mm;预应力钢丝束与埋入式锚具之间的净距不应小于 20mm。预应力钢筋或埋入式锚具的混凝土保护层厚度不应小于 30mm,当构件处于受侵蚀环境时,该值应增加 10mm。

2. 后张法构件

后张法构件中,预应力钢筋或锚具之间的净距与保护层,应根据浇筑混凝土、施加预应力及钢筋锚固等要求确定,并应符合下列规定。

(1)后张法预应力混凝土构件(包括连续梁和连续刚构边跨现浇段)的部分预应力钢筋,应在靠近端支座区段横向对称弯起,尽可能沿梁端面均匀布置,同时沿纵向可将梁腹板加宽。在梁端部附近,设置间距较密的纵向钢筋和箍筋,并符合 T 形和箱形梁对纵向钢筋和箍筋的要求。

(2)后张法预应力混凝土构件,棋预应力直线管道的混凝土保护层厚度对构件顶面和侧

234

面,当管道直径等于或小于 55mm 时,不应小于 35mm;当管道直径大于 55mm 时,不应小于 45mm;对构件底面不应小于 50mm。当桥梁处于受侵蚀的环境时,上述保护层厚度应增加 10mm。

后张法预应力混凝土构件的端部锚固区,在锚具下面应设置厚度不小于 16mm 的垫板或采用具有喇叭管的锚具垫板。锚垫板下应设间接钢筋,其体积配筋率 ρ_v 不应小于 0.5%。

3. 对外形呈曲线形且布置有曲线预应力钢筋的构件

如图 14.1.3 所示,其曲线平面内管道的最小混凝土保护层厚度,应根据施加预应力时曲线预应力钢筋的张拉力,按下列公式计算:

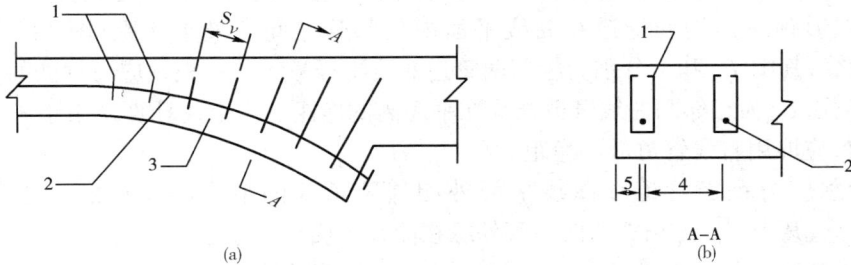

图 14.1.3 预应力钢筋曲线管道保护层示意图

1-箍筋;2-预应力钢筋;3-曲线管道平面内保护层;4-曲线管道平面外净距;5-曲线管道平面外保护层

(1)曲线平面内最小混凝土保护层厚度

$$C_{in} \geqslant \frac{P_d}{0.266 r \sqrt{f'_{cu}}} - \frac{d_s}{2} \qquad (14.1.4)$$

$$r = \frac{l}{2}\left(\frac{1}{4\beta} + \beta\right) \qquad (14.1.5)$$

式中:C_{in}——曲线平面内最小混凝土保护层厚度;

P_d——预应力钢筋的张拉力设计值(N),可取扣除锚圈口摩擦、钢筋回缩及计算截面处管道摩擦损失后的张拉力乘以 1.2;

r——管道曲线半径(mm);

f'_{cu}——预应力钢筋张拉时,边长为 150mm 立方体混凝土抗压强度(MPa);

d_s——管道外缘直径;

l——曲线弦长(见图 14.1.4);

β——曲线矢高 f 与弦长 l 之比。

当按式(14.1.4)计算的保护层厚度较大时,也可按直线管道设置最小保护层厚度,但应在管道曲线段弯曲平面内设置箍筋。箍筋单肢的截面面积可按下列公式计算:

$$A_{svl} \geqslant \frac{P_d S_v}{2 r f_{sv}} \qquad (14.1.6)$$

式中:A_{svl}——箍筋单肢截面面积(mm²);

S_v——箍筋间距(mm);

f_{sv}——箍筋抗拉强度设计值(MPa)。

(2)曲线平面外最小混凝土保护层厚度

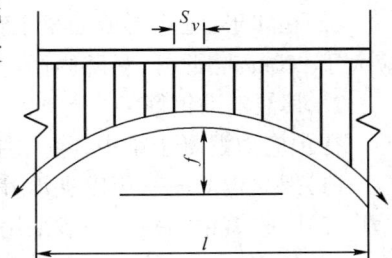

图 14.1.4 曲线梁

$$C_{\text{out}} \geq \frac{P_d}{0.266\pi r \sqrt{f'_{\text{cu}}}} - \frac{d_s}{2} \qquad (14.1.7)$$

式中：C_{out}——曲线平面外最小混凝土保护层厚度。

当按上述公式计算的保护层厚度小于表 3.1.1 内各类环境下直线管道的保护层厚度时，应取相应环境条件下的直线管道保护层厚度。

（四）预应力钢筋管道的设置

后张法预应力混凝土构件，其预应力钢筋管道的设置应符合下列规定。

(1)由钢管或橡胶管抽芯成型的直线管道，其净距不应小于 40mm，且不宜小于管道直径的 0.6 倍；对于预埋金属或塑料波纹管和铁皮管，在竖直方向可将两管道叠置。

(2)曲线形预应力钢筋管道在曲线平面内相邻管道间的最小净距（图 14.1.3）应按式 (14.1.4)计算，其中 P_d 和 r 分别为相邻两管道曲线半径较大的一根预应力钢筋的张拉力设计值和曲线半径，C_{in} 为相邻两曲线管道外缘在平面内的净距。当上述计算结果小于其相应直线管道净距时，应取用直线管道最小净距。

曲线形预应力钢筋管道在曲线平面外相邻管道间的最小净距（图 14.1.3），应按式 (14.1.7)计算，其中 C_{out} 为相邻两曲线管外缘在曲线平面外的净距。

(3)管道内径的截面面积不应小于预应力钢筋截面面积的两倍。

(4)按计算需要设置预拱度时，预留管道也应同时起拱。

（五）非预应力筋布置

在预应力混凝土受弯构件中，除了预应力钢筋外，还需要配置各种形式的非预应力钢筋，如图 14.1.5所示。

1. 箍筋

箍筋与弯起钢束同为预应力混凝土梁的腹筋，与混凝土一起共同承担着荷载剪力。按抗剪要求来确定箍筋数量，且应符合下列构造要求。

(1)箍筋直径和间距：预应力混凝土 T 形、工字形截面梁和箱形截面梁腹板内应分别设置直径不小于 10mm 和 12mm 的箍筋，且应采用带肋钢筋，间距不应大于 250mm；自支座中心起长度不小于一倍梁高范围内，应采用闭合式箍筋，间距不应大于 100mm。

图 14.1.5 预应力混凝土 T 形梁的配筋（横断面）

(2)在 T 形、工字形截面梁下部的马蹄内，应另设直径不小于 8mm 的闭合式箍筋，间距不应大于 200mm。此外，马蹄内尚应设直径不小于 12mm 的定位钢筋。

2. 其他辅助钢筋

在预应力混凝土梁中，除了主要受力钢筋外，还需设置一些辅助钢筋，以满足构造要求。

(1)架立钢筋——用以支承箍筋、固定箍筋间距、构成钢筋骨架。

(2)防收缩钢筋——一般采用小直径钢筋，沿腹板两侧紧贴箍筋布置。

(3)局部加强钢筋——在集中力作用处（如锚具底面），需布置钢筋网或螺旋筋进行局部加固，以加强局部抗压和抗剪强度。

在先张法预应力混凝土构件中，预应力钢筋端部周围应采用以下局部加强措施：

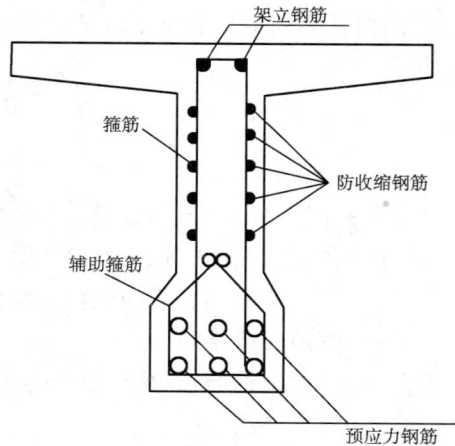

（1）对于单根预应力钢筋，其端部设置长度不小于 150mm 的螺旋筋；

（2）对于多根预应力钢筋，在构件端部 $10d$（d 为预应力钢筋直径）范围内，设置 3～5 片钢筋网。

在后张法预应力混凝土构件中，预应力钢筋端部周围应采用以下局部加强措施：后张法预应力混凝土构件的端部锚固区，在锚具下面应设置厚度不小于 16mm 的垫板或采用具有喇叭管的锚具垫板。锚垫板下应设间接钢筋，其体积配筋率 ρ_v 不应小于 0.5%。

第二节　预应力混凝土简支梁设计

一、设计的主要内容

预应力混凝土受弯构件的设计计算步骤和钢筋混凝土受弯构件相类似。预应力混凝土梁截面设计的主要内容是：

（1）根据使用要求，参照已有设计等有关资料初步选定构件截面形式及确定截面尺寸；

（2）根据结构可能出现的荷载组合，计算控制截面最大设计内力（弯矩和剪力）；

（3）根据最大弯矩截面的正截面抗弯要求，估算预应力钢筋数量，并进行合理布置；

（4）计算主梁截面几何特性；

（5）确定预应力钢筋的张拉控制应力，计算预应力损失及各阶段相应的有效预应力；

（6）进行正截面及斜截面承载能力验算；

（7）进行施工阶段和使用阶段的应力验算；

（8）进行梁端部局部承压与传力锚固的设计计算；

（9）主梁反拱及挠度验算；

（10）绘制施工图。

二、构件截面和预应力钢筋数量的选定

（一）构件混凝土截面尺寸

确定预应力混凝土梁截面形式和尺寸的原则是：用料少，抗力大，施工简便，外形美观。混凝土构件截面尺寸的选择，一般都是参考已有设计资料及桥梁设计中的具体要求事先拟定的，如高可根据高跨比选定，梁的宽度根据使用要求和必要的设施等构造要求确定。梁的肋（腹板）宽度应根据抗剪要求并兼顾构造要求（如钢筋布置、保护层厚度、混凝土的灌注条件等）来确定，主要根据力筋的布置和张拉锚具所需尺寸要求确定。确定截面尺寸之后，进行配筋验算，如预估的截面尺寸不符合要求时，则再作必要的修改直至满足为止。

（二）预应力钢筋数量的估算

估算预应力钢筋面积要考虑以下因素：承载能力，预加应力阶段的应力控制条件；使用阶段的应力控制条件。为了说明估算的方法，以最简单的单筋矩形截面梁为例，设矩形截面梁的截面宽度、高度、材料强度等级、控制应力都已经确定，并且不在预拉区配置预应力钢筋。

1. 按承载能力估算

以矩形截面为例，如图 14.2.1，设 b、h 为已知，且 $A'_s = A_s = A'_p = 0$，则

$$f_{pd}A_{pl} = f_{cd}bx \tag{14.2.1}$$

237

$$\gamma_0 M_d = f_{cd} bx \left(h_0 - \frac{x}{2} \right) \tag{14.2.2}$$

两式联立求解,可以得到预应力钢筋面积 A_{p1} 计算公式为:

$$A_{p1} = \frac{f_{cd} b h_0}{f_{pd}} \left[1 - \sqrt{1 - \frac{2 \gamma_0 M_d}{f_{cd} b h_0^2}} \right] \tag{14.2.3}$$

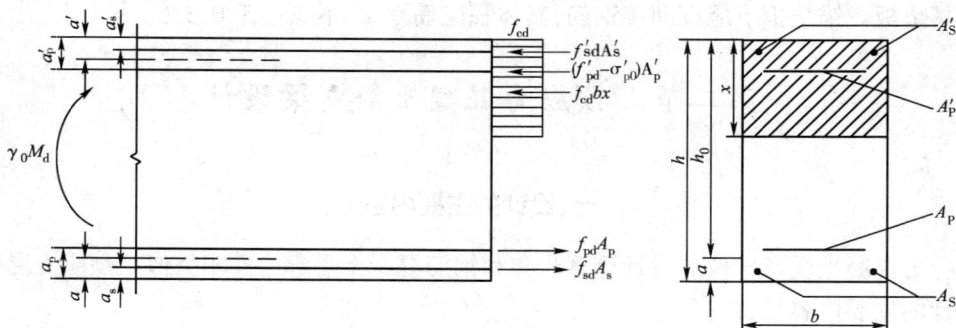

图 14.2.1 矩形截面预应力混凝土受弯构件正截面强度计算简图

同样可以得到带"马蹄"的 T 形截面梁及工字形梁,其预应力钢筋数量,可按下列经验公式估算:

$$A_{p1} = \frac{\gamma_0 M_d}{\alpha f_{pd} h} \tag{14.2.4}$$

上两式中:α——工程经验系数,一般可采用 $\alpha = 0.75 \sim 0.77$;

b, h——构件混凝土截面尺寸,其中 $h_0 = 0.8h$(h 为梁高);

f_{cd}——混凝土抗压强度设计值;

f_{pd}——预应力钢筋抗拉强度设计值。

用选定的单根预应力钢筋束的面积 A_{pd} 除 A_{p1} 可得所需要的预应力筋束数为

$$n_1 = A_{p1} / A_{pd} \tag{14.2.5}$$

2. 按预加应力阶段应力控制条件估算

按预加应力阶段应力控制条件,可以得到该阶段所需要的预应力钢筋承受的拉力。按预拉区边缘混凝土应力控制条件可得公式:

$$\frac{1}{N_p} \leqslant \frac{e_{pn} y_n^s / r_c^2 - 1}{A_c (M_{g1} y_n^s / I_c - [\sigma_{ct}]_1)} \tag{14.2.6}$$

按预压区边缘混凝土压应力控制条件得公式:

$$\frac{1}{N_p} \geqslant \frac{1 + e_{pn} y_n^x / r_c^2}{A_c (M_{g1} y_n^x / I_c + [\sigma_{cc}]_1)} \tag{14.2.7}$$

3. 按使用阶段应力控制条件估算

按使用阶段应力控制条件,也可以得到该阶段所需要的预应力钢筋承受的拉力。按受拉区不开裂控制条件:

$$\frac{1}{N_p} \geqslant \frac{\alpha (1 + e_{pn} y_n^x / r_c^2)}{A_c ([\sigma_{ct}]_2 + (M_{g1} + M_{g2} + M_p) y_n^x / I_c)} \tag{14.2.8}$$

按受压区边缘混凝土压应力控制条件:

$$\frac{1}{N_p} \geq \frac{\alpha(1 - e_{pn}y_n^s/r_c^2)}{A_c([\sigma_{cc}]_2 - (M_{g1} + M_{g2} + M_p)y_n^s/I_c)} \qquad (14.2.9)$$

上述式中：N_p——相应阶段预应力钢筋的合力；

$\qquad e_{pn}$——预应力钢筋的合力到构件截面重心的距离；

$\qquad y_n^s, y_n^x$——分别为构件截面上或下边缘到截面重心轴的距离；

$\qquad r_c$——构件混凝土全截面的回转半径；

$\qquad A_c$——构件混凝土全截面的面积；

$\qquad I_c$——构件混凝土全截面的惯性矩；

$\qquad M_{g1}$——构件恒载在计算截面处引起的弯矩；

$\qquad M_{g2}, M_p$——传力锚固之后所承受的后加恒载与活载在计算截面处引起的弯矩；

$\qquad \alpha$——考虑预应力损失全部出现后的有效预加应力与传力锚固时有效预加力的比值；

$[\sigma_{ct}]_1, [\sigma_{cc}]_1$——分别为预加应力阶段对混凝土拉应力、压应力的限制值；

$[\sigma_{ct}]_2, [\sigma_{cc}]_2$——分别为使用阶段对混凝土拉应力和压应力的限制值。

$\quad$ N_p 应满足式(14.2.6)~式(14.2.9)四个不等式的要求,可以用图解法求得。图14.2.2中 A、B、C、D 四条线所围的阴影区即为可供选择的范围。

$\quad$ 在图14.2.2的阴影区定 N_p 值,再根据所确定的张拉控制应力和 α 值可以估算出预应力钢筋面积为:

$$A_{p2} = N_{p2}/(\alpha\sigma_{con}) \qquad (14.2.10)$$

用选定的单根筋束面积 A_{pd} 除 A_{p2},可得所需的预应力筋束数为:

$$n_2 = A_{p2}/A_{pd} \qquad (14.2.11)$$

比较 n_1, n_2 确定预应力筋束数 n。

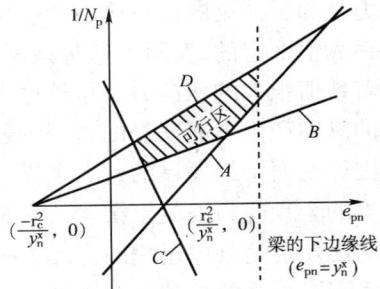

图 14.2.2　确定预应力钢筋拉力的图解

思考题

14-1　常用的预应力构件截面形式有哪些? 它们各自都有哪些特点?

14-2　后张法预应力混凝土构件中,对预应力钢筋管道设置有哪些要求?

14-3　对外形呈曲线形且布置有曲线预应力钢筋的构件,其曲线平面内、外管道的最小混凝土保护层厚度如何确定?

14-4　怎样确定预应力钢筋起弯点?

14-5　预应力混凝土构件中的非预应力钢筋有哪些? 其有何作用?

14-6　什么叫(束界)索界? (束界)索界是如何确定的? 布置预应力钢束要考虑哪些问题?

14-7　预应力钢筋数量的估算方法有几种?

第十五章　部分预应力混凝土受弯构件

第一节　概　　述

一、部分预应力混凝土结构的特点

预应力混凝土结构,早期都是按照全预应力混凝土来设计的。在使用阶段,截面上不出现拉应力的结构,称为全预应力混凝土结构。根据当时的认识,施加预应力的目的是充分利用高强度钢筋与高强度混凝土,通过张拉预应力钢筋向混凝土预先施加压应力,以抵消截面上由荷载产生的拉应力,克服钢筋混凝土结构中的裂缝。全预应力混凝土结构中梁体内的纵向预压应力是为了使梁的受拉区不产生拉应力而建立的,这种预加压力通常是根据规范按可能出现的最大值确定的,实际上这种最不利荷载组合出现的概率很小,所以在构件内总是长时间地作用着数值很大的压应力。这种过大的预应力可能使混凝土横向拉应变超出极限值而沿着钢丝束的纵向产生不能恢复的水平裂缝,另外在预加压力的偏心作用下,梁体产生向上的拱度,这种因徐变而持续发展的过大上拱度必将影响结构的正常使用。另一方面,所谓完全不出现拉应力的全预应力混凝土结构几乎是不存在的,即使采用三向预应力的混凝土结构构件,其拉应力的出现也是难以避免的。因为一般在梁中都存在着弯剪组合所产生的主拉应力,且其值常常大于混凝土的抗拉设计强度。

长期以来在预应力混凝土结构的不断试验、研究和使用过程中表明,只要把混凝土结构的裂缝宽度限制在合理的范围之内,结构中的细微裂缝是不会影响结构的耐久性。预应力钢筋混凝土结构可以像钢筋混凝土结构那样,借助在不同部位配备适量的非预应力普通钢筋有效地控制裂缝的发展,因此采用带裂缝工作的部分预应力混凝土构件是完全可行的。

所谓部分预应力混凝土,是指其"预应力度"处于以全预应力混凝土和钢筋混凝土为两个极端的中间区域的预应力混凝土构件。即这种构件按正常使用极限状态设计时,对作用(或荷载)短期效应组合,容许其截面受拉边缘出现拉应力甚至出现有限宽度的裂缝。部分预应力混凝土构件,一般采用预应力钢筋和非预应力钢筋混合配筋,因而兼有全预应力混凝土与钢筋混凝土两者的优越结构性能,既能更好地控制使用条件下的裂缝、挠度与反拱,破坏前又具有较高的延性,目前,部分预应力混凝土结构已逐渐为国内外土木工程界所重视,已成为加筋混凝土结构系列中的重要发展趋势。

二、部分预应力混凝土结构的受力特性

为了理解部分预应力混凝土的工作性能,需要观察不同预应力度梁的荷载——挠度曲线。图 15.1.1 表示的是具有同等承载能力 M_u,但其预应力度却不同的三根加筋混凝土梁的弯矩-挠度曲线示意图,曲线ⓐ为全预应力混凝土梁,曲线ⓑ为部分预应力混凝土梁;曲线ⓒ为钢筋混凝土梁。

从图中可以看出,部分预应力混凝土梁的受力特性介于全预应力混凝土梁与钢筋混凝土梁之间。部分预应力混凝土梁(曲线)在荷载较小时,其受力特性与全预应力混凝土梁(曲线)相似;在有效预加力 N_p(扣除相应的预应力损失)作用下,它具有预应力反拱度(OA),但其值较全预应力混凝土梁的反拱度(OA')小;当荷载(M)增加到 B 点时,表示外荷载作用下产生的向下挠度与预应力反拱度相等,两者正好相互抵消,梁的挠度为零。但此时受拉区边缘应力并不为零,只有当荷载继续增加,达到曲线的 C 点时,表示外荷载产生的梁底混凝土拉应力正好与梁底有效预压应力 σ_{pc} 互相抵消,使梁底受拉边缘的混凝土应力为零,此时相应的外荷载弯矩称为消压弯矩 M_0,此后,如果继续加载,部分预应力混凝土梁的受力特性就像普通钢筋混凝土梁一样了。D 点表示荷载继续增加后,混凝土的边缘拉应力达到极限抗拉强度,荷载再增加,受拉区混凝土就进入塑性阶段,构件刚度下降,达到 D' 点时表示构件即将出现裂缝,此时,相应的弯矩称为部分预应力混凝土构件的抗裂弯矩 M_{pf},显然 $M_{pf} - M_0$ 相当于相应的钢筋混凝土构件的截面抗裂弯矩 $M_{cr} = M_{pf} - M_0$。至 E 点由于外荷载加大,裂缝开展,刚度继续下降,挠度增加速度加快,使受拉钢筋屈服;E 点以后,裂缝进一步扩展,刚度进一步降低,挠度增加速度更快,直至 F 点,构件达到极限承载状态而破坏。

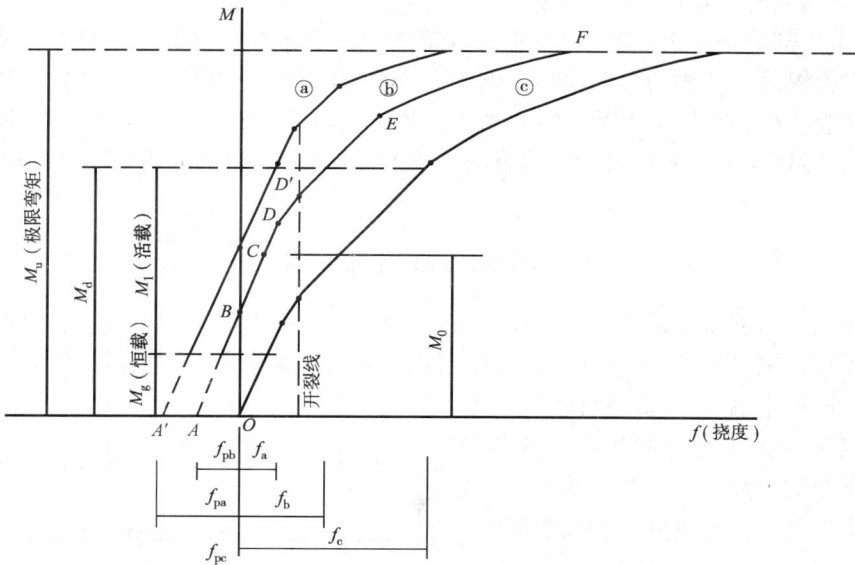

图 15.1.1　弯矩-挠度曲线

由于部分预应力混凝土的受力特性介于全预应力混凝土与钢筋混凝土之间,因此在设计时既要验算构件的承载力,又要验算在施工阶段的工作应力、变形与裂缝宽度,同时还需根据部分预应力构件的功能要求(如裂缝宽度和变形的限制等)合理地选定预应力度以及进行疲劳等的验算。此外,在钢筋配置方面,为了满足上述各方面的要求,除了根据所需预应力配置预应力钢筋外,还要根据构件极限承载力和构造的要求,配置一定数量的非预应力钢筋。这种既配置预应力钢筋又配置非预应力钢筋的方式称为混合配筋。

三、部分预应力混凝土结构的优缺点

部分预应力混凝土结构的优点可以归纳如下。

(1)部分预应力改善了构件的使用性能,如减小或避免梁纵向和横向的裂缝;减小了构件

弹性和徐变变形所引起的反拱度,以保证桥面行车顺畅。

(2)节省高强预应力钢材,简化施工工艺,降低工程造价。部分预应力构件预应力度较低,在保证构件极限承载力的条件下,可以用普通钢筋来代替一部分预应力钢筋承受破坏极限状态时的计算荷载,也可以用强度(品种)较低的钢筋来代替高强度钢丝,或者减少高强度预应力钢丝束的数量。这样,对构件的设计、施工、使用以及经济方面都会带来好处。

(3)提高构件的延性。和全预应力混凝土相比,由于配置了非预应力钢筋,所以部分预应力混凝土受弯构件破坏时所呈现的延性较全预应力混凝土好,提高了结构在反复荷载作用下能量耗散能力,因而使结构有利于抗震、抗爆。

(4)可以合理地控制裂缝。与钢筋混凝土相比,部分预应力混凝土梁由于具有适量的预应力,其挠度与裂缝宽度均比较小,尤其是当作用(或荷载)最不利效应组合卸载后的恢复性能较好,裂缝能很快闭合。因为作用(或荷载)最不利效应组合出现概率极小,即使是允许开裂的 B 类构件,在正常使用状态下,其裂缝实际上也是经常闭合的。所以部分预应力混凝土构件的综合使用性能一般都比钢筋混凝土构件好。

部分预应力混凝土的缺点是:与全预应力混凝土相比抗裂性略低,刚度较小,设计计算略为复杂;与钢筋混凝土相比,所需的预应力工艺复杂。

总之,由于部分预应力混凝土本身所具有的特点,使之能够获得良好的综合使用性能,克服了全预应力混凝土结构的某些弊病。例如,长期处于高压应力状态下,预应力反拱度大,破坏时显脆性等。部分预应力混凝土结构由于预加应力较小,因此,预加应力产生的横向拉应变也小,减小了沿预应力筋方向可能出现纵向裂缝的可能性,有利于提高预应力结构使用的耐久性。

四、非预应力钢筋的作用

在部分预应力混凝土结构中通常配置有非预应力受力钢筋。预应力筋可以平衡一部分荷载,提高抗裂度,减少挠度;非预应力钢筋则可以改善裂缝的分布,增加极限承载力和提高破坏时的延性。同时非预应力筋还可以配置在结构中难以配置预应力筋的部位。部分预应力混凝土结构中配置的非预应力筋,一般都采用中等强度的变形钢筋,这种钢筋对分散裂缝的分布、限制裂缝宽度以及提高破坏时的延性更为有效。

根据非预应力钢筋在结构中功能的不同,大概可分为以下三种:

1.用非预应力钢筋来加强应力传递时梁的承载力,如图 15.1.2 所示,这类非预应力钢筋主要在梁施加预应力时发挥作用,按照非预应力筋在梁中位置的不同,承担施加预应力时可能出现的拉应力,或者预压受拉区过高的预压应力;

2.第二种非预应力筋是用来承受临时荷载或者意外荷载,这些荷载可能在施工阶

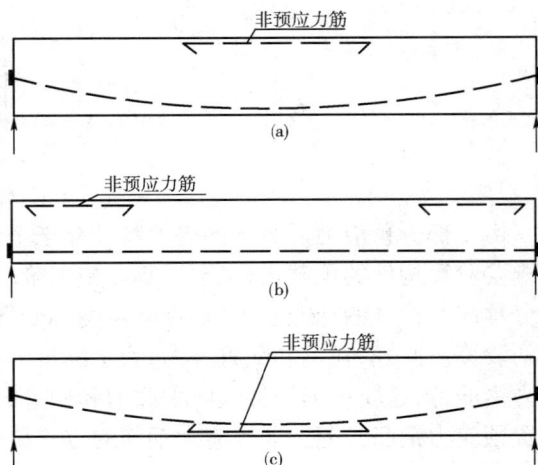

图 15.1.2 用非预应力筋加强应力传递时梁的承载力
(a)跨中承受预应力引起的拉力;(b)在跨端承受预应力引起的拉力(c)承受预应力引起的应力

242

段出现;

3. 第三种是用非预应力筋来改善梁的结构性能以及提高梁的承载能力,这些非预应力钢筋在正常使用状态与承载能力极限状态都发挥重要作用,它有利于分散裂缝的分布,限制裂缝的宽度,并能增加梁的抗弯承载力和提高破坏时的延性。在悬臂梁和连续梁的尖峰弯矩区配制这种非预应力筋起的作用会更显著(如图 15.1.3)。

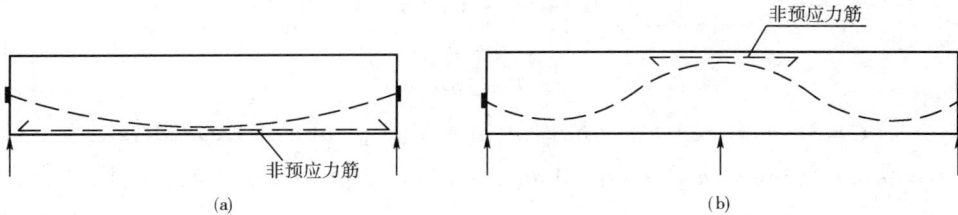

图 15.1.3　用非预应力筋来改善梁的结构性能及提高强度
(a)改善裂缝分布及提高极限强度;(b)连续梁的负弯矩区设置非预应力筋

第二节　部分预应力混凝土结构的计算原理

部分预应力混凝土构件一般应进行以下各项验算:承载能力极限状态验算,正常使用及制造、运输、安装各阶段的应力和变形验算,对 B 类构件还应验算裂缝宽度,对于承受频繁重复荷载的构件尚需进行疲劳强度的验算。对于预应力度较小的部分预应力构件,由于预加应力的影响较小,故可按普通钢筋混凝土构件验算其变形和裂缝宽度。

一、承载能力极限状态的计算

部分预应力混凝土梁承载能力极限状态的计算,从原理到公式都与全预应力混凝土梁相同。使用混合配筋的部分预应力混凝土构件,其非预应力钢筋一般都是采用具有明显屈服台阶的软钢,有时也可采用无明显屈服台阶的较高强度的钢筋,构件破坏时按钢筋的设计强度计算。

二、受压区高度计算

部分预应力混凝土构件的截面应力计算,与前面介绍的全预应力混凝土结构计算相同,故不赘述。下面仅介绍部分预应力混凝土 B 类受弯构件,压区高度计算。

图 13.2.1 表示 B 类预应力混凝土受弯构件转化为在偏心压力 N_{p0} 作用下的开裂截面及应力图。假定开裂截面的中性轴位于腹板内,按内外力对偏心压力 N_{p0} 作用点取矩为零,即 ΣM_{Np0},可得:

$$\frac{\sigma_{cc}x}{2} \cdot b'_f \left(e_{0N} - C + \frac{x}{3} \right) - \frac{1}{2} \frac{x - h'_f}{x} \sigma_{cc} (x - h'_f)(b'_f - b)\left(e_{0N} - C + h'_f + \frac{x - h'_f}{3} \right) + A'_p \sigma'_p$$
$$(e_{0N} - C + a'_p) + A'_s \sigma'_s (e_{0N} - C + a'_s) - A_p \sigma_p (e_{0N} - C + h_p) - A_s \sigma_s (e_{0N} - C + h_s) = 0 \quad (15.2.1)$$

由图 13.2.1 得下列关系:

$$\left. \begin{array}{l} \sigma_p = a_{Ep} \sigma_{cc} \dfrac{h_p - x}{x}, \sigma_s = a_{Es} \sigma_{cc} \dfrac{h_s - x}{x} \\[3mm] \sigma'_p = a_{Ep} \sigma_{cc} \dfrac{x - a'_p}{x}, \sigma'_s = a_{Es} \sigma_{cc} \dfrac{x - a'_s}{x} \end{array} \right\} \quad (15.2.2)$$

令 $e_{oN} - C = e_N, b'_f - b = b_0$

$e_{oN} - C + h_p = g_p, e_{0N} - C + h_s = g_s$

$e_{oN} - C + a'_p = g'_p, e_{0N} - C + a'_s = g'_s$

将式(15.2.2)和以上数据代入式(15.2.1),展开并按 x 方次合并整理,可得 T 形和工字形截面预应力混凝土受弯构件受压区高度 x 计算公式:

$$Ax^3 + Bx^2 + Cx + D = 0 \tag{15.2.3}$$

$$A = b \tag{15.2.4}$$

$$B = 3be_N \tag{15.2.5}$$

$$C = 3b_0h'_f(2e_N + h'_f) + 6a_{Ep}(A_pg_p + A'_pg'_p) + 6a_{Es}(A_sg_s + A'_sg'_s) \tag{15.2.6}$$

$$D = -b_0h'^2_f(3e_N + 2h'_f) - 6a_{Ep}(A_ph_pg_p + A'_pa'_pg'_p) - 6a_{Es}(A_sh_sg_s + A'_sa'_sg'_s) \tag{15.2.7}$$

式中:b——T 形和工字形截面的腹板宽度或矩形截面的宽度;

e_N——N_{p0} 作用点至截面受压区边缘的距离,N_{p0} 位于截面外为正,位于截面内为负;

b_0——T 形和工字形截面受压翼缘宽度与腹板宽度之差,$b_0 = b'_f - b$;

h'_f——T 形和工字形截面受压翼缘厚度;

h_p, h_s——受拉区预应力钢筋重心、普通钢筋重心至受压区边缘的距离;

g_p, g_s——受拉区预应力钢筋重心、普通钢筋重心至 N_{p0} 作用点的距离,$g_p = h_p + e_N, g_s = h_s + e_N$;

a'_p, a'_s——受压区预应力钢筋重心、普通钢筋重心至受压区边缘的距离;

g'_p, g'_s——受压区预应力钢筋重心、普通钢筋重心至 N_{p0} 作用点的距离,$g'_p = a'_p + e_N, g'_s = a'_s + e_N$。

计算 A、B、C、D 后,代入式(15.2.3)解得 x。

对于矩形截面预应力混凝土受弯构件,令公式(15.2.6)和公式(15.2.7)中的 b_0 等于零。

在使用以上公式时,须注意以下问题:

(1)受压区普通钢筋的应力应符合 $a_{Es}\sigma_{cc} \leqslant f'_{sd}$ 的要求,当 $a_{Es}\sigma_{cc} > f'_{sd}$ 时,式(15.2.6)、式(15.2.7)中的 A'_s 应以 $\dfrac{f'_{sd}}{a_{Es}\sigma_{cc}}A'_s$ 代替,此处 f'_{sd} 为普通钢筋抗压强度设计值,σ_{cc} 为受压区普通钢筋合力点处混凝土压应力,按式(13.2.17)计算,但式中 C 改用该钢筋合力点至开裂截面重心轴的距离;

(2)当受压区预应力钢筋为拉应力 $[(a_{Es}\sigma_{cc} - \sigma'_{p0})$ 为负$]$ 时,式(15.2.6)和式(15.2.7)中含 A'_p 项前面的正号应改为负号,此处 σ_{cc} 为受压区预应力钢筋合力点处混凝土的压应力;

(3)当受压区未设预应力钢筋或普通钢筋时,式(15.2.6)和式(15.2.7)中的 A'_p 项或 A'_s 项令其等于零。

三、裂 缝 计 算

部分预应力混凝土受弯构件,在作用(或荷载)短期效应组合下允许出现裂缝,但其裂缝宽度不得超过表 10.5.1 规定的限值。因此,控制裂缝宽度是部分预应力混凝土构件设计的一项重要内容。

目前,国内外对部分预应力混凝土构件的裂缝控制通常采用两种方法:一种是直接进行裂缝宽度验算;另一种是用名义拉应力来控制裂缝宽度。《公桥规》采用的是前一种方法。

B 类预应力混凝土受弯构件裂缝宽度计算公式与钢筋混凝土受弯构件裂缝宽度计算公式相同,只是配筋率应按式(15.2.8)计算:

$$\rho = \frac{A_s + A_p}{bh_0 + (b_f - b)h_f} \quad\quad\quad (15.2.8)$$

式中：b_f——构件受拉翼缘宽度；

$\quad\quad h_f$——构件受拉翼缘厚度；

$\quad\quad A_s$——构件受拉区纵向普通钢筋的截面面积；

$\quad\quad A_p$——构件受拉区纵向预应力钢筋的截面面积。

四、构 造 要 求

考虑部分预应力混凝土受弯构件的特殊性，《部分预应力混凝土结构设计建议》（以下简称《建议》）就其构造方面作了如下几方面的规定。

1. 部分预应力混凝土构件的预应力钢筋为高强度钢筋（或钢丝）时，考虑到构件裂缝容易使钢筋遭受各种自然因素的影响而锈蚀，特别是为了防止高强度钢筋比较敏感的应力腐蚀，一般宜采用混合配筋方案，即在配置高强度预应力钢筋的同时，也配置一定数量的中、低强度非预应力钢筋，并将非预应力钢筋布置在构件受拉区的外侧，以增大预应力钢筋的保护层厚度，且一旦出现裂缝，可以由非预应力钢筋控制裂缝宽度的扩展，以保护预应力钢筋不受腐蚀。

此外，非预应力钢筋尚可提高承载能力、提高构件的延性和吸收能量的性能等，使结构的使用性能得到改善。

2. 采用混合配筋的受弯构件，《建议》中建议，其非预应力钢筋数量，应根据预应力度的大小按下列原则配置：

（1）当预应力度较高（$\lambda > 0.7$）时，为了保证构件的安全和延性，宜采用较小直径及较密间距，按最小配筋率（对于受弯构件，非预应力钢筋的截面积 A_s 与受拉区混凝土面积 A_{cl} 之比 $A_s/A_{cl} = 0.2\% \sim 0.3\%$）设置非预应力钢筋；

（2）当预应力度中等（$0.4 \leqslant \lambda \leqslant 0.7$）时，由于非预应力钢筋数量相对增多，因此钢筋的直径，特别是最外排的直径应予以加大；

（3）当预应力度较低（$\lambda < 0.4$）时，非预应力钢筋数量已超过预应力筋的数量，构件受力特性接近钢筋混凝土构件的特性，故可按一般钢筋混凝土的构造规定配置钢筋；

（4）先张法在台座上张拉均匀布置的单根钢丝时，如预应力钢丝能满足强度要求，则可不另外设置非预应力钢筋。

思考题

15-1 什么为部分预应力混凝土？部分预应力混凝土有何结构特点？

15-2 部分预应力混凝土结构的受力特性是什么？

15-3 部分预应力混凝土结构有何优缺点？

15-4 部分预应力混凝土结构中非预应力钢筋有何作用？

15-5 部分预应力混凝土结构中采用混合配筋的原则是什么？

附录 预应力混凝土简支空心板计算示例

一、设 计 资 料

1. 跨径

标准跨径 $L_k = 25m$,计算跨径: $L_f = 24.60m$。

2. 设计荷载

荷载等级为公路 I 级,人群荷载为 $3.0kN/m^2$。

3. 桥面净宽

净 $- 9 + 2 \times 0.75m$。

4. 主要材料

混凝土:主梁采用 C50 混凝土,其轴心抗压强度标准值 $f_{ck} = 32.4MPa$,轴心抗拉强度标准值 $f_{tk} = 2.65MPa$,弹性模量 $E_c = 3.45 \times 10^4 MPa$。

钢筋:普通钢筋主要采用 HRB335 钢筋,其抗拉强度设计值 $f_{sd} = 280MPa$,抗压强度设计值 $f'_{sd} = 280MPa$,弹性模量 $E_s = 2.0 \times 10^5 MPa$;预应力钢筋为钢绞线,其抗拉标准强度 $f_{pk} = 1860MPa$,抗拉强度设计值 $f_{pd} = 1260MPa$,抗压强度设计值 $f'_{pd} = 390MPa$,弹性模量 $E_s = 1.95 \times 10^5 MPa$。

5. 施工方法

本设计对混凝土中配置的高强度钢筋拟采用后张法张拉钢筋,拟采用超张拉工艺为:0→10%→105%→持荷 5min→锚固。配套机具拟采用经过特殊设计的 OVM 扁锚 13 – 4,13 – 5(锚下可不设螺旋加强钢筋)及 VCW – 10 千斤顶,预应力管道采用金属扁形波纹管。设张拉时混凝土强度达到设计强度的 80%。

6. 设计依据

《公路桥涵设计通用规范》(JTG D60—2004);

《公路钢筋混凝土及预应力混凝土桥涵设计规范》(JTG D62—2004)。

二、构造布置及尺寸

板的横断面具体尺寸见图 1,全桥空心板横断面布置如图 2。

三、空心板毛截面几何特性计算

本设计预制空心板的毛截面几何特性采用分块面积累加法计算,叠加时挖空部分按负面积计算,以边板为例,计算如下。

1. 加上挖空部分以后得到的截面的几何特性

面积: $A_b = 184 \times 120 = 22080(cm^2)$;

重心至截面上缘的距离: $y_s = 60cm$;

246

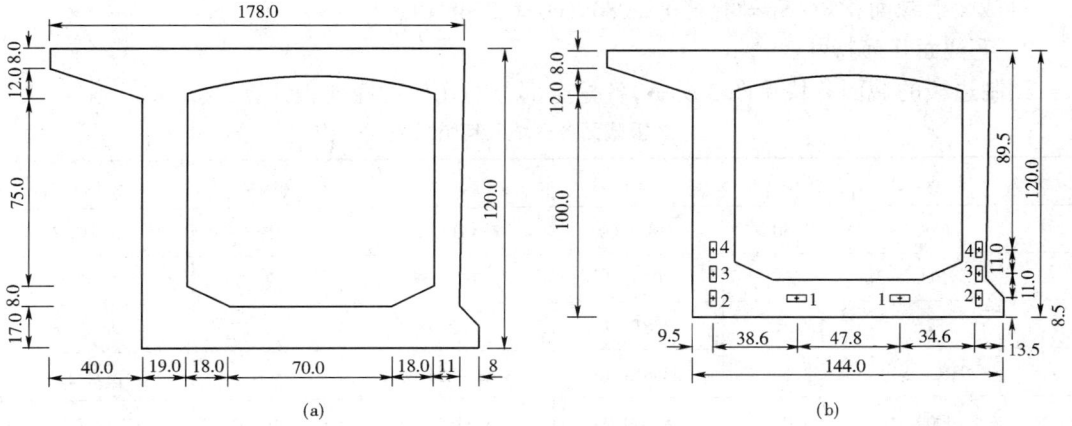

图 1 空心板截面构造(尺寸单位:cm)
(a)边板断面;(b)边板

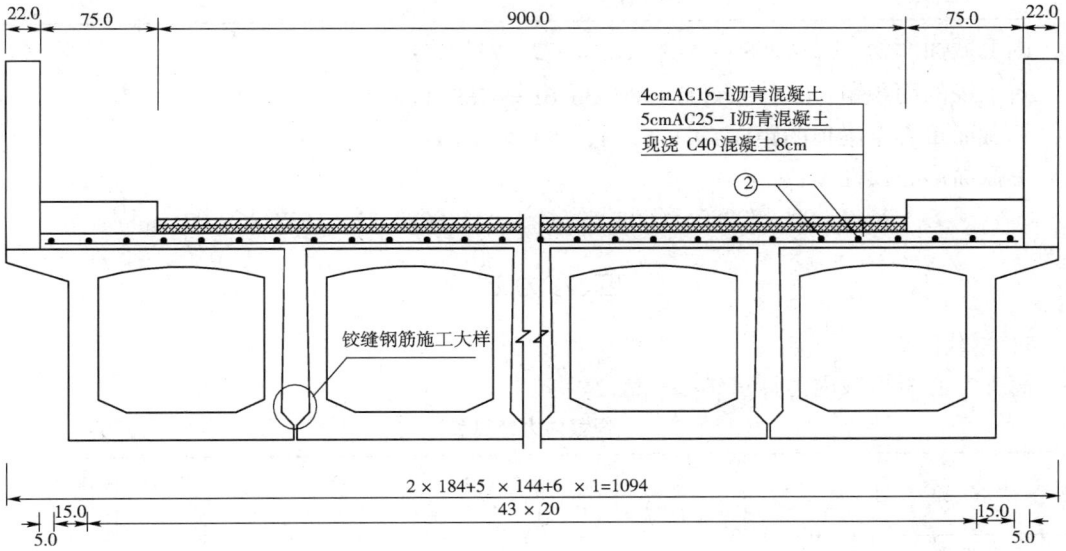

4cmAC16–I沥青混凝土
5cmAC25–I沥青混凝土
现浇 C40 混凝土8cm

铰缝钢筋施工大样

$2 \times 184 + 5 \times 144 + 6 \times 1 = 1094$
43×20

图 2 钢筋混凝土空心板桥横断面布置(尺寸单位:cm)

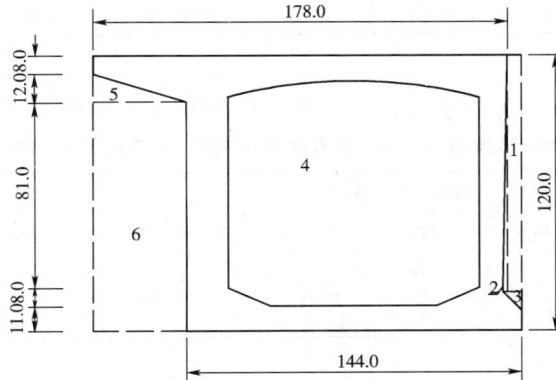

图 3 边板截面分块示意图(尺寸单位:cm)

对截面上缘面积矩：$S_b = A_b y_s = 22080 \times 60 = 1324800(\text{cm}^3)$。

2. 毛截面几何特性

预制边板的截面分块见图3所示，各挖空部分的几何特性列表计算，见表1。

边板截面各分块几何特性表 表1

分块号	$A_i(\text{cm}^2)$	$y_i(\text{cm})$	$S_i(\text{cm}^3)$	$I'_i(\text{cm}^4)$	$b_i(\text{cm})$	$I_{ki} = I'_i + A_i b_i^2$
1	618	51.50	31827.00	546363.37	7.90	584932.75
2	103	68.67	7073.01	60707.06	−9.27	69558.14
3	32	105.67	3381.44	113.78	−46.27	68622.99
4	9362.25	57.66	539815.16	6130834.60	1.74	6159222.12
5	4000	70.00	280000.00	3333333.33	−10.60	3782773.33
6	240	16.00	3840.00	1920.00	43.40	453974.40
合计	14355.25		865936.61			11119083.73

则毛截面面积：$A_c = 22080 - 14355.25 = 7724.75(\text{cm}^2)$；

对上缘的面积矩：$S_c = 1324800 - 865936.61 = 458863.39(\text{cm}^3)$；

毛截面重心至梁顶的距离：$y_s = S_c/A_c = 59.40(\text{cm})$；

毛截面形心惯性矩：

$$I_c = 26496000 + 22080 \times (60 - 59.4)^2 - 11119083.73 = 15384865.07(\text{cm}^4)$$

四、内 力 计 算

1. 恒载内力

简支空心板恒载内力计算结果见表2。

恒载内力计算表 表2

项　　目		g (kN/m)	L (m)	弯矩 M(kN·m) 跨中	弯矩 M(kN·m) $L/4$	剪力 Q(kN) 支点剪力	剪力 Q(kN) $L/4$
一期恒载	边板	21.50	24.60	1626.37	1219.78	264.45	132.23
二期恒载	边板	10.01	24.60	756.83	567.62	123.06	61.53
恒载合计	边板	31.51	24.60	2383.20	1787.40	387.51	193.76

2. 活载内力

板的跨中截面、$L/4$ 截面、支点截面的活载弯矩和剪力计算结果如表3中。

各块板支点、$L/4$、跨中截面活载弯矩、剪力计算汇总表 表3

板号	项　　目	弯矩 M(kN·m) 支点截面	弯矩 M(kN·m) $L/4$ 截面	弯矩 M(kN·m) 跨中截面	剪力 N(kN) 支点截面	剪力 N(kN) $L/4$ 截面	剪力 N(kN) 跨中截面
1 号	汽车	0	599.60	799.40	140.76	102.37	62.83
	人群	0	40.47	53.95	16.63	4.93	2.19

3. 内力组合

按《公路桥涵设计通用规范》(JTG D60—2004)，公路桥涵结构设计按承载能力极限状态和正常使用极限状态进行作用效应组合。内力组合值如表4所示。

内 力 汇 总 表　　　　　　　　　　　　　　　　　　表 4

序号	荷载组合类型		弯矩 M(kN·m)			剪力 Q(kN)		
			梁端	四分点	跨中	梁端	四分点	跨中
1号板	承载能力极限状态		0.00	3159.75	4212.90	711.24	403.57	104.05
	正常使用极限状态	短期	0.00	2247.58	2996.74			
		长期	0.00	2043.42	2724.54			
2号板	承载能力极限状态		0.00	3023.99	4031.90	737.26	388.50	105.75
	正常使用极限状态	短期	0.00	2136.05	2848.03			
		长期	0.00	1957.43	2580.05			
3号板	承载能力极限状态		0.00	3023.31	4030.98	736.68	388.53	103.41
	正常使用极限状态	短期	0.00	2134.37	2845.79			
		长期	0.00	1934.55	2579.38			
4号板	承载能力极限状态		0.00	3029.10	4038.70	736.68	389.56	104.06
	正常使用极限状态	短期	0.00	2136.48	2848.61			
		长期	0.00	1935.89	2581.16			
控制设计的计算内力		边板	0.00	3159.75	4212.90	711.24	403.57	104.05
		中板	0.00	3029.10	4038.70	736.68	389.56	104.06

五、预应力钢筋面积的估算及预应力钢筋布置

1. 估算预应力钢筋面积

按承载能力估算,由公式 $f_{pd}A_{pl} = f_{cd}bx$ 和 $\gamma_0 M_d = f_{cd}bx\left(h_0 - \dfrac{x}{2}\right)$,可以求得预应力钢筋面积 A_{pl} 为:

$$A_{pl} = \frac{f_{cd}bh_0}{f_{pd}}\left(1 - \sqrt{1 - \frac{2\gamma_0 M_d}{f_{cd}bh_0^2}}\right)$$

上述式中:M_d——弯矩组合设计值;

$\qquad\qquad \gamma_0$——桥梁结构的重要性系数;

$\qquad\qquad f_{cd}$——混凝土轴心抗压强度设计值;

$\qquad\qquad f_{pd}$——预应力钢筋抗拉强度设计值;

$\qquad\qquad x$——混凝土受压区高度;

$\qquad\qquad b,h$——构件混凝土截面尺寸,其中 $h_0 = 0.8h$(h 为梁高)。

所以边板预应力钢筋的面积为:

$$A_{pl} = \frac{22.4 \times 1.44 \times 0.96}{1260}\left(1 - \sqrt{1 - \frac{2 \times 1.0 \times 4212.9 \times 10^3}{22.4 \times 10^6 \times 1.44 \times 0.96^2}}\right)$$

$$= 0.00377242(m^2) = 3772.42(mm^2)$$

单根预应力钢筋束的面积为:

$$A_{pd} = \frac{\pi \times 15.2^2}{4} = 181.458(mm^2)$$

边板所需筋束数:

$$n_1 = A_{pl}/A_{pd} = 3772.42/181.458 = 20.79 \quad (束)$$

根据上述估算结果,暂定边板腹板各布置 $\phi15.2$ 钢绞线 12 束,每侧腹板 3 个孔道,每孔 4 束,底板横向布置 10 束钢绞线,2 个孔道,每孔 5 束。

2. 钢束布置

(1)跨中截面钢束的布置

按照《公桥规》第 9.1.1 条,对于后张梁而言,首先应满足构造要求:采用金属波纹管成型的管道,管道中间净距 $\geqslant 4$cm,梁底净距 $\leqslant 4$cm,梁侧净距 $\leqslant 3.5$cm。

(2)锚固面预应力钢筋布置

全部钢筋束均锚于梁端;同时,为减小支点和锚固面上预加力的偏心距和避免过大的局部集中应力,将预应力钢筋尽量布置得分散和均匀一些,如图 4 所示。

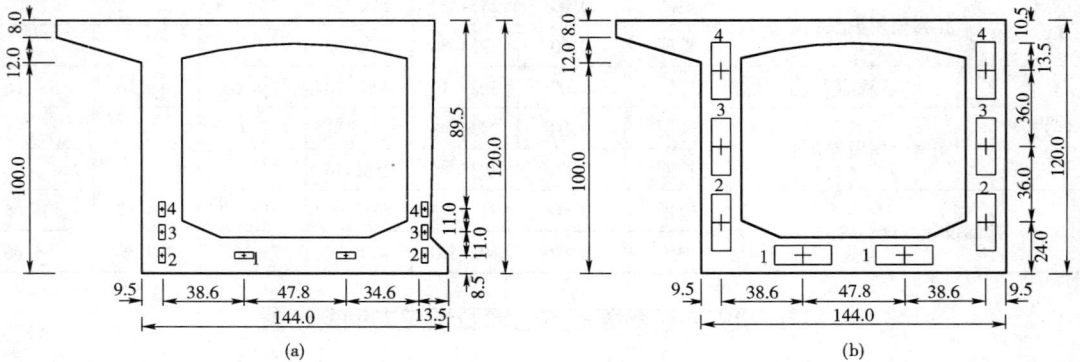

图 4 跨中、支座截面预应力钢筋布置图
(a)跨中截面;(b)支点截面

(3)其他截面钢束位置及倾角计算

①钢束弯起线型和弯起角

a.为了简化计算和施工方便,所有钢束布置的线型均采用两端为圆弧中间加一段直线的线型。

b.弯起角 θ_0 如表 5 所示。

②钢束弯起点及其半径计算

以 4 号钢束为例,其弯起布置如图 5 所示。

由 $R - c = R\cos\theta_0$ 得:

$$R = \frac{c}{1 - \cos\theta_0} = \frac{65.50}{1 - \cos 13°}$$
$$= 2548.64 (cm)$$

求弯起点 k 的位置:

$$l_w = R\sin\theta_0 = 2548.64 \times \sin 13° = 573.44 (cm)$$

$$x_k = \frac{l}{2} + d - l_w = 668.76 (cm)$$

各钢束弯起点及半径列表计算,如表 5 所示。

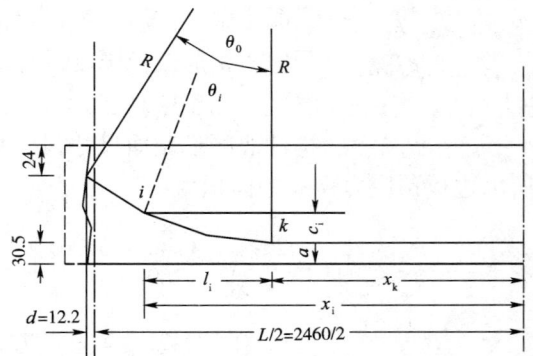

图 5 弯起钢筋布置图

钢束号	升高值 (cm)	θ_0 (°)	d	$\cos\theta_0$	$R = c/(1-\cos\theta_0)$ (cm)	$\sin\theta_0$	$l_w = R\sin\theta_0$ (cm)	$x_k = l/2 - l_w + d$ (cm)
1	0	0	0	0	0	0	0	0
2	15.50	6.00	5.10	0.99	2818.18	0.10	294.50	940.60
3	40.50	11.00	10.40	0.98	2201.09	0.19	419.97	820.43
4	65.50	13.00	12.20	0.97	2548.64	0.23	573.44	668.76

③各截面钢束位置及倾角计算

仍以 4 号钢束为例,由图 5 求得计算点 i 到梁底距离 a_i 为:

$$a_i = a + c_i$$

式中:a——钢束弯起前其重心到梁底的距离;

c_i——截面钢束位置 i 的升高值 $c_i = R(1 - \cos\theta_i)$;

θ_i——计算截面钢束弯起角(即倾角),其值为

$$\theta_i = \sin^{-1}\frac{l_i}{R}$$

其中:R——圆曲线半径,

l_i——计算截面到起弯点 k 之水平距离。

各截面钢束位置(a_i)及其倾角(θ_i)列表计算,如表 6 所示。

计算截面	钢束编号	$l_i = x_i - x_k$(cm)	R(cm)	$\theta_i = \sin^{-1}l_i/R$	$\sin\theta_i$	$\cos\theta_i$	$c_i = R \times (1 - \cos\theta_i)$	a(cm)	$a_i = a + c_i$(cm)
跨中截面 $x_i = 0$	1	l_i 为负值尚未弯起		0	0	1	0	8.50	8.50
	2			0	0	1	0	8.50	8.50
	3			0	0	1	0	19.50	19.50
	4			0	0	1	0	30.50	30.50
	平均倾角			0	0	1	钢束截面重心		16.75
L/4 截面 $x_i = 615$	1	l_i 为负值尚未弯起		0	0	1	0	8.50	8.50
	2			0	0	1	0	8.50	8.50
	3			0	0	1	0	19.50	19.50
	4			0	0	1	0	30.50	30.50
	平均倾角			0	0	1	钢束截面重心		16.75
L/8 截面 $x_i = 922.5$	1	l_i 为负值尚未弯起		0	0	1	0	8.50	8.50
	2			0	0	1	0	8.50	8.50
	3	102.07	2201	2.7°	0.0471	0.999	2.42	19.50	21.92
	4	253.74	2549	5.7°	0.0993	0.995	12.49	30.50	42.99
	平均倾角			4.2°	0.0732	0.997	钢束截面重心		20.48
支点截面 $x_i = 1230$	1	尚未弯起		0	0	1	0	8.50	8.50
	2	289.4	2818	5.9°	0.1028	0.995	14.94	8.50	23.44
	3	409.57	2201	10.7°	0.1857	0.983	38.30	19.50	57.80
	4	561.24	2549	12.7°	0.2198	0.976	62.44	30.50	92.94
	平均倾角			9.77°	0.1696	0.986	钢束截面重心		45.67

六、主梁截面几何特性计算及束界校核

1. 截面几何特性计算

后张法预应力混凝土梁,在预加应力阶段,管道尚未压浆,由预加力引起的应力按构件混凝土净截面(不计构造钢筋的影响)计算;在使用阶段,一般预留孔道已压浆,钢束与混凝土之间已经有很强的粘结力,故按换算截面计算。边板预制板及成桥以后板跨中、$L/4$、$L/8$、支点截面的净截面和换算截面几何特性计算,分别如表 7 ~ 表 10 所示。边板各设计控制截面的净截面、换算截面几何特性如表 11。

边板跨中截面的净截面与换算截面的几何特性计算表　　表 7

截面类别	分块名称	分块面积 A_i(cm²)	A_i 重心至梁顶距离 y_i(cm)	对梁顶边面积矩 $S_i = A_i y_i$(cm³)	自身惯性距 I_i(cm⁴)	$(y_s - y_i)$ (cm)	$I_x = A_i(y_s - y_i)^2$ (cm⁴)	截面惯性矩 $I = I_i + I_x$(cm⁴)
净截面	主截面	7724.75	59.40	458850.15	15384865.07	-0.66	3332.56	
	预留管道面积	-114.00	103.25	-11770.50	0.00	-44.51	-225817.71	
	混凝土净面积	7610.75	58.74	447079.65	15384865.07	—	-222485.15	15162379.92
换算截面	钢束换算面积	286.89	103.25	29621.39	0.00	-42.28	512838.50	
	毛截面	7724.75	59.40	458850.15	15384865.07	1.57	19046.34	
	换算面积	8011.64	60.97	488471.54	15384865.07	—	531884.84	15916749.91

边板 $L/4$ 截面的净截面与换算截面的几何特性计算表　　表 8

截面类别	分块名称	分块面积 A_i(cm²)	A_i 重心至梁顶距离 y_i(cm)	对梁顶边面积矩 $S_i = A_i y_i$(cm³)	自身惯性距 I_i(cm⁴)	$(y_s - y_i)$ (cm)	$I_x = A_i(y_s - y_i)^2$ (cm⁴)	截面惯性矩 $I = I_i + I_x$(cm⁴)
净截面	毛截面	7724.75	59.40	458850.15	15384865.07	-0.66	3332.56	
	预留管道面积	-114.00	103.25	-11770.50	0.00	-44.51	-225817.71	
	混凝土净面积	7610.75	58.74	447079.65	15384865.07	—	-222485.15	15162379.92
换算截面	钢束换算面积	286.89	103.25	29621.39	0.00	-42.28	512838.50	
	毛截面	7724.75	59.40	458850.15	15384865.07	1.57	19046.34	
	换算面积	8011.64	60.97	488471.54	15384865.07	—	531884.84	15916749.91

边板 $L/8$ 截面的净截面与换算截面的几何特性计算表　　表 9

截面类别	分块名称	分块面积 A_i(cm²)	A_i 重心至梁顶距离 y_i(cm)	对梁顶边面积矩 $S_i = A_i y_i$(cm³)	自身惯性距 I_i(cm⁴)	$(y_s - y_i)$ (cm)	$I_x = A_i(y_s - y_i)^2$ (cm⁴)	截面惯性矩 $I = I_i + I_x$(cm⁴)
净截面	毛截面	7724.75	59.40	458850.15	15384865.07	-0.60	2789.72	
	预留管道面积	-114.00	99.52	-11345.28	0.00	-40.72	-189034.32	
	混凝土净面积	7610.75	58.80	447504.87	15384865.07	—	-186244.59	15198620.48

截面类别	分块名称	分块面积 A_i(cm²)	A_i重心至梁顶距离 y_i(cm)	对梁顶边面积矩 $S_i = A_iy_i$(cm³)	自身惯性距 I_i(cm⁴)	$(y_s - y_i)$ (cm)	$I_x = A_i(y_s - y_i)^2$ (cm⁴)	截面惯性矩 $I = I_i + I_x$(cm⁴)
换算截面	钢束换算面积	286.89	99.52	28551.29	0.00	-38.68	429302.36	
	毛截面	7724.75	59.40	458850.15	15384865.07	1.44	15943.89	
	换算面积	8011.64	60.84	487401.44	15384865.07	—	445246.25	15830111.32

边板支点截面的净截面与换算截面的几何特性计算表　　　　表10

截面类别	分块名称	分块面积 A_i(cm²)	A_i重心至梁顶距离 y_i(cm)	对梁顶边面积矩 $S_i = A_iy_i$(cm³)	自身惯性距 I_i(cm⁴)	$(y_s - y_i)$ (cm)	$I_x = A_i(y_s - y_i)^2$ (cm⁴)	截面惯性矩 $I = I_i + I_x$(cm⁴)
净截面	毛截面	8477.73	59.30	502729.63	16101907.46	-0.20	355.80	
	预留管道面积	-114.00	74.33	-8473.62	0.00	-15.23	-26459.52	
	混凝土净面积	8363.73	59.10	494256.01	16101907.46	—	-26103.72	16075803.74
换算截面	钢束换算面积	286.89	74.33	21324.53	0.00	-14.54	60635.42	
	毛截面	8477.73	59.30	502729.63	16101907.46	0.49	2051.93	
	换算面积	8764.62	59.79	524054.16	16101907.46	—	62687.34	16164594.80

边板各设计控制截面的净截面与换算截面的几何特性计算表　　　　表11

计算截面		A (cm²)	y_n^s (cm)	y_n^x (cm)	e_p (cm)	I (cm⁴)	$W_s = I/y_n^s$	$W_x = I/y_n^x$	$W_p = I/e_p$
							\multicolumn{3} W(cm³)		
跨中截面	净截面	7610.75	58.74	61.26	44.51	15162379.92	258127.00	247508.65	340651.09
	换算截面	8011.64	60.97	59.03	44.51	15916749.91	261058.72	269638.32	357599.41
$L/4$截面	净截面	7610.75	58.74	61.26	44.51	15162379.92	258127.00	247508.65	340651.09
	换算截面	8011.64	60.97	59.03	44.51	15916749.91	261058.72	269638.32	357599.41
$L/8$截面	净截面	7610.75	58.80	61.20	40.72	15198620.48	258479.94	248343.47	373247.06
	换算截面	8011.64	60.84	59.16	38.68	15830111.32	260192.49	267581.33	409258.31
支点截面	净截面	8363.73	59.10	60.90	15.23	16075803.74	272010.22	263970.50	1055535.37
	换算截面	8764.62	59.79	60.21	14.54	16164594.80	270356.16	268470.27	1111732.79

2. 力筋布置位置(束界)的校核

为简化计算,假定预应力钢筋的合力作用点位置就是钢筋重心的位置。

根据张拉阶段和使用阶段的受力要求,可给出钢筋束重心的布置限制线(束界)E_1,E_2,即

$$E_2 \leqslant e_p \leqslant E_1$$

$$E_1 = K_x + M_{g1}/N_{p1}$$

$$E_2 = \frac{M_{g1} + M_{g2} + M_p}{\alpha \cdot N_{p1}} - K_s$$

253

$$K_x = K_s / A_j$$

$$K_s = W_x / A_j$$

$$\alpha = 0.8$$

$$N_{pl} = \frac{34 \times \pi \times 15.2^2}{4} \times 1860 \times 0.75 = 8606.57 (\text{kN})$$

边板各截面钢束位置的校核,如表 12 所示。从表中可以看出,边板各截面均符合全预应力混凝土的要求。

表 12

边板钢束重心位置(束界)校核表

计算截面	A_j (cm²)	W_{js} (cm³)	W_{jx} (cm³)	K_x (cm)	K_s (cm)	N_{pl} (kN)
跨中	7610.75	258127.00	247508.65	33.92	32.52	8606.57
$L/4$	7610.75	258127.00	247508.65	33.92	32.52	8606.57
支点	8363.73	272010.22	263970.50	32.52	31.56	8606.57

计算截面	M_{gl} (kN·m)	M (kN·m)	M_{gl}/N_{pl} (cm)	$M/0.8N_{pl}$ (cm)	E_2 (cm)	e_p (cm)	E_1 (cm)	说明
跨中	1626.37	3236.56	18.90	47.01	< 52.81	44.51	> 14.49	满足
$L/4$	1219.78	2427.46	14.17	35.26	< 48.09	44.51	> 2.73	满足
支点	0.00	0.00	0.00	0.00	< 32.52	15.23	> -31.56	满足

七、主梁截面强度计算

1. 正截面强度计算

一般取弯矩最大的跨中截面进行计算。

(1)求受压区高度 x

将空心板截面按照等面积和等惯性矩的原则换算成如图 6 所示的工字形截面

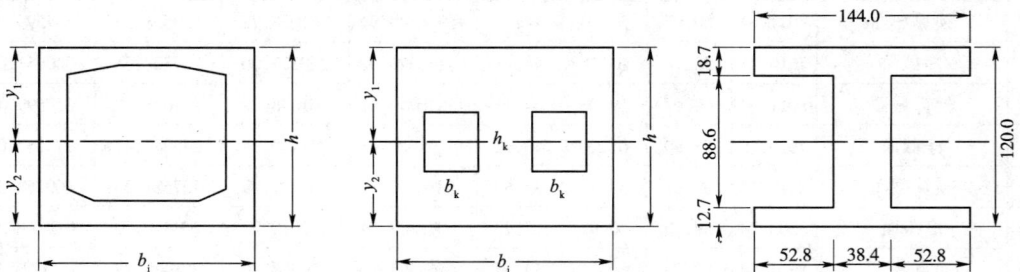

图 6　空心板截面换算成等效工字形截面

换算方法如下:

按面积相等:$2(b_k \times h_k) = 9362.25 \text{cm}^2$

按惯性矩相等:$2\left(\dfrac{b_k h_k}{12}\right)^3 = 6130834.6 \text{cm}^4$

联立求解上述两式得:

$b_k = 52.80\text{cm}, \qquad h_k = 88.65\text{cm}$

这样,在空心板截面高度、宽度以及圆孔的形心位置都不变的条件下,等效工字形截面尺寸为:

上翼板厚度:$h'_i = y_1 - \dfrac{1}{2}h_k = 62.97 - \dfrac{1}{2} \times 88.65 = 18.65$(cm)

下翼板厚度:$h'_i = y_2 - \dfrac{1}{2}h_k = 57.03 - \dfrac{1}{2} \times 88.65 = 12.71$(cm)

腹板厚度:$b = b_i - 2b_k = 144 - 2 \times 52.80 = 38.40$(cm)

在异号弯矩作用时,工字形截面总有上翼板或下翼板位于受压区,故正截面承载力可按 T 形截面计算。

由水平力平衡,即 $\sum H = 0$,可求得所需混凝土受压区面积 A_{ca} 为:

$$A_{ca} = \frac{f_{pd}A_p}{f_{cd}} = \frac{1260 \times 4717.92}{22.4} = 2653.8(\text{cm}^2) < 144 \times 18.65 = 2685.2(\text{cm}^2)$$

说明 x 轴位于翼缘变化段内,

所以

$$x = A_{ca}/144 = 2653.8/144 = 18.43(\text{cm}) < 18.65(\text{cm})$$

(2)A_{ca} 的重心到受压区外边缘的距离

$$c = x/2 = 9.215\text{cm}$$

(3)截面强度验算

由前面计算知:

$$M_d = 4038.70\text{kN} \cdot \text{m}, h_0 = 120 - 12.17 = 107.83(\text{cm})$$

暂不考虑设计普通钢筋,则构件抗弯强度 M_d 为:

$$M_d = \frac{1}{\gamma_0}f_{cd} \times A_{ca}(h_0 - c) = 1.0 \times 22.4 \times 2653.8 \times (107.8 - 9.215)$$

$$= 5862.2(\text{kN} \cdot \text{m}) > 4038.70(\text{kN} \cdot \text{m})$$

故截面强度满足要求,不需要配置普通钢筋。同理可求得边板截面强度也满足要求,也不需配置普通钢筋。

2. 斜截面强度验算

(1)复核主梁截面尺寸

根据《公桥规》第 5.2.9 条,矩形、T 形和 I 形截面的受弯构件,其抗剪截面应符合下列要求:

$$\gamma_0 V_d \leqslant 0.51 \times 10^{-3}\sqrt{f_{cu,k}}bh_0$$

由前面计算知:

$$V_d = 736.68\text{kN}, f_{cu,k} = 50\text{MPa}, b = 384\text{mm}, h_0 = 1200 - 121.7 = 1078.3(\text{mm})$$

代入上式得:

$$V_{cd} = 0.51 \times 10^{-3} \times \sqrt{50} \times 384 \times 1078.3 = 1493.23(\text{kN})$$

$$\gamma_0 V_d = 1.0 \times 736.68\text{kN} = 736.68\text{kN} < 1493.23\text{kN}$$

所以截面尺寸满足要求。

(2)核算是否需要根据计算配置箍筋

根据《公桥规》第 5.2.10 条,矩形、T 形和 I 形截面的受弯构件,当符合下列条时

$$\gamma_0 V_d \leqslant 0.50 \times 10^{-3}\alpha_2 f_{td}bh_0$$

可不进行斜截面抗剪承载力的验算,仅需要按《公桥规》第9.3.13条构造要求配置箍筋。

式中:α_2——预应力提高系数,对钢筋混凝土受弯构件,$\alpha_2 = 1.0$;对预应力混凝土受弯构件,$\alpha_2 = 1.25$,此处取 $\alpha_2 = 1.25$。

f_{td}——混凝土抗拉强度设计值,按《公桥规》表3.1.4的规定采用。

故

$$0.50 \times 10^{-3} \alpha_2 f_{td} b h_0 = 0.50 \times 10^{-3} \times 1.25 \times 1.83 \times 384 \times 1078.3 = 473.6(kN)$$

对照内力汇总表4各计算截面控制设计的剪力值,空心板沿跨长相当一部分区段需按计算要求配置箍筋。为构造和施工方便,本设计预应力混凝土空心板不设斜筋,故计算剪力全部由混凝土和箍筋承担。

(3)剪力图划分

①剪力图如图7所示。

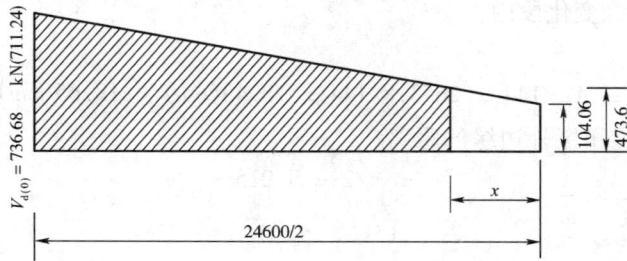

图7 剪力分配图

②计算不需要配置计算剪力筋区段长度 x

$$\frac{x}{12300} = \frac{473.6 - 104.06}{736.68 - 104.06}$$

求得

$$x = 7184.948mm$$

所以,按计算设置剪力钢筋梁段长度:

$$L_1 = 12300 - 7184.948 = 5115(mm)$$

③计算 V'_d(距支座中心 $h/2$ 处截面的计算剪力)

$$h/2 = 1200/2 = 600(mm)$$

$$V'_d = 104.06 + (12300 - 600) \times \frac{736.68 - 104.06}{12300} = 705.82(kN)$$

剪力全部由混凝土和箍筋来承担。

(4)箍筋设计

采用直径为 $\phi 10$ 的双肢箍筋(HRB335级钢筋),$A_{svi} = 78.54mm^2$,则

$$A_{sv} = n_{sv} A_{svi} = 2 \times 78.54 = 157.08(mm^2)$$

一般受弯构件中箍筋常按等间距布置,为计算简便,计算公式中截面有效高度 h_0 取跨中及支点截面的平均值:

$$h_0 = \frac{(120 - 12.07) + (120 - 41.46)}{2} = \frac{107.83 + 78.54}{2} = 93.185(cm)$$

纵向配筋百分率:

256

$$p = 100\rho = \frac{A_p}{bh_0} = \frac{26 \times \pi \times 15.2^2/4}{384 \times 931.85} = 1.32 < 2.5$$

由混凝土和箍筋承受全部计算剪力的条件得：

$$\gamma_0 V'_d = V_{cs} = \alpha_1\alpha_2\alpha_3 0.45 \times 10^{-3} bh_0\sqrt{(2 + 0.6p)}\sqrt{f_{cu,k}\rho_{sv}f_{sv}}$$

式中：V_d——斜截面受压端上由作用(或荷载)效应所产生的最大剪力组合设计值；

$\quad\quad V_{cs}$——斜截面内混凝土和箍筋共同的抗剪承载力设计值，kN；

$\quad\quad \alpha_1$——异号弯矩影响系数，计算简支梁和连续梁近边支点梁段的抗剪承载力时，

$\quad\quad\quad \alpha_1 = 1.0$；计算悬臂梁和连续梁近中间支点梁段的抗剪承载力时，$\alpha_1 = 0.9$；

$\quad\quad \alpha_2$——预应力提高系数，对钢筋混凝土受弯构件，$\alpha_2 = 1.0$；对预应力混凝土受弯构件，

$\quad\quad\quad \alpha_2 = 1.25$，此处取 $\alpha_2 = 1.25$；

$\quad\quad \alpha_3$——受压翼缘的影响系数，取 $\alpha_3 = 1.1$；

$\quad\quad p$——斜截面内纵向受拉钢筋的配筋百分率，$p = 100\rho$，$\rho = \frac{A_s}{bh_0}$，当 $p > 2.5$ 时，取 $p = 2.5$；

$\quad\quad \rho_{sv}$——斜截面内箍筋配筋率，$\rho_{sv} = A_{sv}/(s_v b)$；

$\quad\quad f_{sv}$——箍筋抗拉强度设计值；

$\quad\quad A_{sv}$——斜截面内配置在同一截面的箍筋各肢总截面面积(mm^2)；

$\quad\quad s_v$——斜截面内箍筋的间距(mm)。

由以前计算可知：

$$b = 384mm, h_0 = 931.85mm, p = 1.32$$

代入上式可得

$$1.0 \times 705.82 = 1.0 \times 1.25 \times 1.1 \times 0.45 \times 10^{-3} \times 384 \times 931.85$$
$$\times \sqrt{(2 + 0.6 \times 1.32)} \times \sqrt{50 \times \rho_{sv} \times 280}$$

所以

$$\rho_{sv} = 0.00184$$

$$s_v = \frac{A_{sv}}{\rho_{sv} \cdot b} = \frac{157.08}{0.00184 \times 384} = 222(mm) = 22(cm)$$

根据《公桥规》要求调整后，空心板的箍筋布置如下：

由梁端至距跨中距离 $x = 1125cm$ 处取箍筋间距 $s_v = 10cm$；

由 $x = 1125cm$ 至 $x = 725cm$ 处取箍筋间距 $s_v = 20cm$；

由 $x = 725cm$ 至跨中截面处取箍筋间距 $s_v = 25cm$。

(5)截面抗剪强度验算

根据箍筋设计布置图进行空心板斜截面抗剪强度验算。选择验算截面的起点位置

①距支座中 $h/2$ 处

②距跨中距离 $x = 1125cm$ 处(箍筋间距变化处)

③距跨中距离 $x = 725cm$ 处(箍筋间距变化处)

由《公桥规》第5.2.7条知，斜截面抗剪承载力计算应满足下式规定：

$$\gamma_0 V_d \leq V_{cs} + V_{sb} + V_{pb}$$

因剪力全部由混凝土和箍筋共同承担，故

$$\gamma_0 V_d \leq V_{cs}$$

$$V_{cs} = \alpha_1 \alpha_2 \alpha_3 0.45 \times 10^{-3} bh_0 \sqrt{(2 + 0.6p)} \sqrt{f_{cu,k} \rho_{sv} f_{sv}}$$

① 距支座中心 $h/2$ 处

$$\rho_{sv} = \frac{A_{sv}}{s_v \cdot b} = \frac{157.08}{100 \times 384} = 0.00409 = 0.409\% > 0.12\%$$

$$V_{cs} = 1.0 \times 1.25 \times 1.1 \times 0.45 \times 10^{-3} \times 384 \times 931.85$$
$$\times \sqrt{(2 + 0.6 \times 1.32)} \times \sqrt{50 \times 0.00409 \times 280}$$
$$= 1052.77(kN) > 705.82(kN)$$

② 距跨中距离 $x = 1125cm$ 处(箍筋间距变化处)

$$V_d = 104.06 + 11250 \times \frac{736.69 - 104.06}{12300} = 682.68(kN)$$

$$\rho_{sv} = \frac{A_{sv}}{s_v \cdot b} = \frac{157.08}{200 \times 384} = 0.00205 = 0.205\% > 0.12\%$$

$$V_{cs} = 1.0 \times 1.25 \times 1.1 \times 0.45 \times 10^{-3} \times 384 \times 931.85$$
$$\times \sqrt{(2 + 0.6 \times 1.32)} \times \sqrt{50 \times 0.00205 \times 280}$$
$$= 745.33(kN) > 682.68(kN)$$

③ 距跨中距离 $x = 725cm$ 处(箍筋间距变化处)

$$V_d = 104.06 + 7250 \times \frac{736.69 - 104.06}{12300} = 476.95(kN)$$

$$\rho_{sv} = \frac{A_{sv}}{s_v \cdot b} = \frac{157.08}{250 \times 384} = 0.00164 = 0.164\% > 0.12\%$$

$$V_{cs} = 1.0 \times 1.25 \times 1.1 \times 0.45 \times 10^{-3} \times 384 \times 931.85$$
$$\times \sqrt{(2 + 0.6 \times 1.32)} \times \sqrt{50 \times 0.00164 \times 280}$$
$$= 666.6(kN) > 476.95(kN)$$

综上所述,空心板各斜截面抗剪强度均满足要求。

(6)斜截面抗弯强度

由于钢束均锚固于梁端,数量上沿跨长方向没有变化,且弯起角度缓和,其斜截面抗弯强度一般不控制设计。

八、预应力损失估算

1. 力筋张拉控制应力

按《公桥规》规定:

$$\sigma_{con} = \sigma'_{con} = 0.75 f_{pk} = 0.75 \times 1860 = 1395(MPa)$$

2. 预应力损失值

(1)钢筋与管道之间的摩擦引起的预应力损失 σ_{l1}

后张法构件张拉时,预应力钢筋与管道壁之间摩擦引起的应力损失可按下式计算:

$$\sigma_{l1} = \sigma_{con}[1 - e^{-(\mu\theta + kx)}]$$

式中：μ——摩擦系数，采用预埋金属波纹管，$\mu = 0.25$；

　　k——局部偏差影响系数，取 $k = 0.0015$。

边板跨中、$L/4$、支点截面管道摩擦损失计算如表 13～表 15；各截面管道摩擦损失值的平均值如表 16。

边板跨中截面管道摩擦损失计算表

表 13

钢束编号	$\theta = \theta_0$	$\mu\theta$	x	kx	β	σ_k	σ_{l1}(MPa)
1	0.00	0.00	0.00	12.38	0.01857	0.01839864	1395	25.67
2	6.00	0.105	0.02625	12.35	0.018525	0.043787395	1395	61.08
3	11.00	0.192	0.048	12.40	0.0186	0.064430646	1395	89.88
4	13.00	0.227	0.05675	12.42	0.01863	0.072608989	1395	101.29
平均值								69.48

注：表中 $\beta = 1 - e^{-(\mu\theta + kx)}$。

边板 $L/4$ 截面管道摩擦损失计算表

表 14

钢束编号	$\theta = \theta_0 - \theta_i$	$\mu\theta$	x	kx	β	σ_k	σ_{l1}
1	0.00	0.00	0.00	6.23	0.009345	0.009301471	1395	12.98
2	6.00	0.10472	0.02618	6.20	0.0093	0.034857904	1395	48.63
3	11.00	0.191986	0.047997	6.25	0.009381	0.055762498	1395	77.79
4	13.00	0.226893	0.056723	6.27	0.009405	0.06398914	1395	89.26
平均值								57.16

边板支点截面管道摩擦损失计算表

表 15

钢束编号	$\theta = \theta_0 - \theta_i$	$\mu\theta$	x	k_x	β	σk	σ_{l1}
1	0.00	0.00	0.00	0.08	0.00012	0.000119993	1395	0.17
2	0.10	0.001745	0.000436	0.05	0.000075	0.000511202	1395	0.71
3	0.30	0.005236	0.001309	0.10	0.000156	0.001463924	1395	2.04
4	0.30	0.005236	0.001309	0.12	0.000183	0.001490884	1395	2.08
平均值								1.25

边板各截面管道摩擦损失值 σ_{l1} 的平均值

表 16

截面	跨中	$L/4$	支点
σ_{l1}平均值(MPa)	69.48	57.16	1.25

(2)锚具变形损失 σ_{l2}

按考虑反摩阻作用时计算钢束的应力损失 σ_{l2}。

反摩擦影响长度 l_f：

$$l_f = \sqrt{\sum \Delta l \cdot E_p / \Delta\sigma_d}$$

$$\Delta\sigma_d = \frac{\sigma_0 - \sigma_l}{l}$$

式中：σ_0——张拉端锚下控制张拉应力；

　　$\sum \Delta l$——锚具变形值，OVM 夹片锚无顶压时取 4mm；

σ_l——扣除沿途管道摩擦损失后锚固端预拉应力;

l——张拉端到锚固端之间的距离,本设计中 $l = 12380$mm。

当 $l_f \leq l$ 时,离张拉端 x 处由锚具变形、钢筋回缩和接缝压缩引起的,考虑反摩擦后的预拉力损失 $\Delta\sigma_x$ 为

$$\Delta\sigma_x = \Delta\sigma \frac{l_f - x}{l_f}$$

$$\Delta\sigma = 2\Delta\sigma_d l_f$$

当 $l_f \leq x$ 时,表示该截面不受反摩擦的影响。

边板反摩擦影响长度如表 17。

边板反摩擦影响长度计算表

表 17

钢 束 号	1	2	3	4
$\sigma_0 = \sigma_{con}$(MPa)	1395	1395	1395	1395
$\sigma_l = \sigma_0 - \sigma_{l1}$(MPa)	1369.33	1308.25	1218.37	1117.08
$\Delta\sigma_d = (\sigma_0 - \sigma_l)/l$(MPa/mm)	0.002073191	0.007007231	0.014267388	0.022449096
l_f(mm)	19396.69157	10550.52542	7393.925301	5894.512222
$\Delta\sigma = 2\Delta\sigma_d l_f$(MPa)	80.4260868	147.8599347	210.9840087	264.6529418

边板锚具变形损失计算如表 18。

边板锚具变形损失计算表

表 18

项 目		1	2	3	4	平均值
支点	x(mm)	80.00	80.00	80.00	80.00	
	$\Delta\sigma$(MPa)	80.43	147.86	210.98	264.65	
	σ_{l2}(MPa)	80.09	146.74	208.70	261.06	174.15
$L/4$	x(mm)	6230.00	6230.00	6230.00	6230.00	
	$\Delta\sigma$(MPa)	80.43	147.86	210.98	264.65	
	σ_{l2}(MPa)	54.59	60.55	33.21	0.00	37.09
跨中	x(mm)	12380.00	12380.00	12380.00	12380.00	
	$\Delta\sigma$(MPa)	80.43	147.86	210.98	264.65	
	σ_{l2}(MPa)	29.09	0.00	0.00	0.00	7.27

(3)分批张拉时混凝土弹性压缩引起的应力损失 σ_{l4}

此项应力损失,对于简支梁一般取 $L/4$ 截面计算,以其计算结果作为全梁各钢束的平均值。

后张法预应力混凝土构件当采用分批张拉时,先张拉的钢筋由张拉后批钢筋所引起的混凝土弹性压缩的预应力损失,可按下式计算:

$$\sigma_{l4} = \alpha_{Ep} \sum \Delta\sigma_{pc}$$

式中:$\Delta\sigma_{pc}$——在计算截面先张拉的钢筋重心处,由后张拉的各批钢筋产生的混凝土法向应力;

α_{Ep}——预应力钢筋与混凝土弹性模量之比,其值为

$$\alpha_{Ep} = E_p/E_c = 1.95 \times 10^5/3.45 \times 10^4 = 5.65$$

本设计中预应力钢束的张拉顺序为:1、2、3、4。有效张拉力 N_{pe} 为张拉控制应力减去了摩

擦损失和锚具变形损失后的张拉力。预应力分批张拉损失的计算如表19。

边板分批张拉损失值计算表 表19

截面	张拉束号	有效张拉力 $N_{pe}(\times 10^3)$	钢束截面重心(mm)			钢束偏心矩 e_y(mm)			各钢束应力损失 σ_{l4}(MPa)		
			2	3	4	2	3	4	2	3	4
	3	1284.00	0.00	0.00	30.50	0.00	0.00	307.50	0.00	0.00	15.94
$L/4$	2	1285.82	0.00	19.50	30.50	0.00	417.50	307.50	0.00	20.07	15.94
	1	1327.43	8.50	19.50	30.50	527.50	417.50	307.50	22.88	20.07	15.94
	平均值		27.71			总计			22.88	40.14	47.82

(4)钢筋松弛引起的应力损失 σ_{l5}

$$\sigma_{l5} = \Psi \cdot \xi \cdot \left(0.52 \frac{\sigma_{pe}}{f_{pk}} - 0.26 \right) \cdot \sigma_{pe}$$

式中:Ψ——超张拉系数,取 $\Psi = 1.0$;

ξ——钢筋松弛系数,本设计采用低松弛钢绞线,取 $\xi = 0.3$;

σ_{pe}——传力锚固时的钢筋应力,$\sigma_{pe} = \sigma_{con} - \sigma_{l1} - \sigma_{l2} - \sigma_{l4}$。

钢筋松弛引起的应力损失值的计算如表20。

边板钢筋应力松弛损失计算表 表20

项 目		1	2	3	4	平均值
支点	σ_{con}(MPa)	1395.00	1395.00	1395.00	1395.00	
	σ_{l1}(MPa)	0.17	0.71	2.04	2.08	
	σ_{l2}(MPa)	80.09	146.74	208.70	261.06	
	σ_{l4}(MPa)	0.00	22.88	40.14	47.82	
	σ_{pe}(MPa)	1314.74	1224.67	1144.12	1084.04	
	σ_{l5}(MPa)	42.42	30.27	20.55	14.01	25.18
$L/4$	σ_{con}(MPa)	1395.00	1395.00	1395.00	1395.00	
	σ_{l1}(MPa)	12.98	48.63	77.79	89.28	
	σ_{l2}(MPa)	54.59	60.55	33.21	0.00	
	σ_{l4}(MPa)	0.00	22.88	40.14	47.82	
	σ_{pe}(MPa)	1327.43	1262.94	1243.86	1257.90	
	σ_{l5}(MPa)	44.25	35.27	32.74	34.59	37.18
跨中	σ_{con}(MPa)	1395.00	1395.00	1395.00	1395.00	
	σ_{l1}(MPa)	25.67	61.08	89.68	101.29	
	σ_{l2}(MPa)	29.09	0.00	0.00	0.00	
	σ_{l4}(MPa)	0.00	22.88	40.14	47.82	
	σ_{pe}(MPa)	1340.24	1311.04	1264.98	1245.89	
	σ_{l5}(MPa)	46.11	41.90	35.54	33.01	38.51

(5)混凝土收缩、徐变损失 σ_{l6}

$$\sigma_{l6} = \frac{0.9\left[E_p \varepsilon_{cs}(t, t_0) + \alpha_{Ep} \sigma_{pc} \phi(t, t_0) \right]}{1 + 15\rho\rho_{ps}}$$

$$\sigma_{pc} = \frac{N_p}{A_n} + \frac{N_p e_{pn}}{I_n} y_n - \frac{M_g}{I_n} y_n$$

$$\rho_{ps} = 1 + \frac{e_{ps}^2}{i^2}$$

$$i^2 = \frac{I_n}{A_n}$$

式中：σ_{pc}——构件受拉区全部纵向钢筋截面重心处，由预加力(扣除相应阶段的应力损失)和结构自重产生的混凝土法向应力；

$\varepsilon_{cs}(t, t_0)$——预应力筋传力锚固龄期为 t 时的混凝土收缩应变；

$\phi(t, t_0)$——加载龄期为 t_0，计算龄期为 t 时的混凝土徐变系数；

ρ——构件受拉区全部纵向钢筋配筋率，$\rho = (A_s + A_p)/A$；

$\varepsilon_{cs}(t, t_0)$——预应力筋传力锚固龄期为 t 时的混凝土收缩应变；

$\phi(t, t_0)$——加载龄期为 t_0，计算龄期为 t 时的混凝土徐变系数；

ρ——构件受拉区全部纵向钢筋配筋率，$\rho = (A_s + A_p)/A$。

以边板跨中截面为例：

$$i^2 = \frac{I_n}{A_n} = \frac{15162379.92}{7610.75} = 199223.2(mm^2)$$

$$\begin{aligned}
N_p &= (\sigma_{con} - \sigma_{l1} - \sigma_{l2} - \sigma_{l4} - \sigma_{l5}) \cdot A_p \\
&= (1395 - 69.48 - 7.27 - 27.71 - 38.51) \times 34 \times \pi \times 15.2^2/4 \\
&= 7724.5(kN)
\end{aligned}$$

$$e_{pn} = \frac{\sum \sigma_{pe} A_p y_{pn}}{N_p} = 44.51 cm$$

$$\begin{aligned}
\sigma_{pc} &= \frac{N_p}{A_n} + \frac{N_p \cdot e_{pn}}{I_n} y_n - \frac{M_g}{I_n} y_n = \frac{7724.5 \times 10^3}{7610.75 \times 10^2} \\
&+ \frac{7724.5 \times 10^3 \times 445.1 \times 612.6}{15162379.92 \times 10^4} - \frac{1626.37 \times 10^6}{15162379.92 \times 10^4} \times 612.6 \\
&= 17.47(N/mm^2)
\end{aligned}$$

设混凝土传力锚固龄期及加载龄期均为 28d，计算时间 $t = \infty$，桥梁所处环境的年平均相对湿度为 75%，以跨中截面计算其理论厚度 h：

$$h = \frac{2A}{\mu} = \frac{2 \times 17840}{597.76} = 59.69(cm) = 596.9(mm)$$

查《公桥规》表 6.2.7，内差得：

$$\varepsilon_{cs}(t_u, t_0) = 0.131 \times 10^{-3}$$

$$\phi(t_u, t_0) = 1.44$$

$$\begin{aligned}
\sigma_{l6} &= \frac{0.9[E_p \varepsilon_{cs}(t, t_0) + \alpha_{Ep} \sigma_{pc} \phi(t, t_0)]}{1 + 15\rho\rho_{ps}} \\
&= \frac{0.9 \times (1.95 \times 10^5 \times 0.131 \times 10^{-3} + 5.65 \times 13.52 \times 1.44)}{1 + 0.0074 \times 2.031 \times 15} \\
&= 99.44(MPa)
\end{aligned}$$

混凝土收缩、徐变损失的计算如表 21。

262

边板混凝土收缩、徐变应力损失值计算表　　　表 21

截面	e_{ps} (mm)	ρ	i^2 (mm^2)	ρ_{ps}	N_{pe} (kN)	y_n (mm)	M_{GK} (kN·m)	σ_{pc} (MPa)	σ_{l6} (MPa)
支点	445.10	0.007	192208.54	2.031	7624.74	609.00	0.00	13.52	99.44
$L/4$	445.10	0.008	199223.20	1.994	7624.74	612.60	1219.78	18.80	129.15
跨中	152.30	0.008	199223.20	1.001	7724.50	612.60	1626.37	17.47	134.37

（6）将边板各截面钢束应力损失平均值及有效预应力汇总如表 22 和表 23。

边板各截面钢束应力损失平均值汇总表　　　表 22

计算截面	预加应力阶段 $\sigma_l^{I} = \sigma_{l1} + \sigma_{l2} + \sigma_{l4}$ (MPa)				使用阶段 $\sigma_l^{II} = \sigma_{l5} + \sigma_{l6}$ (MPa)		
	σ_{l1}	σ_{l2}	σ_{l4}	σ_l^{I}	σ_{l5}	σ_{l6}	σ_l^{II}
跨中	69.48	7.27	27.71	104.46	38.51	134.37	172.88
$L/4$	57.16	37.09	27.71	121.96	37.18	129.15	166.33
支点	1.25	174.15	27.71	203.11	25.18	99.44	124.62

有效预应力汇总表　　　表 23

板类型	边　　板		
有效预应力	跨中截面	$L/4$ 截面	支点截面
预加应力阶段 $\sigma_{p0} = \sigma_{con} - \sigma_l^{I}$ (MPa)	1290.5	1273	1191.9
使用阶段 $\sigma_{pe} = \sigma_{con} - \sigma_l^{I} - \sigma_l^{II}$ (MPa)	1117.7	1106.7	1067.3

九、短暂状态应力验算

预应力混凝土结构按短暂状态设计时，应计算构件在制造、运输及安装等施工阶段，由预加力（扣除相应的应力损失）、构件自重及其他施工荷载引起的截面应力。

1．上缘混凝土应力

$$\sigma_{ct}^{t} = \left(\frac{N_{p1}}{A_{n1}} - \frac{N_{p1}e_{pnl}}{W_{nls}} + \frac{M_{G1PK}}{W_{nls}} \right) \leqslant 0.7f_{tk}$$

$$N_{p1} = \sigma_{pe}A_{p}$$

2．下缘混凝土应力

$$\sigma_{cc}^{t} = \left(\frac{N_{p1}}{A_{n1}} + \frac{N_{p1}e_{pnl}}{W_{nlx}} - \frac{M_{G1PK}}{W_{nlx}} \right) \leqslant 0.75f_{ck}$$

各截面应力计算见表 24。

计算结果表明，在预施应力阶段，梁的上缘不出现拉应力，下缘混凝土的压应力满足规范要求。

十、持久状况应力验算

按持久状况设计的预应力混凝土受弯构件，尚应计算其使用阶段正截面混凝土的法向应力、受拉钢筋的拉应力即斜截面的主压应力。计算时作用（或荷载）取其标准值，不计分项系

263

数,汽车荷载应考虑冲击系数。

板 类 型			边 板		
序号	项目	单位	跨中截面	$L/4$ 截面	支点截面
1	σ_{p0}	MPa	1290.54	1273.04	1191.89
2	A_p	mm^2		6169.59	
3	$N_{pl} = \sigma_{p0} \times A_p$	N	7962096.50	7854128.76	7353466.92
4	A_{nl}	mm^2	761075.00	761075.00	836373.00
5	N_{pl}/A_{nl}	MPa	10.46	10.32	8.79
6	e_{pnl}	mm	445.10	445.10	152.30
7	W_{nls}	mm^3	258127000	258127000	272010220
8	$N_{pl}e_{pnl}/W_{nls}$	MPa	13.73	13.54	4.12
9	M_{G1PK}	N·mm	1626370000	1219780000	0.00
10	M_{G1PK}/W_{nls}	MPa	6.30	4.73	0.00
11	W_{nlx}	mm^3	247508650	247508650	263970270
12	$N_{pl}e_{pnl}/W_{nlx}$	MPa	14.32	14.12	4.24
13	M_{G1PK}/W_{nlx}	MPa	6.57	4.93	0.00
14	$\sigma_{ct}^t = 5 - 8 + 10$	MPa	3.03	1.50	4.67
15	$\sigma_{cc}^t = 5 + 12 - 13$	MPa	18.21	19.52	13.03
16	应力限值 压应力	MPa	20.16	20.16	20.16
	拉应力	MPa	1.68	1.68	1.68
	拉应力	MPa	2.76	2.76	2.76

1. 跨中截面混凝土法向正应力验算

$$\sigma_{kc} = \frac{N_p}{A_n} - \frac{N_p e_{pn}}{W_{ns}} + \frac{M_{g1}}{W_{ns}} + \frac{M_{g2} + M_q + M_人}{W_{ns}}$$

$$\sigma_{pc} = 1117.66 \text{MPa}$$

$$N_p = \sigma_{pc} A_p = 1117.66 \times 34 \times \frac{\pi \times 15.2^2}{4} = 6895.5 (\text{kN})$$

$$e_{pn} = y_{pn} = 445.10 \text{mm}$$

$$\sigma_{kc} = \frac{6895.5 \times 10^3}{7610.75 \times 10^2} - \frac{6895.5 \times 10^3 \times 445.10}{258127.00 \times 10^3} + \frac{1623.37 \times 10^6}{258127 \times 10^3}$$

$$+ \frac{(756.83 + 799.40 + 53.95) \times 10^6}{261058.72 \times 10^3} = 9.06 - 11.89 + 6.29 + 6.17$$

$$= 9.63 (\text{MPa}) < 0.5 f_{ck} = 0.5 \times 32.4 = 16.2 (\text{MPa})$$

2. 跨中截面预应力钢筋拉应力验算

$$\sigma_p = (\sigma_{pc} + \alpha_{Ep}\sigma_{kt}) \leqslant 0.65 f_{pk}$$

σ_{kt}是按荷载效应标准值(对后张法构件不包括自重)计算的预应力钢筋重心处混凝土的法向应力:

$$\sigma_{kt} = \frac{M_{g2} + M_q + M_人}{W_{0p}} = \frac{(756.83 + 799.40 + 53.95) \times 10^6}{357599.41 \times 10^3} = 4.5 (\text{MPa})$$

$$\sigma_{p} = \sigma_{pc} + \alpha_{Ep}\sigma_{kt} = 1117.66 + 5.65 \times 4.5 = 1143.1(\text{MPa})$$
$$< 0.65f_{pk} = 0.65 \times 1860 = 1209(\text{MPa})$$

3. 空心板截面混凝土主应力验算

简支空心板在使用阶段混凝土主应力验算一般选支点截面和 $L/4$ 截面。验算截面上的主应力验算点,取图8所示空心板等效工字形截面的中心轴(0 - 0 处)、上翼板与腹板交界处(1 - 1 处)、下翼板与腹板交界处(2 - 2 处)。由《公桥规》第6.3.3条,剪应力计算公式为:

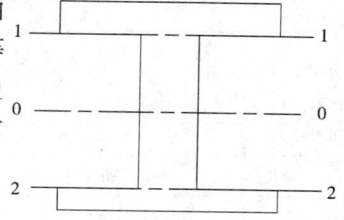

$$\tau = \frac{V_{s}S_{0}}{bI_{0}} - \frac{\sum\sigma''_{pe}A_{pb}\sin\theta_{p}\cdot S_{n}}{bI_{n}}$$

图8 等效工字形截面

式中:S_{0},S_{n}——计算主应力点以上(或以下)部分换算截面面积对换算截面重心轴、净截面面积对净截面重心轴的距离;

σ_{pe}——纵向预应力弯起钢筋扣除全部预应力损失后的有效预应力;

A_{pb}——计算截面上同一弯起平面内预应力弯起钢筋的截面面积;

θ_{p}——计算截面上预应力弯起钢筋的切线与构件纵轴线的夹角。

混凝土剪应力计算如表25。

边板截面混凝土剪应力计算表

表25

项 目	支点截面			$L/4$ 截面		
	0-0	1-1	2-2	0-0	1-1	2-2
$V_{S}(\text{N})$	711240			403570		
$I_{0}(\text{mm}^4)$	1.61646E + 11			1.59167E + 11		
$I_{n}(\text{mm}^4)$	1.60758E + 11			1.51624E + 11		
$b(\text{mm})$	384			384		
$\sigma''_{pe}(\text{MPa})$	1117.66			1117.66		
$A_{pb}(\text{mm}^2)$	4355	—		0		
$S_{0}(\text{mm}^3)$	1225614.32	135824832	102871581	5479217	139002336	100614031
$S_{n}(\text{mm}^3)$	327624	133966800	96939576	1507070.4	132997392	97578504
$\sin\theta_{p}$	0.16969	—	0	—	—	—
剪应力 τ	0.01	1.56	1.18	0.04	0.92	0.66

因空心板中不设竖向预应力钢筋,$\sigma_{cy} = 0$。预应力混凝土受弯构件由作用(或荷载)短期效应组合和预加力产生的混凝土主拉应力 σ_{tp} 和主压应力 σ_{cp},应按下列式子计算:

$$\eta e_{0}/r = 0.42$$

$$\sigma_{tp} = \frac{\sigma_{cx} + \sigma_{cy}}{2} - \sqrt{\left(\frac{\sigma_{cx}}{2}\right)^{2} + \tau^{2}}$$

$$\sigma_{cp} = \frac{\sigma_{cx} + \sigma_{cy}}{2} + \sqrt{\left(\frac{\sigma_{cx}}{2}\right)^{2} + \tau^{2}}$$

$$\sigma_{cx} = \sigma_{pc} + \frac{M_{sd}y_{0}}{I_{0}}$$

式中:σ_{pc}——在计算主应力点,由预加力和按作用(或荷载)短期效应组合计算的弯矩 M_{sd} 产生的混凝土法向应力。

空心板支点、$L/4$ 截面的混凝土正应力计算见表 26。表中"+"表示压应力，"−"表示拉应力。

表 26

边板截面混凝土正应力计算表

板类型		边板					
		支点截面			$L/4$ 截面		
序号	项目	0-0	1-1	2-2	0-0	1-1	2-2
1	σ_{pe}(MPa)	1067.27			1106.71		
2	A_P(mm²)	6169.585			6169.585		
3	$N_P=1\times2$(N)	6584612.983			6827941.415		
4	e_{pn}(mm)	152.3			445.1		
5	y_n^s(mm)	591			587.4		
6	y_n^x(mm)	609			612.6		
7	A_n(mm²)	836373			761075		
8	I_n(mm⁴)	1.60758E+11			1.51624E+11		
9	I_0(mm⁴)	1.61646E+11			1.59167E+11		
10	σ_{pc}(MPa)	11.56	4.19	11.67	14.25	− 2.80	21.25
11	y_0(mm)	0	404	482	0	400.4	485.6
12	M_s(N·m)	0			2247580000		
13	τ(MPa)	0.01	1.56	1.18	0.04	0.92	0.66
14	$12\times11/9$(MPa)		0.00		0.00	5.65	6.86
15	$\sigma_{cx}=10+14$(MPa)	11.56	4.19	11.67	14.25	2.85	14.39
16	σ_{tp}(MPa)	0.00	− 0.52	− 0.12	0.00	− 0.27	− 0.03
17	σ_{cp}(MPa)	11.56	4.70	11.79	14.25	3.12	14.42

空心板截面主应力的验算结果如表 27。由计算结果可以看出，各截面混凝土主应力均小于应力限值，故混凝土主应力满足《公桥规》要求。

表 27

边板截面混凝土主应力验算

板类型	边板						中板					
	支点截面			$L/4$ 截面			支点截面			$L/4$ 截面		
项目	0-0	1-1	2-2	0-0	1-1	2-2	0-0	1-1	2-2	0-0	1-1	2-2
正应力 σ_{cx}(MPa)	11.56	4.19	11.67	14.25	2.85	14.39	10.39	3.14	10.06	12.38	3.97	11.51
剪应力 τ(MPa)	0.01	1.56	1.18	0.04	0.92	0.66	0.01	0.19	0.13	0.00	0.12	0.07
主拉应力 σ_{tP}(MPa)	0.00	− 0.52	− 0.12	0.00	− 0.27	− 0.03	0.00	− 0.01	0.00	0.00	0.00	0.00
主压应力 σ_{cP}(MPa)	11.56	4.70	11.79	14.25	3.12	14.42	10.39	3.15	10.07	12.38	3.98	11.51
应力限值 $[\sigma_{tP}]$(MPa)	$0.8f_{tk}=0.8\times2.65=2.12$						$0.8f_{tk}=0.8\times2.65=2.12$					
应力限值 $[\sigma_{cP}]$(MPa)	$0.6f_{ck}=0.6\times32.4=19.44$						$0.6f_{ck}=0.6\times32.4=19.44$					

十一、正常使用极限状态计算

1. 全预应力混凝土构件抗裂性验算

(1)正截面抗裂性验算

正截面抗裂性验算以跨中截面受拉边的正应力控制。在荷载短期效应组合作用下应满足：

$$\sigma_{st} - 0.85\sigma_{pc} \leqslant 0$$

σ_{st} 为在荷载短期荷载效应组合作用下,截面受拉边的应力：

$$\sigma_{st} = \frac{M_{g1}}{W_{nx}} + \frac{M_{g2} + 0.7M_q/(1+\mu) + M_人}{W_{0x}}$$

$$\sigma_{st} = \frac{1626.37 \times 10^6}{258127 \times 10^3} + \frac{(756.83 + 799.40/1.155 + 53.95) \times 10^6}{261058.72 \times 10^3}$$

$$= 6.3 + 5.76 = 12.06(\text{MPa})$$

σ_{pc} 为截面下边缘的有效预压应力：

$$\sigma_{pc} = \frac{N_p}{A_n} + \frac{N_p e_{pn}}{I_n} y_{nx} = \frac{6895.5 \times 10^3}{7610.75 \times 10^2} + \frac{6895.5 \times 10^3 \times 445.10^2}{15162379.92 \times 10^4}$$

$$= 9.06 + 9.01 = 18.07(\text{MPa})$$

$$\sigma_{st} - 0.85\sigma_{pc} = 12.06 - 0.85 \times 18.07 = -3.29(\text{MPa}) < 0$$

计算结果表明边板正截面抗裂性满足要求。

(2)斜截面抗裂性验算

斜截面抗裂性验算以主拉应力控制,分别计算截面上梗肋、形心轴和下梗肋处在荷载短期效应组合作用下的主拉应力,应满足 $\sigma_{tp} \leqslant 0.6f_{tk}$ 的要求。

σ_{tp} 为荷载短期效应组合作用下混凝土主拉应力。

$$\eta e_0 / r = 0.42$$

$$\sigma_{cx} = \sigma_{pc} + \frac{M_{sd} y_0}{I_0}$$

$$\tau = \frac{V_s S_0}{b I_0} - \frac{\sum \sigma''_{pe} A_{pb} \sin\theta_p \cdot S_n}{b I_n}$$

各截面计算点的混凝土主拉应力值的计算见表 28 ~ 表 30。

边板各截面混凝土剪应力计算 表 28

项 目	支点截面			L/4 截面		
	0-0	1-1	2-2	0-0	1-1	2-2
V_s(N)	526010			287322		
I_0(mm⁴)	1.61646E+11			1.59167E+11		
I_n(mm⁴)	1.60758E+11			1.51624E+11		
b(mm)	384			384		
σ''_{pe}(MPa)	1117.66			1117.66		
A_{pb}(mm²)	4355	—	—		0	
S_0(mm³)	1225614.32	135824832	102871581.1	5479216.96	139002336	100614031
S_n(mm³)	327624	133966800	96939576	1507070.4	132997392	97578504
$\sin\theta_p$	0.16969	—	0	—	—	—
剪应力 τ	0.01	1.15	0.87	0.03	0.65	0.47

	板 类 型	边 板					
		支点截面			L/4 截面		
序号	项 目	0-0	1-1	2-2	0-0	1-1	2-2
1	$\sigma_{pe}(MPa)$	1067.27			1106.71		
2	$A_P(mm^2)$	6169.585			6169.585		
3	$N_P = 1 \times 2(N)$	6584612.983			6827941.415		
4	$e_{pn}(mm)$	152.3			445.1		
5	$y_n^s(mm)$	591			587.4		
6	$y_n^x(mm)$	609			612.6		
7	$A_n(mm^2)$	836373			761075		
8	$I_n(mm^4)$	1.60758E + 11			1.51624E + 11		
9	$I_0(mm^4)$	1.61646E + 11			1.59167E + 11		
10	$\sigma_{pc}(MPa)$	11.56	4.19	11.67	14.25	− 2.80	21.25
11	$y_0(mm)$	0	404	482	0	400.4	485.6
12	$M_s(N \cdot m)$	0			2191260000		
13	$\tau(MPa)$	0.01	1.56	1.18	0.04	0.92	0.66
14	$12 \times 11/9(MPa)$	0.00			0.00	5.51	6.69
15	$\sigma_{cx} = 10 + 14(MPa)$	11.56	4.19	11.67	14.25	2.71	14.57
16	$\sigma_{tp}(MPa)$	0.00	− 0.52	− 0.12	0.00	− 0.28	− 0.03

空心板截面混凝土主应力计算   表 30

板类型	边 板					
	支点截面			L/4 截面		
项目	0-0	1-1	2-2	0-0	1-1	2-2
正应力 $\sigma_{cx}(MPa)$	11.56	4.19	11.67	14.25	2.71	14.57
剪应力 $\tau(MPa)$	0.01	1.15	0.87	0.03	0.65	0.47
主拉应力 $\sigma_{tP}(MPa)$	0.00	− 0.52	− 0.12	0.00	− 0.28	− 0.03
应力限值$[\sigma_{tP}](MPa)$	$0.6f_{tk} = 0.6 \times 2.65 = 1.59$					

计算结果表明,上梗肋处主拉应力最大,其数值为 $\sigma_{tp,max} = − 0.52MPa$,小于规范规定的限制值 $0.6f_{tk} = 1.59MPa$。

2. 变形计算

(1)使用阶段的变形挠度计算

使用阶段的挠度值,按短期荷载效应组合计算,并考虑挠度长期影响系数 η_θ,对 C50 混凝土,$\eta_\theta = 1.35 + (80 - 50) \times \dfrac{1.45 - 1.35}{80 - 40} = 1.425$,刚度 $B_0 = 0.95E_cI_0$。

预应力混凝土简支梁的挠度计算可忽略支点附近截面尺寸及配筋的变化,近似地按等截面梁计算,截面刚度按跨中截面尺寸及配筋情况确定,即取:

$$B_0 = 0.95E_cI_0 = 0.95 \times 3.45 \times 10^4 \times 15916749.91 \times 10^4$$

$$= 0.5217 \times 10^{16} (\text{N} \cdot \text{mm}^2)$$

荷载短期效应组合作用下的挠度值,可简化为按等效均布荷载作用情况计算:

$$f_\text{s} = \frac{5}{48} \times \frac{L^2 \times M_\text{s}}{B_0}$$

式中:

$$M_\text{s} = 2996.74 \times 10^6 \text{N} \cdot \text{mm}$$

$$L = 24.6 \times 10^3 \text{mm}$$

$$f_\text{s} = \frac{5}{48} \times \frac{24.6^2 \times 10^6 \times 2996.74 \times 10^6}{0.5217 \times 10^{16}} = 36.2 (\text{mm})$$

自重产生的挠度值按等效均布荷载作用情况计算:

$$f_\text{G} = \frac{5}{48} \times \frac{L^2 \times M_\text{G}}{B_0}$$

式中:

$$M_\text{G} = 2383.20 \times 10^6 \text{N} \cdot \text{mm}$$

$$f_\text{G} = \frac{5}{48} \times \frac{24.6^2 \times 10^6 \times 2383.20 \times 10^6}{0.5217 \times 10^{16}} = 28.88 (\text{mm})$$

消除自重产生的挠度,并考虑挠度长期影响系数后,使用阶段挠度值为:

$$f_l = \eta_\theta (f_\text{s} - f_\text{G}) = 1.425 \times (36.2 - 28.8) = 10.545 (\text{mm})$$

$$< l/600 = 24600/600 = 41 (\text{mm})$$

计算结果表明,使用阶段的挠度值满足规范要求。

(2)预加力引起的反拱计算及预拱度的设置

预加力引起的反拱近似地按等截面梁计算,截面刚度按跨中截面净截面确定,即取:

$$B_0 = E_\text{c} I_\text{n} = 3.45 \times 10^4 \times 15162379.92 \times 10^4 = 0.523 \times 10^{16} (\text{N} \cdot \text{mm}^2)$$

反拱长期增长系数采用 $\eta_\theta = 2.0$。

预加力引起的跨中挠度为:

$$f_\text{p} = - \eta\theta \int_l \frac{M_1 M_\text{p}}{B_0} \text{d}x$$

式中:M_1——所求变形点作用竖向单位力 $P = 1$ 引起的弯矩图;

M_p——预加力引起的弯矩图。

对等截面梁可不必进行上式的积分计算,其变形值由图乘法确定,在预加力作用下,跨中截面的反拱可按下式计算

$$f_\text{p} = - \eta\theta \frac{2\omega_{\text{M}_{1/2}} M_\text{p}}{B_0}$$

$\omega_{\text{M}_{1/2}}$ 为跨中截面作用单位力 $P = 1$ 时,所产生的 M_1 图在半跨范围内的面积:

$$\omega_{\text{M}_{1/2}} = \frac{1}{2} \times \frac{L}{2} \times \frac{L}{4} = \frac{L^2}{16}$$

M_p 为半跨范围 M_1 图重心(距支点 $L/3$ 处)所对应的预加力引起的弯矩图的纵坐标:

$$M_\text{p} = N_\text{p} e_\text{p}$$

N_p 为有效预加力:

$$N_\text{p} = (\sigma_{\text{con}} - \sigma_l^\text{I} - \sigma_l^\text{II}) A_\text{p}$$

269

其中 σ_l^{I}、σ_l^{II} 近似取 $L/4$ 截面的损失值,则

$$N_{\mathrm{p}} = (1395 - 121.96 - 166.33) \times \frac{34 \times \pi \times 15.2^2}{4}$$

$$= 1106.71 \times 6169.6 = 6827.958(\mathrm{kN})$$

e_{p} 为距支点 $L/3$ 处的预应力束偏心距:

$$e_{\mathrm{p}} = y_{x0} - a_{\mathrm{p}}$$

式中:y_{x0}——$L/3$ 截面换算截面重心到下边缘的距离,$y_{x0} = 590.3\mathrm{mm}$。

$a_{\mathrm{p}} = 167.5\mathrm{mm}$,则

$$M_{\mathrm{p}} = 6827.958 \times 10^3 \times (590.3 - 167.3) = 2886.86 \times 10^6(\mathrm{N \cdot mm})$$

由预加力产生的跨中反拱为:

$$f_{\mathrm{p}} = 2.0 \times \frac{2 \times 2886.86 \times 10^6 \times 24600^2/16}{0.523 \times 10^{16}} = 83.51(\mathrm{mm})$$

将预加力引起的反拱与荷载短期效应影响产生的长期挠度值相比较可知:

$$f_{\mathrm{p}} = 83.51\mathrm{mm} > \eta_\theta f_{\mathrm{s}} = 1.425 \times 36.2 = 51.585(\mathrm{mm})$$

由于预加力产生的长期反拱值大于按荷载短期效应组合计算的长期挠度,所以可不设预拱度。

参 考 文 献

[1] 中华人民共和国行业标准.JTG B01—2003 公路工程技术标准.北京:人民交通出版社, 2004.

[2] 中华人民共和国行业标准.JTG D60—2004 公路桥涵设计通用规范.北京:人民交通出版社,2004.

[3] 中华人民共和国行业标准.JTG D62—2004 公路钢筋混凝土及预应力混凝土桥涵设计规范.北京:人民交通出版社,2004.

[4] 中华人民共和国国家标准.GB 50010—2002 混凝土结构设计规范.北京:中国建筑工业出版社,2002.

[5] 叶见曙.结构设计原理.北京:人民交通出版社,2002.

[6] 熊峰,李章政,贾正甫.结构设计原理.北京:科学出版社,2002.

[7] 李国强,黄宏伟,郑步全.工程结构荷载与可靠度设计原理.北京:中国建筑工业出版社,2002.

[8] 白国良.荷载与结构设计方法.北京:高等教育出版社,2003.

[9] 周志祥.高等钢筋混凝土结构.北京:人民交通出版社,2002.

[10] 孙元桃.结构设计原理.北京:人民交通出版社,2003.

[11] 黄平明,毛瑞祥.结构设计原理.北京:人民交通出版社,1999.

[12] 车宏亚.混凝土结构原理.天津:天津大学出版社,1999.

[13] 卢树圣.现代预应力混凝土理论与应用.北京:中国铁道出版社,2000.

[14] 曹双寅.工程结构设计原理.南京:东南大学出版社,2002.

[15] 徐有邻,周氏.混凝土结构设计规范理解与应用.北京:中国建筑工业出版社,2002.

[16] 中华人民共和国国家标准.GB/T 50283—1999 公路工程结构可靠度设计统一标准.北京:中国计划出版社,1999.

[17] 沈蒲生.混凝土结构设计原理.北京:高等教育出版社,2002.